Jean des Cars

Né à Paris, Jean des Cars fut d'abord journaliste, collaborant à *Paris Match* puis au *Figaro Magazine*. Ses enquêtes fouillées ont fait de lui le spécialiste des dynasties européennes, apportant de nombreuses révélations dans ses biographies. Parmi ses titres de référence régulièrement réédités et traduits en plusieurs langues : *Louis II de Bavière ou le Roi foudroyé* (Perrin, 2005), *Sissi ou la Fatalité* (Perrin, 2005), *Haussmann, la gloire du second Empire* (Perrin, 2008), *La Véritable Histoire des châteaux de la Loire* (Plon, 2009), *La Saga des Habsbourg : Du Saint Empire à l'Union européenne* (Perrin, 2010), *Le Dictionnaire amoureux des Trains* (Plon, 2006), *Eugénie, la dernière impératrice* (Perrin, 2016), *Le Dictionnaire amoureux des Monarchies* (Plon-Perrin, 2019), *Au cœur des royautés* (Perrin-Europe 1, 2021), *La Saga des Windsor : De l'Empire britannique à Elizabeth II* (Perrin, 2014, 2022), *Elizabeth II, la Reine* (Perrin, 2018, 2022), *Pour la Reine* (Perrin, 2022, 2023).

ELIZABETH II

ÉGALEMENT CHEZ POCKET

LA SAGA DES REINES
LA SAGA DES FAVORITES
AU CŒUR DES ROYAUTÉS
ELIZABETH II, LA REINE

JEAN DES CARS

ELIZABETH II

La Reine

PERRIN

Ouvrage publié sous la responsabilité éditoriale
de Grégory Berthier-Saudrais

Pour plus d'information :

#lisez! engagé
www.lisez.com

Imprimé sur du papier issu de forêts gérées durablement.

ISBN : 978-2-266-33182-1
Dépôt légal : mars 2023

Pour Monique, pour toujours.

Introduction

Une reine sans rivale

Lundi 25 décembre 2017, 20 heures. Lors de son traditionnel message de Noël enregistré dans son bureau de Buckingham Palace (le seul de ses discours qui n'ait pas besoin de l'aval du gouvernement), la souveraine, assise devant un arbre de Noël, apparaît dans une robe ivoire, brodée d'or et d'argent, arborant une broche en diamants en forme d'étoile. Sur le bureau, se trouvent des photographies, l'une, en noir et blanc, prise lors du mariage de la princesse héritière avec le prince Philip, le 20 novembre 1947, une autre, en couleurs, de la reine avec son mari, soixante-dix ans plus tard, et des portraits de ses arrière-petits-enfants, George et Charlotte, Louis n'étant pas né à cette date. Des images du bonheur, au passé et au présent, voire pour l'avenir. Le réalisateur s'attarde sur ces documents pendant que la reine parle. Elle évoque sa première intervention télévisée à Noël il y a plus de soixante ans, en direct, quand la caméra était plus grosse que l'écran aux petites images en noir et blanc ; une manière de dire que la souveraine, en restant la même, a autant changé que la technologie. Avec un réel talent, elle a accompagné les évolutions et métamorphoses afin que « tout change pour que rien ne change ».

Ce soir de Noël, s'exprimant un peu plus lentement que d'habitude, Elizabeth II, quatre-vingt-onze ans, rend un double hommage. Le premier concerne les victimes des attentats de Londres et de Manchester « dont les splendides personnalités ont brillé face aux attaques épouvantables » qui ont endeuillé le Royaume-Uni en mars, mai et juin 2017, et fait, au total, 35 morts et 116 blessés. Puis, sur une note plus personnelle, la reine a des mots tendres pour son mari, âgé de quatre-vingt-seize ans, rappelant que leur couple a fêté ses noces de platine il y a un peu plus d'un mois : « Le prince Philip a décidé qu'il était temps de ralentir un peu, ayant, comme il l'a dit avec une certaine économie de mots, fait sa part. Mais je sais que son soutien et son unique sens de l'humour demeureront aussi forts que jamais. » Par ces quelques mots d'ordre privé qui ne lui ressemblent pas, Elizabeth II a, pour une fois, parlé d'elle-même. Le désormais retraité Philip d'Édimbourg reste l'amour de sa vie, elle n'a aimé que lui. Il est son ultime rempart contre les préoccupations d'un chef d'État soumis à l'obligatoire réserve constitutionnelle. Étant le « gouvernement de Sa Majesté », le cabinet décide en son nom, après qu'elle a donné son opinion à son seul Premier Ministre. Il faut un solide contrôle de soi-même pour rester politiquement muette. En dehors de son mari et de la vie de famille, la seule passion avouée de la reine est celle des chevaux, dont elle est une experte incontestée et incontestable. Sa première monture fut un poney shetland, Peggy, que son grand-père, le roi George V, lui avait offert pour ses quatre ans, en 1930.

Souvent accusée de manquer de cœur à cause de sa retenue obligatoire, la reine a, pour une fois, uni dans son message de Noël sa compassion envers la population frappée par le terrorisme et sa vie privée. À la gravité du ton succédait un sourire radieux. Monarque régnant depuis soixante-cinq ans et à l'âge le plus avancé (un double record dans l'histoire de la monarchie britannique), Elizabeth II continue d'étonner le monde, ce monde qui serait déstabilisé, voire défiguré et orphelin, sans elle. Elle en est un phare, un repère. La Reine, sans autre précision, c'est elle. En Europe, son homologue Margrethe II de Danemark règne depuis le 15 janvier 1972 (soit quarante-six ans). Ces deux femmes, remarquables et très aimées, sont les seules reines ayant le statut de chef d'État, mais pour d'évidentes raisons, Elizabeth II est la plus mythique des souveraines de l'Europe monarchique et sans doute du monde. L'exceptionnelle longévité de son règne lui confère une légitimité inédite ; la souveraine est une référence. Ce Noël 2017, comme chaque année, elle s'est rendue avec ses proches à Sandringham, sa propriété privée dans le comté de Norfolk, à l'est de l'Angleterre. À ce rite s'est ajoutée une nouveauté : Meghan Markle, qui doit épouser le prince Harry le 19 mai prochain à Windsor, a rejoint la famille royale, invitée par la souveraine. Une véritable intronisation, un privilège que ni la princesse de Galles ni la duchesse de Cambridge n'avaient obtenu avant leur mariage. La reine l'avait annoncé dans son allocution, décidément inhabituelle, en disant : « Je suis impatiente d'accueillir l'année prochaine de nouveaux membres dans la famille », une façon de dire qu'elle se réjouit du bonheur du second fils de Charles qui, disait-on, avait été le plus atteint par le décès de sa mère, mais aussi de saluer la naissance attendue du troisième enfant de William et Kate, sans oublier le mariage, annoncé pour l'automne 2018, d'Eugenie d'York, fille du prince Andrew et de Sarah Ferguson.

Au matin du 25 décembre, tandis que les Windsor se dirigent vers l'église St. Mary Magdalene, Meghan, chaudement vêtue d'un manteau beige, a fait une révérence presque parfaite devant la reine. L'an dernier, Sa Majesté, victime d'un « gros rhume », n'avait pas assisté à la messe, pour la première fois depuis son avènement. On s'était donc légitimement inquiété de son absence. Cette année 2017, si Elizabeth II, très souriante, avait choisi un manteau orange vif – on le sait, elle doit toujours être vue de la foule –, c'est surtout la fiancée du prince Harry que les habitants des environs de Sandringham, venus en foule pour l'occasion, voulaient apercevoir. Pour la première fois, une photo a immortalisé les deux couples ensemble, marchant côte à côte, le duc et la duchesse de Cambridge et les futurs mariés du 19 mai 2018. « Une journée fantastique », dira Harry à la BBC, en référence à l'accueil réservé à sa future épouse. Et le lendemain, pour faire plaisir à l'écologiste Meghan, le prince a renoncé à la traditionnelle chasse royale. Le pudding, lui, ne risquait pas d'être sacrifié… Et Meghan retiendra que la reine l'a priée de ne pas être accrochée à son téléphone portable en sa présence. Au nom du respect et de la courtoisie, l'urgence attendra.

Si Elizabeth II est la femme la plus célèbre du monde, elle reste peut-être la moins connue, voire la moins prévisible par ses facultés de discrète immersion dans les modes en restant la même. Depuis 1952, elle a toujours étonné ses contemporains. Un univers qui serait impensable sans elle, sans ses inévitables chapeaux, son sourire de rigueur et sa discrète façon de battre la mesure de son pied droit lorsqu'une fanfare défile devant elle, toujours debout, sans fatigue ni lassitude apparentes. La souveraine règne sur le temps, au point que son anniversaire est célébré deux fois, à titre privé et à titre officiel. Née le 21 avril 1926, astrologiquement du signe du Taureau, chaque année à cette date, les canons tonnent, notamment à la Tour de Londres et dans le parc de Windsor, avant un dîner familial dans les appartements privés puis, au-dehors, l'allumage de feux de joie. Mais c'est seulement début juin (le 10 en 2017, le 9 en 2018) que se déroule l'imposante cérémonie appelée *Trooping the Colour*, à la fois anniversaire et fête nationale marquant l'hommage public à la reine. Longtemps, celle-ci, en uniforme de colonel et à cheval, passait en revue les troupes avant une impeccable parade de la garde montée, de Buckingham Palace jusqu'au Mall, la grande artère ouverte du temps des Stuarts et allée d'honneur allant jusqu'à l'arche de l'Amirauté. Elizabeth II fut la seule femme chef d'État du XXe siècle saluant militairement et observant ce superbe rituel conclu par un défilé aérien et, à midi, des salves d'artillerie tirées depuis Hyde Park. Une grandiose tradition, observée depuis quelques années par la reine et son mari en voiture.

La reine est immuable, hors mode, hors politique. À la fois au-dessus et en dehors des partis, elle ne doit pas exprimer ses avis ou ses préférences. Elle doit fédérer l'ensemble de ses sujets et surtout n'en choquer aucun. Mais elle est très consciencieuse et l'a toujours été. On imagine le fardeau des secrets d'État qu'Elizabeth II porte en silence, seulement partagés avec le locataire du 10 Downing Street. Il faut rappeler que Sa Majesté Elizabeth II régnait depuis déjà quatorze ans lorsque est né, en 1966, David Cameron, dont elle ferait son plus jeune Premier Ministre quarante-trois ans plus tard. Début 2018, Teresa May est son treizième chef de gouvernement (la seconde femme après Margaret Thatcher), qu'elle reçoit tous les mardis à 18 heures, sauf urgence, pour faire le point des affaires de l'État en ayant étudié les dossiers avec une conscience professionnelle qui stupéfiait déjà Churchill et que même Margaret Thatcher avait dû reconnaître. Avec le casse-tête du Brexit et une opinion divisée, voire choquée, on imagine l'inquiétude secrète de la reine. Elle a tout connu, tout vécu, de très graves crises politiques, familiales et internationales, où elle a même fini par apprendre, dans les années 1960, que des agents soviétiques s'étaient infiltrés jusque parmi ses interlocuteurs en la personne de sir Anthony Blunt, conservateur des collections personnelles de peintures de la souveraine, soit environ 7 000 tableaux. Un exploit de Moscou !

Peu après le vote favorable au Brexit, la reine, qui a connu dix présidents de la République française, a dit, simplement, le 23 juin 2016 : « Je suis toujours là... » Quatre mots d'une densité exceptionnelle ! *No comment*... Mais on peut croire que même si Elizabeth II n'a pas le droit d'intervenir dans le débat public, son aura et sa volonté de maintenir l'héritage de la Couronne joueront un rôle considérable. Depuis la seconde moitié du XIXe siècle, le souverain britannique dispose de trois prérogatives : être informé, consulter, mettre en garde. Comme sa trisaïeule Victoria, son arrière-arrière-petite-fille n'hésite pas à exercer ses droits constitutionnels. Or si le Brexit divise profondément le Royaume-Uni, la monarchie demeure un symbole d'unité et une institution appréciée par la grande majorité de la population.

La Couronne a beau avoir perdu nombre de ses joyaux dans la dissolution de l'empire, en 2018 Elizabeth II est toujours chef de seize États monarchiques du Commonwealth dont, par exemple, la Jamaïque et les exotiques îles Salomon, mais aussi de l'Australie et du Canada, probablement le dernier monarque de cette tradition politique héritée de l'époque des dominions, successeurs des colonies[1].

Huit fois grand-mère, plusieurs fois arrière-grand-mère en 2018, la reine a été suivie ou précédée par au moins 62 chiens, dont 53 corgis, ses préférés, et continue de parier aux courses hippiques, comme elle l'avait fait le jour de son couronnement le 2 juin 1953 : son cheval était arrivé deuxième, elle avait perdu et… consolé l'entraîneur par téléphone ! Elle a décoré les Beatles le 26 octobre 1965 et, cinquante-trois ans plus

1. Association volontaire, le Commonwealth comprend, en 2018, outre les seize royaumes dont le chef d'État est la reine Elizabeth II, trente et une républiques et cinq États qui sont des monarchies ayant à leur tête un souverain local, comme par exemple la Malaisie ou Brunei.

tard, au nouvel an 2018, elle a distingué une nouvelle fois l'ancien batteur du groupe, Ringo Starr, l'un des 1 123 Britanniques récompensés « pour services rendus » dans cette promotion. Entre ces deux dates, plus d'un demi-siècle, la reine avait honoré le *swinging London* qui avait porté une révolution musicale planétaire puis ouvert elle-même le portail Internet de Buckingham Palace et présidé, en Écosse, la remise en service, applaudie, d'une locomotive à vapeur et d'un train touristique sur une ligne inaugurée par son arrière-arrière-grand-mère Victoria. Le second règne élisabéthain n'a pas fini de surprendre, la reine personnifiant d'étonnantes rencontres entre les époques. Pragmatique, elle a su accompagner, avec talent, les évolutions sociales et sociétales, épousant son temps sans le précéder. À son avènement, elle ne recevait pas les divorcés. Aujourd'hui, avec de tels codes, elle ne recevrait plus grand monde de sa famille… Le plus étonnant est le génie de la reine pour ébahir les foules. À l'opposé d'une réflexion sur ce que certains verraient comme le crépuscule de son règne, Elizabeth II insiste sur le futur. Ainsi, le 23 février 2016, Sa Majesté, très gracieuse, a visité le chantier de la nouvelle ligne du métro londonien qui, d'est en ouest, reliera la City à l'aéroport de Heathrow et transportera 200 millions de passagers par an à partir de 2019. Enchantée, la souveraine a pris un ascenseur de service plongeant à 28 mètres de profondeur sous la station Bond Street. Elle y a rencontré des ouvriers et échangé une poignée de main avec eux. Un choc de couleurs : la reine était en mauve, chapeau compris, et les équipes en orange ! Elizabeth II a dévoilé le logo de la future ligne, nommée « Elizabeth Line », de couleur mauve, bien sûr. Le maire de Londres, le théâtral Boris Johnson, a déclaré que « tout en offrant une amélioration radicale des transports de la capitale, la “Elizabeth Line” offrira un hommage durable à notre monarque ».

Si, chaque jour, où qu'elle se trouve, la souveraine reçoit les fameuses « *boxes* », ces coffrets de cuir rouge à son monogramme contenant les débats du Parlement, rapports confidentiels et notes secrètes du gouvernement (qu'elle doit étudier pour en parler avec le Premier Ministre), Elizabeth II aime envoyer des sms cryptés à ses petits-enfants. Elle est parfaitement adaptée au monde.

La reine est la plus célèbre des « sans-papiers », n'ayant aucune pièce d'identité, et la seule personne du royaume autorisée à conduire sans permis, ayant souvent roulé trop vite mais avec plaisir sur les allées forestières écossaises au volant d'une Land Rover, alors que dans sa Bentley de 2002 la vitesse de parade ne dépasse pas les 14 km/h. Elle a entrepris près de mille voyages officiels dans plus de cent pays, dont six en France, qu'elle aime particulièrement, en disant publiquement, à l'Élysée où elle était reçue par Jacques Chirac, lors d'un discours dans un excellent français qu'elle a appris dès l'enfance : « Vive la différence ! » Elle est la présidente ou la marraine de 626 œuvres caritatives, civiles et militaires. Quand, en 2014, Sa Majesté a ouvert son compte Twitter, elle a eu presque immédiatement plus de 2 millions d'abonnés. Sa force a été d'avoir su s'adapter sans se renier ; avec elle, la monarchie s'est réinventée sans changement. Elle a su transformer son pouvoir apparent en influence réelle.

1

Le roi est mort, vive la reine !

C'est dans un arbre qu'Elizabeth est, sans le savoir, devenue reine ! Un arbre spectaculaire, un figuier géant du Kenya, appelé *treetops*, où est aménagée une chambre du Sagana Lodge, dans lequel séjourne la princesse héritière lorsqu'elle est informée du décès de son père, au matin du 6 février 1952. À des milliers de kilomètres des chaleurs africaines, au manoir de Sandringham où il était né cinquante-sept ans plus tôt, le roi George VI a été trouvé mort dans son lit par son valet qui lui apportait son thé matinal, comme d'habitude à 7 h 30. La BBC ne diffuse la nouvelle qu'à 11 h 15.

Selon le communiqué officiel, Sa Majesté a succombé, dans son sommeil, à un cancer de la plèvre. On lui avait retiré un poumon lors d'une opération dans un hôpital improvisé à Buckingham Palace pour ne pas affoler la population. Gros fumeur, le souverain était épuisé par un labeur harassant. Bertie, qui avait pris le nom de George VI lors de son avènement et n'aurait pas dû régner, avait d'abord été contraint de se battre contre ses difficultés d'élocution, puis d'affronter l'abdication scandaleuse et traumatisante, le 10 décembre 1936, de son frère Édouard VIII qui, depuis cette date, n'était plus que l'inconsistant, mais toujours encombrant et vindicatif, duc de Windsor. Ensuite, pendant la guerre, le monarque avait lutté en travaillant jour et nuit, accomplissant sa mission sans défaillir, parfois à la limite de son rôle constitutionnel, contre la rage hitlérienne qui rêvait d'envahir l'insolente « Albion », laquelle résistait, mais serait, selon l'ennemi, détruite comme Carthage… Puis, la paix revenue, George VI avait incarné un pays héroïque, vainqueur, mais économiquement exsangue, dans l'après-guerre des restrictions et de la fierté nationale.

Pour quelles raisons sa fille aînée et son mari se trouvent-ils si loin de Londres, au Kenya, en ce 6 février 1952 ? Pour entreprendre un long voyage jusqu'en Rhodésie, puis en Australie et en Nouvelle-Zélande, un périple sur des terres de la Couronne auquel George VI avait dû renoncer quatre ans plus tôt. Le roi, que l'on avait vu en famille une semaine auparavant, le 30 janvier, au célèbre théâtre royal de Drury Lane, à Covent Garden, pour applaudir la comédie musicale *South Pacific*, avait ainsi rassuré l'opinion et ses médecins se disaient confiants. Debout, les spectateurs avaient chanté le *God Save the King*. En réalité le souverain, comme le révélerait son Premier Ministre Churchill, « savait qu'il ne vivrait plus longtemps ». C'est pourquoi, geste exceptionnel, le roi avait accompagné sa fille et son gendre à l'aéroport. On avait vu George VI, dont le visage était creusé, lever longuement son bras droit et agiter sa main quand le couple était monté dans l'avion. Ce n'était pas un au revoir, c'était un adieu. Elizabeth en avait-elle le pressentiment ? Elle partait, inquiète, pour son troisième périple en qualité de princesse héritière, après Paris en 1948 et Washington en 1950. L'habilleuse d'Elizabeth dira plus tard qu'« elle n'avait jamais vu le souverain aussi bouleversé à l'idée de se séparer de sa fille[1] ».

À la suite d'une erreur d'interprétation, le télégramme, codé sous le nom de « Hyde Park Corner », n'est pas parti… le télégraphiste ayant cru qu'il s'agissait simplement d'une adresse bien connue à Londres ! Le message arrive donc plus tard que prévu à sa destinatrice au Kenya. Et c'est le prince Philip qui reçoit la triste mission d'informer son épouse. Il est lui-même atterré par cet événement : la vie d'Elizabeth, et donc leur vie de couple et de famille, va être totalement bouleversée. Certes, une dynastie régnante doit toujours être prête, mais pour le couple, marié depuis moins de cinq ans, cette fatalité survient trop tôt. Le duc d'Édimbourg rejoint celle dont le destin est désormais scellé. Elizabeth se trouve dans sa chambre et s'apprête à passer une journée passionnante dans la brousse, car hier soir, on lui a promis qu'elle verrait des fauves lors du safari. Apprenant l'affreuse nouvelle, la jeune femme est secouée de sanglots, mais, très disciplinée, elle se reprend vite et s'assied au petit bureau dans un

1. John Dean, *H. R. H. Prince Philip, Duke of Edinburgh. A Portrait by His Valet*, Robert Hale Ltd, début des années 1950, cité par Isabelle Rivère, *Elizabeth II, dans l'intimité du règne*, Fayard, 2012.

coin du salon. Martin Charteris, secrétaire particulier de celle que ses parents et sa famille surnomment Lilibeth, voit combien la jeune femme est concentrée, dominant son chagrin. Sa vie vient de basculer dans une nouvelle époque, celle de son règne. La transition était préparée depuis son adolescence, comme dans toute monarchie héréditaire. Elizabeth est prête et son sens du devoir l'emporte sur l'émotion. Aux moments tragiques de la guerre, son père l'avait initiée aux secrets d'État contenus dans les *boxes* de cuir rouge frappées de la mention THE KING en lettres d'or. Seuls les yeux du monarque (*For your eyes only*) pouvaient lire les documents confidentiels, mais la gravité de la situation (même Buckingham Palace avait été bombardé) avait autorisé la jeune Elizabeth à être informée.

À 6 000 kilomètres de Londres, Lilibeth devient la reine Elizabeth II

À vingt-six ans, la princesse n'hésite pas un instant : c'est sous son prénom, symbole historique étincelant d'un âge d'or de la suprématie anglaise quatre siècles plus tôt, qu'Elizabeth régnera. Un prénom magique, et c'est le sien :

« Pourquoi en prendre un autre ? » dit-elle à son secrétaire[1].

1. Dans la monarchie britannique, le souverain a le droit de choisir son prénom à son avènement. Ainsi, le père d'Elizabeth, Albert (« Bertie »), avait-il choisi George en hommage à son père George V, car il voulait en faire son modèle.

Une nouvelle ère élisabéthaine commence. Et c'est ainsi que la fille de George VI signe les courriers de regrets et d'excuses auprès des autorités australiennes et néo-zélandaises, puisque son périple est interrompu. La Couronne, le royaume de Grande-Bretagne et d'Irlande du Nord, le Commonwealth, les colonies, les dominions et des millions de gens sont en deuil. Londres, la fière et grouillante capitale qui, bien que meurtrie, conservait son empreinte impériale, est pétrifiée. Drapeaux en berne, spectacles annulés, éditions spéciales des journaux bordées de noir, avec, entre autres manchettes, « *God Save the Queen* », dizaines de milliers de télégrammes et de lettres acheminés à Buckingham Palace : tout exprime la douleur populaire d'avoir perdu un modèle de roi qui avait appris vite et bien, montré l'exemple par son courage, surprenant même les politiques par ses qualités d'homme d'État. George VI laisse un régime stable, incontesté, aimé et un gouvernement dirigé, depuis quatre mois, par un homme dont le spectaculaire interventionnisme politique, entre échecs et triomphes, dure depuis plus d'un demi-siècle, Winston Churchill. L'insubmersible Churchill pleure la mort du roi, avouant à son proche entourage :

« Je l'aimais vraiment. Ses conseils étaient si avisés qu'en cas de difficultés je pouvais toujours compter sur lui. »

Sincèrement bouleversé, il informe Anthony Eden, chargé du Foreign Office, un de ses parents par alliance – mais qu'il n'aime pas –, en commençant ainsi :

« Imaginez la pire chose qui puisse nous arriver… »

Dès le lendemain, l'héritière de feu George VI quitte le Kenya pour regagner Londres. C'est le prince Philip qui organise le voyage du retour, très compliqué car il n'était pas prévu, et Elizabeth ne dispose pas d'un avion spécial. Il y a d'abord un trajet en voiture, puis dans un petit appareil jusqu'à Entebbe, alors capitale de l'Ouganda, sur la rive nord du lac Victoria. Là, une tempête tropicale retarde le décollage du vol régulier du quadrimoteur de la British Overseas Airways Corporation – dès lors qu'il y a « une reine à bord », dit le pilote qui ne peut prendre aucun risque. Des télégrammes arrivent de Londres, dont l'un demande la réunion du Conseil proclamant l'avènement de la nouvelle reine ; le trône ne peut rester longtemps vacant. Une autre dépêche, signée Churchill, affirme l'allégeance du gouvernement : « Le cabinet, en toutes choses, attend les ordres de Votre Majesté. »

Si c'est en tenue de brousse qu'Elizabeth a quitté l'Afrique, elle se change durant le vol, car c'est en deuil qu'elle sortira de l'avion à Londres, la garde-robe noire étant toujours prévue dans les voyages, au cas où… Le vol est très long. Le couple s'est installé à l'arrière de l'appareil dans une sorte de petite cabine improvisée, isolé de sa suite. Les dernières heures d'une vie de famille jusque-là presque normale.

Churchill, le « lion », lutteur féroce, tonitruant mais parfois pudique, âgé de soixante-dix-sept ans, oblige les leaders de l'opposition travailliste, en particulier son terne rival Clement Attlee, à l'accompagner à l'aéroport afin d'accueillir leur nouvelle souveraine, Elizabeth II. La tristesse est nationale, au-delà des clivages d'opinions. Est-ce l'émotion ? Ou une ruse de politicien redoutable ? À ceux qui lui parlent de la jeune reine,

Churchill répond qu'il ne la connaît pas et qu'elle n'est qu'une enfant. C'est doublement faux, d'abord parce que Elizabeth a vingt-six ans et qu'il la connaît depuis qu'elle en a deux, lui qui écrivit alors à Clementine, son épouse, dite Clemmie : « Elle a un air d'autorité et de sagacité étonnant chez un tout-petit[1]. »

Depuis, il l'a revue au cours des années 1930 et le 8 mai 1945 : Churchill avait eu l'honneur, exceptionnel, d'apparaître au balcon de Buckingham Palace avec la famille royale, entre le couple souverain et les deux princesses. Le 20 novembre 1947, il a été invité au mariage d'Elizabeth et, en mai 1951, l'héritière l'a même convié à déjeuner avant une course de chevaux où leurs champions étaient en compétition : le cheval de Churchill avait osé gagner d'une courte tête !

Le 7 février 1952, c'est en qualité de Premier Ministre, en jaquette et haut-de-forme, que cet incorrigible buveur et fumeur au prodigieux lyrisme dresse sa lourde masse devant la passerelle. Il est le premier de la file de ministres en deuil qui tiennent tous leur chapeau de la main gauche. Un cortège de voitures stationne sur le tarmac. La jeune reine, penchée sur l'épaule de sa dame d'honneur et regardant par un hublot, lui aurait murmuré en voyant, sur le tarmac, une Rolls-Royce soudain sépulcrale : « Je vois qu'ils ont fait venir les corbillards… »

L'oncle d'Elizabeth, le duc de Gloucester, et celui de Philip, lord Mountbatten, accompagné de son épouse Edwina, montent à bord. Quelques instants plus tard,

---

1. Cité par Antoine Capet, *Churchill, le dictionnaire*, Perrin, 2018.

Elizabeth, jeune silhouette de taille moyenne (1,63 mètre) en manteau noir, apparaît à la porte de l'avion et s'arrête un instant « avant de descendre la passerelle qui la conduisait vers les devoirs qui l'attendaient », dira Anthony Eden. Personne ne mesure, tant c'est naturel, que le prince Philip descend, évidemment, un temps après sa femme. Une rumeur dira qu'un officier avait dû le retenir pour qu'il attende. Depuis vingt-quatre heures, Philip est le mari de la reine et doit toujours marcher à trois pas derrière elle. Il devra patienter pour être le prince consort, un statut inventé par la reine Victoria pour son mari. En public comme en privé, Elizabeth II passera obligatoirement avant lui. Le couple est effacé par le protocole, l'État relègue la vie conjugale et le prince Philip au second plan, une situation qui sera souvent difficile à supporter pour le duc d'Édimbourg. Churchill, visiblement ému et nerveux, s'incline devant Elizabeth. Bouleversé, il est incapable de parler et lui serre la main (car on ne fait pas un baisemain à l'extérieur ni sur une main gantée). Le chagrin fige la reine, muette comme les ministres. Sa voiture la conduit à Clarence House, sa maison jusqu'alors, où Tommy Lascelles, secrétaire particulier de George VI, l'accueille respectueusement, avec une liasse de documents à signer. Sa grand-mère, la reine Mary, veuve de George V, attend Elizabeth à Buckingham Palace car elle doit être, selon Sarah Bradford, « la première à lui baiser la main[1] » comme un sujet dévoué. Cette marque de respect spectaculaire de sa vieille Grannie, âgée de quatre-vingt-cinq ans, n'aurait pas empêché, dit-on, ce

1. Sarah Bradford, *Elizabeth. A Biography of Her Majesty the Queen*, Penguin Books, rééd. 2002.

témoin de l'époque victorienne de faire une remarque sévère à sa petite-fille : « Lilibeth, tes jupes sont beaucoup trop courtes pour des vêtements de deuil[1] ! »

Face au Conseil privé, la fille de George VI succède à son père

Le lendemain 8 février, à 10 heures du matin, devant les membres de son Conseil privé au palais de St. James – ils sont moins d'une centaine –, la souveraine prononce sa déclaration d'accession au trône :

> Mon cœur est si plein d'émotions que je ne peux vous en dire davantage aujourd'hui, sinon que je travaillerai toujours, comme mon père l'a fait tout au long de son règne, à soutenir un mode de gouvernement constitutionnel et à faire progresser le bonheur et la prospérité de mes peuples, établis un peu partout à travers le monde. Je sais que, dans ma détermination à suivre son lumineux exemple de service et de dévouement, je trouverai l'inspiration dans la loyauté et l'affection de tous ceux dont j'ai été appelée à devenir la reine, et dans les conseils de leurs Parlements élus. Je prie Dieu de bien vouloir m'aider à m'acquitter dignement de la lourde tâche qui me revient, si tôt dans mon existence[2].

---

1. John Dean, *H. R. H. Prince Philip, Duke of Edinburgh. A Portrait by His Valet*, *op. cit.*

2. Le *Privy Council*, institution fondée il y a plus de mille ans, était autrefois très puissant puisqu'il était chargé de conseiller le souverain. Le palais de St. James, édifié au XVIe siècle dans le style Tudor, fut la résidence des monarques pendant plus d'un siècle.

La cérémonie, simple, ne dure pas plus de vingt minutes. C'est d'un balcon du même palais, à 11 heures, que, pour la première fois, Elizabeth II est proclamée officiellement « nouveau souverain par la grâce de Dieu », appelée aussi, par les hérauts d'armes, la « princesse royale », à qui il est souhaité de « longues et heureuses années de règne ». À la fin de cette annonce, qui fait d'elle la « reine du Royaume-Uni de Grande-Bretagne ct d'Irlande du Nord et chef du Commonwealth » – bien qu'on l'appelle souvent, notamment en France et par simplification erronée, la « reine d'Angleterre » –, elle est la cinquième reine de cette histoire complexe, après Marie Tudor, Elizabeth Ire, Anne Stuart et Victoria, et le quarante et unième monarque depuis Guillaume le Conquérant, par la succession de neuf dynasties.

Philip ne l'a pas quittée ; elle a pu verser des larmes dans ses bras, en tout cas pas en public. Deux épreuves l'attendent lorsqu'elle arrive le même jour au manoir de Sandringham, dans l'après-midi. La première est de s'incliner devant la dépouille de son père. Le corps de George VI, embaumé, a été replacé dans le lit où il est décédé. Elizabeth n'a pas la force de le revoir ainsi, elle conservera l'image du roi la saluant longtemps lors de son départ pour le Kenya. L'autre épreuve est de retrouver sa mère, effondrée, qui ne peut dissimuler son amertume : si son beau-frère Édouard VIII n'avait pas abdiqué, son mari serait encore en vie…

Pendant trois jours, l'hommage populaire est très impressionnant : 300 000 personnes défilent devant le

---

Aujourd'hui encore, l'appellation officielle de la Cour est toujours « la cour de St. James ».

catafalque exposé dans Westminster Hall. Les funérailles sont célébrées à Windsor le 15 février. Vincent Auriol, premier président de la IVe République française, y assiste au milieu d'un cortège de chefs d'État et de gouvernement ainsi que de têtes couronnées. Ayant franchi les imposantes murailles grises de la forteresse, le cercueil du défunt roi, ancien marin, recouvert d'un drap mortuaire pourpre et or, est tiré sur une prolonge d'artillerie et escorté par un imposant détachement de la Royal Navy. La mort prématurée du souverain n'a pas permis la préparation de son caveau : il est inhumé provisoirement dans une crypte, à côté de la tombe de George III[1].

Cauchemar protocolaire : il y a deux reines Elizabeth et deux reines mères !

Depuis l'avènement de Victoria en 1837, Buckingham Palace est la résidence officielle du souverain. Il est donc logique que la veuve de George VI et son autre fille Margaret déménagent. Elles vont s'installer à Clarence House, construite pendant la première moitié du XIXe siècle et mitoyenne du palais de St. James. Les deux bâtiments ont un jardin en commun[2]. Or,

1. La tombe définitive de George VI, avec son mémorial, ne date que du 31 mars 1969.

2. Clarence House est aujourd'hui la résidence londonienne de Charles, prince de Galles, en tête sur la liste de succession au trône, et de sa seconde épouse, la duchesse de Cornouailles.

Clarence House était la résidence d'Elizabeth et Philip jusqu'à ce jour. Ils vont maintenant s'installer à Buckingham Palace. Un chassé-croisé douloureux pour la veuve de George VI. Si la mère de la nouvelle reine répugne à quitter le palais et tente de retarder son inévitable départ, la situation protocolaire est complexe et sans précédent. En effet, la reine Mary, grand-mère de la nouvelle souveraine, est reine mère depuis le décès de son mari George V en 1936. Après la disparition de son fils et l'avènement de sa petite-fille, sa belle-fille, veuve de George VI, est également reine mère ! Deux reines mères ! Un beau sujet pour Shakespeare et un fameux casse-tête pour les préséances ! Heureusement, la reine Mary se retire immédiatement de la vie publique. Reste un dilemme : comment différencier la reine veuve de la reine régnante, toutes deux prénommées Elizabeth ? Quinze jours après le trépas de George VI, celle qui fut son épouse entend faire respecter son statut et dissiper toutes les confusions. Elle adresse un message public que le *News Chronicle*, principal titre de la presse de gauche, qualifie de « déclaration sans équivalent dans l'histoire de la royauté » :

> Mon seul souhait maintenant est qu'il me soit permis de continuer seule le travail que nous avions accompli ensemble. Je vous recommande notre chère fille, donnez-lui votre loyauté et votre dévotion : bien que chérie par son mari et ses enfants[1], elle aura besoin de votre protection et de votre amour dans la grande et solitaire mission à

1. À l'époque, Elizabeth et Philip ont deux enfants : le prince Charles, né en 1948, et la princesse Anne, née en 1950.

laquelle elle a été appelée. Que Dieu vous bénisse tous et puisse-t-Il dans Sa sagesse nous guider en sécurité vers notre vraie destinée de paix et de bonne volonté[1].

À ceux qui oublieraient la force de caractère de la veuve de George VI, l'appui qu'elle lui avait fourni après l'irresponsable abdication de son frère, sa résistance souriante sous les bombes pendant le *Blitz* et son optimisme rassurant lorsqu'elle descendait dans les abris au milieu de la foule, la mère de la nouvelle reine répond en remerciant tous ceux qui ont partagé sa douleur dans la perte d'« un grand et noble roi » qui a régné quinze ans avec autant de courage que de dignité. À dater du 17 février 1952, elle se fera appeler *Queen Elizabeth, the Queen Mother*, un « nom horrible », d'après elle. Bientôt, par une affectueuse familiarité, pour tous les Britanniques, elle deviendra « Queen Mum ». Sa popularité grandira encore à un tel degré que les célèbres bus rouges à impériale afficheront même un panneau spécial avec ce surnom le jour de son anniversaire et, comme à sa fille, on lui dira *Madame*. Toutefois, pendant les premiers mois du règne d'Elizabeth II, sa mère éprouve de la jalousie, craignant de devenir une personne que l'on n'osera plus approcher, victime d'une distance qui rendra plus cruelle encore la perte de son bonheur familial. À cinquante-deux ans, elle se sent trop jeune pour être veuve. Résistera-t-elle à ce qu'elle ressent comme une mise à l'écart ? Son Écosse natale

1. Citation traduite par l'auteur, extraite de l'ouvrage de William Shawcross, *Queen Elizabeth, the Queen Mother*, Macmillan, 2009 ; rééd. Pan Books, 2010.

lui vient à l'aide : à la pointe nord-est de l'Écosse, au bord de la mer, elle visite un castel du XVIIe siècle, très délabré, mais qui la séduit. Elle l'achète, le fait restaurer et le rebaptise « château de Mey ». Elle y fera de longs séjours et il sera son ultime retraite.

La reine mère avait l'habitude d'avoir le pas sur les autres dames de la Cour ; désormais, sa fille aînée aura la préséance. Lors des fêtes de Pâques 1952, elles se retrouvent à Windsor, pour la première fois sous le même toit depuis la mort du roi. Même à l'heure du thé, la souveraine fait preuve de beaucoup de tact pour que sa mère se sente toujours chez elle et non invitée par sa fille – puisque, par principe, le monarque est partout chez lui et que, lors de son séjour, c'est son pavillon qui flotte au sommet de la tour ronde[1].

Elizabeth II : une reine débutante qui séduit Churchill

En ce premier trimestre 1952, et toutes proportions gardées, on peut comparer les débuts sur le trône de la fille de George VI et ceux de son arrière-arrière-grand-mère Victoria : un avènement prématuré, la jeunesse, une formation négligée qui ne l'auréole pas

1. Windsor reste toujours le plus grand château du Royaume-Uni et la plus vaste forteresse habitée du monde. Propriété de la Couronne, c'est la résidence principale de la famille royale qui s'y installe, en général, au mois d'avril, puis en juin pour la semaine d'Ascot, un élégant rendez-vous hippique et mondain qui coïncide avec les cérémonies annuelles de l'ordre de la Jarretière.

d'une réputation d'intellectuelle, le respect de valeurs simples, un mari adoré, un sens de la dignité royale, une conscience professionnelle remarquable, un instinct sûr, la volonté de bien faire et l'appui recherché d'un Premier Ministre beaucoup plus âgé qu'elle. Autrement dit, un renouveau appuyé sur l'expérience. Et si elle a des doutes, Elizabeth se fera expliquer précisément la situation, conformément à ses prérogatives. Le vieux lutteur a mis tous ses talents d'orateur, en dépit de sa voix nasillarde, dans l'éloge funèbre de George VI à la Chambre des communes, que l'assistance a écouté debout. Un éloge qui glisse vers le dithyrambe en saluant la « nouvelle Elizabeth » qui va écrire (il ne peut en douter) une nouvelle page d'histoire de la monarchie britannique et qui conclut : « Prions pour que l'accession à notre ancien trône de la reine Elizabeth la Seconde soit le signal d'un étincelant salut du genre humain. »

Churchill est évidemment confirmé dans ses fonctions et il était exclu qu'il décline la proposition, malgré son âge et les accidents d'une santé malmenée. Le Premier Ministre est sous le charme de la jeune reine incarnant le renouveau. Une relation, exceptionnelle, se noue entre le monarque et le chef du gouvernement dans le monde incertain du début des années 1950, alors que les bombes pleuvent sur la Corée et que la RDA (l'Allemagne de l'Est, fondée le 7 octobre 1949 avec Berlin-Est comme capitale) projette de construire un rideau de fer, au sens propre, entre les deux Allemagnes, sous l'influence, dit-on, de Staline. La reine et le chef du gouvernement se mettent d'accord sur la date du couronnement après une longue période de deuil : la cérémonie est fixée au 2 juin 1953. Pourquoi cette date ? Parce que le célèbre Derby d'Epsom aura lieu quatre jours plus tard, le 6 juin, et que la reine, passionnée de chevaux, ne pourrait manquer ni perturber ce prestigieux rendez-vous hippique. Les observateurs en concluront que l'audience du mardi à Buckingham Palace peut aussi permettre un échange de points de vue équestres entre deux experts…

Dans son entourage, Elizabeth a le bon sens de confirmer un autre personnage, privé mais essentiel, qui était dans l'intimité de son père, l'élégant Tommy Lascelles, entré au service de la Couronne en 1920. Il a été le témoin de trois règnes, entre la tradition sans génie de George V, la lâcheté scandaleuse d'Édouard VIII et l'héroïsme patriote de George VI dont il avait été le secrétaire. Tommy Lascelles devient le secrétaire particulier de la nouvelle souveraine. La reine est une débutante appliquée et elle prépare avec soin l'audience du mardi après-midi, ayant pris connaissance du contenu des *boxes*. À l'opposé du secret de ces entretiens où elle se contente de conseiller, Elizabeth veille à respecter le protocole avec ses premières réceptions de hautes personnalités. La reine est timide, mais sa jeunesse ne l'empêche pas d'être attentionnée. Toutefois, elle est aussi une épouse, une mère et une sœur, un chef de famille devenu chef d'État. Autant de statuts qu'il n'est pas facile de faire coexister. Le cas de la princesse Margaret est particulièrement délicat. La cadette, âgée de vingt-deux ans, a très tôt été précédée d'une réputation d'*enfant terrible* (en français). La fille préférée de George VI n'a aucun rôle officiel et ne peut s'arracher à la tristesse du paradis perdu de l'enfance. Moins grande que sa sœur, mais jolie, Margaret était le point de mire de toutes les soirées des châteaux royaux. La mort de son père n'est pas seulement, comme pour Elizabeth, la perte d'un irremplaçable modèle, mais celle d'un complice. N'ayant pas l'obligation d'assumer le fardeau de la Couronne, Margaret se sent abandonnée et inutile. On devra lui donner un sédatif pendant plusieurs jours. Son mal de vivre est tangible. Margaret ne parvient toujours pas à assumer le passage à l'âge adulte. Or, à cela, il y a une explication : une enfance surprotégée. Les deux sœurs n'ont, en fait, été préparées à rien. Elizabeth, sérieuse et dotée d'un grand sens du devoir, s'adaptera en comblant peu à peu ses lacunes ; mais pour Margaret, ce sera beaucoup plus compliqué. Pour comprendre le traumatisme que fut pour les deux sœurs la mort de George VI, il faut revenir sur leur enfance.

2

De la princesse à l'héritière
(1926-1945)

Comme dans un conte de fées, il était une fois un prince héritier, tellement parfait, beau et séduisant qu'on l'avait surnommé le « prince charmant ». En revanche, son frère cadet, qui n'était pas l'héritier, était moins beau, moins charmant et complexé dans ses relations avec les autres. Et pour cause : handicapé par son bégaiement, traumatisé par une éducation sévère, voire punitive, il cherchait une princesse capable de l'aimer et de le comprendre. C'étaient le prince de Galles et le duc d'York, les deux fils aînés du roi George V et de la reine Mary. Pour eux et pour leur pays, rien ne se passa comme prévu.

Après les tragédies de la Première Guerre mondiale, le prince de Galles, prénommé Edward mais surnommé David, collectionnait les aventures, de préférence avec des femmes mariées ; tandis que son timide frère Albert, dit Bertie, rencontra en 1920, lors d'un bal, la jeune fille dont il allait tomber éperdument et définitivement amoureux, Elizabeth Bowes-Lyon. Elle était la débutante la plus courtisée de la « saison ». Petite, brune aux yeux bleus, peu préoccupée par la mode des Années folles, elle séduisait par son entrain, son esprit piquant et sa joie de vivre. Écossaise, fille de lord et lady Strathmore, elle était née au château de Glamis, hanté par divers fantômes dont celui, shakespearien, de Macbeth. Elle mit deux ans à dire oui au très persévérant duc d'York. Plus tard, elle expliquera qu'elle redoutait d'entrer dans la famille royale britannique et sa « cage dorée ».

Ils se marièrent le 26 avril 1923 à l'abbaye de Westminster, mais comme cette union n'était pas celle, tant attendue, du prince de Galles, le public s'y intéressa peu. Comme le releva le *Times*, il ne s'agissait pas du mariage du futur roi et de la future reine. Pour autant, ce fut une union parfaitement heureuse. Bertie avait trouvé la femme de sa vie qui l'accompagnerait sans faille lors des terribles épreuves qu'ils allaient devoir affronter. Tous deux espéraient, bien entendu, de nombreux enfants. Certes, malgré la présence de trois frères et d'une sœur, les premières années du duc d'York n'avaient pas été très heureuses, la fratrie manquant terriblement d'amour et d'affection de la part de ses parents. Pour son épouse Elizabeth, c'était tout le contraire. Elle était la quatrième fille et le neuvième enfant de lord et lady Strathmore et avait eu une enfance comblée grâce à la tendresse, la joie de vivre et la lumineuse présence de sa mère qui avait su donner à sa fille le goût aussi bien du jardinage que de la musique, des arts que de la littérature. Lady Strathmore enseignait elle-même à ses enfants le piano, le chant, la danse et le dessin. C'est d'ailleurs de toutes ces qualités qu'a hérité la duchesse d'York. Le premier enfant du couple se fit attendre trois ans, suscitant quelques soupçons malveillants sur la santé physique du duc.

Des « petites princesses » très aimées et très protégées

À Londres, dans l'hôtel particulier de ses grands-parents maternels, Strathmore House, dans l'élégant quartier de Mayfair, la princesse Elizabeth, Alexandra, Mary d'York naît le 21 avril 1926 par césarienne. C'est le duc d'York, son père, qui impose le prénom d'Elizabeth en hommage à son épouse ; la référence à Elizabeth Ire n'est absolument pas envisagée, et pour cause : ce n'est pas une future reine que l'on baptise… Pour le bébé, la principale personne avec qui elle va vivre est sa nurse, Clara, surnommée curieusement « Allah », qui avait été la nurse de sa mère. Bientôt s'y joindra une toute jeune Écossaise, Margaret MacDonald, dite « Bobo », qui restera la personne la plus proche d'Elizabeth pendant soixante ans !

La pctitc princcssc cst à peine âgée de neuf mois lorsque ses parents la quittent pour un voyage officiel de six mois en Australie et en Nouvelle-Zélande. Elle est confiée à ses grands-parents paternels. Le roi George V, qui avait été un père particulièrement dur et distant pour ses enfants, va littéralement fondre de tendresse pour Elizabeth. Il a déjà deux petits-fils, bruyants et fatigants, de sa seule fille, la princesse Mary, mais

Elizabeth l'enchante. Il écrit même à son fils et à sa belle-fille : « Votre adorable petite fille a maintenant quatre dents, ce qui est tout à fait remarquable pour onze mois. » On croit rêver ! En juin 1927, au retour de ses parents après leur long périple, la princesse fait sa première apparition sur le balcon de Buckingham Palace avec ceux-ci et ses grands-parents. Et de sa petite main, elle salue la foule d'une inaugurale *royal wave* avec une maîtrise du geste qui ne se démentira jamais.

Quittant la maison familiale des Strathmore, les York emménagent alors dans une grande demeure au n° 145 Piccadilly, donnant sur Green Park. Elizabeth va y vivre pendant dix ans. Si George V est responsable de la passion de sa petite-fille pour les chevaux, c'est aussi lui qui la surnomme, pour la première fois, « Lilibeth ». Chez les Windsor, tout le monde a son surnom.

La petite princesse, malgré son tout jeune âge et au grand dam de sa mère, est extrêmement populaire. Si les York se déplacent sans leur fille, on se plaint de l'absence d'Elizabeth. Elle va même figurer en couverture du magazine américain *Time*, vêtue d'une robe jaune, couleur inhabituelle pour les enfants à cette époque, provoquant un engouement incroyable. Très tôt, Elizabeth est une vedette médiatique, au point que sa mère s'inquiète de ce que cette notoriété précoce n'ait pas que des aspects positifs. Très vite, Lilibeth sait faire la révérence et ranger ses affaires. À trois ans, ayant reçu un balai et une pelle, elle utilise ces cadeaux au-delà du simple jeu : elle se révèle une maniaque du rangement et de la propreté.

Elle a quatre ans lorsque sa mère donne enfin naissance à un deuxième enfant : la princesse Margaret

Rose voit le jour le 21 août 1930, au château de Glamis où sa mère a passé son enfance. Si les parents sont enchantés, le roi et la reine regrettent que ce ne soit pas un garçon. Le prince de Galles, héritier du trône, a maintenant trente-six ans et ne manifeste aucun désir de se marier. Il entretient alors une liaison quasi officielle avec une riche héritière américaine, lady Furness, mariée à un aristocrate anglais complaisant. On commence à envisager la possibilité qu'un jour, peut-être, la petite Elizabeth devienne princesse héritière. Même son père, qui avait refusé pour elle le prénom de Victoria, se livre à des comparaisons entre sa glorieuse arrière-grand-mère et sa petite Elizabeth. À ce stade, il n'envisage nullement de régner lui-même. Pour lui, le prochain roi de Grande-Bretagne et d'Irlande sera son frère aîné. S'il ne se mariait pas, Elizabeth serait l'espoir de la génération suivante. Pour Lilibeth, très loin de toutes ces spéculations, l'arrivée de sa petite sœur est un cadeau et, avec le sérieux qui la caractérise, elle va se sentir responsable de sa cadette. Et cela durera toute sa vie.

L'organisation de la nurserie est bouleversée : Allah s'occupera du bébé, tandis que Bobo continuera à s'occuper de Lilibeth. Le caractère de la petite Margaret Rose est tout le contraire de celui de sa sœur. Extravertie, charmeuse, capricieuse parfois jusqu'à la méchanceté, elle n'a pas un tempérament facile. Mais elle est si jolie, si tendre qu'elle fait la conquête de tous ceux qui l'approchent. Si le duc d'York aime profondément Lilibeth, qui lui ressemble tant par sa timidité et son sérieux, il est désarmé par Margaret, qui est comme une reproduction miniature de sa propre épouse. Il a tant souffert de la différence de traitement entre son frère

Edward, l'héritier du trône, d'un an et demi son aîné, et lui-même qu'il dira plus tard à son Premier Ministre Baldwin : « Vous ne pouvez pas savoir la différence que dix-huit mois peuvent faire… » Le duc d'York veut donc éviter à tout prix que Margaret puisse souffrir d'être considérée comme moins importante que sa sœur. Dès que Margaret passera du « statut » de bébé à celui de petite fille, les deux sœurs seront toujours habillées, chaussées et coiffées exactement de la même façon. Cette fausse gémellité fera la joie des photographes.

À sept ans, Lilibeth se découvre une passion pour les corgis…

Autre différence majeure par rapport à sa propre éducation, le duc d'York veille à être le moins possible séparé de ses filles. Son épouse et lui déjeunent avec elles presque chaque jour, et les retrouvent de la même façon pour le thé. Certes, les nurses se chargent du reste. Mais cette grande proximité entre parents et enfants, extrêmement rare à l'époque dans la famille royale comme dans la haute aristocratie britannique, devient la caractéristique principale de ce quatuor : il se baptise lui-même *Us Four* (« Nous quatre »). Même les gouvernantes se disent émues par l'amour conjugal manifeste du couple York et par son affection profonde pour ses enfants.

Un an après la naissance de Margaret, les York, comme le reste de la famille royale, doivent accepter des sacrifices financiers en raison de la Grande Dépression suivant la crise de 1929. Le roi George V, qui avait déjà été très éprouvé par la chute des trois empires européens au lendemain de la guerre ainsi que par la fin atroce de ses cousins Romanov, envers lesquels il s'était montré plutôt indifférent, est terrifié. Il redoute d'être lui aussi, en dépit de la victoire alliée et de son attitude irréprochable pendant le conflit, victime d'une révolution qui entraînerait sa destitution. Pour couper court à toute critique sur le train de vie jugé fastueux de la famille royale, le souverain demande de lui-même à son gouvernement de diminuer sa liste civile de 50 %. Ses enfants sont priés, eux aussi, de se restreindre dans les mêmes proportions. Le prince de Galles est furieux, il a besoin d'argent pour mener le grand train auquel il est habitué : il dilapide ses avoirs pour ses maîtresses, sa vie nocturne et ses voyages. Son frère, le duc d'York, renonce à sa principale passion, la chasse, qu'il pratiquait dans diverses propriétés qu'il louait jusqu'alors. En 1931, pour remercier son fils cadet de son attitude exemplaire, et peut-être aussi parce que les York ont maintenant deux enfants et pas de maison à la campagne qui leur appartienne, George V décide de leur donner Royal Lodge, une résidence de style gothique nichée dans le parc de Windsor, où s'était retiré le roi George IV un siècle plus tôt. La duchesse d'York peut s'y livrer, avec son goût habituel, à sa passion pour la décoration. Le couple passe la plupart de ses week-ends dans ce domaine superbe. Lilibeth va être très gâtée puisque l'année suivante, en 1932, le pays de Galles lui offre un cottage miniature, *Y Bwthyn Bach* (« La Petite Maison », en gallois). Il est équipé et meublé et les deux sœurs profitent de ce cadeau merveilleux.

D'innombrables photos ont immortalisé ces moments où elles vaquent à leurs fausses occupations ménagères, beaucoup plus amusantes qu'une maison de poupée. De nombreux clichés montrent les York avec leurs filles sur la pelouse du Royal Lodge très souvent en compagnie de chiens. Jusqu'à 1933, le labrador était le favori. En 1933, le duc d'York offre à Lilibeth son premier corgi, une race très peu connue et pas du tout à la mode à l'époque. La princesse aime tellement son Dookie qu'une femelle, Jane, va suivre. Une autre « dynastie » va naître, celle des chiens : la reine ne pourra jamais plus se passer de ses corgis. Un rituel immuable s'instaure : le week-end à Royal Lodge, les vacances de Pâques à Windsor avec le couple souverain, les séjours en Écosse du début d'août à l'ouverture de la chasse à la grouse jusqu'au début du mois d'octobre, tantôt à Glamis, tantôt à Balmoral, et Noël et le nouvel an à Sandringham. Cet agenda familial est, encore aujourd'hui, celui de la reine.

À cette période, les relations des York avec le prince de Galles sont excellentes. Les deux petites princesses raffolent de leur « oncle David » qui, fréquemment, rend visite à la famille de son frère, aussi bien à Londres, où il réside à quelques minutes de leur domicile, qu'à Royal Lodge. Lui-même s'est installé dans le parc de Windsor à Fort Belvedere, très proche lui aussi. Non seulement oncle David vient prendre le thé, mais il amuse ses nièces en partageant avec elles leurs jeux favoris : gin rummy, jeu des sept familles, voire des chansons autour du piano. L'été en Écosse, le prince héritier partage aussi volontiers les pique-niques et toutes les distractions qu'ils peuvent imaginer.

Au printemps 1932, un nouveau personnage entre dans la vie de Lilibeth. Elle s'appelle Marion Crawford, elle sera la gouvernante d'Elizabeth puis de Margaret jusqu'à la fin de la Seconde Guerre mondiale. Cette Écossaise de vingt-trois ans a déjà une expérience en pédagogie et en psychologie des enfants. Elle est tout de suite surnommée « Crawfie ». C'est un témoin essentiel de l'enfance et de la vie familiale des princesses car, lorsqu'elle aura quitté sa fonction, elle écrira plusieurs articles dans les journaux, puis des livres – une faute impardonnable selon la famille royale (cela ne se fait pas !), qui n'appréciera pas du tout ces indiscrétions et va rompre toute relation avec elle. Crawfie reste, néanmoins, un témoin précieux de quatorze années de la vie d'Elizabeth et de Margaret.

L'éducation des filles était certes importante pour leurs parents, mais ce n'était pas l'essentiel. Seul comptait le bonheur de leurs enfants. Le duc d'York gardait un souvenir épouvantable de ses années d'études, qu'il considérait comme punitives, et ne pouvait imaginer infliger pareil tourment à ses propres enfants. Quant à la duchesse, élevée très librement par sa mère, elle considérait que ses filles n'avaient pas besoin d'une formation intellectuelle très poussée, l'essentiel étant de savoir lire, écrire et compter. D'autres personnes se chargeraient, plus tard, des tâches ennuyeuses qu'elles auraient à accomplir.

Crawfie est une éducatrice sérieuse. Elle fait tout son possible pour réussir au mieux l'apprentissage des princesses, tout en évitant de contrarier leur mère. Elle a aussi dans l'idée que l'isolement de ces deux petites filles ignorant tout de la vraie vie du peuple britannique n'est pas une bonne chose. Elle organise donc pour elles des visites de Londres et de ses principaux monuments en faisant prendre le métro à ses élèves. Ce n'est pas une chose facile car, accompagnées par un service de sécurité, les petites princesses passent difficilement inaperçues.

Les principes d'éducation du duc et de la duchesse d'York n'enthousiasment guère la reine Mary qui considère de son devoir d'apporter à ses petites-filles une connaissance plus approfondie de l'histoire du Royaume-Uni, de ses dynasties et aussi de l'empire, et notamment de sa géographie. Elle offre même à Lilibeth des représentations en bois de chacun des dominions. Avec une certaine sévérité, qui dissimule une grande tendresse à l'égard de Lilibeth et de Margaret, la reine Mary contribue à former l'aînée qui, bien qu'impressionnée par l'épouse de George V, sera profondément marquée par elle : le fait de ne jamais laisser deviner ses émotions et une certaine réticence à sourire en public sont l'empreinte de sa grand-mère chez qui elle se rend une fois par semaine et « qui l'instruisait personnellement des particularités de la vie royale[1] ». Pour l'éducation générale de la princesse, Crawfie suit l'emploi du temps organisé par la reine Mary. De 9 h 30 à 11 heures, Lilibeth étudie la Bible, l'histoire, la grammaire ou l'arithmétique, la composition ou la géographie, mais aussi la poésie et la littérature en général. De 11 heures à midi, récréation pour jouer, boire un jus d'orange, puis déjeuner. Entre 12 heures et 13 heures, il y a une

1. Hélène Catsiapis, *La Royauté anglaise au XXe siècle*, Ellipses, 2000.

demi-heure de lecture silencieuse, puis une autre de lecture à voix haute faite par Crawfie. L'après-midi est consacré aux « disciplines d'éveil » que sont la danse, le chant, le piano et le dessin. Le samedi matin est évidemment le jour préféré de la princesse : c'est celui de l'équitation – une passion ! Ce bel ordonnancement est heureusement bousculé par les parents qui aiment « jouer avec leurs filles ou se promener avec elles dans le parc[1] ».

Fin 1935, son grand-père George V envisage que Lilibeth puisse régner

Si elles vivent dans une bulle familiale très protégée, les petites princesses rencontrent d'autres enfants lors de goûters. Elles invitent et sont invitées dans un milieu qui est le leur. La première participation de Lilibeth à un événement officiel – bien que familial – est le mariage du frère cadet de son père, George, duc de Kent, le 29 novembre 1934, en l'abbaye de Westminster, où elle est demoiselle d'honneur. George est certainement le plus beau des quatre fils du couple royal, mais il est aussi, jusqu'à présent, celui qui a causé le plus d'inquiétudes au roi et à la reine. George a eu quelques liaisons homosexuelles, puis d'autres aventures, féminines, tapageuses, dont une avec une chanteuse afro-américaine, Florence Mills. Une autre de ses maîtresses américaines l'avait initié aux drogues dures, cocaïne et morphine.

1. *Ibid.*

Le prince de Galles, pour une fois responsable, avait accueilli son frère à York House, sa résidence londonienne. Il l'avait sorti de son enfer, l'obligeant à suivre une cure de désintoxication. Malgré ce parcours chaotique, le duc de Kent a énormément de charme et tombe amoureux de la princesse d'Europe la plus ravissante et la plus distinguée, Marina de Grèce, dont la sœur Olga a épousé le prince Paul de Yougoslavie. Marina est la petite-fille du premier roi de Grèce de la dynastie danoise et sa mère est une grande-duchesse Romanov. Le couple est stupéfiant d'élégance. Marina devient immédiatement la coqueluche du peuple britannique. Lilibeth, enchantée de son rôle de demoiselle d'honneur à ce mariage de rêve, n'est certainement pas consciente du drame qui s'est joué en coulisse à ce moment. En effet, le prince de Galles avait convié au mariage de son frère un couple, Mr. et Mrs. Ernest Simpson. Dans le petit milieu de la Cour, tout le monde sait que Wallis Simpson, Américaine remariée après son divorce, est depuis quelque temps la nouvelle maîtresse du prince de Galles. Si ce couple est extrêmement bien placé dans l'abbaye de Westminster, le pire s'est passé la veille au soir, à Buckingham Palace, où le roi et la reine donnaient une réception en l'honneur du mariage de leur plus jeune fils. Les Simpson y étaient invités et l'héritier du trône avait osé présenter sa nouvelle maîtresse au roi et à la reine ! La colère de George V a été terrible. Il savait maintenant que David, son successeur, était sous l'emprise d'une redoutable intrigante, perverse et dominatrice. Le futur s'annonçait compliqué et inquiétant.

Les visites surprises d'oncle David chez les York s'espacent, puis cessent complètement après qu'il a osé venir à Royal Lodge prendre le thé accompagné de la sulfureuse Wallis. Les parents de Lilibeth et de Margaret n'avaient pas été très chaleureux lors de cette visite, et depuis ce jour, les relations entre les deux frères, pourtant si proches, sont devenues glaciales, voire ont été rompues.

La deuxième apparition officielle des deux petites princesses est beaucoup plus spectaculaire : il s'agit, le 6 mai 1935, de la célébration du jubilé d'argent du roi George V. Les fastes de l'Empire britannique se déploient sous les yeux émerveillés de Lilibeth et de Margaret, l'aînée coiffée d'un chapeau, la cadette d'un bonnet. Les deux sœurs, vêtues de la même couleur rose, assises dans une calèche découverte en compagnie de leurs parents, font partie du cortège qui part de Buckingham Palace en direction de la cathédrale Saint-Paul où a lieu la messe d'action de grâces marquant les vingt-cinq ans de règne de leur grand-père.

Il fait très beau et très chaud. Une foule immense est rassemblée au long du parcours pour acclamer particulièrement le roi, sa famille, le gouvernement et des délégations venues d'outre-mer. George V est bouleversé par la ferveur de ses sujets, qu'il ne soupçonnait pas. Il est rassuré sur la solidité de la monarchie britannique, malgré la montée des périls en Europe. Dans son discours radiodiffusé, qu'il prononce le soir depuis Buckingham Palace, le monarque, très ému, les yeux humides, confirme : « Je peux seulement vous dire, mon très cher peuple, que la reine et moi vous remercions du fond du cœur pour votre loyauté et, oserais-je le dire, pour l'amour dont vous nous avez entourés en ce jour. »

Quelques mois plus tard, en novembre 1935, les deux princesses sont de nouveau demoiselles d'honneur, cette fois-ci au mariage de l'avant-dernier fils de George V, Henri, duc de Gloucester. Officier de cavalerie, il aime la chasse et la pêche. Un bon vivant un peu rustique qui a épousé une aristocrate anglaise. Dans sa biographie d'Elizabeth II, Sarah Bradford raconte que les deux princesses avaient été habillées par le couturier de leur mère, Norman Hartnell, de très jolies robes, mais que le roi avait demandé que l'on raccourcît leurs jupes parce qu'il voulait « voir leurs jolis petits genoux[1] »… Le monarque a du mérite de s'intéresser de si près à ses petites-filles, car la Couronne est secouée par une crise sans précédent à cause de la liaison du prince de Galles avec Wallis Simpson. L'Américaine est devenue omniprésente dans la vie du prince héritier. Ils étaient partis ensemble en vacances, à Biarritz puis à Cannes et sur les lacs italiens, pendant l'été. Le monde entier, grâce à des photos, a été au courant de cette romance tapageuse, la Cour et le gouvernement aussi, mais pas du tout le peuple britannique : la presse anglaise n'a rien mentionné, elle n'a pas publié le moindre écho ni le plus petit cliché à ce sujet, sans doute parce que le prince est populaire, en dépit de ses frasques, et peut-être pour ne pas déstabiliser le souverain et la monarchie. George V est physiquement affaibli, son cœur est malade. Il a honte du comportement d'Édouard. En décembre, il

---

1. Sarah Bradford, *Elizabeth. A Biography of Her Majesty the Queen*, *op. cit.*

déclare à l'archevêque de Canterbury et à quelques amis intimes : « [J'espère] qu'il n'y a[ura] aucun obstacle entre Bertie, Lilibeth et le trône. Après ma mort, le garçon se détruira lui-même avant six mois » – le « garçon » en question étant son successeur. Cette phrase, prémonitoire, est étonnante, tant le souverain de soixante-dix ans est d'une extraordinaire lucidité : il pressent que le prince de Galles n'étant qu'un débauché et un noceur ne remplissant aucune de ses obligations, le duc d'York succédera très vite à son frère et que l'héritière sera alors Lilibeth…

Nouveau roi, l'oncle Édouard VIII est indigne de la Couronne...

Comme à l'accoutumée, les York et leurs deux filles vont passer les fêtes de Noël et du nouvel an auprès du roi et de la reine à Sandringham. Ce manoir, dans le comté de Norfolk, est une propriété privée de la famille régnante. Mais en cette fin 1935, les vacances sont attristées par la mauvaise santé du souverain. Très fatigué, celui-ci dort mal et a très souvent besoin de l'assistance d'une bouteille d'oxygène pour respirer lorsqu'il est allongé. Après la réunion de famille, les York retournent à Royal Lodge tandis que les princesses restent à Sandringham auprès de leurs grands-parents. George V va de plus en plus mal. Le 18 janvier, il est obligé de renoncer à la chasse. Il s'éteint un peu avant minuit le 19 janvier 1936, après une injection de morphine qu'on lui a administrée pour adoucir sa fin.

Ses petites-filles, dont c'est la première confrontation avec la mort d'un être cher, sont très affligées. Crawfie interrompt ses vacances pour prendre soin d'elles tandis que la duchesse d'York, souffrant d'une pneumonie, est clouée dans sa chambre à Royal Lodge. Seul son mari rejoint Lilibeth et Margaret. Pour la première fois, elles sont présentes à des funérailles officielles. Les deux princesses, tout en noir et coiffées de bérets de velours, assistent aussi bien à l'exposition du corps dans le hall de Westminster qu'à la messe célébrée en la chapelle St. George, à Windsor. Alors que le chagrin de la disparition du monarque devrait réunir sa famille, le duc et la duchesse d'York se sentent mis à part. Le nouveau roi, Édouard VIII, entièrement sous la coupe de sa maîtresse Wallis Simpson, va exclure son frère et sa belle-sœur de la vie de cour, pour la simple raison que Wallis ne les aime pas. L'aventurière se moque ouvertement des difficultés d'élocution de Bertie et de la face ronde ainsi que du léger embonpoint de son épouse, qu'elle surnomme Cookie. Pour Lilibeth, Wallis est un peu moins caustique : elle la surnomme Shirley Temple[1] !

Le comportement du nouveau roi est totalement indigne : il partage avec Wallis la lecture des documents secrets contenus dans les fameuses *red boxes* à son effigie, les rendant au gouvernement souvent maculés de ronds de verres à cocktails ! C'est le secrétaire privé du nouveau monarque, Alec Hardinge, horrifié, qui en

---

1. La comparaison est cependant méchante et surtout stupide, car Shirley Temple, née en Californie et alors âgée de huit ans, est la plus connue des enfants vedettes de Hollywood et aussi la plus horripilante, jouant dans des comédies d'une invraisemblable bêtise !

informe les York. Mais la population britannique ignore cette désinvolture choquante et même la présence de Wallis. Dans l'instant, au printemps 1936, Édouard VIII est toujours un roi très apprécié. Pour les princesses, les vacances en Écosse vont être très différentes de leurs séjours habituels. Elles ne logent pas à Balmoral, mais dans un autre château situé sur le domaine, Birkhall, peu confortable et dépourvu d'électricité. La reine Mary ne se montre pas à Balmoral, et pour cause : c'est Wallis qui est devenue la maîtresse de maison et qui s'est même permis de s'attribuer la chambre de la reine !

Début octobre, les York et leurs filles se rendent à Glamis pour la chasse à la perdrix. Le premier déclencheur de la dramatique crise royale est l'annonce que Mrs. Simpson demande le divorce. Le 17 novembre, pour la première fois, le duc d'York est convoqué à Buckingham Palace par son frère. Celui-ci l'informe qu'il a déjà prévenu le Premier Ministre Stanley Baldwin et la reine Mary de son intention d'épouser Wallis et de la faire couronner. Lilibeth et Margaret ne sont évidemment pas informées de ce séisme, mais elles peuvent voir leurs parents visiblement préoccupés et contrariés. La suite est entrée dans l'histoire[1]. Le Premier Ministre Baldwin, dont le gouvernement refuse de donner au roi l'autorisation d'épouser Wallis, consulte, comme il en a l'obligation, tous les gouvernements des divers dominions qui sont sur la même ligne que le cabinet de Londres. Lors d'une rencontre dramatique avec le monarque, le chef du gouvernement lui annonce le seul

1. Voir, du même auteur, *La Saga des Windsor*, Perrin et coll. « Tempus ».

choix possible : renoncer à Mrs. Simpson ou renoncer au trône. Tout va alors très vite. Le vendredi 3 décembre 1936, les journaux du Royaume-Uni révèlent enfin ce que le reste du monde savait depuis longtemps. L'onde de choc est dévastatrice et, à part quelques fidèles, l'opinion se retourne contre le roi. Le week-end suivant, les York sont à Royal Lodge avec leurs enfants. La duchesse est de nouveau malade, alitée à cause d'un début de bronchite. Son mari est désespéré. Il sait maintenant qu'il peut devenir roi à tout moment et cela le terrifie. Le lundi 7 décembre, Édouard VIII reçoit son frère dans sa résidence de Fort Belvedere pour l'informer qu'il a décidé d'abdiquer. C'est dans ce petit château néogothique du XVIIIe siècle, en présence de ses trois frères, qu'Édouard VIII signe son acte d'abdication au matin du 10 décembre. Son règne, pitoyable, n'aura duré que trois cent vingt-cinq jours. Les York regagnent Londres au plus vite. Bertie va voir sa mère et s'effondre dans ses bras.

En rentrant chez lui, au 145 Piccadilly, le duc d'York est acclamé par la foule devant sa résidence. Le vendredi 11 décembre 1936, à 1 h 52 de l'après-midi, Albert, duc d'York, est proclamé roi de Grande-Bretagne et d'Irlande du Nord sous le nom de George VI, qu'il choisit en hommage à son père. Il est le troisième souverain Windsor et le quarantième monarque depuis Guillaume le Conquérant. Le même soir, un dernier dîner réunit la famille à Windsor, avant que l'oncle de Lilibeth et de Margaret explique, dans un discours pathétique à la radio, qu'il a renoncé au trône par amour, avant de quitter l'Angleterre et de gagner d'abord l'Autriche. Désormais, oncle David ne sera plus que SAR le duc de Windsor. Maintenant, les deux petites princesses savent qu'oncle David est parti, que leur papa est devenu roi, que leur maman est reine et que la famille va bientôt déménager pour s'installer à Buckingham Palace. « Lorsque j'ai annoncé à Margaret et à Lilibeth qu'elles allaient maintenant devoir vivre au palais de Buckingham, elles m'ont regardée d'un air horrifié. "Quoi ? s'est exclamée Lilibeth, vous voulez dire pour toujours[1] ?" » Et ce choc est encore amplifié lorsque, selon lady Cynthia Asquith, très proche de la mère des princesses, Lilibeth aurait été « très impressionnée à la vue d'une énorme enveloppe, arrivée le jour même au 145 Piccadilly, libellée à l'attention de "Sa Majesté la reine". "Il s'agit bien de maman, n'est-ce pas ?" aurait-elle alors lancé d'une voix tremblante[2] ».

Lilibeth le sait : son sort est scellé. Elle comprend qu'elle est désormais la princesse héritière et qu'elle devra un jour succéder à son père. Elle a dix ans et demi. Elle devient sérieuse, grave et curieuse du travail de Bertie. Sans doute n'a-t-elle pas réellement conscience que l'avènement du nouveau souverain se passe dans les pires conditions : son frère a sali et abaissé la monarchie ; il l'a mise en péril. Une honte pour la dynastie. Pour l'opinion britannique, cette cauchemardesque année 1936 restera connue sous le nom de l'« année des trois rois » : George V, mort en janvier ; Édouard VIII, qui abdique le 10 décembre ; et

1. Marion Crawford, *The Little Princesses*, Cassell & Co, 1950.

2. Lady Cynthia Asquith, *The King's Daughters*, Hutchinson, 1938, cité par Isabelle Rivère, *Elizabeth II, dans l'intimité du règne*, *op. cit.*

George VI, devenu le nouveau souverain. Celui qui n'aurait pas dû monter sur le trône, et qui ne se sent pas capable d'assumer ce fardeau. La monarchie a failli sombrer ; le roi va devoir la relever pour qu'elle redevienne respectable. Un terrible défi…

17 janvier 1937 : une nouvelle vie à Buckingham Palace

Pour Lilibeth et Margaret, le changement est évidemment plus spectaculaire que pour leurs parents. Si le roi et la reine connaissent bien le palais, Lilibeth et Margaret y sont certes venues souvent et y ont couché du temps de leur grand-père. Mais vivre dans la résidence officielle du souverain à Londres, c'est s'immerger dans un autre monde : près de six cents pièces à l'époque, un personnel, toutes catégories confondues, d'environ cinq cents hommes et femmes, et le mélange, parfois dérangeant, d'appartements privés, de bureaux, de salles et salons pour la vie officielle. Les princesses apprennent que de toutes les résidences royales, Buckingham Palace a l'histoire la plus brève, car sa fonction n'a débuté qu'avec l'installation de la reine Victoria en 1837, tandis que, par exemple, la Tour de Londres et Windsor remontent au XIe siècle. Un tel bâtiment n'est pas toujours pratique et son entretien est aléatoire. Ainsi, l'électricité, en ce début 1937, n'est-elle pas réellement moderne : Crawfie, la préceptrice des princesses, se plaint de devoir parcourir 200 mètres dans un couloir pour éteindre la lumière de sa chambre !

Pour les deux petites filles, ce palais est aussi un terrain de jeu exceptionnel. L'aménagement est excitant : il y a tant d'immenses corridors que Margaret s'y déplace en tricycle et, à l'extérieur de leurs chambres au deuxième étage, les deux sœurs installent des écuries pour leurs trente chevaux-jouets et sont fières de monter à deux sur un cheval à bascule, Lilibeth tenant fermement Margaret et les rênes. Leur mère, enfant, avait chevauché ce même coursier en bois. Les époux royaux font décorer à leur goût les anciens appartements de George V et de la reine Mary (qui s'est installée à Marlborough House depuis son veuvage) au premier étage. En attendant, ils emménagent au rez-de-chaussée et leurs filles s'amusent énormément de l'interminable parcours qu'elles doivent faire pour rejoindre papa et maman. Un vrai jeu de piste ! Voir leurs parents se transformer en roi et reine les intéresse beaucoup. George VI, qui adore sa femme, sait très bien que sa silhouette lui interdit les fourreaux si près du corps que portent les élégantes de l'époque, comme Wallis ou lady Mountbatten. Il demande à Norman Hartnell de créer pour elle des robes du soir inspirées par les tableaux de Winterhalter. Les surprenantes « crinolines » de la nouvelle reine, ses bijoux étincelants et son allure aimable et souriante deviennent l'image de marque de la mère de Lilibeth. Elle invente une « mode hors mode » qui va l'identifier définitivement. De superbes photos de Cecil Beaton immortalisent ce changement spectaculaire. Elizabeth est une reine idéale. Le couple va beaucoup recevoir pour des dîners d'État à Buckingham Palace, des réussites appréciées. La nouvelle reine gère les fastes du palais avec une aisance naturelle. Une vie de cour s'impose grâce à George VI et à son épouse.

Pour les princesses, un des autres attraits du palais est son immense parc, le plus vaste de Londres. Pour qu'elles en profitent tout en sortant de leur isolement, le roi et la reine créent la « Première Compagnie des guides de Buckingham Palace », où des fillettes de la bonne société se retrouvent tous les mercredis, à 17 heures, au palais. Selon le temps qu'il fait, on joue à l'intérieur ou à l'extérieur. Mais ce qui va réellement fasciner les deux enfants est la préparation du couronnement et du sacre de leur père.

Lilibeth raconte, par écrit, le couronnement de son père

La date est fixée au 12 mai 1937. Ce n'est pas George VI qui l'a choisie, mais son frère Édouard VIII, qui l'avait retenue pour son propre couronnement. La « machine » royale était déjà en route lors de l'avènement du nouveau souverain. Seuls les produits dérivés et les décors devaient être refaits au monogramme de George VI. Celui-ci, depuis plusieurs années, suit, confidentiellement, les cours d'un orthophoniste peu conventionnel, Lionel Logue, qui lui est d'un immense secours pour vaincre ses difficultés d'élocution. Le roi appréhende les épreuves de la cérémonie. Il s'y entraîne presque comme un athlète. Il s'habitue à porter la lourde couronne et connaît par cœur les phases successives de cet impressionnant rituel. Mais ce qu'il redoute le plus est le discours qu'il devra prononcer le soir, à la radio, à l'adresse de tous ses peuples. Lionel Logue l'y entraîne, y compris en apprenant au souverain à dire des jurons et des grossièretés ! Lilibeth et Margaret se préparent aussi pour l'événement. La reine Mary, qui, pour une fois, va faire une énorme entorse au protocole, a décidé d'assister au couronnement et au sacre de son fils, alors qu'il n'est pas d'usage que la veuve du monarque défunt soit présente. Elle y sera en compagnie de ses deux petites-filles auxquelles elle a raconté, avec force détails, « son » couronnement, celui de leur grand-père George V, en 1910. Lilibeth décide alors de faire le récit, dans un cahier d'écolier, de cette extraordinaire journée. Sur la première page, elle a écrit le titre à l'encre rouge : *Le Couronnement, 12 mai 1937, à maman et papa. En souvenir de leur Couronnement, de la part de Lilibeth, par elle-même.* Cette dernière mention est vigoureusement soulignée ! Le reste est rédigé à l'encre noire. La journée y est racontée en détail, depuis le réveil à 5 heures du matin jusqu'à la fin. Pour les petites filles, c'est un grand jour : elles portent leurs premières robes longues en dentelle crème accompagnées de manteaux de velours rouge bordé d'hermine. Sur leurs têtes, des couronnes d'or, très simples, choisies par leur père. Elles posent avec leurs parents pour la photo officielle de l'événement, signée du roi et de la reine, mais pas de leurs filles. Lilibeth craint que la longueur de la cérémonie ne soit insupportable pour sa petite sœur qui n'a que sept ans. Elle confie même à Crawfie : « J'espère qu'elle ne va pas s'endormir au milieu ! »

En fait, Margaret, installée dans une galerie auprès de sa grand-mère la reine Mary et de Lilibeth, est sur un rehausseur qui lui permet, malgré sa petite taille, de ne rien perdre du spectacle. Finalement, Margaret se comportera très bien et son aînée dira : « Je n'ai eu à lui donner un coup de coude qu'une fois ou deux quand elle jouait trop bruyamment avec son livre de prières. »

Tout au cours de la cérémonie, « papa » est parfait. Aucune faute, mais autour de lui, les cafouillages sont considérables. Beaucoup de dignitaires ne sont jamais à leur place ni ne font ce qu'ils doivent faire au bon moment. Même si le roi est contrarié, il ne le manifeste pas et personne ne s'aperçoit de ces désordres. La reine est tout à fait à l'aise, provoquant même l'admiration de Winston Churchill, qui n'est alors pas bien en cour parce qu'il a soutenu jusqu'au bout, y compris à la Chambre des communes, la volonté d'Édouard VIII d'épouser Wallis la scandaleuse. Invité à la cérémonie avec sa femme, Winston confie à Clementine, avec son habituel humour ravageur : « Vous aviez raison. Je vois bien maintenant que l'"autre" n'aurait pas fait l'affaire[1]... » !

L'« autre » ? Wallis, évidemment. Wallis que le duc de Windsor épouse trois semaines plus tard, au château de Candé, en France. Aucun membre de la famille royale n'y assiste, car l'ombre du frère aîné sera toujours un cauchemar pour George VI et son épouse. Les très exigeantes prétentions financières, âprement négociées par le duc, coûteront cher au roi sur sa propre cassette. La possibilité d'un retour de son frère sur le

1. Antoine Capet, *Churchill, le dictionnaire*, *op. cit.*

sol britannique lui est insupportable. À la fin de la célébration, Margaret sort après le roi et la reine, portant sa traîne sur le bras droit. Elle monte dans le carrosse où l'ont déjà précédée, protocole oblige, sa grand-mère la reine Mary et Lilibeth. Des trompettes d'argent rivalisent avec les carillons et les salves d'artillerie. Les deux princesses savent que, par leur sacre, leurs parents sont désormais au service de tous leurs sujets dont la providence leur a confié la conduite morale et spirituelle. Le cortège, avec ses somptueux attelages, se dirige vers Buckingham Palace et, pour la première fois en ce nouveau règne, toute la famille royale apparaît au fameux balcon, sur la façade achevée en 1913. Une immense ovation suit, montant d'une marée humaine. L'insulte à la monarchie du temps d'Édouard VIII est effacée.

Contrairement à l'été précédent, le séjour en Écosse à l'été 1937 est heureux et serein. Le roi et la reine prennent possession de Balmoral et Lilibeth devient journaliste d'une revue à laquelle participent quelques amis. Titre du journal : *La Morsure du dragon*. Nous sommes bien en Écosse ! Lilibeth y raconte, notamment, ce qu'elle voit des fenêtres de Buckingham Palace, en particulier la relève de la Garde, une vision différente de celle de la foule. Ce sera l'unique activité journalistique exercée par la future reine.

Malgré les vacances, le roi ne peut oublier la vie politique : il est en effet d'usage que, chaque été, le Premier Ministre rende visite au souverain à Balmoral pour l'informer des affaires de l'État. Au printemps, un nouveau chef du gouvernement, Chamberlain, a succédé à Baldwin, qui avait géré l'abdication d'Édouard VIII.

Cet aristocrate va faire la conquête de toute la famille royale. Il partage leurs hobbies, la chasse avec le roi, la pêche avec la reine et les pique-niques avec toute la famille. Lilibeth, voyant combien ses parents l'apprécient, en vient aussi à penser qu'il est le meilleur locataire possible du 10 Downing Street. Conscient des menaces de guerre qui pèsent sur l'Europe, mais faisant tout ce qu'il peut pour préserver la paix, Chamberlain va toutefois resserrer les positions du Royaume-Uni avec ses alliés traditionnels, suggérant au roi et à la reine tout d'abord un voyage en France. L'Entente cordiale est, une fois de plus, essentielle.

Paris offre deux poupées aux princesses : France et Marianne

Cette visite est prévue pour le 19 juillet 1938. Hélas ! Ce voyage est endeuillé par la disparition prématurée de la mère de la reine, lady Strathmore, le 28 juin. Le chagrin est immense pour toute la famille ; les princesses perdent une grand-mère adorée, l'âme du château de Glamis où elles passaient de si merveilleuses vacances. À la douleur de la famille s'ajoute un problème protocolaire : la reine, qui ne renonce pas au voyage, est en grand deuil ; elle décide de porter un deuil blanc et demande à Norman Hartnell de lui confectionner, en dix jours, la garde-robe entièrement blanche de son séjour à Paris. Les princesses sont trop petites pour accompagner leurs parents, qui font un triomphe à Paris, malgré la profonde tristesse de la reine. Particulièrement éblouissante dans une crinoline blanche parée de somptueux diamants, l'épouse de George VI émerveille la capitale française lors du gala à l'Opéra. Paris n'a pas oublié les princesses : leur mère leur rapporte le cadeau des Parisiens, deux très grandes poupées, appelées France et Marianne, une pour chacune, avec une garde-robe confectionnée par les plus prestigieuses maisons de couture : Lanvin, Hermès, Worth et, pour les bijoux, Cartier. Lilibeth et Margaret n'ont sans doute jamais joué avec ces poupées « diplomatiques »[1].

Après les trompeurs accords de Munich des 29 et 30 septembre 1938, Chamberlain demeure très inquiet des risques de guerre ; le second voyage décidé par le Premier Ministre vise à renforcer l'alliance avec les États-Unis. Le roi et la reine partiront en juin 1939, d'abord pour une classique visite d'État au Canada, qui sera suivie d'un séjour privé chez le président Roosevelt et son épouse, mais qui se révèle extrêmement délicat. La presse américaine n'est pas enthousiasmée par le couple royal britannique, qu'elle juge peu conforme à l'idée que les journaux se font d'un roi et d'une reine ; ils ont même une préférence certaine pour le duc et la duchesse de Windsor, malgré leur désastreuse visite en Allemagne et leur réception par Hitler à Berchtesgaden. Wallis est mince, élégante, et l'opinion est sensible à sa nationalité américaine. Certains regrettent même encore qu'elle ne soit pas devenue reine.

---

1. Aujourd'hui, tout le monde peut les admirer à Windsor, dans une vitrine, non loin de la somptueuse maison de poupée de la reine Mary.

George VI et son épouse retournent l'opinion et font de cette rencontre un triomphe. Des liens personnels se tissent avec le couple Roosevelt, qui se révéleront fort utiles dans les pires moments de la guerre. Le retour de leurs parents est attendu avec impatience par Lilibeth et Margaret qui, le 22 juin 1939, vont à la rencontre du bateau royal à bord d'un destroyer parti de Southampton. Les princesses monteront à bord de l'*Empress of Britain* en plein milieu de la Manche. Quelle aventure ! Et quelle joie pour les deux fillettes ! Tout au long du trajet dans le train royal, de Southampton à la gare londonienne de Waterloo, la foule les acclame, avant une apparition triomphale au balcon de Buckingham Palace. Le rituel obligé des apparences heureuses, malgré l'orage guerrier qui menace l'Europe. Le couple souverain a remporté un vif succès outre-mer et cette apparition, deux ans après le couronnement, conforte l'affection populaire envers la famille souveraine, petites princesses comprises. Une famille royale idéale.

À treize ans, Lilibeth rencontre celui qui sera l'homme de sa vie

Le 22 juillet 1939 est une date essentielle dans la vie de Lilibeth. Le roi, la reine et leurs deux filles se rendent, en bateau, visiter le Royal Naval College de Dartmouth. Ils sont accompagnés par lord Louis Mountbatten, leur cousin, surnommé Dickie, officier de marine chargé de la construction d'un nouveau type de destroyer. Or, Dickie a pris sous sa protection l'un de ses neveux et filleul, Philip Mountbatten. Depuis quelque temps, celui-ci est élève officier dans ce collège. Il a dix-huit ans, il est grand, extrêmement beau ; ses manières sont un peu brusques, mais il est follement séduisant. Ce premier jour, il se joint aux illustres visiteurs pour le déjeuner. Le lendemain, il partage non seulement leur déjeuner, mais aussi le thé, où Lilibeth est assise à côté de lui. Puis il passe la totalité de l'après-midi avec le roi, la reine et leurs filles. L'aspirant propose une partie de tennis. Il est souple, agile et enjambe même le filet. Lilibeth, qui ne le quitte pas des yeux, va tout de suite confier à Crawfie combien ce jeune homme fait sur elle une forte impression. Elle lui dit : « Il est très bien, n'est-ce pas ? Comme il saute haut ! »

La gouvernante reste silencieuse. Quand le yacht royal reprend le large, plusieurs petites embarcations l'accompagnent. La dernière à rester dans le sillage du *Victoria & Albert* est celle de Philip. Il le fait avec une telle témérité que le roi s'écrie : « Juste ciel ! Quelle folie ! »

Lilibeth, vissée à ses jumelles, ne peut détacher son regard de ce bateau. Et pour cause : elle est tombée amoureuse. Définitivement. Son choix est fait. Pour la vie. Mais il ne sera pas facile à imposer…

Le couple souverain et ses filles gagnent Balmoral le 6 août. Entre deux chasses à la grouse, George VI se rend dans le Dorset pour inspecter une flotte de réserve de la Royal Navy. Le 22 août 1939, l'annonce de la signature du pacte germano-soviétique l'oblige à regagner Londres par le train. Margaret est très contrariée, le roi aussi : les séjours immuables à Balmoral sont une parenthèse qui permet au monarque d'assumer son rôle difficile dans une période menaçante. La reine rejoint son mari à Londres le 28 août après avoir fermé Balmoral. Le 1er septembre, l'invasion de la Pologne par l'armée allemande entraîne un ultimatum du Royaume-Uni et de la France à Hitler. Resté sans réponse, il provoque l'entrée en guerre des deux États.

Lilibeth est très triste et en colère : la guerre tue des marins...

Les deux princesses, confiées à Crawfie, se rendent à Birkhall, plus petit et plus facile à entretenir que Balmoral. Lilibeth et sa sœur sont inquiètes et perturbées. Si elles poursuivent leurs vacances loin de leurs parents, le cœur n'y est plus. Pour la flotte de Sa Majesté, la guerre commence mal : le 14 octobre 1939, des sous-marins allemands pénètrent dans la rade de Scapa Flow, au nord de l'Écosse, dans l'archipel des Orcades, et torpillent un cuirassé, le *Royal Oak*. Plus de huit cents marins y perdent la vie. Ce désastre prouve l'inefficacité des défenses de la Royal Navy. Les princesses sont bouleversées, particulièrement Lilibeth qui en parle sans arrêt, à la fois très triste et en colère. Elle n'admet pas cette tragédie.

Leur gouvernante tente de rétablir une vie à peu près normale en reprenant les leçons, assistée par Mme Montaudon-Smith qui apprend le français aux princesses. Dans cette période appelée en France la « drôle de guerre » et outre-Manche *Phoney War*, on se prépare au déchaînement des assauts, mais on ne sait pas exactement où ni quand. Dans la crainte d'une nouvelle attaque des sous-marins allemands, on évacue des mères et leurs enfants de Glasgow pour les installer dans des maisons mises à leur disposition par le roi, sur le domaine de Balmoral. Lilibeth et Margaret participent à leurs travaux d'aiguille et leur servent le thé, prenant leur part de l'effort de guerre. Elles devront attendre Noël pour retrouver leurs parents à Sandringham. Leur père les accueille en uniforme d'amiral de la flotte. Jusqu'à la fin du conflit, on ne verra George VI qu'en uniforme. Son rôle est très difficile car, bien qu'il soit officiellement « commandant en chef des Forces combattantes », son statut de monarque constitutionnel lui interdit d'intervenir dans la conduite des opérations. Son action effective doit se limiter à rassurer le peuple en étant le symbole du pays en guerre, celui du premier soldat au service de la nation. Le 24 décembre, depuis Sandringham où toute la famille est réunie, George VI s'assoit à une table où sont installés deux énormes microphones. En dépit de sa victoire contre son élocution laborieuse, un tel discours reste une épreuve. Il hésite, reprend ses phrases et parvient à dominer son anxiété en s'exprimant lentement. Des millions d'auditeurs comprennent que l'heure est grave. Après avoir assuré à ses sujets : « Nous resterons indomptés », le roi achève son intervention par une parabole : « J'ai dit à l'homme qui se tient à l'aube de l'année : “Donnez-moi une lumière qui puisse me guider en sécurité vers l'inconnu.” Il m'a répondu : “Allez vers les ténèbres et mettez votre main dans celle de Dieu.” Puisse cette main toute-puissante nous soutenir et nous guider tous[1]. »

1. Traduction de l'auteur. Citation extraite de Sarah Bradford, *George VI*, Weidenfeld & Nicolson, 1989.

Lilibeth ne peut se réjouir des fêtes de Noël. Elle écrit à Crawfie qu'elle pense sans arrêt à ces pauvres marins morts, qui étaient si courageux, et surtout à leurs familles. Les deux sœurs restent à Sandringham jusqu'à la fin février 1940 avant de gagner directement Royal Lodge, la résidence de leurs parents sur le domaine de Windsor. Sandringham sera fermé pendant les hostilités. Le roi et la reine sont évidemment à Londres. La « drôle de guerre » s'achève avec l'invasion, le 9 avril, du Danemark et de la Norvège. Le souverain d'Oslo, le roi Haakon VII, que Hitler voulait absolument capturer, réussit à s'échapper sur un navire britannique et gagne Londres. Le gouvernement de Chamberlain, désavoué par les travaillistes, doit démissionner. Le seul politicien conservateur que soutiennent les travaillistes et les libéraux est Winston Churchill, que le roi nomme Premier Ministre le 10 mai 1940. C'est une épreuve désagréable pour George VI car il aimait beaucoup Chamberlain et il ne peut pardonner à Churchill ses prises de position favorables à Édouard VIII et à Wallis Simpson avant l'abdication. La première audience, à Buckingham Palace, est donc glaciale. Churchill forme un cabinet de coalition, associant des conservateurs, des travaillistes et des libéraux. Un gouvernement de guerre. Lilibeth et Margaret, qui connaissaient bien Chamberlain et l'avaient apprécié à Balmoral, sont désespérées. « J'en ai pleuré », dit l'aînée à la reine.

Le 12 mai, cette dernière ordonne à Crawfie de déménager au grand château de Windsor, au moins pour quelques jours. Elles y resteront cinq ans, jusqu'à la fin de la guerre.

Le 13 mai, la reine Wilhelmine des Pays-Bas, dont le Reich voulait aussi s'emparer, gagne Londres. Elle a échappé à un commando. La Belgique et la France sont à leur tour envahies. La guerre semble perdue pour les Alliés. L'obsession du Führer d'enlever des souverains et des familles régnantes en Norvège et aux Pays-Bas fait craindre au roi, comme à son Premier Ministre, que la capture des princesses ne soit un objectif des Allemands. La possibilité d'envoyer Lilibeth et Margaret au Canada est suggérée par des conseillers, mais ni le roi ni Churchill n'y sont favorables. Ce serait considéré comme un geste de faiblesse. À l'idée d'évacuer ses filles vers le Canada, la reine déclare : « Le roi ne quitte pas son pays, donc je ne quitte pas le roi et donc mes filles ne me quittent pas. » La reine démontre son sens de la formule politique qui la rendra très populaire. La reine Mary aussi peut être un enjeu. Elle sera envoyée, contre son gré (elle déteste la campagne !), à Badminton, dans le Gloucestershire, en compagnie de sa nièce, la duchesse de Beaufort.

Mais il faut que les princesses soient, elles aussi, en sécurité et le château de Windsor, conçu pour protéger Londres par Guillaume le Conquérant, avec ses siècles d'histoire et ses imposantes défenses, est une forteresse où Lilibeth et Margaret seront, en principe, à l'abri – si ce n'est qu'au moins trois cents bombes frapperont son domaine. Les princesses aident le personnel à creuser des tranchées dans les pelouses du parc. Plaques en acier et sacs de sable jalonnent les couloirs. Pendant ce temps, la situation militaire est désastreuse en France.

Le 4 juin, les Britanniques achèvent l'évacuation de Dunkerque dans des conditions héroïques. Le souverain a apprécié la réaction de Churchill. Il faut préciser que les relations entre le roi et son Premier Ministre se sont très rapidement améliorées, George VI admirant l'incroyable énergie de Churchill et celui-ci étant ébloui par les qualités du souverain. Le roi assumera totalement sa fonction de chef d'État, notamment avec les Alliés et leurs hauts dirigeants. Paris est déclarée ville ouverte le 17 juin et l'armistice avec l'Allemagne est signé le 22 juin.

12 octobre 1940 : le premier discours de Lilibeth à la radio

Une autre préoccupation du roi concerne son frère le duc de Windsor et son épouse. Après avoir quitté la France et passé quelque temps en Espagne, le couple arrive au Portugal. Le roi et Churchill ont eu beaucoup de mal à obliger les proscrits à gagner les Bahamas, dont l'ex-roi Édouard VIII a été nommé gouverneur général. Bien malgré eux, ils embarquent à Lisbonne le 1er août 1940. Un souci de moins pour George VI…

Le gouvernement britannique ayant refusé l'inacceptable paix proposée par Hitler, le Royaume-Uni devient la nouvelle cible du Reich. Dans la nuit du 7 au 8 septembre, deux cents bombes sont lâchées sur Londres par la Luftwaffe. Le bilan est terrible : quatre cents morts, mille trois cents blessés. Ce sont les premières victimes du *Blitz*. Le 9, une bombe atteint Buckingham Palace sans exploser. Le roi continue de travailler à son bureau juste au-dessus. L'engin n'explosera que le lendemain, pulvérisant le bureau, mais heureusement, le souverain n'y était pas. Le 13 septembre, un bombardier de la Luftwaffe survole l'artère du Mall et attaque directement le palais. La chapelle où Lilibeth a été baptisée est en ruine, le roi et la reine échappent de peu à la mort. Déjà, après le bombardement de Buckingham Palace, Elizabeth avait déclaré qu'elle pouvait désormais « regarder en face les gens de l'East End ». Les quartiers populaires n'étaient plus les seuls à être une cible de la Luftwaffe. Tous les Londoniens, où qu'ils se trouvent, sont menacés.

Même si, officiellement, le couple royal ne quitte pas Buckingham Palace, les souverains passent souvent la nuit à Windsor auprès de leurs filles et reviennent le matin à Londres. Mais en raison de la pénurie de carburant, ces allers-retours seront plus rares, voire supprimés. Le 13 octobre 1940, Lilibeth lit son premier discours à la radio, destiné aux enfants du Royaume-Uni et de l'empire, au cours d'une émission de la BBC appelée *L'Heure des enfants* que Lilibeth écoute régulièrement. D'une voix ténue mais d'un ton déterminé, la princesse leur dit notamment : « Je sens que je parle à des amis et à des compagnons qui ont partagé avec ma sœur et moi beaucoup d'*Heures des enfants*. Des milliers d'entre vous dans le pays ont dû quitter leur maison et être séparés de leurs pères et de leurs mères. Ma sœur Margaret Rose et moi sommes tout près de vous... » Cette intervention de Lilibeth, princesse héritière de quatorze ans, impressionne des millions de gens. Le sens de la responsabilité des deux princesses est approuvé par leurs parents et orchestré par Crawfie. Comme la plupart des Britanniques à cette époque, Lilibeth et Margaret cultivent des légumes dans un potager près de Royal Lodge. On les voit, bêche à la main, toujours accompagnées d'un corgi, travailler à leurs plantations. À l'intérieur du château, les « quartiers » des deux sœurs sont situés dans une tour. Elles y ont leurs chambres et leur salle de classe au même étage que la chambre de la nurse, Allah. Bobo dort un étage au-dessus, tandis que Crawfie occupe le dernier étage de la tour ; la vie à Windsor est adaptée au temps de guerre : les fenêtres sont bouchées, les plafonds renforcés car on craint des bombardements, l'électricité ne fonctionne pas en permanence, les baignoires ont reçu un trait de peinture marquant la limite du volume d'eau pour un bain, pas toujours très chaud, et un abri antiaérien est prêt à recevoir les princesses, lesquelles ne bénéficient d'aucune faveur et sont, comme tous les Britanniques, soumises aux tickets de rationnement. Comme tout le monde, elles ont droit, par exemple, à un œuf par semaine, le dimanche au petit déjeuner. La reine fait des prodiges en matière de couture, faisant adapter ses robes aux mensurations de Lilibeth. « Puis, dit-elle, Margaret récupère les vêtements de Lilibeth. À nous trois, on se débrouille en relais[1]. » Les deux sœurs s'adaptent facilement à ces contraintes. Windsor est, depuis près de neuf siècles, un si impressionnant cours d'histoire que Crawfie ne manque pas de la leur raconter en détail. Grâce aux leçons d'un spécialiste réputé qui enseigne à Eton et vient deux fois par semaine à Windsor, Lilibeth approfondit ce

1. Theo Aronson, *The Royal Family at War*, John Murray, 1993 ; Hélène Catsiapis, *La Royauté anglaise au XXe siècle*, *op. cit.*

qu'elle doit savoir sur les usages constitutionnels britanniques, codifiés depuis 1867. Il n'est pas question de négliger la formation de l'héritière, bien au contraire. Lilibeth apprend ses devoirs de future reine et ses droits, limités mais incontestables, et qui, eux aussi, doivent être respectés. Cependant, malgré les rigueurs de la guerre, l'emploi du temps des princesses ne leur interdit pas la détente avec les moyens du bord. Dans la salle Waterloo, les deux sœurs jouent dans des pantomimes dont le décor est imposé par les circonstances : les toiles de Lawrence, le vénéré portraitiste de l'aristocratie anglaise au XIXe siècle, ont été retirées. Leurs cadres vides ont été remplis de personnages de mimodrames. En décembre 1942, les princesses donneront plusieurs représentations d'*Aladin*. Lilibeth est Aladin tandis que Margaret joue le rôle de Roxane. Craignant une éventuelle destruction du château, le roi et la reine chargent l'illustrateur John Piper d'évoquer la vie à Windsor pendant cette période sombre. À partir de 1942, la connaissance du français va considérablement s'améliorer pour Lilibeth et Margaret grâce à l'arrivée d'une aristocrate belge qui a fui son pays au moment de l'invasion allemande, Antoinette de Bellaigue, que les princesses vont vite surnommer « Toni ». C'est à elle que Lilibeth doit sa parfaite maîtrise de la langue française, qu'elle pratiquera toujours avec sa délicieuse pointe d'accent.

Malgré la guerre, la famille royale prend quelques vacances à Balmoral à l'été 1942. Le 25 août, alors que, après avoir chassé, le roi, la reine et leurs deux filles pique-niquent en compagnie du duc de Gloucester, frère de George VI, ils apprennent une épouvantable nouvelle : l'hydravion dans lequel le duc de Kent, le plus jeune frère du roi, se rendait en Islande pour inspecter des bases de la Royal Air Force s'est écrasé en raison du brouillard dans les montagnes écossaises, non loin de Balmoral. Il n'y a aucun survivant parmi les douze passagers. Le duc de Kent, au mariage duquel Lilibeth était demoiselle d'honneur, était très heureux avec la belle princesse Marina et le couple avait trois enfants, dont le dernier avait été baptisé trois semaines auparavant, à Windsor. Pour toute la famille, c'est une tragédie. Comme des millions d'autres, la dynastie paie, elle aussi, son tribut à la guerre. Les funérailles du duc de Kent ont lieu quelques jours plus tard en la chapelle St. George, à Windsor.

Automne 1942. Les Allemands encerclent Stalingrad. À Buckingham Palace, une visiteuse est très attendue : Eleanor Roosevelt. L'épouse du président américain arrive porteuse d'une lettre de son mari qui rassure George VI sur l'aide des États-Unis. Au déjeuner, servi dans une vaisselle d'or, mais où les aliments sont froids et les portions de plus en plus réduites (comme dans chaque foyer britannique ou à peu près), et alors que ses parents luttent contre leurs rhumes tenaces (car le chauffage est symbolique), Lilibeth est assise entre son père et Churchill. Silencieux, ce dernier se lève sans arrêt pour aller au téléphone prendre des nouvelles du front d'Afrique du Nord et revenir, taciturne. Eleanor Roosevelt bavarde avec la princesse héritière, observant que, à seize ans, elle « fait preuve de caractère et de personnalité ». Lilibeth questionne l'invitée sur la vie aux États-Unis. Il est notable que, lors de cette visite, les deux filles du souverain sont présentes à ce déjeuner officiel. En effet, depuis son dernier anniversaire, la princesse héritière a été nommée colonel en chef de la garde de Windsor, particulièrement chargée de la sécurité.

Qui est donc le beau Philip dont Lilibeth est éprise ?

Au cours de l'année 1943, la princesse revoit, à plusieurs reprises, son cousin Philip Mountbatten lors de ses permissions. Elle est incontestablement amoureuse de lui, mais elle est beaucoup trop jeune pour que ses parents puissent envisager un engagement sérieux, surtout en pleine guerre. Philip passe la fin d'année 1943 à Windsor. « On s'est beaucoup amusés, écrit Lilibeth. On a dansé, dansé, dansé… La plus belle de toutes les nuits ! » Mais qui est donc Philip Mountbatten ? Visiblement, il fait la cour à l'héritière du trône. L'officier est incontestablement très bien né, mais sa vie n'a pas été facile pour autant. Il est le fils du prince André de Grèce, frère du roi Constantin Ier. Sa mère est la princesse Alice de Battenberg, sœur aînée de lord Louis Mountbatten. Par sa mère, Philip est un descendant direct de la reine Victoria, et par son père, parent de la famille royale de Danemark, un descendant direct des Romanov. Malheureusement, lorsqu'il naît, le 10 juin 1921, à Corfou (sur la table de cuisine d'une villa), c'est parce que la famille souveraine de Grèce a été chassée par une révolution. En 1922, la famille se réfugie en France, à Saint-Cloud, grâce à l'aide du frère du prince André, le prince Georges de Grèce qui a épousé une riche héritière au nom prestigieux, Marie Bonaparte, mais dont la fortune vient de son grand-père, François Blanc, créateur de la Société des bains de mer à Monte-Carlo. Philip, seul fils et dernier-né après quatre sœurs, a vécu sa petite enfance dans l'atmosphère cosmopolite du Paris des Années folles avec des cousins exilés, autant russes que grecs. Les parents de Philip ne s'entendaient pas. Quand Philip n'avait que dix ans, sa mère, qui souffrait d'une grave dépression nerveuse, partit se faire soigner d'abord à Vienne, puis à Berlin et enfin dans une clinique suisse. Quant à son père, ayant marié ses quatre filles (dont la dernière en 1931) à des princes allemands, il avait gagné le midi de la France. Philip fut pris en charge par sa sœur Dolla et son mari, les margraves de Bade. L'école qu'il fréquentait en Allemagne, à Palen, avait été transférée en Écosse. Grâce à des amis, son directeur Kurt Martin Hahn, qui, en tant que juif, était menacé par l'arrivée de Hitler au pouvoir, avait pu s'installer à Gordonstoun en 1933. Philip adora cette éducation au point d'inscrire, plus tard, ses fils dans ce célèbre collège.

Malgré sa nombreuse famille, Philip poursuivit son existence en solitaire, abandonné par ses deux parents. Il passait ses vacances en Allemagne, chez sa sœur Cécile, mariée à Georges de Hesse-Darmstadt. Le couple périt dans un accident d'avion en 1937. Dès lors, la correspondante familiale de Philip devint sa grand-mère côté Battenberg, donc Mountbatten, la marquise de Milford-Haven, qui résidait à Londres, à Kensington Palace. À la campagne, Philip allait chez son oncle George de Milford-Haven. Ce dernier était mort d'un cancer en 1938 et c'est ainsi que la dernière personne à l'accueillir après tous ces désastres familiaux avait été son autre oncle, Louis Mountbatten. C'était lui, probablement, qui l'avait poussé à s'inscrire à l'école navale de Dartmouth. Lorsqu'il avait rencontré Lilibeth pour la première fois, le 22 juillet 1939, la protection de Louis Mountbatten, son oncle, était extrêmement récente, elle datait d'à peine un an. Il n'est pas impossible et il est même probable que Louis Mountbatten, très avide d'honneurs et de reconnaissance, ait remarqué l'attraction que son neveu Philip exerçait sur la jeune princesse héritière et qu'il y ait vu une opportunité exceptionnelle pour la famille Mountbatten.

Au début de la guerre, Philip était dans l'océan Indien, basé à Ceylan, servant à bord du HMS *Ramilies*, escorteur de bâtiments australiens. En 1941, il rejoignit Alexandrie, où on l'affecta sur le HMS *Valiant*. Plusieurs unités de son escadre avaient été détruites par la Kriegsmarine. En 1942, il devint commandant en second d'un destroyer, le HMS *Wallace*, en mission de surveillance des côtes anglaises infestées de sous-marins allemands. Pour la fin de l'année, Lilibeth lui avait envoyé ses vœux, avec sa photo. C'est à Coppins, pas très loin de Windsor, en 1943, chez sa cousine Marina de Kent, qu'il avait revu la princesse, après lui avoir envoyé sa photo de marin barbu. Un échange révélateur. Les rumeurs courent sur leur mariage potentiel, mais si le roi et la reine apprécient Philip, ils lui trouvent des inconvénients : sa nationalité grecque, sa religion orthodoxe, son absence de fortune – mais surtout, leur fille est beaucoup trop jeune.

Le 21 avril 1944, Lilibeth a dix-huit ans. Ce n'est pas seulement son anniversaire, c'est la possibilité pour elle de monter sur le trône car, par une décision de Churchill, l'acte solennel permettant l'accession à la Couronne vient d'abaisser l'âge requis de vingt et un ans à dix-huit ans. En cas de décès du roi, ce ne serait donc plus son frère, le duc de Gloucester, qui lui succéderait, mais Lilibeth. La période reste intense et angoissante, car si le débarquement hors norme du 6 juin a été réussi, mais terriblement meurtrier, la guerre n'est pas finie. Hitler se venge en utilisant une arme nouvelle, les V1, puis les V2, qui font d'énormes dégâts dans le Royaume-Uni en terrifiant les populations. Juste après son dix-neuvième anniversaire, Lilibeth endosse l'uniforme : la voici auxiliaire de 2e classe du Territorial Service, enregistrée sous le numéro 230873 et sous le nom d'Elizabeth Alexandra Mary Windsor, portant un uniforme kaki à boutons dorés et de lourdes chaussures marron. Elle s'était entraînée à conduire tous types de véhicules, ambulances et poids lourds compris. Et, au sens littéral, elle met les mains dans le cambouis pour l'entretien des moteurs. Ses parents venant l'inspecter accompagnés de Margaret, ils trouvent Lilibeth sous un camion, les cheveux en bataille, couverte d'huile. Pas de doute, la princesse est bonne pour le service ! Pendant cette expérience, où elle est très appréciée de ses camarades, une faveur lui est accordée, mais elle n'en est pas heureuse : sur ordre de son père, elle doit revenir coucher le soir à Windsor. Le roi entend éviter à sa fille quelques servitudes de la vie de caserne, mais Lilibeth juge ce privilège injuste. L'expérience, bien que réelle, ne dure pas longtemps et s'achève le

16 avril 1945. L'auxiliaire Windsor est démobilisée. Elle est triste que ce soit déjà fini et inquiète de savoir comment ses supérieurs l'ont notée. Bien des décennies plus tard, elle confiera combien cet apprentissage lui a donné confiance en elle et combien elle a été fière d'avoir été jugée comme une conductrice avisée et une mécanicienne douée.

Trois semaines après sa fin de service, Lilibeth et sa sœur sont aux côtés de leurs parents sur le balcon de Buckingham Palace pour célébrer la victoire. Le 8 mai 1945, dans une capitale ravagée par les bombes volantes de Hitler, le peuple attend la famille royale. Une foule gigantesque s'est massée. Des cris fusent, scandés par les Londoniens : « Nous voulons le roi et la reine ! »

Apparaissent, de gauche à droite, Lilibeth – en uniforme à la demande de son père –, puis la reine, chapeautée d'une plume et gantée, le bras droit levé, puis Churchill, arrivé en retard (peut-être par courtoisie), souriant, sa chaîne de montre barrant son gilet. Il est absolument exceptionnel que le Premier Ministre se mêle à la famille royale et soit vu sur le balcon des apparitions mythiques. Le roi a tenu à rendre hommage au « vieux lion » avec lequel il a formé un duo politique et diplomatique très efficace pendant cinq ans. George VI s'était mué en ambassadeur hors classe pour assurer la coordination entre les commandements alliés. Il avait rendu la monarchie proche des combattants les plus lointains. Churchill lui-même était reconnaissant au roi de ses nombreux voyages, souvent risqués, *incognito* et sous pseudonyme, à Alger, à Tripoli, à Malte, en Normandie, aux Pays-Bas, en Belgique. Les informations confidentielles que, par statut, il était seul à détenir avaient apporté conseils et encouragements à Churchill. Le roi avait été le plus habile des agents de liaison et la reine, en donnant son avis, avait montré son bon sens et son courage dans l'épreuve, y compris le soir où, dans ses appartements, elle s'était trouvée face à un déserteur. Peu à peu, la méfiance d'Elizabeth envers Churchill avait fait place à une admiration indéfectible. Sur le balcon, voici George VI, évidemment en uniforme, qui salue la foule haut la main. Le souverain a été encore davantage légitimé par la guerre. Enfin, Margaret, en robe claire. Cinq personnages soudés par cinq années de lutte.

Maintenue derrière les grilles du palais, la foule entonne le *God Save the King* et reste, comme pour vivre intensément ce moment historique. Puis, Lilibeth et Margaret disparaissent en compagnie de jeunes amis officiers de la Garde et se fondent un moment dans la foule, sans que le roi et la reine le sachent. Peu importe qu'elles soient reconnues : elles veulent qu'on applaudisse, qu'on crie « Vive le roi ! Vive la reine ! », qu'on acclame leurs parents qui, pendant cinq ans et demi, ont fait leur devoir et montré l'exemple. George VI et les siens ont effacé le cauchemar de l'abdication.

3

Lilibeth impose son mariage
(1945-1947)

Le 26 juillet 1945, au Royaume-Uni, la première surprise de l'après-guerre est le résultat des élections générales : les conservateurs sont battus ! Le parti de Churchill est supplanté par les travaillistes ! Après la gloire, la reconnaissance de la famille royale et de l'opinion britannique, cette ingratitude est un choc. Le Premier Ministre, soixante et onze ans, qui avait quitté la conférence de Potsdam, dans les environs de Berlin, et pensait y revenir en vainqueur, se rend à Buckingham Palace pour présenter sa démission au roi. George VI est aussi stupéfait que son champion, se contentant de dire, avec son obligatoire neutralité constitutionnelle : « C'est une grande surprise ! »

Le monarque ne peut préciser, du moins publiquement, si celle-ci lui est agréable ou désagréable. Le comble est que le vainqueur, le terne Clement Attlee, est lui-même étonné d'être porté au pouvoir par les urnes. La réaction de Churchill est illustrée, comme d'habitude, par un mot féroce, qu'il diffuse largement et joyeusement aux journalistes : « Un taxi vide s'arrête devant le 10 Downing Street. Mr. Clement Attlee en descend. »

On assure que cette pique fait beaucoup rire à Buckingham Palace, y compris les princesses, seulement en famille, bien sûr. Mais Lilibeth et Margaret sont tristes car elles aiment Churchill, le spectaculaire politicien et l'homme fascinant, peut-être plus fragile qu'on ne le croit. Quelle injustice à leurs yeux, ces élections !

La nuit du 15 au 16 août, un second « D Day », jour de victoire, est célébré à Buckingham Palace, car on a appris la capitulation du Japon, après l'horreur atomique sur Hiroshima et Nagasaki. C'est la véritable fin de la Seconde Guerre mondiale. Une fois encore, la famille royale apparaît au balcon et, une fois encore, les deux princesses, accompagnées de leurs amis, jeunes officiers de la Garde, vont se mêler à la liesse populaire dans cette nuit d'été. Lilibeth est d'autant plus heureuse de la fin des hostilités que toutes ses pensées vont vers le Japon où Philip de Grèce, à bord du destroyer HMS *Whelp*, a été témoin de la défaite nipponne. Quelques jours plus tard, dans la baie de Tokyo, il escorte le bâtiment américain USS *Missouri* où est signée la reddition officielle de l'empire du Soleil levant. À la fin de l'année, Philip met le cap sur l'Angleterre. Un long voyage : il n'arrive que le 20 mars 1946. Entre-temps, Lilibeth, qui avait fêté ses dix-neuf ans au printemps précédent, a eu la joie de s'installer dans de nouveaux appartements, car elle a largement dépassé l'âge de la nurserie ! Elle dispose maintenant d'une suite à Buckingham Palace et d'une véritable maison de princesse héritière comprenant deux dames d'honneur, une intendante et un valet de pied. Bobo, sa nurse, s'occupe de sa garde-robe. Crawfie est encore proche, mais plus pour longtemps. À Noël, à Sandringham, Lilibeth a le chagrin de perdre la fidèle Allah, qui avait aussi été la nounou de sa mère et de Margaret.

Du nouveau dans la vie difficile mais courageuse de Philip...

Dès son retour en Grande-Bretagne, le prince Philip de Grèce reçoit une nouvelle affectation à bord du HMS *Royal Arthur* basé à Corsham, près de Bath, non loin de Londres. L'officier, quand il se rend dans la capitale en permission pour les week-ends, va de nouveau demander l'hospitalité à son oncle Louis Mountbatten. Depuis la séparation de ses parents en 1930, Philip n'a plus jamais eu de vraie maison. Déraciné, livré à lui-même, il était hébergé alternativement par sa grand-mère, des oncles et des tantes. Le 3 décembre 1944, son père, le prince André de Grèce, était mort à Monte-Carlo. Philip, mobilisé, n'avait pu se rendre à ses obsèques. Au printemps 1946, il fait un aller-retour à Monaco pour rencontrer la maîtresse du disparu qui lui remet son « héritage » : une chevalière armoriée qui ne quittera plus l'auriculaire de sa main gauche, deux brosses à cheveux, des boutons de manchettes, des malles remplies de vêtements dont ses propres layettes de bébé ! Pas de quoi améliorer l'ordinaire d'un jeune officier qui n'a que sa solde pour vivre... Quant à sa mère, elle s'est retirée à Athènes, où elle a fondé un ordre religieux orthodoxe après une conduite exemplaire pendant la guerre : travaillant pour la Croix-Rouge, elle avait caché et protégé des Juifs recherchés par l'occupant allemand, les aidant à fuir[1]. Pour elle, la situation est un peu plus confortable depuis le retour à Athènes de son neveu, le roi Georges II de Grèce, grâce à un plébiscite rétablissant la monarchie. Pendant la guerre, la sœur aînée de Philip, Sophie, a perdu son mari, le prince Gustave de Hesse, en Italie. Elle s'est remariée en mai 1946 avec le prince Georges de Hanovre. Philip, malgré ses difficultés financières, a pu se rendre à ce mariage en empruntant une Jeep de l'armée canadienne, traversant ainsi l'Allemagne ravagée.

Dès son retour, Philip va évidemment revoir Lilibeth. Elle est toujours aussi éprise de lui, ses parents le savent, l'entourage politique de George VI également, et le moins que l'on puisse dire est que l'idée que le prince Philip de Grèce épouse la princesse héritière du trône britannique ne les emballe pas. Il est presque trop beau, il n'a pas fréquenté les « bons collèges », ses traits d'humour sont parfois lourds, ses manières brusques. Il a eu quelques liaisons féminines pendant la guerre et certaines mauvaises langues dans l'entourage royal

1. La mère du prince Philip passa les dernières années de sa vie à Buckingham Palace et mourut en 1972. Elle fut, selon son vœu, inhumée au mont des Oliviers. En 1994, son fils se rendit au mémorial de l'Holocauste, Yad Vashem, où il reçut, au nom de sa défunte mère, la médaille d'honneur des Justes.

en concluent que ce charmeur sera, probablement, un époux infidèle. On ne peut dire si Lilibeth entend toutes les médisances contre celui qu'elle considère comme l'homme de sa vie. Si elle l'a su, on peut penser qu'elle n'y a attaché aucune importance. En revanche, lord Louis Mountbatten et la famille royale de Grèce, l'une des rares ayant retrouvé son trône après la guerre, font preuve d'un activisme certain en faveur du mariage de Philip et de Lilibeth. Ils en font peut-être même un peu trop, car à plusieurs reprises Philip prie ses soutiens de se montrer plus discrets…

À l'été 1946, Philip est invité à Balmoral et c'est là qu'il fait sa demande officielle à Lilibeth. On ne connaît aucun détail sur ce moment, le prince n'aimant pas s'épancher sur lui-même. Chaque fois qu'on l'interrogera à ce sujet, il répondra de façon évasive. Cette demande en mariage restera néanmoins secrète, selon le vœu du roi et de la reine, qui exigent que Lilibeth et Philip attendent un an avant de la rendre officielle. George VI et Elizabeth n'ont aucune hostilité à l'encontre de Philip ; ils sont même plutôt séduits par sa personne et s'ils imposent ce délai c'est pour profiter encore quelque temps de leur fille aînée, pour rester encore « tous les quatre » afin de jouir d'une vie de famille sereine, bien méritée après cinq années de guerre. En pratique, le roi souhaite que sa fille fête son vingt et unième anniversaire en Afrique du Sud, lors d'un voyage de la famille royale très important et programmé depuis un an. En fait, ce déplacement lointain a été prévu pour soutenir les autorités sud-africaines britanniques avant des élections cruciales où le parti nationaliste, dominé par les Boers, risque d'être vainqueur avec la volonté d'instaurer l'apartheid. C'est la raison politique, mais il y en a une autre. Le roi est épuisé par ses années de guerre où il s'est surpassé et ce long voyage en bateau, suivi d'un périple dans un pays ensoleillé avec les siens, pourrait l'aider à se refaire une santé. Cependant, au Royaume-Uni, la situation est désastreuse. Dans la Grande-Bretagne à bout de ressources et dont l'industrie est désuète et déficitaire, l'hiver est terriblement froid – la Tamise a gelé à Windsor. Partout, on manque de fuel, le charbon, rare, ne suffit pas et une crise financière frappe le royaume. Il a fallu prolonger le système du « prêt-bail » de l'allié américain.

1947 : le premier voyage outre-mer de la princesse héritière

George VI juge donc qu'il n'est pas raisonnable de partir à un pareil moment, mais ce n'est pas l'avis de son Premier Ministre : Attlee estime que renoncer à ce voyage en de telles circonstances ne pourrait qu'aggraver le sentiment de la crise. Le roi s'incline et, la veille du départ, le couple royal et leurs deux filles sont invités à dîner, avec Philip, chez Louis et Edwina Mountbatten, en compagnie de leur fille Patricia et de son mari. Un dîner de famille en petit comité qui confirme les fiançailles officieuses de Lilibeth et de Philip, mais qui a aussi d'autres raisons, plus politiques. Louis Mountbatten s'est couvert de gloire pendant la guerre, lors de la campagne de Birmanie, de mai 1944 à mai 1945, libérant Rangoon et Singapour de l'occupation japonaise. Puis, assisté par son épouse Edwina, il a géré de façon remarquable la libération, les soins médicaux et le rapatriement des prisonniers britanniques détenus dans des camps japonais particulièrement inhumains. « Dickie » et Edwina avaient fait front ensemble avec une grande efficacité et beaucoup de compassion. Ils furent fêtés à leur retour à Londres le 10 juillet 1946. Une pluie d'honneurs s'est abattue sur Louis Mountbatten : il est devenu pair du royaume, comte Mountbatten of Burma et chevalier de l'ordre de la Jarretière. Et c'est à cet homme en pleine gloire et spécialiste des négociations difficiles que le Premier Ministre Clement Attlee vient de demander de devenir le vingtième et dernier vice-roi des Indes afin de régler l'épineux problème de l'indépendance du sous-continent. Cette proposition avait atterré lord Mountbatten, conscient qu'il courait à un grave échec. Il avait alors demandé audience au roi pour lui dire son désarroi. George VI lui avait répondu : « Mais pensez donc combien il serait bon pour la monarchie que vous réussissiez ! Nous comptons sur votre courage et sur votre talent... J'ai confiance en vous, Dickie. Que Dieu vous aide ! »

Le soir du dîner de la famille royale chez les Mountbatten, ce n'est donc pas seulement l'oncle de Philip qui reçoit le souverain, mais aussi le nouveau vice-roi des Indes qui remercie George VI de sa confiance.

Quelques semaines plus tard, Dickie et Edwina s'envoleront pour Delhi.

Le roi, la reine et leurs filles, eux, embarquent le 1er février 1947 à Portsmouth sur un bâtiment de la

Royal Navy, le HMS *Vanguard*, par un temps épouvantable. Le vent creuse d'énormes vagues. Le cuirassé français *Richelieu*, venu de Cherbourg, doit, par courtoisie, tirer une salve d'honneur au passage du navire de Sa Majesté britannique, mais il se borne à un tout petit nuage de fumée… à cause de la tempête ! George VI est déçu par ce ridicule manquement au protocole de l'allié français.

Des films et des photos vont immortaliser l'atmosphère joyeuse à bord du *Vanguard* dès que le soleil des tropiques réchauffe l'ambiance. On y voit les deux jeunes princesses en robes fleuries jouer activement sur le pont avec les officiers. Lilibeth et Margaret, qui n'a pas encore dix-sept ans, sont ravies et même adoptées par la mascotte du bord, un chat à la fourrure sombre. Lilibeth écrit beaucoup à Philip, un peu moins à Crawfie, mais précise qu'à bord il y a des « *midships* épatants ». Il y a aussi l'écuyer du roi, bien entendu en uniforme, également séduisant. Il s'appelle Peter Townsend. En le choisissant, le roi a manqué à la tradition qui veut que son écuyer soit issu de l'aristocratie ; mais c'est le pilote de chasse, héros de la bataille d'Angleterre, que le monarque a voulu distinguer en lui confiant cette fonction éminente.

Le voyage va durer trois mois. Si les hôtes royaux sont bien accueillis au Cap par le gouvernement, la tension est vive. La presse nationaliste est hostile au roi et désapprouve les rencontres mélangeant Européens et non-Européens, ce qui était le but de cette visite. George VI est irrité, fatigué, mais heureusement, la suite du voyage se poursuit vers le nord de l'Afrique du Sud, notamment en Rhodésie, en train spécial. Lilibeth et

Margaret sont fascinées par les coups de sifflet de la puissante locomotive tirant la rame. L'atmosphère est plus apaisée, le protocole moins lourd permettant même des pique-niques. À Durban, toute la famille s'enthousiasme pour une démonstration de danses zouloues. Le 21 avril 1947, le gouvernement d'Afrique du Sud offre à l'héritière un collier de vingt et un diamants pour ses vingt et un ans. Lilibeth prononce, au Cap, un discours destiné aux populations de l'empire : « Je déclare devant vous tous que toute ma vie, qu'elle soit longue ou courte, sera dévouée à votre service et au service de notre grande famille du Commonwealth, empire auquel nous appartenons tous. » Quatre jours plus tard, le roi et les siens repartent du Cap en direction des côtes anglaises.

L'identité de Philip est simplifiée : Lilibeth peut l'épouser...

Pendant leur absence, le gouvernement avait étudié la possibilité pour le prince Philip de Grèce d'obtenir la nationalité britannique. Son patronyme était celui de son père, donc celui de la maison royale de Danemark, appelée Schleswig-Holstein-Sonderburg-Glücksburg, un nom beaucoup trop long et totalement imprononçable pour les sujets de Sa Majesté George VI. On cherche dans les autres titres de la dynastie danoise. On trouve Oldenburg, qu'on suggère de transformer en Oldcastle, jusqu'à ce qu'on juge plus simple d'attribuer au prince le nom de sa mère, Battenberg. En 1917, alors que les Britanniques se battaient contre l'Allemagne de Guillaume II, on l'avait déjà anglicisé en « Mountbatten » pour les membres de cette famille résidant en Grande-Bretagne, afin d'effacer sa fâcheuse consonance germanique. Le 18 mars 1947, le prince Philip de Grèce devient officiellement le « lieutenant Philip Mountbatten, Royal Navy ». On découvrira un peu plus tard qu'il n'était pas nécessaire d'accorder à Philip la nationalité britannique, puisqu'il la possédait déjà depuis sa naissance en tant que descendant direct de la princesse Sophie Stuart qui avait épousé l'électeur de Hanovre et dont allait descendre la reine Victoria. Philip était l'arrière-petit-fils de la reine Victoria, par son troisième enfant, la princesse Alice. Ouf !

Le roi et la reine avaient imposé à leur fille le délai d'un an. Elle a obéi. Il est temps d'officialiser les fiançailles. Elles sont annoncées par le *Court Circular* des journaux et le communiqué est placardé aux grilles du palais le 10 juillet 1947 : « C'est avec le plus grand plaisir que le roi et la reine annoncent les fiançailles de leur fille tendrement aimée la princesse Elizabeth avec le lieutenant Philip Mountbatten, Royal Navy, fils du défunt prince André de Grèce et de la princesse André (princesse Alice de Battenberg), union à laquelle le roi a donné avec joie son consentement. » Tous les grincheux ayant tenté de nuire à Philip, l'ambitieux désargenté, n'ont plus qu'à se taire, d'autant plus que le roi et la reine sont réellement enchantés de ce mariage : le bonheur de leur fille aînée est évident et leur futur gendre, dont la conduite pendant la guerre a été remarquable, a conquis leurs cœurs. Certains généalogistes favorables à Philip rappellent alors aux jaloux et aux ignorants que la dynastie danoise, dont le fiancé est issu, est, par son régime politique, la plus ancienne d'Europe, précédant même celle d'Angleterre. Le prince Philip a eu une enfance pathétique et une adolescence douloureuse, mais il a prouvé, souvent avec pudeur, parfois avec colère, toujours avec dignité, qu'il n'était pas n'importe qui, en tout cas pas seulement un loup de mer un peu rustique.

La date de la cérémonie est fixée au 20 novembre 1947. Il faut bien quelques mois pour préparer l'événement considérable qu'est pour la nation le mariage de l'héritière du trône. Ce sera le premier grand mariage princier de l'après-guerre. Il faut que ce soit fastueux, mais pas trop, car le royaume subit toujours une crise économique. Le gouvernement de Mr. Attlee refuse que ce jour soit férié, le Royaume-Uni ne pouvant s'offrir ce luxe alors que le rationnement est toujours en vigueur. D'ailleurs, le mois suivant les fiançailles officielles, le roi George VI perd son titre d'empereur : le 15 août 1947, l'indépendance de l'Inde est une réalité, négociée point par point par lord Mountbatten. Malheureusement, cette indépendance est déclarée contre la volonté de Gandhi puisqu'elle consacre la partition de l'Inde en deux États : l'Inde hindouiste et le Pakistan musulman. Mais l'affaire est bien plus compliquée, puisqu'il y a des musulmans en Inde et des hindouistes au Pakistan. L'indépendance va entraîner d'immenses déplacements de populations et des massacres effroyables entre les communautés. On déplorera un exode croisé de plus d'un million de personnes et près de 20 000 morts. Le titre d'impératrice des Indes avait été donné à la reine Victoria en 1877 à l'initiative de son Premier Ministre Disraeli.

George VI tourne une page spectaculaire du rayonnement britannique, car l'Inde était la plus belle et la plus fascinante des colonies de la Couronne. Pendant onze ans, le roi avait également été le dernier empereur occidental. Comme son père George V l'avait été en 1918 avec la fin des trois empires européens, George VI sera bouleversé, lui aussi, par la disparition des monarchies balkaniques, balayées par le communisme.

Des coupes claires sont opérées sur la liste des invités...

Qui viendra au mariage ? Un vrai casse-tête ! Pour le roi et la reine, il est hors de question d'inviter les parentèles « allemandes » qui ont participé à la guerre du côté du Reich. Pour commencer, aucune des sœurs de Philip ne sera conviée ; leurs aristocratiques maris se sont trop compromis avec l'ennemi. Même sanction pour les deux sœurs de la duchesse de Kent, Elizabeth et Olga : l'époux de la première avait été favorable aux nazis, celui de la seconde, le prince Paul de Yougoslavie, avait vu d'un œil favorable le pacte de 1941 liant son pays à l'Allemagne. Parmi les cousins, le duc de Saxe-Cobourg-Gotha, un petit-fils de la reine Victoria, restera chez lui, ainsi que le prince Philip de Hesse. Encore plus épineux, le cas du duc et de la duchesse de Windsor est rapidement réglé. Bien sûr, le couple, déjà exclu du couronnement de George VI, aurait souhaité participer à cette grande réjouissance familiale. L'oncle David, qui vient parfois à Londres pour voir sa mère la reine Mary, était reçu, parcimonieusement, par son frère à Buckingham Palace. Dans ces cas-là, la reine Elizabeth disparaissait, refusant tout contact direct avec son beau-frère. À chaque fois, le duc de Windsor se lamentait auprès de son frère de ce que l'on avait toujours refusé le titre d'Altesse royale à son épouse. Quant à Wallis, malgré les demandes répétées de son mari, la reine Mary refusait toujours de la recevoir. Il est évident que l'hostilité manifeste de la reine mère et de la reine Elizabeth à l'égard de Wallis ne peut laisser envisager une invitation à la cérémonie. Pourtant, une personne, une seule, s'offusque de cet interdit familial : c'est la sœur du roi, la fille unique de George V et de la reine Mary, la princesse royale également prénommée Mary. Elle prétexte une indisposition, « une grande fatigue », pour ne pas assister à la cérémonie et marquer sa désapprobation qu'on ait exclu son frère le duc de Windsor. *No comment* de Buckingham Palace… où l'on vaque aux urgences des préparatifs.

Les cadeaux de mariage commencent à arriver du monde entier et sont exposés au palais de St. James, du moins pour ceux qui peuvent l'être, puisque l'Aga Khan a envoyé un pur-sang, tandis qu'une dinde vivante a été offerte par une Américaine qui pensait que, dans cet après-guerre de misère, la famille royale était sous-alimentée. Le prix de l'originalité revient sans doute à Gandhi : sur la suggestion de Dickie Mountbatten, il a confectionné, sur son inséparable métier à tisser, un napperon de lin blanc pour le couple princier. La reine Mary, découvrant en compagnie de Margaret cet objet aussi modeste qu'insolite, croit que c'est un pagne et en est horrifiée ! Avec diplomatie, la sœur de Lilibeth dissimule vite cette pièce de tissu incongrue derrière la montagne de cadeaux : il y en a environ mille cinq cents !

Restrictions obligent : Lilibeth emprunte des coupons de tissu

Le roi et la reine offrent à leur fille aînée un magnifique double rang de perles. Mais le cadeau auquel Lilibeth est le plus sensible est certainement la bague de fiançailles offerte par Philip, un diamant de taille relativement modeste, entouré de diamants plus petits. Les pierres proviennent d'un diadème qui appartenait à sa mère. De tous les joyaux dont disposera, plus tard, la reine Elizabeth II, cette bague est certainement la plus chère à son cœur ; elle la portera à l'annulaire gauche toute sa vie et en toutes circonstances. La création de la somptueuse robe de la mariée est confiée à Norman Hartnell, le couturier favori de la reine Elizabeth. Mais pour obtenir le métrage suffisant de satin ivoire indispensable, Lilibeth doit faire appel à des amies et à des cousines pour avoir assez de coupons de tissu en ces temps de restrictions. La robe est magnifiquement brodée de trois rangées de roses d'York, d'épis de blé et de boutons de fleurs d'oranger en perles et en cristal.

Le cadeau du roi à sa fille est d'une nature exceptionnelle. Le 12 novembre, il lui confère l'ordre de la Jarretière, ordre préféré de George VI. Il n'adoube son futur gendre chevalier du même ordre que le 19, la veille du mariage, pour souligner la préséance de la princesse héritière sur son époux. Ce même jour, Philip est déclaré Altesse royale et titré plusieurs fois : baron de Greenwich, comte de Merioneth, notamment. Mais c'est le titre de duc d'Édimbourg que l'histoire retiendra[1]. Tous les invités se retrouvent à Buckingham Palace d'abord pour un dîner réservé aux membres des familles royales étrangères, suivi d'un bal. Sont présents le roi et la reine de Danemark, le roi de Norvège, la toute nouvelle reine des Hellènes, Frederika de Grèce, la princesse Beatrix et le prince Bernhard des Pays-Bas, le comte et la comtesse de Barcelone (parents du futur roi Juan Carlos), le prince héritier Jean de Luxembourg et la princesse Elizabeth, deux ex-reines, Victoire-Eugénie d'Espagne et Hélène de Roumanie, cette dernière accompagnée de son fils le roi Michel, qui n'a plus que quelques semaines à être souverain, puisqu'il sera chassé par les communistes. C'est d'ailleurs au mariage de Lilibeth et de Philip que le roi Michel va rencontrer sa future épouse, Anne de Bourbon-Parme. À ces altesses européennes, il faut ajouter quelques maharadjahs, ainsi que Dickie et Edwina Mountbatten, revenus de Delhi pour quelques jours, s'échappant un temps d'une Inde partagée et en ébullition.

Pour la reine Mary, ces réjouissances pour le mariage de sa petite-fille et ces retrouvailles « avec tous ces vieux amis » (en place ou détrônés) sont un véritable bonheur, ressuscitant le délicieux parfum du bon vieux

1. Philip n'étant titré que la veille du mariage, sur les invitations envoyées depuis plusieurs semaines il est seulement « lieutenant Philip Mountbatten, Royal Navy ».

temps d'avant les deux guerres mondiales. Ce soir-là, on s'amuse beaucoup à Buckingham Palace. On se déchaîne même sur une danse à la mode, la conga, et c'est le roi lui-même, très heureux et très détendu, qui conduit la chenille qui traverse joyeusement les salons. La princesse Juliana des Pays-Bas en perd deux fois sa tiare… mais la retrouve !

Pour Philip, le traditionnel « enterrement de vie de garçon » a été organisé par son oncle Dickie au Dorchester, célèbre palace londonien. Les flashes des photographes ont crépité à l'arrivée des participants et la soirée, avec ses amis officiers eux aussi en uniforme, a été euphorique.

Avec sa mère la princesse Alice, vêtue en religieuse orthodoxe, Philip, qui a dû se convertir à l'anglicanisme, loge chez sa grand-mère, la marquise de Milford-Haven, à Kensington Palace. Le lendemain, jeudi 20 novembre, Philip se réveille à 7 heures du matin et revêt son uniforme de la Royal Navy qui lui va si bien. Il est en avance. Mais malgré la tension du moment, il n'allume aucune cigarette en ce jour spécial, une promesse faite à sa fiancée. Avant de partir vers l'abbaye de Westminster (la cérémonie est à 11 h 30), il s'autorise tout de même un gin tonic en compagnie de son cousin Milford-Haven, qui est également son témoin. À sa sortie de Kensington Palace, Philip est félicité par une foule enthousiaste qui l'attendait[1].

Pour Lilibeth, à Buckingham Palace, les préparatifs sont nettement plus longs. Norman Hartnell lui-même vient habiller la princesse, car enfiler une robe

1. Sarah Bradford, *George VI*, *op. cit.*

brodée avec une traîne et un voile de tulle d'environ 4,50 mètres de long n'est pas une mince affaire. Pour retenir son voile, Lilibeth porte le diadème de diamants « aux aiguilles » prêté par sa mère. Ses autres bijoux sont des boucles d'oreilles en perles entourées de diamants offertes par sa grand-mère la reine Mary et le double rang de perles, cadeau de mariage de ses parents.

Un mariage historique : c'est celui de la future reine Elizabeth II

À 11 h 15, la princesse quitte Buckingham Palace dans un carrosse d'État au côté de son père. Dans l'abbaye de Westminster, toutes les femmes sont en robe longue et chapeautées, les hommes en uniforme ou en habit. Les deux personnes les plus émues au moment de la signature des actes de mariage sont évidemment le roi George VI et, plus curieusement, la reine Mary, d'habitude si peu démonstrative. Cette souveraine d'une autre époque, qui continue de s'habiller comme en 1910, a une profonde affection pour sa petite-fille. Sa soudaine émotion, non maîtrisée, est particulièrement touchante. Cette cérémonie solennelle est également historique : en effet, c'est la première fois depuis 1816, année de l'union de la princesse Charlotte, fille de George III de Hanovre, avec Philippe de Saxe-Cobourg, qu'est célébré le mariage d'une princesse héritière d'Angleterre. La future reine ! Les archevêques de Canterbury et d'York, les évêques de Londres et de Norwich concélèbrent l'office puis, aux accents d'un triomphal *God Save the King*, le couple est conduit vers la chapelle d'Édouard le Confesseur où la « pierre des rois », conservée dans une châsse, passe pour assurer le bonheur des souverains d'Angleterre.

Après la cérémonie, le carrosse des jeunes mariés est acclamé tout au long du parcours qui les conduit à Buckingham Palace. Dans cet hiver d'après-guerre où les plaies restent ouvertes, la bruine n'a pas découragé la foule en liesse. Churchill juge que ce mariage est un « éclair de couleur sur la route que nous devons suivre ». Le peuple veut oublier les années noires et partager le bonheur de sa future souveraine. En arrivant au palais, le couple pose pour la photographie officielle dans la salle du trône, par décision du roi ; sa fille est entourée de ses huit demoiselles d'honneur. Comme pour le mariage de la reine Victoria, les tables sont décorées de bruyère et de myrte venues d'Écosse. Le *wedding breakfast* est en fait un vrai déjeuner dont le menu, en français, est dédié aux jeunes époux : filets de sole Mountbatten, perdreaux en casserole, haricots verts, pommes noisettes, salade royale (évidemment !), bombe glacée princesse Elizabeth, friandises. Une quantité impressionnante de spectaculaires gâteaux de mariage, à plusieurs étages, trônent sur le buffet, pour le bonheur des yeux autant que du palais. À la fin du déjeuner, la princesse s'est changée, troquant sa fastueuse robe de mariée pour un tailleur de crêpe bleu et un manteau de velours assorti, tandis que Philip s'est glissé dans un chic tweed de saison. Les parents et les invités attendent les nouveaux mariés dans la cage d'escalier et répandent sur eux une pluie de pétales de roses. Le couple gagne la gare de Waterloo dans une voiture découverte pour permettre à la foule qui l'acclame de mieux le voir, et ce malgré le froid et les averses. Une délicate attention envers des dizaines de milliers de gens émus et enthousiastes. Philip et son épouse ne partent pas pour un très long voyage. La première étape de leur lune de miel sera Broadlands, la propriété de campagne de Dickie et Edwina Mountbatten, dans le Hampshire. Lilibeth n'a pas oublié son fidèle corgi, Susan. Pour Leurs Altesses royales le duc et la duchesse d'Édimbourg, une nouvelle vie commence.

La bouleversante lettre du roi à sa fille qui lui succédera...

La veille au soir, George VI et Elizabeth ont été très émus. Si ce mariage leur paraît solide et destiné à défier le temps, le souverain supporte mal l'idée d'être séparé de sa fille aînée. Pendant des années, parents et enfants n'ont presque jamais été éloignés les uns des autres, en tout cas jamais très longtemps, même pendant la guerre. Un fameux quatuor, *Us Four*, de tendresse et d'affection. Mais une certitude politique avait peu à peu guidé les relations de George VI avec Lilibeth : puisqu'elle lui succéderait, il l'avait initiée aux secrets d'État, à ses devoirs et à ses droits constitutionnels, à ses relations avec le gouvernement et avec le Parlement. La princesse était préparée à être reine, mais son père voyait la nouvelle vie de sa fille comme un arrachement.

Il lui écrivit une longue lettre dans des termes particulièrement attachants :

> J'étais si fier de vous et si enthousiaste de vous avoir si près de moi pendant cette longue marche dans l'abbaye de Westminster. Mais quand j'ai donné votre main à l'archevêque, j'ai senti que j'avais perdu quelque chose de très précieux. Vous étiez si calme et sereine durant l'office et vous avez prononcé vos paroles avec tant de conviction que je sus que tout était parfait. Je suis si heureux que vous ayez écrit et dit à maman que votre longue attente avant vos fiançailles et votre longue réflexion avant le mariage avaient été ce qu'il y avait de mieux à faire. J'avais presque peur que vous ayez pensé que j'étais sans cœur sur cette question. Il était si perturbant pour vous de venir en Afrique du Sud. Notre famille, nous quatre, la « famille royale », doit rester soudée, avec des apports, bien sûr, aux moments qui conviennent ! Je vous ai regardée grandir pendant toutes ces années avec fierté sous l'autorité avisée de maman, qui est comme vous le savez la plus merveilleuse personne du monde à mes yeux, et je puis, je sais, toujours compter sur vous, et maintenant sur Philip, pour nous aider dans notre travail. Votre départ a laissé un grand vide dans nos vies, mais souvenez-vous que notre vieille maison est toujours la vôtre et revenez le plus souvent possible. Je puis voir que vous êtes sublimement heureuse avec Philip qui est parfait, mais ne nous oubliez pas, ce qui est le vœu de votre toujours aimant et dévoué
>
> Papa[1].

---

1. Traduction de l'auteur, extrait de Sarah Bradford, *George VI*, *op. cit.*

4

Une vraie vie de couple

Pendant que leur train file vers le sud-ouest de l'Angleterre, la princesse lit la lettre que son père lui a fait porter avant leur départ. Elle est bouleversée de l'affection qu'il lui témoigne. Le roi et sa fille sont si proches l'un de l'autre qu'elle voit dans la tendresse de George VI une approbation de son bonheur conjugal.

Si Broadlands est une magnifique demeure de style palladien, la longue absence de ses propriétaires (lord Mountbatten, désormais gouverneur général de l'Inde, et Edwina sont repartis vers Delhi) a désorganisé le personnel de la résidence. Le téléphone n'arrête pas de sonner et c'est si insupportable qu'on coupe la ligne. Pis : un nombre invraisemblable de journalistes font le siège de Broadlands dans l'espoir de surprendre le couple. Les reporters auront la photo qu'ils voulaient : Philip et Elizabeth, souriants et détendus, posent pour eux dès leur arrivée. Ils ont du mérite car, malgré leur jeunesse, ils sont exténués par le rythme frénétique de ces derniers jours. Peu importe, ils sont heureux.

Leur accord semble parfait dans tous les domaines, physique et intellectuel notamment. L'équilibre et la sagesse de Lilibeth, la spontanéité et l'imprévisibilité de Philip se complètent idéalement. Il lui apporte la fantaisie, elle lui apporte l'équilibre. Pour preuve de cette harmonie, Philip écrit à sa belle-mère, la reine Elizabeth :

> Lilibeth est la seule « chose » en ce monde qui soit absolument vraie à mes yeux et mon ambition est de nous fondre tous les deux dans une nouvelle existence commune… La chérir ? Je ne suis pas sûr que le mot soit suffisant pour exprimer ce qui est en moi… C'est avec beaucoup d'humilité que je remercie Dieu pour Lilibeth et le couple que nous formons[1].

Après une semaine à Broadlands, le couple princier regagne Londres le temps d'un déjeuner avec le roi et la reine avant de reprendre un train pour l'Écosse. Les mariés passent deux semaines à Birkhall, le petit château sur le domaine de Balmoral que Lilibeth connaît bien. Il neige, il fait froid, le bois crépite dans les cheminées et, Dieu merci, il n'y a aucun journaliste ! Ils ne sont pas en Écosse par hasard, ils y sont heureux, l'Écosse leur convient. Lilibeth l'aime depuis toujours, Philip y a fait ses études à Gordonstoun. Leur pacte d'amour avec l'Écosse ne se démentira jamais. Ils y séjourneront tous les étés de leur vie.

---

1. Isabelle Rivère, *Elizabeth II, dans l'intimité du règne*, *op. cit.*

Le duc et la duchesse d'Édimbourg organisent leur vie

À son retour de voyage de noces, le couple s'installe provisoirement à Kensington Palace, plus précisément dans Clock House, que Philip et Lilibeth louent au grand-oncle et à la grand-tante de la princesse, le comte et la comtesse Athlone, qui séjournent alors en Afrique du Sud. En effet, pour sa fille et son gendre, le roi avait prévu comme résidence, dans un premier temps, Sunning Hill Park, une vaste demeure sur le domaine de Windsor, mais qui a malheureusement été ravagée par un incendie. C'est maintenant une maison londonienne que George VI a choisie pour eux, sur le Mall, Clarence House, tout à côté du palais de St. James. Cette demeure a été construite en 1825 pour le duc de Clarence, futur Guillaume IV, puis occupée par le duc de Connaught, le fils favori de la reine Victoria qui y est mort en 1942. La maison, réquisitionnée ensuite par la Croix-Rouge jusqu'à la fin de la guerre, est en triste état. Des salles de bains antédiluviennes, un chauffage quasi inexistant, des plafonds sur le point de s'effondrer, bref de grands et urgents travaux à prévoir. Le montant s'élève à 50 000 livres et nécessitera un vote du Parlement.

Après trois mois à Clock House, le retour des propriétaires contraint les jeunes mariés à s'installer à Buckingham Palace, dans l'ancien appartement de Lilibeth, augmenté d'un appartement pour Philip. Le duc a choisi son valet de chambre dans le personnel des Mountbatten à Londres. Il se nomme John Dean. Il s'était occupé de Philip, alors prince de Grèce, lors de ses séjours chez son oncle. Le valet apprécie beaucoup la courtoisie du duc d'Édimbourg et sa modestie. Il lui était souvent arrivé, sans que Philip le lui demande, de laver et de repasser l'unique chemise du jeune officier dans la nuit pour qu'il soit impeccable le lendemain. Le choix de Philip est excellent : John Dean lui sera d'une totale fidélité. Le duc choisit ensuite lui-même son secrétaire particulier, un fidèle compagnon, officier de marine comme lui, le commander Michael Parker. Celui-ci ne correspond en rien au modèle habituel des secrétaires privés de la famille royale, généralement aristocrates et proches du pouvoir. Ainsi, le secrétaire particulier de Lilibeth depuis le printemps 1947 est Jock Colville. Son parcours est parfaitement classique : il a été, auparavant, le secrétaire particulier de Chamberlain, puis de Churchill qui le pousse à accepter la fonction qu'on lui propose auprès de la princesse. C'est un aristocrate, formé au Foreign Office. Il ne s'engage que pour deux ans, comptant bien reprendre ensuite sa carrière diplomatique après avoir exercé cette fonction prestigieuse auprès de la future reine.

Elizabeth ne veut en aucun cas que Philip soit privé d'une activité régulière, car elle sent qu'elle lui est nécessaire. Il va exercer une fonction à l'Amirauté. Tous les matins, il quitte Buckingham Palace « pour aller au bureau ». Tous les après-midi, à 16 h 30, Elizabeth guette, par une fenêtre du palais, le retour de son beau marin. Le duc d'Édimbourg revient pour le *tea time*. C'est presque une vie bourgeoise, en apparence comparable à celle d'innombrables couples britanniques. Mais Lilibeth est-elle alors consciente que la vie d'une héritière du trône ne peut, en aucun cas, être vraiment « normale » ?

En janvier 1948, sur les conseils de lord Mountbatten, le général sir Frederick Browning, que tout le monde appelle Boy, devient administrateur de la maison du duc et de la duchesse d'Édimbourg. Il est un héros de la guerre, un survivant du désastre d'Arnhem, qui avait été ensuite le chef d'état-major de Mountbatten lors de la campagne de Birmanie. Cet homme est très élégant, énergique et enthousiaste, adoré de ses troupes comme il le sera du personnel de la maison ; en outre, il est aussi l'époux de la plus célèbre romancière anglaise de l'époque, Daphné Du Maurier, auteur de l'inoubliable *Rebecca*, paru en 1938, un succès mondial.

Pour son premier voyage officiel, la future reine choisit Paris

Mais la vie du couple ne peut ignorer les obligations officielles, surtout auprès des États alliés. Un voyage de la princesse héritière et de son époux est organisé à Paris. Le vendredi 14 mai 1948, gare du Nord, à 9 h 21, une rutilante locomotive immobilise le train spécial venu de Boulogne. Pendant deux jours, des mécaniciens ont astiqué la machine, l'ont remise à neuf, garnie de fleurs et pavoisée de drapeaux des deux pays. Un peu nerveux, les officiels français font les cent pas en prenant garde de ne pas fouler l'immense tapis rouge déployé du quai à la cour des arrivées. Les têtes se tendent, la foule, contenue, essaie d'apercevoir la « p'tite princesse d'Angleterre », comme tout Paris la surnomme depuis quelques jours. La voilà ! Pour ses premiers pas en France, la duchesse d'Édimbourg a choisi un manteau gris-bleu rehaussé d'un clip de diamants et un chapeau garni de quatre roses ornées de tulle. Philip est impeccable dans son uniforme. Pour cette visite de sa fille et de son gendre, le roi George VI a donné quelques consignes au protocole de la jeune IVe République. Les restrictions frappant encore les deux pays, le roi a discrètement demandé que le dîner à l'Élysée se limite à quatre plats au lieu des onze qui lui avaient été servis en 1938. Une autre raison a sans doute aussi motivé sa requête : sa fille est enceinte de deux mois (du futur prince Charles), mais le secret ne sera divulgué qu'un mois plus tard. Lilibeth et Philip résideront à l'ambassade, très proche de l'Élysée. Les hôtes de la France arrivent au palais présidentiel à 20 h 15. Les journaux écriront que la princesse avait « gravi légèrement les marches de marbre. Puis, sentant le regard d'amour de toute la foule, elle se tourna à demi, gracieuse infiniment, et répondit par un petit signe et le plus beau des sourires ». Le président Vincent Auriol, en habit, est vibrant d'éloges en élevant la princesse à la dignité de grand-croix de la Légion d'honneur : « C'est avec la plus grande simplicité et avec notre cœur fervent que nous voulons recevoir Votre Altesse royale, comme l'a fait le peuple de Paris qui, déjà, vous a accueillie dans son cœur. » Dans une ample robe de satin brodée de roses bleues, Lilibeth remercie le président et on découvre que la « p'tite princesse » de vingt-deux ans parle parfaitement le français, avec un léger et charmant accent. Des observateurs avisés notent qu'elle ne fait que porter sa coupe de champagne à ses lèvres, sans en boire une goutte, alors qu'elle aime ce vin prestigieux.

La suite du programme est chargée : un dimanche aux courses, à Longchamp, suivies avec l'attention que l'on imagine chez une experte en chevaux ; une soirée à l'Opéra ; une visite des châteaux de Versailles et de Vaux-le-Vicomte, « la plus parfaite des maisons », dit la princesse en connaisseuse. En marge de ce programme officiel, le duc et la duchesse d'Édimbourg avaient obtenu de se réserver une soirée privée, seulement accompagnés de leur suite. La soirée s'annonce mal, car Philip souffre de maux d'estomac. Elizabeth propose d'annuler cette sortie, mais il refuse. Le dîner a été prévu à la Tour d'Argent et, à leur grande surprise, ils constatent que le fameux restaurant est totalement vide ! Eux qui rêvaient d'une immersion dans une élégante adresse parisienne sont déçus. Pour Philip, la déception se transforme en colère quand, avec son regard de marin, il aperçoit un appareil photographique qui surgit, comme un périscope, par un trou pratiqué dans une table ! Le dîner se déroule dans une ambiance plutôt figée. Il est pourtant excellent : consommé madrilène, filets de sole grillés Frédéric, caneton Tour d'Argent (la tradition !), soufflé altesse (de circonstance !).

La princesse avait espéré finir sa soirée dans un night-club. On les conduit chez Carrère, un cabaret rue Pierre-Charron, près des Champs-Élysées. C'est tout le contraire de ce qui s'est passé à la Tour d'Argent : le cabaret est plein, mais il s'agit d'invités triés sur le volet, tous en tenue de soirée, qui les attendent depuis une heure ! Encore une erreur des Français ! Elizabeth et Philip découvrent qu'il ne leur sera plus jamais facile de passer une soirée tranquille dans un lieu public et dans une ville étrangère.

Ils dansent tout de même au son de l'orchestre d'Henri Salvador et écoutent Édith Piaf qui leur chante *La Vie en rose*, avec un couplet en anglais, avant de rejoindre la table princière ! Le protocole de la « soirée privée » avait tout faux…

Néanmoins, la visite d'Elizabeth et Philip est triomphale ; on s'en félicite à Londres comme à Paris. L'ambassadeur de Sa Majesté George VI écrit dans son rapport : « L'enthousiasme latent du peuple français pour la pompe et l'appareil monarchiques s'est révélé au grand jour. » Et, plus sarcastique, Son Excellence ajoute : « Ce fut une expérience exceptionnelle de voir les Parisiens acclamer une princesse anglaise sur la place de la Bastille. »

Joie et inquiétude, de la naissance de Charles à l'opération du roi

Fin octobre 1948, très peu de temps avant la naissance de l'enfant d'Elizabeth et Philip – à l'époque, on ne sait pas encore si c'est une fille ou un garçon –, le roi doit résoudre deux problèmes. Le premier, sur les conseils du Premier Ministre Attlee, est de décider que la présence du ministre de l'Intérieur ne sera plus nécessaire dans la chambre d'Elizabeth pour vérifier le sexe du nouveau-né. Le second concerne les lacunes des lettres patentes rédigées par George V en novembre 1917, alors qu'il avait remplacé, en juillet de la même année, le nom de Saxe-Cobourg par celui de Windsor. En effet, il était mentionné que l'« héritier du trône portera[it] le titre d'Altesse royale », mais rien n'était prévu en cas de naissance d'une fille qui devrait donc se contenter du titre de « lady… X Mountbatten ». Hâtivement, George VI rédige de nouvelles lettres patentes : l'enfant à naître, quel que soit son sexe, sera titré(e) Altesse royale et appelé(e) prince ou princesse.

À Buckingham Palace, le 14 novembre 1948, à 21 h 15, l'héritière accouche d'un fils, Son Altesse royale le prince Charles Philip Arthur George. Ses prénoms sont un retour aux sources des souverains des précédentes dynasties, avec un hommage particulier à l'Écosse, Charles étant un prénom jusqu'ici seulement porté par les rois Stuarts. La jeune mère est enchantée que son fils ait de longs doigts, contrairement aux siens et à ceux de Philip. Quant à la reine Mary, arrière-grand-mère du bébé, après avoir compulsé toutes les archives, photos, gravures et dessins qu'elle possédait, elle annonce que Charles est le portrait craché du prince Albert, l'époux adoré de la reine Victoria. Le prince Charles est baptisé le 15 décembre suivant dans le salon de musique blanc et or de Buckingham Palace, avec de l'eau du Jourdain. Ses parrains sont le roi George VI, le roi Haakon VII de Norvège et le prince Georges de Grèce, ainsi que David Bowes-Lyon, frère de la reine Elizabeth. Ses marraines sont la reine Mary, la marquise douairière de Milford-Haven (la grand-mère de Philip) et Patricia Bradbourne, fille de Dickie et Edwina Mountbatten. Le cadeau le plus symbolique de l'histoire de la famille est une coupelle en vermeil avec son couvercle offert par la reine Mary, ce qui lui permet de préciser dans son *Journal* : « C'est un présent qui me vient de mon arrière-grand-père et que je donne à mon arrière-petit-fils cent soixante-huit ans plus tard. »

Tous ces joyeux moments n'ont pas occulté le mauvais état de santé du roi. Pendant l'été, il a souffert de ses jambes à cause d'une grave athérosclérose susceptible d'entraîner une gangrène et donc de nécessiter une amputation. Deux jours avant la naissance de Charles, le souverain avait dû renoncer à son grand voyage en Australie et en Nouvelle-Zélande. Ce fumeur impénitent souffre aussi d'une toux persistante. Il est si mal que la famille renonce à passer la fin de l'année à Sandringham. Du jamais-vu depuis la guerre. Le 12 mars 1949, le roi est opéré à Buckingham Palace, dans une salle spécialement aménagée. Une délicate intervention lombaire. L'opération est un succès. Le roi ne souffre plus, reprend vite des forces et goût à la vie. Aux mondanités hippiques d'Ascot, il apparaît aussi joyeux que son épouse. À Windsor, lors du bal donné le 18 juin pour l'anniversaire de la bataille de Waterloo, le roi valse avec la reine. Celle-ci est en blanc, arborant une superbe parure de rubis, et George VI porte un costume bleu très élégant. Ils n'arrivent pourtant pas à éclipser le jeune et magnifique couple que forment le duc et la duchesse d'Édimbourg, eux aussi valseurs exceptionnels.

Ceux-ci sont heureux : ils ont un fils et emménagent, en ce mois de juin 1949, à Clarence House, dont les travaux sont enfin terminés. Philip savoure un moment important : pour la première fois de sa vie, il est chez lui et a une maison aménagée par ses soins ; il a eu l'œil à tout. Particulièrement sensible aux nouvelles techniques qui peuvent faciliter la vie du personnel, il fait installer un matériel de pointe, des réfrigérateurs aux machines à laver. Il n'a pas oublié de superviser la décoration des appartements privés. Elizabeth et Philip ont chacun leur chambre, mais leurs dressing-rooms communiquent et ils peuvent donc converser tout en se préparant. La chambre d'Elizabeth est décorée de papier rose et bleu, celle de Philip est d'une couleur dominante rouge, ornée de boiseries. Dans son bureau, Philip a accroché trois grands portraits réalisés par László, le fameux peintre mondain de l'entre-deux-guerres, figurant ses parents, le prince André et la princesse Alice, et son grand-père, le prince Louis de Battenberg. Le mobilier XVIIIe côtoie de confortables canapés. La nursery de Charles est un univers de murs blancs rehaussés d'un filet bleu pâle courant le long du plafond. Le prince a deux nurses écossaises : Helen Lightbody, qui s'est occupée des deux petits garçons des Gloucester ; la seconde nurse, plus jeune et sous la coupe de son aînée, se nomme Mabel Anderson.

Jusqu'à présent, Charles avait vécu à Windlesham Moor, une maison que louaient ses parents dans le Surrey car ils considéraient que, pour un bébé, l'air y était meilleur que les brumes londoniennes. Charles ne voit ses parents que le week-end. Ce petit manoir ne possède que cinq chambres et plaît beaucoup à Philip, car il est nettement moins solennel que Buckingham Palace et pas trop éloigné de Windsor, ce qui leur permet de rejoindre rapidement le couple royal à Royal Lodge. Grand sportif, Philip prend soin de sa forme et de son poids. Très amateur de squash, il aime aussi beaucoup nager dans la piscine de Buckingham Palace et pratique tous les week-ends un « jogging » effréné dans les bois entourant Windlesham Moor. Il en revient épuisé. Son épouse s'en étonne et finit par s'en amuser, la pratique de ce sport n'étant pas, à l'époque, aussi répandue qu'aujourd'hui.

Les goûts culinaires de Philip et d'Elizabeth sont plutôt simples ; les menus hebdomadaires leur sont envoyés par leurs cuisiniers et s'il y a de rares modifications, c'est toujours Philip qui les demande. Le maître de maison, c'est lui. Ils boivent peu, parfois un verre de vin pour Lilibeth ; pour Philip, du vin blanc ou de la bière.

À Malte, Lilibeth et Philip vivent une nouvelle lune de miel

L'été 1949 est marqué par le départ de Crawfie. L'ancienne gouvernante de Lilibeth, qui a trente-huit ans, se marie et George VI, très généreux, met à sa disposition Nottingham Cottage, dans Kensington Palace. On sait que, poussée par son mari et vraisemblablement pour des mobiles financiers, Crawfie publie des articles sur la famille régnante dans un magazine américain, *The Ladies Home Journal*, ce qui choque déjà beaucoup la reine. L'apprentie journaliste finira par publier *The Little Princess*, un livre à succès où elle dévoile l'intimité familiale du couple royal et de ses deux filles, ce qui est jugé inadmissible par le roi et la reine. En 1950, on lui retirera le droit de profiter de Nottingham Cottage. Crawfie ne dit pourtant rien de mal, son récit est plutôt honnête, voire hagiographique ; mais elle rompt un contrat moral de discrétion, ce qui est inacceptable. C'est sans doute la première fois que la famille royale est confrontée au viol de son intimité. On verra bien pire plus tard !

1949 est une année importante pour Philip car, après son travail de bureau à l'Amirauté, il va enfin reprendre la mer. En octobre, il est nommé premier lieutenant et commandant en second du HMS *Shequers*, navire amiral de la flotte britannique en Méditerranée. Cette nomination n'est pas un hasard : lord Louis Mountbatten, revenant de Delhi un an plus tôt après avoir rempli sa mission en Inde, avait reçu de réelles félicitations du Premier Ministre travailliste, Clement Attlee. En revanche, « les conservateurs, qui avaient pourtant approuvé massivement l'*Independence Bill* un an plus tôt, ont ensuite tourné casaque et l'accusent à présent d'avoir bradé le joyau de l'empire ; pour faire bonne mesure, ils le rendirent également responsable des massacres qui ont accompagné l'indépendance[1] ». Churchill, notamment, est parmi les critiques les plus virulents, ce qui le blesse. Mountbatten veut donc tourner la page. Il décline plusieurs propositions d'ambassade, ne voulant que rejoindre sa chère Royal Navy. Le contre-amiral Mountbatten prend le commandement de la première escadre de croiseurs en Méditerranée, basée à Malte. C'est un de ses anciens subordonnés qui est commandant en chef de la zone Méditerranée, et donc son supérieur. Cela ne le dérange pas, il déclare même : « J'avais décidé que la seule chose à faire était

1. François Kersaudy, *Lord Mountbatten*, Payot, 2007.

de revenir à une fonction inférieure, qui me permettrait de me faire de nouveau botter le train[1] ! » Son neveu Philip sert maintenant sous ses ordres.

La princesse Elizabeth vit aussi des changements dans son existence. Son secrétaire particulier, Jock Colville, retrouve, comme prévu, sa carrière diplomatique : il est nommé à Lisbonne. Son successeur, Martin Charteris, reconnaît lui-même : « Me nommer était un acte de pur népotisme », puisqu'il est, de longue date, un ami de Colville. Donc, pas d'entretien préalable ni d'enquête de sécurité – toutes ces formalités sont épargnées au candidat. Il avoue être « tombé amoureux de son employeur dès leur première rencontre en novembre 1949. [...] Elle était si jeune, si belle, si respectueuse, la plus émouvante des femmes ». Des liens de confiance s'établissent aussitôt entre la princesse et son nouveau secrétaire privé.

Selon Lilibeth, le départ de Philip pour Malte est la chose la plus naturelle du monde. Après tout, n'est-elle pas la femme d'un officier de marine ? En bonne épouse, elle part le rejoindre un mois plus tard, le 20 novembre 1949. Seule ombre au tableau – mais elle ne semble pas en être très affectée –, elle laisse son fils entre les mains de sa nurse et surtout de ses parents. Après une nuit de courtoisie passée à la résidence du gouverneur à La Valette, la capitale de l'archipel maltais, la princesse s'installe avec Philip (déjà un habitué) dans la magnifique résidence louée par Dickie qui porte le curieux nom de *Guardiamangia* – la langue maltaise (comme la cuisine de l'archipel) empruntant souvent à

1. *Ibid.*

l'italien, mais aussi à l'arabe. Lord Mountbatten est ravi d'accueillir chez lui l'héritière du trône. Il a toutefois un petit pincement au cœur, car Philip lui avait dit, quelques années plus tôt, qu'« elle ne l'aimait pas ». C'était peut-être vrai à l'époque, car ses parents, le roi et la reine, en voulaient à Dickie d'avoir tant soutenu Édouard VIII. Et Lilibeth, très jeune, était probablement sous leur influence. L'amiral va être tout à fait rassuré : la princesse succombe à son charme, et réciproquement. Tous deux étant de très bons danseurs, Mountbatten raconte qu'elle réclamait toujours une samba pour danser avec lui. Il est néanmoins un peu inquiet et demande à sa fille, Patricia, de lui dire ce que Lilibeth pense réellement de lui. Heureusement, elle en pense le plus grand bien. De tous ses oncles, en dehors du duc de Kent, mort en 1942, et de l'oncle David, dont on ne parle plus jamais, Dickie est certainement celui avec lequel elle a le plus d'affinités. Il est spirituel et charmant. C'est un hôte parfait.

La duchesse d'Édimbourg passe sans doute à Malte les moments les plus heureux de sa vie (c'est elle-même qui le dira plus tard), car elle y mène une vie presque « classique » par rapport à sa condition, se promenant, faisant des courses, assistant à des matchs de polo, puisque Dickie a amené sur l'île six de ses chevaux. Elle fait du bateau, se baigne, participe avec Philip aux dîners dansants du très chic hôtel Phenicia, découvre les trésors maltais en roulant dans la très officielle Daimler que Mountbatten a fait venir de Londres ou dans une plus modeste mais très populaire Hillman, les deux étant décapotables. C'est une seconde lune de miel que la duchesse vit avec son mari à Malte, le « verrou de la

Méditerranée », l'héroïque Malte qui a résisté à d'effroyables bombardements et que George VI a décorée de la Victoria Cross. La joie de vivre y est revenue. Le secrétaire du duc, Michael Parker, raconte : « On allait nager, danser. Il y avait des pique-niques, des expéditions en bateau, sur les plages, dans les grottes et à l'île de Gozo. »

L'héritière est de nouveau enceinte. Elle regagne Londres le 28 décembre 1949 et revient à Malte le 28 mars 1950. On lui fête très joyeusement son anniversaire le 21 avril. Les camarades officiers de Philip improvisent un chœur pour elle. Le 9 mai, la duchesse d'Édimbourg rentre en Angleterre ; son mari ne peut la rejoindre que le 27 juillet, à temps pour assister à la naissance de leur deuxième enfant : le 15 août, à 11 h 50, la princesse Anne Elizabeth Alice Louise voit le jour à Clarence House. Sur une photo, Charles, qui n'a pas encore deux ans, jette un œil déconcerté sur le berceau de sa sœur. Il semble ne pas très bien comprendre ce qui lui arrive. A-t-il seulement reconnu son père, qu'il n'avait pas vu depuis un an ? Comme son frère, Anne est baptisée avec de l'eau du Jourdain, dans le salon de musique de Buckingham Palace. En septembre, l'officier de la Royal Navy rejoint son poste ; son épouse revient à Malte en novembre pour passer les fêtes de fin d'année avec lui. Les deux enfants sont confiés à leurs grands-parents. En décembre, Philip reçoit le commandement d'une nouvelle frégate, le HMS *Magpie* et, avec son épouse, rend visite à ses cousins le roi Paul et la reine Frederika de Grèce. Charles et Anne passent Noël à Sandringham avec le roi et la reine.

Vacances romaines et une audience au Vatican mal comprise...

En avril 1951, le couple princier se rend en visite officielle à Rome, où la princesse fête ses vingt-cinq ans. Elle espère un tête-à-tête avec Philip dans un restaurant. Malheureusement, l'ambassadeur a prévu un grand dîner en l'honneur de l'héritière. Le protocole, toujours le protocole… Lilibeth est tout de même éblouie par le charme de Rome, mais intimidée par la société de la capitale, si élégante, si raffinée, mais aussi tellement naturelle qu'elle se sent étrangère à ce mode de vie. C'est un de ses grands problèmes. La princesse est profondément timide et, malgré son statut, elle se sent un peu en état d'infériorité face aux milieux qu'elle côtoie dans ses voyages. Elle éprouve d'ailleurs la même difficulté avec la haute aristocratie anglaise. Le couple est reçu par le pape Pie XII, ce qui, bien entendu, provoque des critiques dans la presse britannique. Philip et Lilibeth quittent Malte définitivement en juillet 1951. Pour eux, c'est certainement un arrachement, et Edwina Mountbatten a ce commentaire caustique : « On remet l'oiseau en cage. »

La véritable raison de leur retour à Londres est l'aggravation de l'état du roi. George VI est très amaigri, tousse beaucoup ; il croit qu'il s'agit d'une bronchite chronique, mais fume toujours autant, près de quarante cigarettes par jour, veillant à ne jamais en manquer… En août, il prend quelques jours de vacances à Balmoral avec la reine et la princesse Margaret. Pendant ce temps, Lilibeth et Philip préparent un voyage au Canada et aux

États-Unis, initialement prévu pour le roi et la reine, mais ils doivent les remplacer en raison de l'état de santé de George VI. Le couple princier se prépare à partir le 25 septembre à bord du paquebot *Empress of Britain*, ce qui met Philip en colère, peut-être pour la première fois devant l'entourage royal : il juge qu'un voyage maritime est beaucoup trop long. On peut penser que lorsqu'il voit George VI flotter dans ses costumes et ses uniformes, son gendre estime qu'il faut pouvoir revenir au plus vite à Londres, au cas où… D'ailleurs, les parents de Charles et d'Anne doivent reporter leur départ car, le 7 septembre, ils apprennent que le monarque souffre d'une tumeur au poumon gauche. Il faut de nouveau l'opérer. L'intervention a lieu à Buckingham Palace et dure trois heures. Les chirurgiens procèdent à l'ablation du poumon malade, la tumeur est cancéreuse, mais le roi n'en est pas informé. Il est très affaibli et se remet lentement. Finalement, afin de compenser leur retard et parce que la santé de George VI demeure précaire, le duc et la duchesse d'Édimbourg prennent l'avion le 8 octobre pour le Canada. C'est la première fois que des membres de la famille royale survolent l'Atlantique.

Ce voyage est très éprouvant : le couple traverse deux fois le continent nord-américain et refait le voyage du roi et de la reine en 1939, à la veille de la guerre. La presse n'est pas très aimable en comparant Lilibeth à sa mère. La reine avait conquis les Canadiens par son sourire et sa joie de vivre, malgré les périls qui menaçaient. On trouve que sa fille ne sourit pas assez. C'est sans doute exact, mais Lilibeth est très différente de la reine et l'on peut supposer qu'elle est très préoccupée par la santé de son père. La seule image qui restera vraiment de ce voyage est plutôt joyeuse : on voit Lilibeth et Philip au Canada se lancer dans une *square dance* dans une tenue décontractée : Philip porte des… jeans ! Une révolution ! Mais à Montréal, le duc d'Édimbourg commet sa première gaffe diplomatique : il déclare que le Canada est un « bon investissement » ! Cette formule ne peut que choquer quand on sait que, pendant la guerre, les troupes canadiennes, au service de la Couronne, ont été déployées sur tous les fronts et ont joué un rôle essentiel dans la bataille de l'Atlantique. Le mari de Lilibeth inaugure ainsi une indépendance verbale qui sera célèbre, mais parfois gênante.

C'est à Washington, où ils sont reçus très aimablement par le président Truman, que l'héritière du trône et son mari apprennent le résultat des élections au Royaume-Uni le 25 octobre 1951. Enfin une bonne nouvelle qui va sûrement réjouir son père : les conservateurs sont vainqueurs d'une courte majorité et le lendemain George VI nomme, une nouvelle fois, Winston Churchill, âgé de soixante-dix-sept ans, Premier Ministre. L'efficace duo politique de la guerre va se battre encore pour une paix qui reste menacée.

Pour son troisième anniversaire, le 14 novembre, Charles est encore privé de ses parents, mais son grand-père est suffisamment en forme pour assister à la fête. Une photo montre le roi et son petit-fils assis côte à côte sur un canapé, échangeant des regards aimants et attentifs. Cette image restera parmi les préférées d'Elizabeth II et elle est toujours sur son bureau, comme un contrepoint au lien qu'elle avait tissé elle-même avec son propre grand-père, George V. Les longues absences de leurs parents ont beaucoup rapproché Charles et

Anne du couple royal qui, il faut le dire, a parfaitement joué son rôle. Le duc et la duchesse d'Édimbourg rentrent en bateau et le souverain leur envoie le train royal qui les ramène de Liverpool à Londres. Toute la famille se retrouve enfin pour Noël, à Sandringham.

Avec la mort de son père, Lilibeth est face à son devoir de reine

Mais George VI est épuisé et son message traditionnel à la nation, radiodiffusé, est un calvaire pour lui. Pour la première fois, il est enregistré, ce qui est mauvais signe. Le 29 janvier 1952, la famille royale se rend au théâtre de Drury Lane ; elle applaudit la comédie musicale *South Pacific*, le public applaudit le roi. Le surlendemain, le duc et la duchesse d'Édimbourg s'envolent pour le Kenya. Le 6 février, Philip est informé de la mort du roi avant sa femme ; c'est lui qui est chargé de lui apprendre l'affreuse nouvelle.

Il est probable que, dans l'avion qui la ramène d'Afrique vers Londres, la toute jeune souveraine se remémore les années qu'elle a vécues : le bonheur sans nuages d'une enfance protégée par des parents aimants, la tragédie familiale et dynastique qui avait ébranlé la monarchie et porté son père sur le trône, la guerre, son amour naissant pour Philip, son mariage et ces quelques merveilleuses années (un peu plus de quatre) qui leur ont permis de vivre pleinement une vie de couple harmonieuse. La princesse avait tout fait pour que Philip s'épanouisse aussi dans ce qu'il aimait, son métier d'officier de marine, sacrifiant un peu Charles et Anne en les confiant à ses parents. Avec cet épisode enchanteur vécu à Malte, tout avait été réussi. Maintenant, rien ne sera plus comme avant. Comment la reine de vingt-six ans va-t-elle concilier le poids écrasant de ses responsabilités et la vie de famille qui lui est si chère ? Comment Philip, parfois rude, va-t-il réagir à ce traumatisme ? Lilibeth l'héritière s'efface devant Elizabeth II, la souveraine qui, elle, sait déjà que pour toute sa vie le chemin est tracé : son devoir, avant toute considération. Le devoir absolu, sans faille, comme l'avait rempli son père bien-aimé, le roi George VI.

5

Une reine sacrée et médiatique (1953)

Si son père n'avait pas été préparé à monter sur le trône et si Lilibeth gardait de George VI l'image d'un homme consciencieux, tenace, toujours penché sur ses dossiers afin d'assurer le mieux possible sa mission, Elizabeth, bien que très jeune pour supporter le fardeau du pouvoir monarchique en respectant ses subtilités, a été, très tôt, familière des secrets d'État, particulièrement sensibles pendant la guerre. Ainsi, le 11 avril 1942, alors que les Alliés envisageaient l'ouverture d'un second front pour soulager l'URSS, la princesse était debout, à côté du roi assis à son bureau, et examinait avec lui les documents confidentiels. Une entorse à la procédure : la future souveraine faisait son premier apprentissage. Elle avait seize ans. Désormais, les fameuses *boxes* de cuir rouge sont à son monogramme avec la mention, en lettres dorées, THE QUEEN. Celle qui avait été instruite des principales affaires en raison de leur gravité ou de leur urgence est maintenant informée de tout.

S'estimant humilié, Philip explose de colère : il veut exister !

Alors qu'elle se plonge dans le pointilleux cérémonial du couronnement – il n'aura lieu que dans un an – et que le monde reste incertain, avec la crainte d'un déluge de bombes sur la Corée tandis que l'Allemagne de l'Est commence à installer un « rideau de fer » (au sens propre) entre les deux États allemands, une pénible querelle familiale éclabousse la dynastie. La reine Mary apprend que, lors d'une réunion chez lui à Broadlands, lord Mountbatten aurait dit devant une assemblée d'invités royaux, et notamment le prince Ernst-August de Hanovre[1] : « Maintenant, la maison de Mountbatten règne ! »

La veuve de George V, affolée, scandalisée, passe une nuit blanche. Admirative du courage de son époux qui, à l'été 1917, avait choisi le patronyme de Windsor, elle fait prévenir Churchill. Le Premier Ministre, lui-même maniaque de généalogie, prend l'affaire très au sérieux, réunit son cabinet et demande d'urgence audience à la reine. Elizabeth, contrariée par la déclaration, jugée prétentieuse, de lord Mountbatten, fait savoir qu'il est de « son plaisir qu'elle-même et ses descendants continuent

1. Il s'agit du père du deuxième époux de la princesse Caroline de Monaco, laquelle porte toujours le titre de Son Altesse royale la princesse de Hanovre.

à porter le nom de Windsor ». Cette réponse devrait suffire à clore l'incident. Mais les institutions sont en émoi, du lord chancelier au leader de la Chambre des communes. Certains parlementaires suggèrent de reproduire la déclaration solennelle de George V, qui avait été unanimement applaudie. Finalement, la reine rédige un mémorandum, approuvé par le gouvernement, qui est publié dans la *London Gazette* du 7 avril 1952 : « Je soussignée déclare ma volonté et mon plaisir que moi-même et mes enfants serons identifiés et connus comme la maison et la famille de Windsor et que mes descendants qui se marieront et leurs descendants porteront le nom de Windsor[1]. » Après deux guerres contre l'Allemagne, il était choquant de ranimer le vieil antagonisme officiel des patronymes. La déclaration royale est nette, sans appel. Mais pour l'opinion, c'est la première crise révélée publiquement chez le couple royal. Il faut préciser que si Philip n'est en rien responsable des propos outranciers de son oncle, il n'est pas moins meurtri de cette sèche mise au point de sa souveraine épouse. Une nouvelle fois, le prince est confronté à un passé familial contesté et ses enfants ne peuvent pas porter son nom. Il explose de colère et lance alors un nouvel aphorisme qui devient immédiatement célèbre : « Je ne suis qu'une maudite amibe ! »

On peut remarquer, avec Sarah Bradford, que la métaphore du duc d'Édimbourg est malheureuse de la part d'un père de deux enfants. En effet, tous les écoliers – mais pas Philip ! – savent que les amibes se

1. Traduction de l'auteur, extrait de Sarah Bradford, *George VI*, *op. cit.*

reproduisent elles-mêmes, sans avoir besoin de former un couple ! Alors que son ascendance et son identité ont été clairement et définitivement établies en vue de son mariage, il a le sentiment qu'on lui vole son seul héritage, se sent effacé, bafoué, inexistant, rabaissé à un rôle évanescent. Certes, il est le duc d'Édimbourg, le mari de la reine, le père de ses enfants, donc d'un présumé futur monarque. Mais il n'a aucun statut et doit se contenter, scrupuleusement, de se tenir quelques pas derrière la souveraine, même si c'est pour apparaître, ensuite, à côté d'elle au balcon de Buckingham Palace. Elizabeth justifie sa réaction, parfaitement légitime, sur la querelle patronymique en expliquant : « J'ai perdu toute ma timidité, en quelque sorte, en devenant la souveraine et en ayant le devoir de recevoir le Premier Ministre. » L'affaire, d'une insondable stupidité, blesse le duc d'Édimbourg, qui s'estime cantonné à un rôle de figurant, et laisse une tache sur une union jusque-là parfaite. Elle démontre que Churchill avait raison en estimant qu'Elizabeth II a la trempe d'un chef d'État… et d'un chef de famille, ce qui est souvent plus délicat.

Le sacre et le couronnement d'Elizabeth II seront-ils télévisés ?

À la fin de l'année 1952, alors que le nouveau président américain, Eisenhower, forme son équipe, les préparatifs du couronnement d'Elizabeth II occupent beaucoup le gouvernement et la presse britanniques. La reine Mary, veuve de George V et reine douairière, âgée de quatre-vingt-six ans, se dit fatiguée, ce qui inquiète sa petite-fille. Reine consort d'avant la Première Guerre mondiale, ayant conservé l'habitude d'abriter d'une ombrelle sa silhouette longiligne et son port altier, Mary ne veut surtout pas que l'on diffère la cérémonie si elle ne se sentait pas en état d'y assister. Née en 1867, survivante emblématique de l'Angleterre victorienne et défendant ses valeurs, elle répète à la jeune souveraine : « Souvenez-vous que la vie est faite de loyauté. Loyauté envers les choses belles et bonnes, loyauté envers le pays où vous vivez, loyauté envers votre roi et par-dessus tout, pour lier cela, loyauté envers Dieu[1]. » La grand-mère d'Elizabeth se plaint de vivre trop longtemps et répète qu'il est intolérable d'avoir subi deux guerres mondiales. En réalité, elle ne se remet pas du décès, treize mois plus tôt, du roi son fils, si courageux. Souffrant d'insupportables douleurs à l'abdomen, elle s'éteint le 24 mars 1953, trois semaines après Staline. Désormais, au Royaume-Uni, il n'y a plus qu'une reine mère, la veuve de George VI. Ce nouveau deuil, s'ajoutant au précédent, peut-il retarder encore l'intronisation d'Elizabeth II, dont la date avait déjà été fixée assez tardivement pour respecter le premier deuil ? La défunte veuve de George V avait interdit que l'on modifie la date de la cérémonie si elle venait à disparaître ; sa petite-fille et Churchill organisent ses funérailles à Westminster. Son fils, le duc de Windsor, qui avait tant déçu la disparue par son abdication, est seulement autorisé à y assister et à suivre le cortège

1. Cité par Jérôme Carron, *Élisabeth II, reine du siècle*, L'Express/Roularta, 2011.

dans les rues de Londres, évidemment sans son épouse. Puis, tentures et ornements vont être changés dans l'abbaye et on prépare, de nouveau, ce qui était prévu, le sacre et le couronnement.

Alors que l'on brode la robe d'Elizabeth II et celles de ses dames d'honneur, que les invitations sont lancées dans le monde entier et que l'on répète les différentes phases du rituel, une question insolite n'est pas tranchée : la cérémonie, qui reste fixée au 2 juin 1953, peut-elle être télévisée ? On dit que la reine s'y oppose. En dépit des progrès techniques et de la discrétion (relative !) des appareils récents, celle qui est, statutairement, devenue chef de l'Église anglicane juge indécente l'intrusion de caméras, de câbles électriques, de micros et de projecteurs en un lieu saint pour la diffusion, en direct, d'instants de prière et de recueillement. Ces images risquent de transformer l'événement en un spectacle incompatible avec son caractère sacré. Churchill est également contre, avançant un curieux argument : « Je ne vois pas pourquoi la BBC aurait une meilleure vision que moi du couronnement de ma souveraine… »

Mais la télévision fait déjà partie de la vie quotidienne de beaucoup de gens. On compte 2 millions de foyers britanniques ayant un téléviseur et les expériences en couleurs progressent. Le débat est sans précédent : l'information est-elle compatible avec la solennité ? Est-il concevable que la pompe liturgique pénètre jusque dans les pubs équipés d'un récepteur tandis que les clients trinqueraient bruyamment – on le suppose ! – à la santé de la reine ? Et l'attrait de la télévision ne risque-t-il pas de porter atteinte à une intimité jusqu'ici inviolable dans un tel lieu ? En outre, si les sujets de Sa Majesté restent chez eux devant leur téléviseur, invitant leurs voisins qui n'en ont pas, comme cela se fait pour les compétitions de cricket ou de rugby, la foule londonienne ne risque-t-elle pas d'être moins importante qu'il ne le faudrait ? Oui, mais le peuple qui habite très loin de Londres n'a-t-il pas envie de voir sa reine à l'écran, comme s'il était invité, lui aussi, à Westminster ? Cette remarque, attribuée à la souveraine, relance le débat, feutré bien que pointu. Elizabeth II pressent qu'avec la télévision ses sujets vivent un changement d'époque. Un compromis est trouvé : on diffusera le couronnement parce que c'est un acte politique, mais on ne transmettra pas les images de l'onction sainte (la reine sera alors protégée par un dais), des prières et de la communion, que l'exposition à des millions de regards risquerait de désacraliser. Beaucoup, dans la presse, jugent cette solution boiteuse, surtout quand on apprend, avec surprise, que la BBC n'a pas été consultée ! *TV or not TV ? That is the question !* Beaucoup de gens se disent indignés que la cérémonie, rarissime, soit réservée aux seuls officiels, dignitaires et étrangers d'importance. Ce pourrait être reçu comme une insulte par le « tout-venant ». Informée, la reine en convient : ce serait une grave erreur d'exclure des millions de gens de cette page d'histoire illustrée et instantanée. Une rumeur circule, qui rejoint le sentiment royal : « Laissez le peuple voir la reine ! »

Il est possible que cette revendication soit partie de la BBC, dont les dirigeants sont vexés de ne pas avoir pu exposer les avantages de ce qui serait un événement dans l'événement. Des journalistes rappellent, même si ce n'est pas comparable, qu'en France, le 24 décembre 1948, la messe de minuit à Notre-Dame de Paris avait été le premier office religieux diffusé par la télévision française. Ainsi, c'est décidé : l'intronisation royale sera télévisée, transmise en direct et, autre nouveauté considérable, en Eurovision, dans huit pays – une première expérimentation là aussi !

Répétant son sacre, la reine porte une couronne au breakfast...

Avec l'image immédiate, la souveraine abolit la distance qui, pendant des siècles, avait protégé les acteurs du pouvoir. Contre l'avis de son Premier Ministre, mais soutenue par Philip et Dickie Mountbatten et malgré son naturel timide, elle donne un formidable exemple de modernisme au service de la tradition, pour mieux la mettre en valeur. Un symbole de ce que sera son règne, non sans quelques traumatismes... Rapidement, les vendeurs de téléviseurs sont en rupture de stock et même en France, les ventes atteignent des chiffres révélateurs. Des réunions s'organisent chez ceux qui ont un appareil pour ceux qui n'en ont pas. Très consciencieuse, la reine s'entraîne à porter la lourde couronne de saint Édouard que l'archevêque de Canterbury posera sur sa tête : un joyau de 2 kilos et demi où sont enchâssées 440 gemmes ! Elle se souvient qu'en 1937 (elle avait onze ans) son père était mal à l'aise en supportant ce poids, d'autant que le prélat avait été incapable de distinguer l'endroit de l'envers de cet emblème, suprême témoin de siècles d'histoire ! En réalité, cette couronne date de 1661 et du sacre de Charles II, un roi Stuart. Pendant la guerre, le joyau et d'autres trésors royaux avaient été cachés dans les souterrains de Windsor. On apprit, plus tard, que les pierres, desserties, étaient rangées dans… une boîte de biscuits ! Pour éviter le moindre impair, la reine s'habitue à porter la couronne à son petit déjeuner, en faisant son courrier ou en lisant les journaux, ce qui provoque l'hilarité, les sarcasmes, mais aussi l'admiration de Philip. Chaque essai dure environ une demi-heure. La couronne est extraite, sous bonne garde, d'une chambre forte de la Tour de Londres, puis rapportée avec les mêmes précautions. Mais ce n'est pas tout ! Lors d'innombrables essayages, la duchesse d'Édimbourg s'habitue aux atours majestueux qu'elle devra revêtir, sous la supervision de son couturier Norman Hartnell assisté d'une Française, la Parisienne Mme Isabelle. Courant mai, il y a quatre répétitions dans l'abbaye avec la reine et d'autres à Buckingham Palace dont le sol de la salle de bal, la plus vaste, a été marqué de ruban adhésif indiquant la place de chaque intervenant. Elizabeth II vérifie elle-même l'épaisseur du tapis rouge qu'elle et sa suite devront fouler. Pas question d'improviser : rien, absolument rien n'est laissé au hasard. On peut penser que l'intrusion de la télévision impose une rigueur absolue. Le spectacle, puisque désormais la cérémonie en sera un, doit être sans faute. Ce qui pouvait rester ignoré ne le sera plus.

Dans le vieux carrosse doré, très inconfortable, la reine sourit

Arrive le grand jour. Enfin ! Ce 2 juin 1953, il fait anormalement frais pour la saison, mais ce n'est pas une pluie tenace qui découragerait des Britanniques... Dès l'aube, une foule estimée à 30 000 personnes, dont certaines campent depuis deux jours aux meilleures places, s'est massée sur le Mall, la grande artère reliant le palais à l'arche de l'Amirauté. Les Thermos de thé et les sandwichs passent de main en main. La joie populaire explose quand se répand la nouvelle que quatre jours plus tôt, le 29 mai, le Néo-Zélandais Edmund Hillary, sujet de Sa Majesté, et son sherpa népalais ont conquis l'Everest, dans l'Himalaya. L'Union Jack flotte sur le toit du monde, à 8 848 mètres d'altitude.

Les processions en direction de l'abbaye commencent à 9 heures du matin. Toutes les rues de Londres, comme celles du moindre village du Royaume-Uni, sont pavoisées en l'honneur de ce « nouveau règne élisabéthain ». Même le jour de son sacre, la reine ne renonce pas à sa passion équestre. Avant de quitter le palais, une de ses dames d'honneur lui a demandé : « Madame, comment se sent Votre Majesté ? » Elle répond en souriant : « Admirablement. Je viens d'avoir mon entraîneur au téléphone. Auréole a bien couru ce matin et il est donné favori pour cet après-midi. »

La reine a parié... même aujourd'hui ! Son cheval perdra et elle consolera l'entraîneur ! Des forêts de périscopes en carton permettent de suivre le défilé et, surtout, de voir passer le carrosse royal, le Gold State

Coach, une masse d'or de 4 tonnes, 7 mètres de long pour 3,60 mètres de haut qui date de 1762 et à laquelle sont attelés quatre chevaux. Il est utilisé depuis le sacre de Charles IV, en 1821. Des bandes de caoutchouc ont été fixées sur les roues afin d'amortir les cahots. Mais ce n'était pas suffisant car, près de soixante-cinq ans plus tard, le dimanche 14 janvier 2018, lors d'un programme télévisé exceptionnel où, sans répondre à des questions (car la reine ne donne pas d'interview), mais en apparaissant à l'écran, Elizabeth II commente les souvenirs de cette journée en visionnant le film de la cérémonie. Elle avoue l'épreuve que fut ce trajet dans le carrosse : « Horrible. Ce n'est pas du tout conçu pour voyager… D'un inconfort parfait… Et nous avons parcouru dedans la moitié de Londres[1]. » Mais personne ne pouvait se douter de ces inconvénients, puisque la reine souriait et saluait !

Avant 9 heures du matin, environ quatre-vingts membres des maisons royales et les hauts représentants étrangers ont pris leurs places dans l'abbaye. Un défilé d'uniformes, d'habits, de robes longues et de capes, de chapeaux, de plumes, de turbans. De nombreux chefs d'État sont présents. À 10 h 14, les princes et princesses du sang franchissent l'entrée de la grande nef. La bonne

1. Diffusé par la chaîne BBC1, le film *The Coronation* est un exploit réalisé par Alastair Bruce of Crionaich, le commentateur des événements royaux le plus estimé de Grande-Bretagne, héraut d'armes et membre de la Cour. Il a convaincu la reine d'apparaître pour commenter les images du sacre de son père et du sien, « ce qui est assez remarquable », a-t-elle commenté en souriant. Plus de 10 millions de téléspectateurs ont été fascinés par cette prestation aussi exceptionnelle qu'inattendue.

humeur de la plus jeune souveraine du monde se vérifie : juste avant de pénétrer sous les voûtes de Westminster (156 mètres de long avec la chapelle de Henry VII, soit 20 mètres de plus que Notre-Dame de Paris), elle se retourne vers ses dames d'honneur et leur lance, en souriant : « *All right, girls*[1] *!* »

À 11 h 15, acclamée par des *Vivat Regina !*, la reine entre dans l'abbatiale où s'entassent déjà 7 500 invités. Sur une robe de satin blanc rappelant, à dessein, celle de son mariage avec Philip en 1947, la reine porte un manteau de velours cramoisi bordé d'hermine et brodé d'or dont la traîne est soutenue par la maîtresse de la garde-robe, la duchesse douairière de Devonshire, et six dames d'honneur. Elizabeth II s'avance lentement, précédée par les chevaliers de l'ordre de la Jarretière, le lord du Sceau privé, les Premiers ministres du Commonwealth, Winston Churchill, l'archevêque de Canterbury, les pairs du royaume, les dignitaires d'Écosse et d'Irlande. En grand uniforme, le duc d'Édimbourg est suivi par un page et les gentilshommes d'armes de sa maison. Le prince Charles, âgé de quatre ans, arrivé à 10 h 32 entouré de six hérauts, est habillé simplement, sa mère n'ayant pas voulu qu'il ressemble à une « marionnette ». L'héritier du trône est assis dans une tribune avec sa petite sœur Anne, entre sa grand-mère Elizabeth et sa tante la princesse Margaret. Parmi les monarques les plus remarqués, citons Sa Majesté Hailé Sélassié, empereur d'Éthiopie, souverain chrétien, appelé le Négus (« roi des rois »). Lorsque l'Italie avait envahi son pays

---

1. « OK, les filles, allons-y ! » (Isabelle Rivère, *Elizabeth II, dans l'intimité du règne*, *op. cit.*)

en 1936, il s'était réfugié en Angleterre. La princesse héritière, âgée de dix ans, lui avait envoyé ce message : « Je pense à vous et je vous admire. »

Si l'abbaye de Westminster a perdu de son importance en tant que lieu de pèlerinage, elle conserve sa primauté de sanctuaire monarchique. Le fauteuil du couronnement, face au maître-autel, est appelé la chaise de saint Édouard. Ce trône, humble, est une cathèdre gothique en bois dont les pieds reposent sur des lions et dont la base abrite, depuis 1297, la pierre de Scone, indispensable lors de l'intronisation des rois d'Écosse. Presque tous les souverains d'Angleterre, sauf deux, y ont pris place pour recevoir l'onction suprême[1].

La foule d'invités s'est levée. L'archevêque et les lords (chancelier, grand chambellan, haut connétable et maréchal en charge des cérémonies royales) se tournent successivement vers l'ouest, le nord, l'est et le sud pour une présentation de la souveraine. Dans un tonnerre de trompettes, on crie : « *God save the Queen Elizabeth !* »

Le rite est impressionnant : il conjugue des siècles d'histoire et de religion. Debout, à côté de la chaise, Elizabeth II prononce le serment par lequel elle promet de gouverner les peuples des divers pays où elle règne (elle les énumère, mais sans mentionner les mots « empire » ou « Commonwealth ») en accord avec leurs lois et coutumes, de rendre les jugements selon la loi et la justice et de maintenir au Royaume-Uni l'observance

1. En 1950, lors d'un rocambolesque cambriolage, des étudiants nationalistes écossais s'étaient emparés de la pierre de Scone, pourtant scellée à la chaise. Retrouvée et ayant repris sa place à Westminster, elle fut finalement restituée à l'Écosse en 1996.

de la religion réformée et de l'Église anglicane. Sur la robe en satin blanc de la reine sont figurés les emblèmes des principaux pays de sa souveraineté : la rose d'Angleterre, le trèfle d'Irlande, le chardon écossais, le poireau du pays de Galles, l'érable du Canada et le mimosa d'Australie. La reine se signe, jure sur la Bible, embrasse les Saintes Écritures et paraphe son serment.

La reine dira : « Le sacre est le commencement de ma vie »

Il est 12 h 34. C'est l'instant le plus solennel. On aide la reine à retirer sa cape de velours et d'hermine, ainsi que son diadème. Symboliquement, elle revêt une simple robe de lin blanc, également confectionnée par son couturier. Elle se dirige vers la chaise d'Édouard, tandis que quatre chevaliers de la Jarretière étendent au-dessus d'elle un dais de soie et d'or. L'archevêque s'avance. Il tient une ampoule d'or en forme d'aigle, datant du XIIe siècle, qui contient le saint chrême et la cuiller en vermeil gravé, deux objets essentiels ayant échappé aux destructions de la république de Cromwell, extraits des coffres de la Tour de Londres[1]. Le prélat verse quelques gouttes de l'huile sacrée en traçant une croix sur la tête de la reine, sa poitrine et ses deux

1. Les ingrédients du saint chrême sont : essence de rose, fleur d'oranger, jasmin, cannelle, fleur de benjoin, musc, civette et ambre gris. La cuiller est, selon Anna Keay, ancien conservateur des palais royaux, la « seule pièce des *regalia* de saint Édouard qui soit parvenue jusqu'à nous ».

mains et prononce cette impressionnante formule : « Comme Salomon a été sacré roi par Sadoq le prêtre et Nathan le prophète, sois sacrée, bénie et consacrée reine des peuples que le Seigneur ton Dieu t'a donnés à gouverner. »

C'est la cérémonie du sacre proprement dite, devenue une rareté dans la seconde moitié du XXe siècle. Suit un protocole parfaitement maîtrisé, comme le précédent, qui est le couronnement, la phase politique de la cérémonie. Elizabeth II, reine devant Dieu, doit aussi l'être devant les hommes et les femmes. Encore un changement vestimentaire : la reine endosse une dalmatique, tunique de lin avec des fils d'or, à manches amples et courtes, inspirée des atours de solennité des empereurs romains. Visiblement émue, la reine éprouve quelque difficulté à en boucler la ceinture. L'officiant lui remet une épée de justice, une paire d'éperons de chevalier, des bracelets d'or symbolisant la sincérité et la sagesse, l'orbe – une sphère rappelant la souveraineté chrétienne sur terre – et enfin l'anneau, attribut de la dignité royale.

Puis, pour la troisième fois, la reine change de tenue : à cet instant, elle est couverte d'une cape en fil d'or et enfile un gant supposé symboliser la retenue dans le prélèvement fiscal ! Maintenant, Elizabeth II tient deux sceptres figurant le pouvoir, la justice, l'équité et la clémence. Grâce à des anses invisibles dans ses manches, la reine les porte sans effort, mais son collier (elle le dira plus tard) lui pose un petit problème. « Elle paraissait si frêle, vulnérable et solitaire[1] », note

---

1. *Elizabeth II*, Perrin, 1994, rééd. 2004. Charles Hargrove fut longtemps le correspondant du *Times* à Paris.

le journaliste Charles Hargrove. L'un des sceptres est surmonté, depuis 1910, du plus gros diamant blanc taillé du monde, le Cullinan (530,2 carats), découvert dans une mine sud-africaine en 1905. Enfin, alors que retentit un triple *God Save the Queen*, l'archevêque pose enfin la couronne de saint Édouard sur la tête de la jeune femme. Cette fois, aucune hésitation, aucune erreur n'est commise ! Puis la reine se dirige vers le trône afin de recevoir l'hommage des princes et des pairs du royaume.

Philip est le premier à se déclarer le vassal de la reine

Le duc d'Édimbourg s'avance. Il s'agenouille, geste d'allégeance. Il prend les mains de son épouse, lui dit : « Je suis votre homme lige. »

Il jure de se soumettre « avec l'aide de Dieu » et embrasse la reine sur la joue gauche, ce qui est délicat avec la couronne qu'elle porte. Les deux époux s'avancent vers l'autel pour la communion sous les deux espèces, le pain et le vin, selon le rite anglican.

C'est alors que se produit un événement dont peu de gens sont témoins : Elizabeth II retire la couronne de saint Édouard pour se coiffer d'une autre couronne, celle dite « impériale d'État », qui ne sera sur sa tête que le jour du couronnement (elle sortira de Westminster avec) et à chaque ouverture du Parlement. Elle la portera pour sa photo officielle, prise par Cecil Beaton, à Buckingham Palace. On confond souvent les deux couronnes. Même si celle-ci ne pèse qu'un kilo et demi, elle est si lourde que, lors de l'ouverture du Parlement, la reine, assise pour lire son discours qu'elle tient gantée de blanc, dira, lors de ses commentaires diffusés le 14 janvier 2018 : « Vous devez lever le texte jusqu'à vos yeux pour le lire et surtout ne pas baisser la tête, sinon vous risqueriez de vous briser le cou ou de voir la couronne tomber. » Conçue par George IV, cette couronne est absolument fastueuse : elle est sertie de deux diamants, les Étoiles d'Afrique, provenant du Cullinan. L'un des rubis est celui que portait Henry V à la bataille d'Azincourt (25 octobre 1415) : il avait fiché un plumet dans la gemme pour orner son heaume, ce qui, remarque la reine, « était un peu imprudent ».

Tenant le sceptre dans la main droite et l'orbe dans la gauche, Elizabeth II se dirige vers l'ouest de l'abbaye. Elle est désormais, pour Dieu et l'humanité, le 41e souverain britannique depuis Guillaume le Conquérant. Lors de ses commentaires, soixante-cinq ans plus tard, entre deux prises de vue, elle confie à celui qui a réussi à la convaincre de commenter le film de la cérémonie : « Vous savez, Alastair, vous avez étudié cela toute votre vie, je l'ai simplement vécu. »

Elle s'y était préparée lorsqu'elle avait assisté au sacre et au couronnement de son père. Sir Harold Nicolson, témoin privilégié des fastes royaux de l'entre-deux-guerres, observe que la reine « est une victime sacrificatoire, Iphigénie consacrée au bonheur de son peuple ». Un membre de la famille royale ajoutera : « Il est certain que cette sorte d'exaltation spirituelle qui émanait d'elle était pratiquement palpable pour ceux qui se trouvaient près d'elle. » La cérémonie a duré quatre heures, mais Elizabeth II ne laisse voir aucune lassitude. Même si le doyen de Westminster s'est, un instant, trompé de soucoupe en la tendant à la souveraine, il y eut peu d'accrocs visibles au cours de ce long rituel. Les cloches de l'abbaye, de la Tour de Londres et des églises sonnent à toute volée, des salves d'artillerie sont tirées dans tout le royaume. La reine regagne Buckingham Palace sous des ovations et son calvaire de secousses reprend dans le carrosse. Enfin, elle apparaît au balcon, couronnée, avec sa famille. De ce geste qu'elle apprit très tôt, elle salue la foule d'une *royal wave*. Philip, ganté de blanc, salue la foule lui aussi.

Elizabeth II devient la première reine mondiale de l'image

La cérémonie a été regardée par 300 millions de téléspectateurs, dont 27 millions au Royaume-Uni. À Paris, l'ambassadeur de Sa Majesté a convié un millier de Parisiens à suivre l'événement sur un grand écran dans une salle des Champs-Élysées. Le duc et la duchesse de Windsor, les mâchoires serrées et se disant humiliés de ne pas avoir été invités, ont regardé l'émission dans un appartement parisien, chez des amis américains. Si la diffusion, dans cinq pays d'Europe, était en noir et blanc, le film a été enregistré en couleurs. Presque le soir même, des bobines, développées en un temps record, partent pour tous les territoires d'obédience britannique et finalement partout. Ce fascinant et inédit « documentaire » sera projeté en couleurs dans les cinémas du monde entier. L'événement est historique du point de vue technique : un couronnement est devenu un spectacle. Un seul petit détail n'avait pas été prévu – il sera à l'origine de bien des tourments pour la nouvelle reine et le gouvernement et enflammera l'opinion. En effet, après le départ de sa sœur, la princesse Margaret attendait sa voiture. Auprès d'elle se tenait l'ancien écuyer de son père, devenu administrateur de la maison de la reine mère. D'un geste extrêmement naturel, Margaret avait enlevé une peluche sur l'uniforme du jeune et bel officier. En soi, ce geste n'avait rien de choquant, mais saisi par l'œil électronique d'une caméra et vu par des millions de gens, y compris lors des rediffusions, il révélait une complicité, voire une intimité. L'homme était le *Group Captain* Peter Townsend, héros de la bataille d'Angleterre, qui avait commandé la fameuse escadrille 43 de la Royal Air Force. La presse s'empara immédiatement de ces brèves images indiscrètes. Une romance interdite allait assombrir les débuts du règne d'Elizabeth II…

6

La reine face à l'« affaire Margaret » (1953-1955)

Au moment du sacre et du couronnement de la reine, Peter Townsend est une légende vivante, et ce depuis la fin de la guerre. En effet, ce héros de la bataille d'Angleterre à l'été 1940 avait commandé l'escadrille 43 dotée d'avions Hurricane, le premier chasseur monoplan de la Royal Air Force. Pilotes et appareils britanniques avaient dressé un véritable barrage aérien à la Luftwaffe, se battant à un contre dix et empêchant le pire. Impressionné par le courage et l'efficacité de l'aviateur, George VI l'avait reçu à Buckingham Palace en février 1944. On ne sait comment Lilibeth et Margaret étaient informées de cette audience (auraient-elles eu accès à l'agenda du roi ?), mais elles guettaient l'officier dont tout le monde faisait l'éloge. Lilibeth allait avoir dix-huit ans et Margaret treize ans. En espionnant son arrivée, l'aînée avait glissé à la cadette : « Pas de chance, il est marié. »

Cette réalité n'avait pas empêché Margaret de tomber immédiatement amoureuse de l'officier, exactement à l'âge où sa sœur avait vécu le même choc sentimental définitif envers Philip. Peter Townsend racontera combien le roi avait été humain, simple, cherchant ses mots tandis que son visiteur s'était incliné selon l'usage après l'avoir salué. En fait, les deux hommes étaient timides, tendus, mais l'aviateur, qui avait tant de fois eu peur et frôlé la mort, était épuisé et souffrait d'une dépression nerveuse ayant nécessité son hospitalisation pendant trois mois. Né en 1914 en Birmanie, où son père était fonctionnaire colonial, il avait trente ans. Lors d'une permission, il avait épousé la belle et séduisante Rosemary Pawle ; c'était un de ces hâtifs mariages de guerre, entre deux missions. Elle lui avait donné un fils, mais l'aviateur, toujours déprimé, avait perdu le courage sans faille qui l'avait dopé quatre ans plus tôt. Désormais, il vivait un cauchemar, redoutant d'être abattu et de connaître une mort atroce. « À chaque fois que je décollais, j'étais certain que ce serait la dernière fois. » Il était sombre, parlait de religion. Lors de son audience avec George VI en février 1944, le *Group Captain* Peter Townsend était un homme brisé. Le roi appréciait tellement cet officier qu'il allait faire de lui son écuyer, ce qui était un événement : c'était la première fois que cette fonction serait confiée à un aviateur. Le monarque tenait à honorer cette arme qui n'avait jamais été représentée dans le personnel de la maison du roi. L'engagement, en réalité, devait durer trois mois. Il sera prolongé car, rapidement, Peter Townsend était presque devenu un membre de la famille royale, George VI semblant le considérer comme le fils qu'il n'avait pas eu. La situation était sans précédent, surtout pour un homme d'ascendance modeste. Tout naturellement, l'écuyer avait accompagné le roi lors du voyage en Afrique du Sud. Margaret ne pouvait l'oublier…

Scandale : la princesse Margaret est éprise d'un homme divorcé

En mai 1948 apparaissent les premiers soupçons d'une idylle entre la sœur de Lilibeth et l'écuyer de leur père. La jeune princesse représente George VI à l'avènement de la reine Juliana des Pays-Bas, le 6 septembre. Margaret, dix-huit ans, petite, ravissante, élégante et enjouée, tient parfaitement son rang. Mais au bal qui suit la cérémonie, elle danse avec Peter Townsend un peu trop souvent, et semble y prendre un plaisir extrême. Ses beaux yeux bleus ne voient que son danseur. Tous les invités le remarquent. Il faut rappeler que cela se passe sept mois après le mariage de sa sœur, et depuis Margaret se retrouve très seule. L'image du couple formé par Elizabeth et Philip ne peut que la faire rêver à son propre bonheur. Dans ses *Mémoires*, Peter Townsend situe le véritable début de leur romance en 1950, lorsqu'il est nommé directeur adjoint de la maison royale. La princesse est une personnalité complexe et imprévisible. Elle peut être tantôt exquise et généreuse, tantôt égoïste et méchante. Elle possède un don de comédienne qui réjouit son père. Elle est aussi une pianiste de talent et imite les chanteurs à la mode, aimée comme le « rayon de soleil de l'austère cour d'Angleterre[1] ». L'aînée incarne l'austérité du devoir monarchique, la cadette, le plaisir de vivre. Peter Townsend dira : « Si Elizabeth était la fierté de son père, Margaret était sa joie. » Elle avait toujours été sa préférée. Pour George VI, témoin du penchant de sa fille pour son bel écuyer, il ne peut s'agir que d'un flirt, rien de sérieux. Le roi et la reine se trompent lourdement. Il s'agit d'une véritable histoire d'amour entre leur seconde fille et un homme marié, maintenant père de deux fils. Il est sur le point de divorcer, car son épouse, avec laquelle il ne veut plus vivre, attirait les hommes et avait eu une aventure. Ce qu'il ne pouvait pas lui pardonner.

À la mort de George VI, l'écuyer Peter Townsend se retrouve sans fonction. On lui propose un poste au ministère de l'Air, qu'il refuse. L'aviation, sous quelque forme que ce soit, est tout ce qu'il fuit. Il l'a en horreur. Il demande audience à la jeune reine : Elizabeth II pourrait-elle l'affecter à un autre emploi ? De plus, son mariage sombre. La reine, qui le connaît bien et l'estime, le nomme administrateur de la maison de la reine mère, à Clarence House… où vit aussi Margaret. Celle-ci voit donc son amour secret presque quotidiennement. Une tentation, mais aussi un espoir, car leurs liens se resserrent. Elizabeth II, submergée par le fardeau de sa charge et la préparation de son intronisation sacrée, n'est absolument pas consciente de l'intensité des sentiments de sa sœur à l'égard de Peter Townsend.

---

1. Hélène Catsiapis, *La Royauté anglaise au XXe siècle*, *op. cit.*

En septembre 1952, à Balmoral où se trouve la reine mère, le secrétaire privé d'Elizabeth II, Lascelles, met en garde le héros Townsend, qui avait abattu douze avions allemands et été décoré, sur sa proximité avec la princesse Margaret qui fait jaser. Il ne répond pas. Après des mois de séparation, le divorce du couple Townsend est prononcé en novembre 1952, aux torts de l'épouse de Peter ; celle-ci reste discrète sur la passion extraconjugale de son mari, lequel obtient la garde de ses deux fils. L'incandescente ex-Mrs. Townsend se remariera deux fois. Quand Peter Townsend confirme à Lascelles son amour pour Margaret, le secrétaire privé de la reine lui répond : « Ou vous êtes fou, ou vous êtes mauvais, peut-être les deux[1] ! »

En février 1953, la princesse et l'aviateur révèlent leur amour à la reine mère qui se montre attentive et charmante. Mais lorsqu'elle prie Lascelles de venir la voir, celui-ci la trouve en larmes. En fait, elle est atterrée. C'est alors que Margaret informe elle-même sa sœur de sa volonté d'épouser Peter Townsend. La reine agit avec bienveillance en invitant le couple à dîner, seuls, avec elle et Philip. Le marin et l'aviateur sont très différents, mais Philip s'entend très bien avec Peter dont il avait connu le frère aîné, officier de marine pendant la guerre. La reine et son époux étaient très surpris de cette histoire d'amour.

Pour Margaret, la situation est maintenant claire : Peter est libre ! Il a trente-huit ans, elle en a vingt-trois.

1. William Shawcross, *Queen Elizabeth, the Queen Mother*, *op. cit.* Sarah Bradford, *Elizabeth. A Biography of Her Majesty the Queen*, *op. cit.*

Il faut se replacer dans le contexte de l'époque, moins permissive qu'aujourd'hui, et aussi dans celui des règles dynastiques alors en usage. En effet, pour se marier avant l'âge de vingt-cinq ans, Margaret doit avoir l'autorisation de la souveraine en vertu d'un acte dit de « mariage royal » édicté par le roi George III en 1772, toujours en vigueur, et avec Lascelles, la reine étudie en détail ce texte contraignant. De plus, l'intention de la princesse tombe mal : juste avant le sacre et le couronnement de sa sœur ; en outre, bien que les deux affaires soient différentes, l'opinion reste choquée par l'abdication scandaleuse d'Édouard VIII et les conséquences dévastatrices de sa passion. Il serait malvenu qu'une fois de plus l'amour fragilise la Couronne. On comprend pourquoi, à la sortie de Westminster, le geste de la princesse sur l'épaule de Peter Townsend, saisi par la télévision et les photographes, résume ce qui est ressenti comme une provocation.

Deux semaines après le couronnement, le 13 juin 1953, Lascelles se rend à Chartwell, la résidence de Churchill dans le Kent. Il avertit le Premier Ministre que la presse américaine, qui a pris goût aux scandales royaux avec la perverse Wallis, s'apprête à révéler l'amour encore ignoré du public. Qu'en pense Winston Churchill ? Comme d'habitude, cet éternel romantique se réjouit du bonheur de la princesse avec un héros ayant échappé aux horreurs de la guerre. Pourquoi lui demander d'attendre ? Mais Clementine Churchill, la lucide Clemmie, rappelle vivement à son époux combien il s'était fourvoyé en soutenant Édouard VIII dans son obsession d'épouser Mrs. Simpson, cette odieuse Américaine deux fois divorcée. Et s'il soutient Margaret, l'épouse du

Premier Ministre menace de le quitter et de s'installer à Brighton. Ce n'est pas une parole en l'air ! Clemmie en est capable ! Churchill réfléchit à un compromis : il faudrait que Margaret renonce à son statut d'Altesse royale ainsi qu'à son rang sur la liste de succession et à sa part de la liste civile votée par le Parlement pour la famille royale. Secrètement, le chef du gouvernement aimerait que le Parlement lui accorde tout de même un revenu. Le prix d'un amour qui dérange.

Le lendemain, avec la publication des « rumeurs scandaleuses de la princesse amoureuse d'un divorcé », l'affaire devient publique. Le journal porte un nom appelé à devenir une catégorie sociale universelle : *People*. Titre de l'article : « Ils doivent démentir maintenant ! » Comment éteindre l'incendie ? Elizabeth II suggère à Margaret, avec beaucoup de tendresse, qu'elle attende un an, comme son père le lui avait demandé au moment de ses fiançailles avec Philip, mais en indiquant que ce délai ne serait sans doute pas suffisant. Sinon, d'inextricables et peu souhaitables difficultés institutionnelles devraient être résolues avec le Parlement. Le cabinet fait alors savoir qu'il est impossible qu'un membre de la famille royale déçoive de nouveau la population britannique. Cette fois, Churchill écoute sa femme : le cabinet va plus loin et annonce, en application des règles constitutionnelles, qu'il s'oppose au mariage de la princesse avant qu'elle ait vingt-cinq ans. Mais il y a plus grave : la reine étant chef de l'Église anglicane, il lui est impossible de donner son consentement à un tel mariage car, selon le droit canon anglican de 1603, le divorce reste interdit. Et le fait que Peter Townsend ait été considéré comme non coupable d'adultère ne compte pas. L'aviateur, dépité, annonce à la reine mère et à Margaret qu'il ne pourra pas les accompagner en voyage. En effet, les deux femmes devaient partir le 30 juin 1953 pour une visite officielle en Rhodésie.

Par raison d'État, Peter Townsend est éloigné de Margaret...

Ce voyage est très émouvant pour la veuve de George VI et pour sa fille qui ne peuvent oublier celui qu'elles avaient effectué avec le roi six ans plus tôt, dans le même train royal blanc. La princesse est malade, officiellement à cause de l'air conditionné. En fait, elle est désespérée, car, à Londres, il a été décidé de séparer géographiquement les amoureux : Peter Townsend est nommé attaché de l'Air à l'ambassade de Sa Majesté à Bruxelles. L'implacable raison d'État aurait pu être pire : la reine, protectrice de sa sœur et appréciant Peter, s'est opposée à ce qu'il soit nommé à un poste très lointain. Margaret n'espérait qu'une chose, revoir Peter avant son départ, mais Lascelles, sans doute agacé, a refusé : Townsend devra gagner Bruxelles trois jours avant le retour de la princesse. Celle-ci l'apprend à des milliers de kilomètres. Quelle cruauté de désespérer ainsi le héros et la sœur de la reine ! Dévastée, Margaret s'évanouit. Une aubaine pour la presse ! Les journaux suivent ce feuilleton qui fait monter leur tirage. Et bientôt, la place accordée à cette romance contrariée est aussi importante, voire plus grande que les retombées médiatiques du couronnement. Le périple africain continue par l'Ouganda puis le Soudan où la reine mère, contrairement à sa fille, retrouve sa joie de vivre et ne refuse pas du champagne, même s'il est tiède.

À leur retour, la reine et Philip accueillent les voyageuses à l'aéroport. Alors que cette crise, très romanesque, vaut à Margaret le surnom de la « princesse triste » qui fait vendre les journaux, on ignore que les deux amoureux vont s'écrire, presque chaque jour, pendant près de deux ans, avant de se revoir. L'éloignement, qui devait éteindre leur passion, n'a fait que l'embraser. Une nouvelle relation scandaleuse chez les Windsor qui se poursuit en secret, par courrier. Margaret paie pour l'abdication de son oncle David.

L'année 1953 a été particulièrement chargée en émotions et en questions protocolaires pour Elizabeth II : la mort de sa grand-mère, la reine Mary, qu'elle admirait tant ; les préparatifs exténuants et les fastes du couronnement ; les problèmes sentimentaux de sa sœur Margaret qu'elle chérit profondément et qu'elle voudrait protéger sans y parvenir réellement. Après quelques semaines de repos avec leurs enfants en Écosse, la reine et Philip doivent partir pour le voyage « postcouronnement » à travers divers pays du Commonwealth, le périple qui avait été interrompu par la mort du roi. Ils resteront absents six mois, du 24 novembre 1953 au 10 mai 1954. De nouveau, Charles et Anne sont confiés à leur grand-mère. Encore un Noël sans papa ni maman. Pour la première fois, en l'absence de la souveraine, la veuve de George VI existe de nouveau : elle exerce une fonction officielle en application de l'acte de régence. Elle en rayonne ! Les autres conseillers qui l'entourent sont la princesse Margaret, le duc de Gloucester, oncle de la reine, et la princesse royale, tante de la reine, et son époux. Pendant cet intérim se tiennent sept réunions du Conseil privé. De nombreux ambassadeurs britanniques sont reçus par la reine mère avant leur départ pour de nouveaux postes, tandis que les nouveaux ambassadeurs accrédités à Londres présentent leurs lettres de créance. La reine mère reçoit deux fois le Premier Ministre. Outre ces responsabilités, purement formelles, mais hautement symboliques et qui – il faut le dire – l'enchantent, la veuve de George VI exerce aussi ses devoirs de grand-mère auprès de Charles et d'Anne. Elle vit d'abord avec eux à Royal Lodge, dans le parc de Windsor, de joyeux moments, car la reine mère est une personne très imaginative, inventant des jeux, encourageant certaines bêtises, tout cela au milieu des corgis déchaînés. Les enfants découvrent, avec délices, les vaches et les cochons de la ferme. Pour Noël, comme d'habitude la fête se passe à Sandringham. La reine mère écrit très souvent à sa fille pour lui raconter les bonheurs et les exploits de Charles et d'Anne, ainsi que leur émerveillement devant l'arbre de Noël. Pendant ce temps, Elizabeth II et Philip sont à l'autre bout du monde, en Nouvelle-Zélande, où le gouverneur donne un bal en leur honneur. Au début de mars 1954, la reine écrit de Melbourne à sa mère pour lui dire sa joie de retrouver ses enfants trois semaines plus tôt que prévu.

À vingt-cinq ans, libre, Margaret va-t-elle défier la reine et l'opinion ?

C'est à Tobrouk, port de Libye où, en décembre 1942, le maréchal Montgomery avait été victorieux, qu'Elizabeth II et son mari prennent possession de ce qui sera, pendant quarante-quatre ans, à la fois une résidence officielle pour la souveraine en voyage et pour Philip « la seule maison que nous ayons construite », comparée aux palais et châteaux séculaires de leur vie quotidienne. Le yacht *Britannia* a été conçu par les chantiers John Brown & Co. à Clydebank, en Écosse. Le 16 mars 1953, trois mois avant son couronnement, la reine a baptisé ce magnifique bateau de 127 mètres de long, jaugeant 5 860 tonnes et qui vient d'être incorporé à la Royal Navy[1]. À Tobrouk, Elizabeth II est particulièrement heureuse, car ses deux enfants, venus d'Angleterre, sont à bord. Charles et Anne accueillent leurs parents. Ceux-ci sont si contents de les retrouver après des mois d'absence ! Les enfants, eux, sont tellement troublés qu'au lieu de les embrasser, ils leur serrent la main, comme à des étrangers ou à des amis ! Pendant cette longue séparation, Charles et Anne, confiés à des gouvernantes, ont sans doute rencontré d'innombrables personnes et oublié la tendresse des baisers maternels et paternels…

1. Deux autres yachts royaux, dits « de course », avaient porté le même nom de *Britannia* : celui du prince de Galles, futur Édouard VII, en 1893, puis celui de George V. Ce navire, jugé trop vieux en 1935 et surnommé *Old Britty*, avait été, sur ordre du roi, coulé dans la Manche, en pleine nuit, le 9 juillet 1936. Il n'avait jamais gagné une course…

En quittant Tobrouk pour Malte, puis Gibraltar, la reine entame le premier de ses neuf cent soixante-huit voyages officiels sur toutes les mers du monde à bord du *Britannia*. En retrouvant la Grande-Bretagne, Elizabeth II retrouve aussi sa sœur. Celle-ci continue d'écrire quotidiennement à Peter Townsend, mais mène une vie en apparence normale. Lors de son vingt-quatrième anniversaire, célébré à Balmoral, une gaffe de la reine mère va faire monter la tension médiatique. La presse relaie des rumeurs concernant une possible relation entre la princesse et l'un de ses vieux amis, Colin Tennant, aristocrate écossais fortuné qui a quatre ans de plus qu'elle. Les journalistes rôdent autour de Balmoral malgré les démentis de Colin Tennant. Afin de « détendre l'atmosphère », la reine mère propose que pour le vingt-quatrième anniversaire de Margaret soit organisée une soirée déguisée et qu'on lui chante une chanson spécialement composée pour l'occasion, comme on le faisait pour elle du vivant de son père. Informée, Elizabeth II pressent un désastre, mais n'ose contrarier sa mère. Le 21 août 1954, tous les invités sont vêtus en druides drapés dans de longs draps et chantent une chanson. Le résultat, redouté par la reine, est bien un désastre : Margaret fond en larmes d'abord en songeant à ses précédents anniversaires avec le roi et Peter, et aussi à cause des ragots de la presse.

Pour lui changer les idées, la reine propose à sa sœur un voyage officiel dans les Antilles britanniques. Cette tournée a lieu en février et mars 1955. Margaret tombe sous le charme des Caraïbes, apprécie les calypsos composés en son honneur qui chassent sa tristesse. Elle fait vraiment sensation avec sa beauté, son charme et son adaptation à la vie locale. Certains diront même que par son entrain la princesse avait éclipsé l'éclat du périple royal qui avait suivi le couronnement. En tout cas, pour Margaret, une parenthèse dans cette période si compliquée. Un lien définitif vient de se créer entre la princesse et ces « îles au soleil » où elle reviendra toujours pour fuir les tristes hivers londoniens. À son retour, la tension remonte d'un cran. Peter Townsend, toujours à Bruxelles, a donné une interview au *Daily Sketch*. À la question, une nouvelle fois posée, de savoir s'il compte épouser la princesse, il répond : « *Wait and see...* »

Cette déclaration relance la polémique. Les amis de Margaret pensent que, face à l'enthousiasme suscité par la princesse aux Antilles, Peter Townsend a voulu prouver qu'il est toujours prétendant. Exilé, mais dans la course… De toute façon, le dénouement est proche, puisque c'est à son vingt-cinquième anniversaire, le 21 août 1955, que Margaret sera libre de son choix.

Pour la reine, une page historique se tourne : Churchill s'en va

Sur le plan politique, la reine est soucieuse : le Premier Ministre est fatigué. Il a quatre-vingts ans. Si, au moment du couronnement, il avait été victime d'un deuxième spasme artériel, cela ne l'avait pas empêché de rester en fonction. Elizabeth II, qu'il prétendait avoir fait sauter sur ses genoux, était « sa » reine. Mais au début de 1955, il sent fuir sa formidable énergie ;

sa capacité de réagir est amoindrie. Le « vieux lion » ne rugit plus comme avant. Toutefois, sa vraie contrariété est de laisser la place à Anthony Eden, l'un de ses neveux par alliance qu'il n'aime pas, secrétaire au Foreign Office. Churchill trouve désagréable de sentir que son successeur est pressé ! Trop pressé ! Le 29 mars 1955, Churchill est reçu, comme d'habitude, en audience par la reine à Buckingham Palace. Il demande à Elizabeth II si elle voit un inconvénient à ce qu'il reporte sa démission. La souveraine n'en voit aucun. Elle a appris à connaître ce personnage fascinant, mélange de force physique brutale aimant l'affrontement et de visionnaire talentueux, même quand il se trompe. Donc, il reste encore en place. C'est l'affaire de quelques jours. L'annonce d'un imminent voyage du président Eisenhower et d'une conférence à Moscou entre les quatre alliés justifierait son maintien au 10 Downing Street. En vérité, sir Winston saisit tous les prétextes pour ne pas lâcher le pouvoir. En apprenant cette ruse très churchillienne, Anthony Eden entre dans une colère indigne de sa réputation de parangon du gentleman : « Voilà dix ans que je suis ministre des Affaires étrangères ! Ne peut-on me faire confiance ? »

Face à son oncle, face à Churchill, cette manière n'est pas la bonne.

En revanche, la douceur et l'amabilité peuvent prendre le lion dans leurs filets. Finalement, on apprend que le voyage d'Eisenhower est reporté et que la conférence à quatre à Moscou n'a jamais été prévue au début d'avril. Puisque rien d'essentiel ne va se passer, Churchill juge qu'il peut se retirer. Les affaires secondaires seront traitées par des personnes de même niveau. Le Premier

Ministre fixe sa démission au 5 avril. À midi, Churchill préside son dernier Conseil des ministres à Downing Street. Quelques larmes sont vraies. Puis il retourne à Buckingham Palace et présente sa démission à la reine. Cette fois, c'est sûr. Elle l'accepte et, à son grand soulagement, Anthony Eden est plus que prêt ! Aucune consultation ne sera nécessaire puisqu'il ne s'agit pas d'un changement de majorité. La dernière audience officielle avec Elizabeth II, le 9 avril, est un monument d'hypocrisie et d'humour selon les uns, de respect de la tradition pour les autres. En effet, Churchill réussit le prodige de ne pas prononcer le nom de son successeur devant la reine, laquelle, avec une sagesse déjà bien rodée, ne le lui demande pas ! Le démissionnaire s'expliquera, tenant à rappeler qu'aucun Premier Ministre n'a le droit dc formuler un avis si le souverain ne le sollicite pas ! Ainsi, comme le dira Churchill dans son vocabulaire imagé : « Jamais deux hommes n'ont relevé la Garde avec plus de douceur. »

On prêtait à la reine l'intention de lui proposer un duché. Certes, les duchés ne sont plus accordés qu'aux personnes de sang royal, mais la reine serait disposée à faire une exception pour le descendant de Marlborough. Mais Churchill a déjà refusé – par plaisanterie ! – d'être titré duc de Londres et de siéger à la Chambre des lords, ce qui était plus envisageable. L'audience royale restera, comme le relate François Kersaudy, un chef-d'œuvre de mauvaise foi. Revenant du palais les larmes aux yeux, Churchill, théâtral, dit de la reine : « Il s'est passé une chose incroyable : elle m'a offert un duché ! Eh bien, j'étais si ému par sa beauté, par son charme et sa gentillesse, que j'ai bien failli accepter. Et puis je me suis souvenu qu'il me fallait mourir comme j'étais né, sous le nom de Winston Churchill. Je lui ai donc répondu que je ne pouvais accepter et l'ai priée de m'en excuser. Et vous savez, le plus étrange, c'est qu'elle a paru presque soulagée[1]. » Tartuffe chez Oscar Wilde ! Du grand art chez les deux parties, car la reine a montré une parfaite maîtrise d'attitude. Cependant, le retrait de la vie publique d'un tel personnage ne peut qu'être accompagné de moments exceptionnels. C'est en réalité la veille, le 4 avril 1955, qu'il s'en déroula un. Ce soir-là, sir Winston et son épouse Clementine avaient convié le couple royal à dîner à la résidence du Premier Ministre.

Que le gouvernement invite l'État est très rare. Depuis la guerre, c'était la première fois et, pour la circonstance exceptionnelle, en habit et robe longue. Pour honorer Churchill, la reine porte une tiare et des décorations. Sir Winston, très ému, arbore, de travers, son ruban de l'ordre de la Jarretière, mais on sait depuis longtemps que ses excentricités vestimentaires font partie de sa légende. Après le dîner – et c'est aussi un événement sans précédent –, Churchill, encore Premier Ministre jusqu'au lendemain, propose un toast à la santé de la souveraine. Plus surprenante est la « charmante réponse de la reine » qui souhaite faire quelque chose dont peu de ses prédécesseurs ont eu l'idée : elle propose un toast à la santé du Premier Ministre. Enfin, voici un autre geste jamais vu : en raccompagnant Elizabeth II

---

1. François Kersaudy, *Winston Churchill, le pouvoir de l'imagination*, Tallandier, 2000, rééd. 2009. Cet auteur français a publié de nombreux travaux remarquables sur Churchill.

à sa voiture, Churchill s'arrange pour tenir sa portière ouverte. Un geste très remarqué. Une telle estime et une complémentarité si subtile resteront exceptionnelles.

Margaret a vingt-cinq ans : libre, va-t-elle épouser Peter Townsend ?

À la veille de son anniversaire déterminant, les spéculations se bousculent autour de la décision de la « princesse triste ». Toujours sûre de son amour, Margaret tente d'en parler avec sa mère et sa sœur. L'une et l'autre se dérobent, bien que la reine soit convaincue que l'union avec Peter Townsend serait vouée à l'échec, car elle pense que cet homme reste fragilisé par son divorce, le juge irresponsable et peu conscient des réalités de la situation, c'est-à-dire que Margaret est troisième sur la liste de succession au trône après Charles et Anne. Le 1er octobre, selon la tradition, le nouveau Premier Ministre, Anthony Eden, qui exaspérait Churchill, se rend en Écosse pour sa première visite à la reine séjournant à Balmoral.

Elizabeth II lui demande de sonder le cabinet et le Parlement afin d'avoir leur sentiment, car même si la princesse n'est plus tenue d'avoir l'autorisation de sa sœur pour se marier, elle doit recueillir l'agrément du gouvernement et des parlementaires. Un mariage princier est aussi une affaire politique. Heureusement, la reine ne demande pas au Premier Ministre son opinion personnelle, car il est lui-même divorcé et remarié à Clarissa Churchill, une nièce de Winston, ce qui n'avait pas apaisé les relations entre les deux hommes ! De son côté, la princesse amoureuse, qui n'a pris aucune décision pour son vingt-cinquième anniversaire, à l'amère déception de la presse, regagne Londres le 11 octobre, et Peter Townsend, venant de Bruxelles, y arrive le lendemain. Ils sont autorisés à se revoir et vont passer un week-end chez des amis, après deux ans de séparation et de correspondance permanente. Ils sont évidemment suivis par une meute de journalistes. Cette agitation gêne beaucoup le cabinet, au point que Buckingham Palace demande à la presse de laisser la princesse tranquille en précisant que dans l'immédiat aucune annonce ne sera faite concernant son avenir. Résultat : le tirage des journaux monte encore, les titres de gauche étant très favorables à cette romance.

Il y a tout de même des sujets plus préoccupants, telles les violentes émeutes antibritanniques à Chypre. Et on se demande pourquoi, en Égypte, le lieutenant-colonel Nasser a pris livraison d'armes soviétiques et tchécoslovaques. Trois fois en charge des Affaires étrangères, Anthony Eden est soucieux lorsqu'il reprend, le 18 octobre, le chemin de Balmoral pour faire part à la reine du résultat de ses consultations. Pour le Premier Ministre, c'est sans ambiguïté : le cabinet refuse d'approuver le mariage. Si la princesse passait outre, le gouvernement ferait voter au Parlement une loi privant Margaret de ses droits de succession aussi bien pour elle que pour ses descendants et sa liste civile serait supprimée. Par ailleurs, on lui demanderait de s'exiler quelques années. Avec le recul, on constate que les autorités de 1955 sont beaucoup plus sévères envers Margaret que ne l'avaient été celles de 1936 contre son oncle Édouard VIII, pourtant bien plus coupable que sa nièce. On avait permis au roi qui avait abdiqué par amour – ce qui était un traumatisme politique majeur – et s'était compromis avec l'Allemagne hitlérienne de conserver de confortables revenus, même s'il prétendra toujours, par des jérémiades répétées et avec une insistance déplacée, qu'il n'a pas de quoi vivre.

Pourquoi être aussi dur avec la princesse ? Parce que l'époque est encore celle d'un après-guerre laborieux dans une économie fragile et des difficultés financières, auxquelles s'ajoute le climat général de la décolonisation qui a gagné les restes du fier ancien empire devenu le Commonwealth des bonnes volontés. Pour beaucoup, les élans amoureux d'une princesse sont indécents et les battements de cœur de la monarchie déplacés, tandis que pour d'autres cette idylle fait rêver, loin de la grisaille quotidienne. Elle est même, souvent, le seul rêve d'une grande partie de la population. En fait, une évidence s'impose : si Margaret renonce à ses prérogatives pour devenir la femme de Peter Townsend, ses seuls moyens d'existence seraient le traitement de son mari amputé d'une pension versée pour ses deux fils. Ajoutée à un exil loin de sa famille, cette solution n'est pas tolérable, ni pour Margaret ni pour l'image de la famille royale et du régime. Ce serait humiliant pour tout le monde.

Après réflexion, la sœur de la reine reçoit, officiellement, Peter Townsend à Clarence House, le lundi 31 octobre 1955, à 18 heures. Margaret a pris sa décision, le héros vient lui dire adieu. À 20 heures, une déclaration de la princesse est lue à la BBC : « Je voudrais porter à votre connaissance que j'ai décidé de ne pas épouser le

Group Captain Peter Townsend. J'ai été informée qu'en dépit de mon renoncement à mes droits de succession, il m'aurait été possible de contracter un mariage civil. Mais imprégnée de l'enseignement de l'Église qu'un mariage chrétien est indissoluble et consciente de mon devoir à l'égard du Commonwealth, je me suis résolue à placer ces considérations avant toutes les autres. J'ai pris ma décision entièrement seule et en agissant ainsi j'ai été fortifiée par le soutien sans faille et le dévouement du *Group Captain* Peter Townsend. Je suis profondément reconnaissante sur ce sujet envers tous ceux qui ont constamment prié pour mon bonheur[1]. »

La décision de la princesse, dont la popularité est alors comparable à ce que sera celle de la princesse Diana trente ans plus tard, fait beaucoup pleurer. Officiellement, Margaret, la cadette espiègle, fait passer son devoir avant sa passion, le contraire de l'attitude de son oncle Édouard VIII vingt ans plus tôt. La reine en éprouve un sentiment de culpabilité qui sera difficile à oublier, même si l'« affaire Townsend », comme on l'appelle, est close. Dans ses *Mémoires*, Peter Townsend écrira : « Elle aurait pu m'épouser si seulement elle avait été prête à tout abandonner. Simplement, je savais que je ne faisais pas le poids pour contrebalancer tout ce qu'elle aurait perdu… En y réfléchissant bien, il était impensable que, du jour au lendemain, elle devienne une ménagère ordinaire. Et pour être franc, ce n'était pas ce que je désirais pour elle. »

---

1. Traduction de l'auteur, extrait de Christopher Hibbert, *The Court of St. James's*, Weidenfeld & Nicolson, 1979.

7

Crises et chuchotements
(1956-1960)

Depuis son couronnement, véritable et spectaculaire explosion patriotique, la reine a été épargnée par de graves crises internationales, même si l'affrontement Est-Ouest, appelé guerre froide depuis l'année du mariage d'Elizabeth avec Philip, multiplie les incidents et les tensions. Malgré ses efforts, Churchill n'avait pu organiser la conférence au sommet entre Américains et Soviétiques qui, probablement, aurait été plus son apothéose qu'une garantie de paix mondiale entre les deux « grands ». La reine s'est fait connaître comme chef de tous les États du Commonwealth, dont les régimes sont très différents, incarnant le dernier lien formel entre les composantes de l'empire disparu. Entre 1953 et 1954, ses voyages ont été des triomphes, mais épuisants ne serait-ce que par les discours (elle en a prononcé cent deux, en a écouté cent soixante-seize), le *God Save the Queen* qu'elle a entendu cinq cent huit fois pendant ce premier tour du monde[1], sans oublier les ouvertures du Parlement, les inaugurations, les défilés regardés debout, les troupes passées en revue, les audiences, les innombrables changements vestimentaires et les révérences faites par les jeunes filles et les femmes, marque de respect obligatoire, dont le chiffre oscillerait, en moyenne selon des experts en bonnes manières, à plus de 5 000 pendant cette période. Rien qu'en Australie, elle a parcouru 15 000 kilomètres, devenant déjà, grâce aux transports aériens, le chef d'État ayant le plus voyagé de l'histoire contemporaine. Il y a quelque chose de victorien dans ce devoir royal dont la reine, très consciencieuse, est fière. Ayant accompli les tournées que son père n'avait pu entreprendre, elle a intéressé et souvent séduit un monde où le lion britannique n'a plus la même influence ; la reine prend la relève d'un héritage fascinant, mais qui se disperse ; elle s'applique et sa jeunesse impressionne. La *love story* (l'expression vient de naître) de sa sœur a ému, enchanté ou choqué, mais la Couronne a conservé sa dignité. Elizabeth II, qui travaille beaucoup, est préparée à respecter ce qui ne manquera pas d'être constaté, l'alternance électorale entre les conservateurs et les travaillistes dans un

1. La particularité de l'hymne national britannique, l'un des plus célèbres au monde, qui aurait une lointaine origine française, mais dont les paroles n'ont rien de guerrier ou de menaçant, est de ne pas être chanté par le monarque, roi ou reine, puisqu'il est en son honneur. Il a été entonné officiellement pour la première fois en 1746, à la bataille de Culloden, en Écosse, où le duc de Cumberland, battu par les Français à Fontenoy un an plus tôt, avait défait le prétendant Stuart et consacré la victoire du roi George II et de la dynastie Hanovre.

pays qui a procédé à de spectaculaires nationalisations pour se reconstruire. À la fin de 1955, la souveraine a rajeuni la monarchie en prouvant, selon l'avis définitif de Churchill, qu'aucune autre personne n'était mieux taillée pour cette tâche. La fusion de la timidité avec l'autorité fait d'elle une souveraine constitutionnelle irréprochable dans ses devoirs. Mais son Premier Ministre, Anthony Eden, est souvent malade, souffrant de fièvres et de douleurs consécutives à son opération de la vésicule biliaire.

1956 : l'échec cuisant de Suez fragilise la reine, très critiquée...

Le 26 juillet, au Caire et devant 150 000 personnes, le président Nasser prononce un discours particulièrement vigoureux pour marquer le quatrième anniversaire du renversement du roi Farouk par un groupe d'officiers dont lui-même faisait partie. Il annonce la nationalisation du canal de Suez après le départ des derniers soldats britanniques qui assuraient, depuis 1936, la protection de la zone. Les biens de la Compagnie du canal sont mis sous séquestre. La colère est vive au Royaume-Uni et en France, car les actions de la Compagnie appartiennent aux deux pays. Elizabeth II se trouve à Goodwood, dans le Sussex, assistant à une célèbre course automobile dont le circuit a été aménagé sur une ancienne base de la Royal Air Force. Un officier fait prévenir la reine qui, le plus discrètement possible, quitte sa loge. Mais pour que la souveraine agisse ainsi, c'est que l'heure est grave. En effet, deux ministres, envoyés par Anthony Eden, prient la reine de signer des documents. Commandant en chef de toutes les forces armées, c'est la souveraine qui, à la demande du Premier Ministre, paraphe les ordres concernant la guerre et la paix. Que vient d'ordonner Elizabeth II ? L'envoi de troupes britanniques en Égypte pour sauvegarder les intérêts de Londres. Le Premier Ministre Anthony Eden a obtenu le soutien de son homologue français, le président du Conseil, le socialiste Guy Mollet. Et ordre a été donné aux flottes française et britannique de faire route vers l'Égypte : il faut défendre les actionnaires de la Compagnie du canal. Par sa connaissance du dossier des Affaires étrangères, Anthony Eden estime que Nasser est encouragé par l'URSS qui lui a livré des armes, tandis que les États-Unis redoutent une intervention de Moscou si l'Égypte est attaquée. La coalition franco-britannique est soutenue par Israël. L'origine de la crise est le refus des États-Unis de financer le barrage d'Assouan. L'opération armée, conduite le 29 octobre 1956, est un succès complet par l'occupation militaire de la zone nord. En représailles, Nasser coule des navires dans le canal, le rendant impraticable, ce qui coupe la route du pétrole pour l'Europe occidentale. Les États-Unis condamnent l'intervention anglo-française, jugée de type « colonial », et l'URSS, qui écrase la révolte hongroise à Budapest, menace à son tour de défendre l'Égypte. Le 7 novembre, l'avancée franco-anglaise est stoppée par l'ONU et l'opération se transforme en défaite diplomatique. Les bords du canal seront piteusement évacués.

La santé d'Anthony Eden se dégrade, malgré une convalescence passée à la Jamaïque dans la villa de Ian Fleming appelée Goldeneye[1]. Rentré à Londres, très affecté par le fiasco égyptien, il présente sa démission à la souveraine le 9 janvier 1957. C'est une épreuve pour eux deux, la première du genre pour la reine, car le gouvernement, qui agit en son nom, a échoué. Au-dessus de la politique et des partis, Elizabeth II découvre que, du fait qu'elle n'a pas de fonction politico-militaire précise en cas de conflit – vide que son père avait admirablement comblé pendant la guerre –, le cabinet lui a caché la réalité de la situation : la puissance de ses troupes sur le terrain n'était qu'une illusion et Washington a pris ses distances avec Londres. Pis : l'ours soviétique a mortifié les Franco-Britanniques et Nasser se présente comme le leader du monde arabe ayant vengé une humiliation. L'image de la souveraine, si prometteuse lors de son couronnement et de son voyage outre-mer, est écornée et la famille royale présentée comme un club d'amateurs. L'attaque est conduite par lord Altrincham, un jeune pair du royaume ayant de puissants relais dans la presse très réceptive à un règlement de comptes au sommet. Ses propos sont violents, fustigeant la famille royale qu'il voit comme une « clique de hobereaux en tweed », réclamant la suppression de la Chambre des lords, accusant la souveraine d'être mal entourée et trop à l'écart de la réalité : « La reine devrait dire des choses

1. Ian Fleming, né en 1908, était un écrivain, journaliste et officier de renseignements de la Navy, créateur du personnage de l'espion James Bond, l'agent 007, popularisé au cinéma à partir de 1962 et héros de plus d'une vingtaine de films.

dont les gens se souviendront et faire des choses de sa propre initiative. Jusqu'ici, il n'y a pas le moindre signe qu'une telle personnalité soit en train de naître. » Et il ose une attaque personnelle contre Elizabeth II dont il ridiculise le ton des discours : « Sa voix est celle d'une écolière bégueule, d'un capitaine d'une équipe de hockey, d'une parfaite candidate pour la confirmation. » Cette diatribe fait beaucoup de bruit dans les cercles du pouvoir ; toutefois l'opinion des sujets de Sa Majesté n'est pas aussi tranchée.

La responsabilité de l'échec de Suez est, certes, celle du gouvernement et en particulier d'Anthony Eden, mais la reine va en tirer les leçons. Elle nomme son troisième Premier Ministre (et troisième politicien conservateur) depuis qu'elle règne, Harold Macmillan, surnommé « Supermac » pour son pragmatisme, un bourgeois apparenté à la haute aristocratie par son mariage. En fait, le Premier Ministre, comme Churchill mais pour des raisons différentes, a des crises de dépression. Sa situation personnelle est difficile. En apparence, il est l'image de la réussite : ancien officier de la brigade des Guards où il avait servi pendant la Première Guerre mondiale, membre des clubs les plus distingués de Londres, il a épousé une fille du duc de Devonshire, lady Dorothy. Mais sa vie est compliquée : malgré sa brillante réussite, les membres de la classe à laquelle il appartient lui font sentir qu'il n'est pas « des leurs ». En effet, il est issu d'une famille écossaise plutôt modeste. Pis encore, son épouse entretient une liaison avec un parlementaire et tout le monde est au courant. En réalité, Harold Macmillan est un homme très isolé et une seule volonté le motive : une loyauté absolue envers la reine.

Elizabeth II accomplit son devoir constitutionnel, mais la presse s'étonne : elle avait pensé à un autre candidat. Inévitablement, l'opinion s'interroge : « Qu'aurait fait Churchill ? » On ne sait exactement, sinon qu'il a jugé la BBC trop favorable à Nasser et qu'il doit être furieux de la brouille avec les États-Unis. Et l'on se souvient qu'en parlant d'Anthony Eden, son méprisé neveu par alliance, il avait professé : « Il n'y arrivera pas ! »

Une crise entre la reine et Philip ? Il est absent quatre mois...

Plus grave encore pour la reine, c'est toute seule qu'elle subit toutes ces épreuves (le premier échec militaire britannique depuis la guerre, les attaques humiliantes et personnelles de lord Altrincham) : Philip n'est pas auprès d'elle ! En effet, au moment de l'opération franco-britannique à Suez, le mari d'Elizabeth II se trouve à Ceylan, à bord du *Britannia*. Il avait quitté Londres début octobre en compagnie de son secrétaire personnel Michael Parker. Le but officiel de ce voyage était d'honorer une invitation à l'ouverture des jeux Olympiques de Melbourne. Mais il ne s'agissait pas d'un simple aller-retour, puisque ce voyage devait durer plus de quatre mois, le duc d'Édimbourg ayant prévu de se rendre ensuite à la station scientifique britannique en Antarctique. C'était la première fois depuis leur mariage, neuf ans plus tôt, que le couple était séparé pour une aussi longue période. Était-ce une fuite ? Philip, on le sait, avait besoin de ne pas être enfermé dans un carcan permanent. À Londres, ce n'était pas facile. Peu de temps avant son mariage, Michael Parker avait introduit Philip au Thursday Club, dont les membres se réunissaient une fois par semaine dans un restaurant du quartier chic de Mayfair. L'animateur en était un personnage étonnant, appelé Baron. Il y avait des journalistes, des acteurs comme David Niven, Peter Ustinov et James Robertson Justice, des humoristes et quelques aristocrates, dont le cousin de Philip, David Milford-Haven. Ces réunions informelles, dans un milieu différent, plaisaient à Philip. Le dénommé Baron était un photographe connu et il avait été choisi pour prendre les photos officielles du mariage d'Elizabeth et Philip.

Outre les déjeuners, les membres du Thursday Club se retrouvaient parfois pour des dîners et des soirées dans des night-clubs. La petite amie officielle de Baron était une ravissante chanteuse, très applaudie dans les comédies musicales qui avaient tant de succès à Londres ; il arrivait à Philip de dîner avec Baron et sa maîtresse, puis d'aller prendre un verre et danser dans un night-club. Selon Sarah Bradford, lors d'une soirée en compagnie du prince Bernhard des Pays-Bas, époux de la reine Juliana, le prince Philip, toujours plaisantin, se serait agenouillé devant lui en lui disant : « Tu as de la chance, personne ne te reconnaît. Tu peux avoir autant de petites amies que tu veux. Moi j'ai six gardes du corps en permanence autour de moi[1]. » D'après les témoins de cette scène de mauvais goût, le prince Bernhard n'aurait pas ri du tout. En effet, Philip ne pouvait passer inaperçu, ses escapades nocturnes étaient

1. Sarah Bradford, *George VI*, *op. cit.*

évidemment connues de Buckingham Palace. Aucun commentaire de la reine, bien sûr. Des rumeurs d'une liaison commencèrent à circuler dans la presse américaine, friande de prétendus écarts des *royals* depuis le scandale Wallis Simpson.

Le Thursday Club finit par susciter de tels ragots que Philip et son secrétaire Michael Parker renoncèrent à en faire partie. Certains avaient osé évoquer l'infidélité de Philip. Rumeurs infondées ? Réalité ? La séparation de quatre mois, voulue par les deux époux, était-elle la consécration d'une mésentente ou la possibilité d'une réconciliation après mûre réflexion ? Il est inutile de dire que la presse est survoltée à l'idée de photographier les retrouvailles du couple royal. Elizabeth II connaît les difficultés de la position de Philip par rapport à elle. La reine avait fait tout ce qu'elle avait pu pour lui prouver son estime. Dès son avènement, elle l'avait fait nommer au plus haut grade dans les trois armes : maréchal de l'armée de terre, maréchal de la Royal Air Force et amiral de la Royal Navy. Juste avant son couronnement, elle avait obtenu du cabinet que, si elle venait à disparaître ou qu'elle soit empêchée, Philip serait régent jusqu'aux dix-huit ans du prince Charles. Mais, on l'a vu, elle n'avait pas permis que leurs enfants portent le nom de Mountbatten.

Le retour de Philip est d'autant plus délicat qu'un nouveau scandale conjugal vient d'éclater, concernant cette fois son secrétaire Michael Parker. Celui-ci est informé vers la fin du voyage que sa femme vient de déposer une demande de divorce à Londres. C'est, de nouveau, le drame des membres de la Cour travaillant pour la famille royale : leur vie privée est sacrifiée à leur tâche et leurs conjoints ne supportent plus leurs absences. Michael Parker quitte le *Britannia* à l'escale de Gibraltar après avoir donné sa démission au duc d'Édimbourg. Cela, d'ailleurs, ne nuira nullement à leur longue amitié ; mais un homme divorcé ne peut pas être au service de la famille royale.

Les retrouvailles ont lieu à l'aéroport de Lisbonne le 18 février 1957, deux jours avant le début d'un voyage officiel de la reine et de son époux au Portugal. Plus de cent cinquante reporters hissent leurs appareils photo pour saisir le comportement du couple royal. Philip, qui a rasé sa barbe de « loup de mer », semble tout à fait à l'aise quand il monte à bord de l'avion royal. Il découvre que la suite de la reine et Elizabeth II elle-même arborent de fausses barbes semblables à celle qui couvrait son visage ces dernières semaines ! De quoi détendre l'atmosphère ! La reine – on ne doit pas l'ignorer – a de l'humour et est bien informée ! Quand elle descend de l'appareil, elle a un large sourire. Il est peut-être temps de tourner cette page désagréable… En fait, cette absence anormalement longue avait mis en évidence la question, délicate, du statut du mari de la reine dont tous les biographes ont souligné la complexité. Officiellement, en ce début 1957, le duc d'Édimbourg est « conseiller privé ». Mais près de cinq ans après le couronnement d'Elizabeth, il n'a toujours pas le titre de prince consort. Dans la monarchie britannique, il y avait eu un précédent célèbre : en janvier 1854, le prince Albert, époux adoré de la reine Victoria, s'était plaint de n'avoir aucune place officielle. Son arrière-arrière-petite-fille mesure le danger de laisser son mari sans existence officielle. Le 22 février 1957, la reine, après avoir consulté son Premier Ministre Macmillan, octroie le titre de prince consort à Philip. En réalité, Churchill avait senti le danger et en mars 1955, un mois avant sa démission, il avait suggéré à la reine cette décision. Mais Elizabeth II avait refusé. Pourtant, elle a besoin du soutien de Philip. Une amie révélera que la reine lui avait avoué : « Sans mon mari, je ne pourrais continuer… » Et tant pis si l'intéressé voudrait diriger Buckingham Palace « comme un navire de guerre » (c'est sûrement une plaisanterie) !

Paris, avril 1957 : un couple réconcilié et le triomphe de la reine

Désormais, le mari de la souveraine n'est plus un figurant : il existe et l'entente conjugale est tangible lors de la visite d'État d'Elizabeth II dans la capitale française, du 8 au 11 avril 1957, à l'invitation de René Coty, second président de la IVe République. La reine aime la France, où elle est venue en princesse héritière neuf ans plus tôt, et ne veut pas la décevoir. Un mois à l'avance, elle a obtenu du protocole de l'Élysée le minutage exact de sa visite et de son séjour. Elle l'apprend par cœur et fait de même pour le plan de l'Élysée où elle résidera. C'est moins grand que Buckingham Palace, mais pas question de s'y perdre ! Qu'en penserait le personnel, qu'il soit au service de la monarchie ou de la république ? Et Londres envoie à Paris des précisions sur les goûts alimentaires d'Elizabeth II : « Sa Majesté a un petit appétit mais mange à peu près n'importe quoi, à l'exception du caviar, des huîtres et des coquillages. Elle préfère la cuisine simple. » Son péché mignon est le foie gras. « Mais la reine s'inquiète quand elle lit sur le menu "Hérisson périgourdin au nid"… On la rassure aussitôt : ce hérisson est en fait une boule de foie gras piquée de truffes… Et le nid, une brioche lardée de lamelles d'amande. » Comme le remarquent Patrice Duhamel et Jacques Santamaria dans leur excellent livre, « la sophistication des appellations faisait déjà des ravages[1] » ! Elizabeth II aime le champagne, notamment le Pol Roger, le préféré de Churchill, et le millésime sera 1943. À l'Élysée, on répète. Les gardes républicains répètent les honneurs, les majordomes répètent le service du thé qui sera servi dans de la porcelaine de Sèvres, les femmes de chambre répètent dans la chambre qu'occupera la reine. Aïe ! Une petite faute de goût, n'est-ce pas, que ce lit de style Louis XVI, le roi qui fut décapité pas très loin de l'Élysée ! La baignoire de la salle de bains est absolument impeccable et l'intendant en chef de l'Élysée surveille le moindre détail quand on dresse la table d'apparat.

À midi, l'avion de la reine se pose à Orly. René Coty, jaquette, haut-de-forme et collier du grand-maître de la Légion d'honneur, accueille Elizabeth II au pied d'une passerelle drapée de pourpre et de bleu marine. D'immenses lettres « E II R[2] » surplombent l'escalier d'honneur. La reine et le président, tous deux à l'arrière

1. Patrice Duhamel, Jacques Santamaria, *L'Élysée. Histoire, secrets, mystères*, Plon, 2012, nouvelle édition, mise à jour, enrichie et illustrée, 2017.

2. *Elizabeth II Regina.*

de la Citroën décapotable carrossée par Chapron, font une entrée triomphale dans une capitale pavoisée. Le cortège rejoint l'église Saint-François-Xavier, proche des Invalides. « Et voici Paris, Madame ! » annonce fièrement le président Coty. La reine sera le dernier chef d'État accueilli en France par cent un coups de canon. Le soleil fait briller les casques des gardes républicains à cheval qui, avec les motards, encadrent la voiture. Paris, en fête, n'est qu'applaudissements et vivats depuis les trottoirs, les balcons et même les plus petites fenêtres ouvertes sous les toits : « Vive la reine ! » crient des voix provisoirement (?) monarchistes. Le ciel est aussi bleu que les yeux de la reine. À l'arrivée à l'Élysée, la souveraine, chargée de fleurs, gravit le perron, en avance de quelques marches sur le président.

De cette première réception, retenons que le président Coty veille à décorer le prince Philip du grand cordon de la Légion d'honneur, car désormais Son Altesse royale doit être ménagée et pas traitée en « prince qu'on sort », selon le mot d'incorrigibles humoristes français. Et le très averti René Coty propose de s'effacer dans le rite de l'accolade : à sa place, il demande à la reine d'embrasser son époux décoré. Elizabeth II n'a pas été prévenue ! Mais l'amour prend immédiatement le relais des usages au nom de l'Entente cordiale dans les ménages royaux : un peu surprise, la jeune épouse et reine embrasse généreusement son mari sur les deux joues. « Un geste follement français[1] », dira plus tard la souveraine, encore émue de l'offre du président. Et un

1. Patrick Mahé (rédacteur en chef), *Les Décennies Paris Match, nos années 1950*, vol. 1, avril 2018. Une remarquable rétrospective.

geste rare que les photographes n'auront pas eu le droit d'immortaliser, au nom d'une très relative intimité. Le protocole garde ses rigueurs !

En remontant les Champs-Élysées, les acclamations de la foule tournent au délire. Arrivée à l'Arc de triomphe, la reine, en tailleur bleu et petit chapeau, passe les troupes en revue et dépose une gerbe sur la tombe du soldat inconnu. Les hymnes nationaux sont joués. Le soir, sans montrer la moindre lassitude, Elizabeth II et Philip, robe longue de satin clair et habit, sont au gala de l'Opéra. La reine est coiffée de la tiare Vladimir et porte le collier Delhi Durbar. Les invités assistent au ballet *Le Chevalier et la Demoiselle*, deux actes sur une musique de Philippe Gaubert et une chorégraphie de Serge Lifar. Dès qu'ils le peuvent, les photographes déclenchent des orages de flashs. La reine n'échappe pas à une photo d'elle se repoudrant discrètement (croyait-elle !) dans la loge présidentielle. À sa descente du grand escalier, qu'Elizabeth II semble juger dangereux, la reine remonte légèrement sa robe et on aperçoit ses chaussures du soir. La souveraine semble très émue lorsque à la sortie elle découvre la place de l'Opéra où 50 000 Parisiens se sont massés et crient : « Vive la reine ! »

Le deuxième jour, s'il fait toujours beau, la température est fraîche. Un vrai mois d'avril ! Partant pour Versailles en voiture découverte, la reine ne refuse pas la couverture qu'une dame d'honneur dépose sur ses genoux. Au déjeuner dans la galerie des Glaces, on sert un suprême de bécasse Grand Siècle dans des assiettes à 100 000 francs pièce ! Après avoir applaudi un opéra de Rameau, la République et la Ville de Paris offrent à leurs hôtes une croisière nocturne sur la Seine à bord du *Borde-Frétigny*, le plus somptueux des bateaux-mouches qui avait été baptisé par Mme Coty en 1954. Il dispose d'une cabine de verre qui permet de voir et d'être vu. Elizabeth II et Philip sont les seuls passagers à bord. Sur les quais du fleuve, le spectacle est fabuleux : des tableaux vivants, éclairés par 2 800 projecteurs, racontent l'histoire de France, avec des mousquetaires du roi devant le Louvre, des grognards de l'Empire au pont de Solferino, le roi Henri IV en vert-galant, Notre-Dame illuminée, les Petits Chanteurs à la croix de bois et un feu d'artifice devant le pont Alexandre-III. Une féerie sans précédent qui bouleverse la reine en robe brodée d'argent, cape de renard blanc, diadème et rivière de diamants. Au troisième jour, après une dizaine de visites protocolaires, sans doute parfois ennuyeuses et sans doute toujours épuisantes, c'est une apothéose. Le dîner d'État, en présence du président Coty, se déroule au Louvre, dans la salle des Cariatides et pour 3 000 invités.

Philip et sa femme parviennent à s'isoler un moment, mais les photographes surprennent ce tête-à-tête discret. Certains invités se hissent sur les socles des statues pour apercevoir le couple. En tenue d'apparat, la garde républicaine a le plus grand mal à maintenir l'ordre. Elizabeth II et Philip n'oublieront jamais le fastueux hommage de Paris. Les raffinements de l'accueil et la ferveur populaire deviennent des souvenirs que l'on s'arrachera dans la presse. Si, au moment du couronnement, la France comptait à peine 60 000 récepteurs de télévision, il y en a maintenant 500 000 ; mais, souligne Irène Frain, « les moyens techniques et le budget de l'unique chaîne française sont encore loin de permettre les retransmissions en direct et non-stop dont nous sommes familiers en 2018[1] ». De plus, les rares transmissions ne montrent que des images floues et en noir et blanc. La presse magazine est la seule à pouvoir rendre compte en couleurs de la magnificence de ce séjour qui, pour un temps, semble avoir éteint les rivalités politiques. L'hebdomadaire *Paris Match*, fondé en 1949, s'était vendu à 1 402 396 exemplaires, le record de l'année 1953, avec ses reportages sur le couronnement. La couverture présentait Elizabeth II au balcon de Buckingham Palace, coiffée de sa couronne, saluant la foule, le petit prince Charles aussi. Début avril 1957, le numéro montrant les coulisses du palais et les préparatifs de la visite royale en France avait atteint le chiffre de 2 103 136 numéros vendus. Le numéro souvenir, n° 419, avec tous les secrets du voyage et sorti le 20 avril 1957, sera celui d'un record sans précédent : il s'arrache à 2 231 594 exemplaires ! Le roman d'amour d'Elizabeth II avec la France et en particulier Paris, commencé en 1948 quand elle était princesse héritière, atteint, entre curiosité, fierté et nostalgie, une intensité jamais ressentie pour un chef d'État étranger.

1. *Ibid.*

Pour les enfants de la reine et de Philip, la vie est compliquée

Dans le couple souverain, la reine avait concédé à son mari toutes les décisions concernant l'éducation de leurs deux enfants. C'était une façon de reconnaître l'autorité de leur père et, peut-être aussi, de compenser sa frustration de ne pouvoir leur donner son nom, tout en permettant à la reine de se consacrer pleinement à ses obligations de monarque. Les parents étaient d'accord sur l'essentiel, afin que Charles et Anne aient la vie la plus « normale » possible, ce qui était déjà un défi. Au cours des premières années, Charles ne va pas à l'école et c'est une gouvernante qui est sa maîtresse d'école à Buckingham Palace. Comme sa mère et sa tante Margaret, il apprend le français, visite les principaux monuments et musées londoniens. Le 28 janvier 1957, Charles, qui a neuf ans, est inscrit dans une école nommée Hill House. Son uniforme a été choisi chez Harrods et dès le premier jour, la foule des photographes massés devant l'école montre à la reine qu'une vie « normale » est pratiquement impossible pour l'héritier du trône. Elle fait intervenir le directeur du service de presse de Buckingham Palace, qui prie les journalistes de permettre à Charles d'entrer dans son école et d'en sortir sans être harcelé – le début de ce que nous appellerions une gestion médiatique. Le petit prince reste dans cet établissement jusqu'à l'été et le 23 septembre 1957, il devient pensionnaire à Cheam, dans le Hampshire. Si c'est le sort de la plupart des garçons de la bonne société britannique, Charles ne se sent pas du tout à l'aise dans cette institution. Il sait, depuis qu'il est tout petit, qu'il est « différent » des autres et cela n'est pas facile à assumer. Ses camarades ont été priés de le traiter le plus « normalement » possible. Il n'y a aucune hostilité à son égard, mais pas davantage de grandes amitiés. Charles se sent seul. Et il en souffre.

L'année suivante, à la fin de l'été 1958, Charles regarde à la télévision, en compagnie de quelques camarades, la cérémonie de clôture des Jeux du Commonwealth qui ont lieu à Cardiff, au pays de Galles, et que préside son père, le prince Philip. Stupéfait, il entend sa mère, la reine, annoncer qu'elle a décidé d'investir son fils prince de Galles ce jour même et que lorsqu'il aura dix-huit ans, elle viendra en personne le présenter au château de Caernarvon. Les Gallois répondent par une ovation, mais pour le petit garçon, c'est un choc ! Personne ne l'avait informé de ce qui allait se passer ! Or, la décision de la reine avait été prise avec son Premier Ministre depuis plus d'un an. L'éducation voulue par Philip et Elizabeth n'est donc pas totalement irréprochable. Peut-être n'ont-ils pas mesuré le traumatisme qu'ils ont infligé, malgré eux, à leur fils... Charles ne l'oubliera pas.

Une révolution dynastique et aussi une déclaration d'amour

Depuis leurs retrouvailles à Lisbonne et leur nouvelle lune de miel, Elizabeth et Philip souhaitaient avoir un nouvel enfant. Ce n'est que trois ans plus tard, en juin 1959, alors qu'Elizabeth II, en voyage officiel au Canada, inaugure, avec le président américain Eisenhower, le canal du Saint-Laurent, qu'un communiqué de Buckingham Palace annonce que Sa Majesté attend un heureux événement. Pour l'opinion, la réconciliation du couple, tant espérée, est effective. Elle sera encore confirmée par la décision spectaculaire de la reine, prise huit jours avant la naissance du bébé, le prince Andrew, après consultation du Premier Ministre, du Conseil privé et des débats laborieux. En effet, le 8 février 1960, Elizabeth II accorde au prince Philip ce qui lui avait été refusé en 1952 et restait une plaie ouverte pour la fierté du duc d'Édimbourg. La reine fait publier cette très importante déclaration : « Maintenant et dorénavant, je déclare ma volonté et mon plaisir... tandis que moi-même et mes enfants continuerons d'être identifiés et connus sous le nom de maison et famille de Windsor, mes descendants autres que ceux bénéficiant de l'identité, d'un titre ou des privilèges d'Altesses royales et de la dignité titulaire de prince ou princesse, ainsi que les descendantes féminines qui se marieront et leurs descendants, porteront le nom de Mountbatten-Windsor. » Cette décision avait été prise après que Philip et Dickie étaient revenus à la charge pour que l'enfant à naître porte le nom de Mountbatten. Les discussions avaient été difficiles. La reine en avait pleuré et c'est le chef du gouvernement, Harold Macmillan, qui avait trouvé un compromis en suggérant que les prochains enfants du couple s'appellent Mountbatten-Windsor. Tout simplement. C'était une réparation à l'affront subi par Philip huit ans plus tôt. Ce revirement n'est sans doute possible que parce que la reine s'est imposée et que sa vie privée résiste aux épreuves. Le duc d'Édimbourg, reconnaissant, rappelle la place qu'il tient dans la vie de son épouse en précisant : « La reine a toujours voulu, sans changer le nom de la maison royale choisi par son grand-père, associer le nom de son mari avec le sien et ses descendants. La reine avait pris cette décision depuis longtemps et cela lui tient à cœur[1]. » Le duc exagère un peu et enjolive la vérité. Il avait surtout fallu que Philip fasse ses preuves. Et le 19 février 1960, la naissance d'un deuxième héritier mâle pour la Couronne, le prince Andrew (Mountbatten-Windsor), renforce la notoriété du mari de la reine. *Happy end !*

Margaret se résout à épouser Tony Armstrong-Jones...

Pendant des mois, la reine s'est inquiétée de l'état de sa sœur qui semblait inconsolable de n'avoir pu épouser Peter Townsend. Elle en voulait à la terre entière et avait même boudé publiquement la soirée du dixième anniversaire de mariage de sa sœur en allant d'abord au théâtre, puis en arrivant une heure en retard à la soirée du couple royal, en y montrant ostensiblement qu'elle s'y ennuyait et en s'en allant très vite. Sa rancœur devenait gênante pour l'institution monarchique. En mars 1958, Townsend était venu deux fois à Londres pour voir Margaret. Ces visites ne pouvaient qu'intriguer les journalistes spécialisés en battements

1. Traduction de l'auteur.

de cœur des têtes couronnées. La romance pouvait-elle recommencer ? Y avait-il du nouveau ? Margaret avait-elle de l'espoir ? Croyait-elle encore à son impossible rêve ? Le suspense allait-il recommencer ? Non, car en 1959, l'ancien fiancé de la princesse lui envoie une lettre dans laquelle il l'informe qu'il va épouser une jeune Belge âgée de dix-neuf ans, Marie-Luce Jamagne, qui, selon les photographes, ressemble beaucoup à Margaret…

La princesse se sent trahie et le dit à son entourage. Une nouvelle « affaire Margaret » ? Non, car elle a déjà rencontré, lors d'un dîner à l'automne 1958, un séduisant photographe de talent, enjoué mais sérieux dans son travail, un peu bohème mais de bonne réputation. Il a quelques mois de plus que Margaret. Il est célibataire et plaît beaucoup aux femmes. Il est posé, bien élevé. Il s'appelle Tony Armstrong-Jones. Il connaît parfaitement le milieu de la Cour, ayant déjà photographié les Kent, Charles et Anne et, suprême honneur, la reine elle-même. Tony et Margaret se plaisent tout de suite, au point que, rapidement, en célibataire organisé, Tony va louer, pour abriter leurs amours, une maison au bord de la Tamise, dont le bow-window offre une superbe vue sur Londres. Margaret est enthousiasmée par le charme de cet endroit inhabituel pour elle, tout aussi inhabituel pour la princesse que le studio du photographe dans le quartier branché avant l'heure de Pimlico, déjà recherché par les artistes. Tony est le photographe à la mode dans un Londres bientôt très créatif et en effervescence. Sans tarder, Margaret présente Tony à sa mère qui tombe sous le charme. La reine l'invite à Balmoral l'été suivant. Comme il est photographe, la presse ne soupçonne rien d'autre qu'un reportage. C'est d'ailleurs lors de ce séjour en Écosse, en octobre, que Margaret reçoit la lettre de Peter Townsend lui annonçant son prochain mariage.

Margaret et Tony se fiancent officieusement en décembre. Seule la reine mère est au courant. Elle est enchantée. Ce n'est qu'en janvier 1960, à Sandringham, que Tony demande à la reine l'autorisation d'épouser sa sœur. Mais afin que les deux événements ne se bousculent pas, il faudra attendre la naissance d'Andrew pour que Clarence House, la maison de la reine mère, annonce les fiançailles officielles, le 26 février 1960. La mère d'Elizabeth II et la reine sont soulagées, même si une partie de la Cour juge que ce parti n'est pas digne d'une Altesse royale. Certains esprits grincheux se plaisent même à rappeler le troisième mariage du père de Tony, un avocat gallois, avec une hôtesse de l'air. On a vu pire. Sereine, la reine titre son futur beau-frère comte de Snowdon et annonce que l'union sera célébrée le 6 mai. Le *Times*, pointilleux, relève qu'il n'y a pas eu de « précédent récent du mariage d'une personne aussi proche du trône en dehors des milieux monarchiques internationaux et de l'aristocratie britannique ».

Le 6 mai 1960, à Westminster et en présence de la reine, Margaret épouse Tony. C'est Philip qui conduit sa belle-sœur à l'autel pour la première cérémonie royale d'envergure dans l'abbaye depuis le couronnement. La princesse est ravissante dans une très simple robe blanche, évidemment du couturier royal Norman Hartnell, coiffée d'une tiare. Signe de la volonté souveraine d'en faire un grand événement, la cérémonie est télévisée. Le mariage a, bien entendu, un photographe officiel, Cecil Beaton, ce qui ne manque pas de piquant, sachant que Tony Armstrong-Jones était son principal rival dans cette fonction ! Aussitôt les registres signés, Beaton est ramené, en toute hâte, par une voiture de police à Buckingham Palace pour préparer la « séance photo ». Ses images sont absolument magnifiques. Dans ses *Mémoires*, Cecil Beaton dressera un joli portrait de la reine ce jour-là : « Elle portait une robe merveilleusement romantique, une jupe à plis plats, avec tout l'éclat d'un martin-pêcheur. Elle était calme et mélancolique, l'air tout à fait sympathique, même quand elle a fait preuve d'autorité et pointé un doigt royal pour indiquer où chacun devait se mettre pour la photo de groupe[1]. » Un peu plus loin, alors qu'il termine les portraits de la reine et de sa sœur, il poursuit : « Le duc d'Édimbourg a entrebâillé la porte : "Nous voulons déjeuner." Il s'est trouvé que j'étais alors tout près de la porte. Quand il a posé les yeux sur le premier visage qui s'est présenté, il a sursauté et répondu à mon sourire par un sourire. Mais il avait hâte que l'on mette fin au plus vite à la séance… »

Pour leur voyage de noces, qui va durer six semaines, la reine a mis à leur disposition le *Britannia*, bien que le Parlement ait critiqué le coût exorbitant de cette croisière (vingt officiers et deux cent trente-sept membres d'équipage pour deux passagers !). Généreusement, mais surtout pour éteindre la polémique, la reine mère fait savoir qu'elle prendra en charge la totalité des frais sur sa cassette personnelle. Le Premier Ministre, encore plus royal, décide qu'il n'en est pas question. L'affaire

1. Cecil Beaton, *Portraits de cour*, Arthaud, 1988.

Margaret est close. En effet, le mariage de la princesse avec un sympathique photographe issu d'un milieu différent du sien avait suscité un énorme engouement du public et mettait fin à une série de désagréments très variés : Suez, les critiques personnelles contre la reine, l'interminable absence du duc d'Édimbourg, les malheurs d'une princesse brisée par le poids des conventions d'un autre âge… Margaret et Tony peuvent profiter pleinement de la douceur des Caraïbes et s'amuser, à Trinidad, d'un calypso écrit à leur intention :

« Notre jolie princesse pensait que c'était idiot… Pourquoi une princesse n'épouserait-elle pas un photographe[1] ? »

---

1. Traduction de l'auteur, d'après Sarah Bradford, *Elizabeth. A Biography of Her Majesty the Queen*, *op. cit.*

8

La reine entre le Commonwealth, l'Europe et la guerre froide (1960-1965)

Avant le mariage de Margaret avec Tony Armstrong-Jones, un événement diplomatique mémorable avait eu lieu du 5 au 8 avril 1960 : la reine avait reçu en visite d'État le général de Gaulle et son épouse. Pour Elizabeth II, il s'agissait d'honorer le courage de celui qui avait refusé la défaite pendant les années sombres de la guerre et l'association franco-britannique, parfois complexe et tendue, mais essentielle dans la victoire. Pour le Premier Ministre Harold Macmillan, la venue en Grande-Bretagne du président de la République française était d'une extrême importance, car elle se tournait vers l'avenir. Le locataire du 10 Downing Street souhaite que le Royaume-Uni intègre l'Europe en construction depuis la signature, le 25 mars 1957, des traités de Rome ayant créé la Communauté économique européenne (CEE) et celle de l'énergie atomique (Euratom) dont le Royaume-Uni ne fait pas partie. De Gaulle a un tel prestige à cette époque qu'il détient la clé du destin européen d'Albion. Pour le général, c'est un retour triomphal dans un pays où il était arrivé presque vingt ans plus tôt, en 1940, dans des conditions très difficiles. Et pour la reine, ce sont surtout des souvenirs de son père qui lui reviennent en mémoire. Le général, qui n'a pas l'habitude d'être un grand sentimental dans ses discours, va conquérir le cœur d'Elizabeth II lors du dîner d'État à Buckingham Palace en lui disant combien les « précieux encouragements » de son père, le roi George VI, et de la famille royale l'avaient touché. Le général tombe immédiatement sous le charme de la reine et de son français parfait dans son discours. Elizabeth II se souvenait très bien (mais ce ne sera pas dit ce soir-là) que son père était parfois irrité de l'arrogance de Churchill envers le chef de la France libre. Le roi avait demandé à son Premier Ministre de se montrer plus coopératif avec un homme courageux qu'il admirait. À la fin du dîner d'État, des croix de Lorraine s'embrasent dans le feu d'artifice tiré à l'extérieur de Buckingham Palace. Honneur rarissime, le général est reçu à la Chambre des communes, où il prononce un discours.

Elizabeth II est partout fêtée dans l'ancien Empire britannique

Si le Premier Ministre s'intéresse tant à l'Europe, c'est qu'il ne croit guère à une coopération économique florissante avec le Commonwealth. Il est pessimiste et estime que les relations entre Londres et les anciennes colonies ou celles qui le deviendront bientôt vont se déliter peu à peu. Ce n'est pas l'opinion de la reine ; Elizabeth II pense qu'il faut, au contraire, stimuler ces relations et elle ne va avoir de cesse de sillonner le Commonwealth avec un grand succès pour conforter l'influence de la Couronne britannique dans cet ensemble un peu hétéroclite. À partir de janvier 1961, Elizabeth II, accompagnée de Philip, entreprend une série de voyages qu'elle assure avec un grand professionnalisme et où elle reçoit partout un accueil chaleureux, souvent coloré. Ces périples ont aussi une portée économique, puisque le cabinet de Macmillan a établi un tarif douanier particulier pour les pays dont la souveraine demeure le chef d'État. Cet immense circuit commence par l'Inde. C'est un voyage symbolique, car la fille de George VI est seulement le deuxième souverain britannique à se rendre en Inde après son grand-père George V qui y était arrivé, avec la reine Mary, le 17 novembre 1911, cinq mois après son couronnement. Pour commémorer ce voyage exceptionnel, un monument avait été construit à Bombay par un architecte anglais, sur le front de mer, la Porte de l'Inde, une arche monumentale en basalte devenue le symbole de la ville. À son arrivée à Delhi, la capitale choisie à la place de Calcutta sous le règne de son grand-père, Elizabeth II est accueillie par une foule à la mesure de l'Inde : plus d'un million de personnes enthousiastes ! En apparence, l'Inde, qui n'est indépendante que depuis quatorze ans, mais fait partie du Commonwealth, se montre flattée par la visite de la reine. Le premier président de la

République indienne, Rajendra Prasad, rappelle d'ailleurs, dans son discours d'accueil : « Notre relation avec le Royaume-Uni fait partie de notre histoire des deux cents dernières années. » Elizabeth II assiste à la parade spectaculaire du *Republic Day*, avant d'aller déposer une couronne de quatre cents roses blanches sur la tombe du Mahatma Gandhi. Le voyage a tous les parfums de l'exotisme, la reine troquant, lorsqu'il le faut, ses tenues classiques, avec chapeau, gants et sac, contre des vêtements adaptés. Car, bien sûr, l'organisation de la garde-robe royale, particulièrement pour ces voyages lointains, mais aussi pour les plus brefs déplacements, exige une préparation méticuleuse.

On avait déjà remarqué, le jour de son mariage en 1947, que dans le train conduisant les jeunes mariés à Broadlands, première étape de leur voyage de noces, si le prince Philip avait une grande et une petite valise, la toute nouvelle duchesse d'Édimbourg voyageait avec quinze valises pour huit jours ! La première personne ayant en charge la garde-robe d'Elizabeth a été la deuxième nurse de la petite princesse Lilibeth, la fameuse Bobo. Celle-ci, à laquelle Elizabeth, devenue reine, est restée très attachée, est demeurée en place après le mariage et s'est très vite reconvertie dans la gestion de la garde-robe royale. Elle assiste aux rencontres d'Elizabeth II avec ses couturiers favoris, Norman Hartnell, puis Hardy Amies, ainsi qu'avec son chausseur, Mr. Rayne. Bobo a une telle influence sur la souveraine qu'elle peut démolir un modèle si elle considère qu'il n'est pas approprié pour Elizabeth II. Son influence est particulièrement importante afin de modeler l'image de la jeune reine qui, même à cette époque, est beaucoup moins intéressée par la mode que sa mère ou sa sœur. Pour Elizabeth II, l'essentiel est que le vêtement soit adapté aux circonstances et qu'il soit confortable. Néanmoins, quand on regarde les photos de la reine voyageant dans les années 1960, on constate qu'elle est très élégante. Talent des couturiers ? Sûrement. Influence de Bobo ? Peut-être ? Choix de la reine ? Certainement. Dans le domaine vestimentaire, chaque voyage est préparé avec soin ; un déroulé précis des journées est exigé. La reine peut se changer trois ou quatre fois dans la journée et ne porte jamais deux fois la même tenue dans un voyage. En revanche, Elizabeth II, qui est très économe, peut porter les mêmes vêtements dans diverses circonstances et à quelques années de distance plusieurs fois, lorsqu'elle est dans son royaume. La logistique des voyages est impeccable : robes, manteaux, tailleurs, robes du soir et tous les accessoires qui les accompagnent – chapeaux, gants, sacs, chaussures – sont soigneusement rangés dans les malles de la reine. Naturellement, la cassette des bijoux est supervisée par Elizabeth II, qui sélectionne elle-même les tiares et les colliers qu'elle portera le soir et les broches qui orneront le revers gauche de ses tenues de jour. C'est son choix personnel, chaque bijou ayant pour elle une histoire particulière.

À Jaipur, la perle du Rajasthan, la reine, en robe de satin et tiare de diamants, se déplace sur un éléphant, lui-même en tenue de cérémonie. Autrefois, Lilibeth s'était promenée à dos d'éléphant avec sa sœur au zoo de Londres, mais le faste de Jaipur balaie ces souvenirs d'enfance. Philip, invité à une chasse au tigre, excellent chasseur, tue du premier coup un magnifique félin. En Inde, on applaudit. À Londres, on est beaucoup plus réservé ! Le voyage se poursuit au Pakistan, puis au Népal. Elizabeth et Philip sont logés dans un campement très confortable. Trois cent cinq éléphants participent à une nouvelle chasse au tigre organisée par le souverain népalais, mais cette fois le mari de la reine laisse le secrétaire de son épouse agir contre une tigresse déchaînée.

Au Ghana, la reine est acclamée en Afrique marxiste !

En 1959, en raison de sa grossesse (elle attendait Andrew), la reine avait dû renoncer à un voyage officiel au Ghana, en Afrique occidentale, un État issu de l'ancienne colonie du Togo britannique et de la Gold Coast. Connaissant la susceptibilité du président ghanéen, le docteur Nkrumah, fier d'être à la tête de la première colonie européenne d'Afrique devenue indépendante, Elizabeth II avait envoyé son secrétaire particulier à Accra, la capitale du Ghana, pour lui expliquer l'impossibilité du voyage royal. Le président avait répondu, très contrarié, que même si on lui avait annoncé la mort de sa propre mère, le choc aurait été moindre ! Puisque la reine ne pouvait se déplacer, c'est lui qui était venu à Balmoral et la reine l'avait charmé. Il était fasciné ! Une rencontre incroyable avec celui qui osait s'intituler « le Rédempteur » et se comportait en véritable dictateur marxiste. Mais – et c'est un trait de caractère de la reine – Elizabeth II lui avait assuré qu'elle tiendrait sa promesse et viendrait le voir à Accra. Un nouveau voyage au Ghana est donc planifié en novembre 1961. Mais entre-temps, la situation dans ce pays s'est gravement détériorée et Nkrumah brise impitoyablement toutes les oppositions, puis procède à des purges qui découragent même ses partisans. Après un voyage à Moscou, il s'est séparé de tous ses conseillers occidentaux. La guerre froide fait aussi des ravages en Afrique. Macmillan n'est donc pas du tout favorable au déplacement de la reine, jugé à hauts risques pour sa sécurité et inutile dans un pays aussi peu démocratique, voire choquant pour l'opinion publique du Royaume-Uni. Mais il n'est pas facile de faire renoncer Elizabeth II à une promesse qu'elle a faite à un chef d'État, fût-il peu fréquentable, et il est tout à son honneur de tenir ses engagements. Son Premier Ministre n'y pourra rien : Elizabeth II et Philip se rendront donc au Ghana en novembre 1961. C'est la première fois qu'un souverain britannique visite ce pays. On s'en souviendra longtemps ! La presse britannique, dans ses plus grands titres, se déchaîne contre ce périple « inopportun », ce qui ne facilite pas la situation de la reine. Pour celle-ci, il s'agit d'un engagement personnel qui doit être tenu. Néanmoins, le Premier Ministre se sent responsable du voyage de la reine et redoute une catastrophe dans ce pays en ébullition.

En vérité, tout se passe bien. Le président Nkrumah considère qu'il s'agit d'un « moment historique » pour le Ghana. En effet, Elizabeth II prend place dans une somptueuse Rolls-Royce appartenant à un chef de tribu au centre du pays. Le prestige britannique a visiblement laissé quelques traces au Ghana. Le dernier discours prononcé par le marxiste Nkrumah fait figure d'apothéose : il y qualifie la reine de « plus grand monarque socialiste dans l'histoire du monde ». *No comment !*

Le couple royal se rend ensuite en Sierra Leone, sans aucun incident. Le résultat de cette tournée montre que la souveraine, par son courage, s'est imposée sur la scène internationale sans rien renier de ce qu'elle est ni de ce qu'elle représente. Son Premier Ministre Macmillan peut respirer. La reine a marqué un point en persistant à vouloir maintenir les liens du Commonwealth, y compris en osant se rendre dans un État qui, en pleine guerre froide, a ostensiblement basculé du côté de l'URSS.

Macmillan, lui, met tous ses espoirs dans l'entrée du Royaume-Uni dans le Marché commun européen. Mais il reçoit un terrible camouflet lorsque, le 14 janvier 1963, de Gaulle met un veto spectaculaire à l'élargissement de la CEE, estimant, lors d'une conférence de presse, que « la nature, la structure, la conjoncture qui sont propres à l'Angleterre diffèrent de celles des États continentaux ». À ce moment, une fois de plus Elizabeth II honore le Commonwealth en visitant l'Australie puis la Nouvelle-Zélande. Ce voyage va d'ailleurs permettre à l'ambassadeur britannique à Paris, sir Pierson Dixon, de se sortir sans trop de dégâts d'un casse-tête diplomatique. En effet, juste après la déclaration fracassante du général de Gaulle, un voyage à Paris était prévu de longue date pour la princesse Margaret et son époux, le comte Snowdon. Le couple devait présider un gala de charité à l'occasion de la première en France du monumental film de David Lean, *Lawrence d'Arabie*. Un déjeuner à l'Élysée était aussi programmé en l'honneur de la princesse Margaret et de son mari. Le diplomate prétexte l'indispensable présence à Londres de la sœur de la reine, exerçant les responsabilités constitutionnelles de conseiller d'État en l'absence de la souveraine. Margaret ne peut quitter Londres. Ouf !

Sexe, espionnage et trahisons dans le gouvernement...

À son retour des antipodes, Elizabeth II n'est pas seulement contrariée par le veto du général de Gaulle. Une affaire d'une autre nature, mais terriblement embarrassante, vient d'éclater, car elle touche un membre du gouvernement et va devenir un scandale d'État. En juin 1963, John Profumo, ministre de la Défense du cabinet Macmillan, est contraint de démissionner. Quelques mois plus tôt, lors d'une partie fine chez le vicomte Astor où tous les invités se sont retrouvés nus dans la piscine, il a rencontré une ravissante jeune femme, call-girl de son état, Christine Keeler, qui devient sa maîtresse. Peu de temps après, Christine Keeler, accompagnée d'une amie call-girl elle aussi, Mandy Rice-Davies, passe un week-end chez un ostéopathe mondain, figure du Tout-Londres, Stephen Ward, à la suite duquel elle intente un procès à celui-ci, l'accusant de l'avoir violée. C'est un énorme scandale, car le présumé coupable est très connu. Par la même occasion, on découvre que Christine Keeler entretient des relations intimes avec l'attaché naval de l'ambassade de l'URSS à Londres, Ivanov, également agent du KGB.

Or, des rumeurs sur la liaison de Christine Keeler avec le ministre de la Défense se répandent. Il est évident que les secrets militaires arrachés sur l'oreiller par la call-girl sont transmis directement à Ivanov. La belle Christine Keeler fait la une des journaux du monde entier : on découvre la photo provocante de cette jolie brune, assise nue à califourchon sur une chaise ! John Profumo commence à paniquer et fait une déclaration solennelle au Parlement, dans laquelle il nie toute relation avec Christine Keeler. Mais l'étau se resserre autour de lui ; il avoue la vérité à sa femme, puis au Premier Ministre, à qui il remet sa démission le 4 juin 1963. Désormais, il va se consacrer à des œuvres de charité dans les quartiers populaires de Londres.

Quant au docteur Ward, on apprend qu'il dirige un réseau de call-girls. Ses proches se détournent de lui et il se suicide en absorbant des barbituriques. Or, le docteur Ward était un membre du Thursday Club et, à l'époque où le prince Philip le fréquentait, l'ostéopathe avait fait de nombreux croquis du mari de la reine et d'autres membres de la famille royale. Les divers dessins du docteur Ward devaient être mis en vente après sa mort. Naturellement, le très efficace conservateur des collections de peintures et de dessins de la reine va acheter toutes les œuvres concernant Philip et la famille royale, évitant au duc d'Édimbourg d'être éclaboussé par le scandale. Il s'appelle Anthony Blunt et va, lui aussi, faire beaucoup parler de lui…

L'« affaire Profumo » (on l'appelle ainsi désormais) se greffe sur une série d'esclandres mondains, notamment le très épicé divorce du duc et de la duchesse d'Argyll, dans lequel un autre ministre du cabinet

Macmillan est impliqué. Le chef du gouvernement est horrifié, sa vie personnelle étant elle-même compliquée par l'adultère de son épouse, Dorothy. Pour Harold Macmillan, Londres semble être devenue une nouvelle Babylone, métropole d'incroyables turpitudes. Il écrit à la reine qu'il est navré de la conduite indigne de certains membres de son équipe gouvernementale. La presse ironise sur sa naïveté : le Premier Ministre vient-il d'une planète où les gens seraient asexués ? A-t-il entendu parler des raisons scabreuses de l'abdication d'Édouard VIII ? Et de ces divorces, parce que certains grands noms ont été saisis par la débauche ? Mais jusqu'ici, ces désordres relevaient plus ou moins du domaine de la vie privée et ne menaçaient pas la sécurité du Royaume-Uni. Dans le cas Profumo, tout le monde s'interroge : s'agit-il d'une affaire d'espionnage classique et de chantage sexuel, si répandus lors de la guerre froide ? On sait que bien des diplomates et hauts fonctionnaires occidentaux en ont fait les frais, pour le plus grand profit de l'Union soviétique. En fait, il n'y aurait sans doute pas eu d'affaire Profumo sans la publicité donnée à un procès entre une call-girl et un mondain libertin qui se révèle être un proxénète, le docteur Ward. C'est une affaire de mœurs qui révèle une affaire d'espionnage et Moscou a certainement tiré avantage des informations obtenues par Christine Keeler auprès du ministre détenteur de secrets d'État. La chute de Profumo a sans doute contraint les Soviétiques à recruter de nouveaux informateurs bien placés.

L'œil de Moscou était aussi à Londres !

L'affaire Profumo est très spectaculaire puisqu'elle a d'abord provoqué la démission d'un ministre parmi les plus importants, puis celle du Premier Ministre Harold Macmillan le 18 octobre 1963, officiellement pour raison de santé, car il a été hospitalisé et opéré de la prostate. Pour lui succéder, les dirigeants du parti conservateur suggèrent à la reine de nommer l'aristocrate sir Alec Douglas Home, ancien leader de la Chambre des lords et ancien secrétaire d'État aux Affaires étrangères. L'affaire Profumo est certes retentissante, mais n'est pourtant pas la seule frappant le Royaume-Uni à cette époque. Dans l'ombre, une autre a déjà commencé il y a quelques années. Elle va se révéler encore plus grave, car elle finira par toucher la reine de très près. C'est celle que l'on appelle aujourd'hui « les Cinq de Cambridge ». Cette histoire, stupéfiante et gravissime, est digne d'un roman écrit par un ancien agent des services secrets de Sa Majesté qui publie, en 1963, sous le pseudonyme de John le Carré, un livre devenu mythique : *L'espion qui venait du froid*.

C'est au Trinity College de Cambridge, dans les années 1930, que « les Cinq » s'étaient rencontrés. Un groupe hétéroclite, bien que tous convertis au marxisme-léninisme. Le premier, Kim Philby, bisexuel, est issu d'une famille connue pour son opposition à l'establishment. Son père, après avoir été au Bureau arabe avec Lawrence d'Arabie durant la Première Guerre mondiale, était devenu conseiller spécial d'Ibn Saoud pour les questions pétrolières et avait fait basculer les concessions de l'or noir de la British Petroleum aux mains des Américains de la Standard Oil, au grand dépit des Britanniques. Le deuxième est un aristocrate, homosexuel flamboyant, lui aussi en révolte, mais contre sa classe, Guy de Moncy Burgess, qu'on appellera Burgess. Le troisième est un homosexuel discret, fils d'un pasteur, Anthony Blunt. Les deux derniers sont écossais, Donald Maclean et John Cairncross. Ils appartiennent tous à la Société des apôtres, une sorte de club datant de 1820, mais devenu le haut lieu de la contestation sociale au sein du Trinity College. Kim Philby aura été le premier des Cinq à être recruté par les services secrets soviétiques ; tous les autres le seront assez rapidement à leur tour. Pendant la Seconde Guerre mondiale, ces hommes se retrouvent à des postes importants au sein du renseignement britannique, Philby et Burgess au MI6 (renseignement extérieur), Blunt au MI5 (renseignement intérieur), Maclean au Foreign Office et Cairncross au fameux centre de décryptage des messages allemands de Bletchley Park. L'URSS est alors assez méfiante à l'égard de ses recrues si bien placées ; mais après la guerre, les Cinq de Cambridge continueront d'espionner pour Moscou avec une grande efficacité. Toutefois, le MI5 et le MI6 pensent qu'il y a au moins une « taupe » dans leurs services. Leurs soupçons se portent en premier sur Maclean. Burgess, alcoolique et ingérable, est à son tour sur le point d'être démasqué. « En mai 1951, Maclean et Burgess sont exfiltrés d'Angleterre vers l'URSS *via* la France, peut-être avec l'aide d'un ancien officier communiste du deuxième bureau des Forces françaises de l'intérieur, le commandant Pagès[1]. » Les deux premières « taupes » leur ayant échappé, les soupçons britanniques se reportent alors sur Philby. Interrogé, il ne lâche rien. Il va tenir plus de quatre ans. Le 18 septembre 1955, le MI5 révèle, par le biais d'un journal, la vérité sur Burgess et Maclean : non, ils n'avaient pas « disparu », ils étaient des espions au service de l'URSS qui les avait exfiltrés à Moscou, cela pour mettre la pression sur Philby qui, assez crânement, donne alors une conférence de presse afin de démentir formellement tout lien avec les services secrets soviétiques. Il va gagner six ans et craque en 1961. Il négocie alors son immunité moyennant des aveux complets, comprenant la liste de ses agents traitants et de ses complices. Il livre tous les noms, sauf celui de Blunt. Finalement, soumis à trop de pression, Philby demande à son correspondant soviétique de l'exfiltrer, lui aussi, à Moscou, ce qui sera fait le 28 janvier 1963. Reste Anthony Blunt. Ce dernier avait travaillé pour le MI5 de 1940 à 1945 et, à cette date, le roi George VI l'avait envoyé en Allemagne pour mettre la main sur des documents de la famille de Hesse dans leur château de Friedrichshof, alors occupé par l'armée de Patton qui avait arrêté Philippe de Hesse, le chef de famille, accusé de sympathies nazies. Ces documents étaient des lettres de la reine Victoria à sa fille, épouse de l'empereur Frédéric III et mère de Guillaume II. Blunt récupère ces lettres, connues sous le nom de *Kronberg Papers*, pour les remettre aux archives du château de

1. Rémi Kauffer, *Les Maîtres de l'espionnage*, Perrin, 2017. Livre très documenté.

Windsor. De cela on est sûr. Pour le reste, on a dit que Blunt avait aussi tenté de récupérer, dans les montagnes du Harz, le fameux « dossier Marbourg » concernant les relations entre le duc de Windsor et le IIIe Reich jusqu'à son départ pour les Bahamas. Churchill souhaitait retrouver et détruire ce dossier. Mais il n'a pas pu le faire : le contenu du dossier Marbourg a été publié en 1957. Blunt l'a-t-il eu entre les mains lors de son voyage ? En a-t-il retiré les documents les plus compromettants ? Aucune preuve n'existe de cette version qui a beaucoup circulé.

Blunt sera le plus audacieux des cinq agents doubles. Grand, blond, tantôt charmeur, tantôt hautain, en vue dans les milieux homosexuels londoniens, il est éblouissant de culture. Expert reconnu en histoire de l'art, il est, entre autres, un spécialiste du peintre français Poussin. La reine est séduite par les compétences exceptionnelles de cet esthète qui se trouve être aussi un cousin éloigné de la reine mère. Elizabeth II fera de cet homme – qui avait déjà eu la confiance de son père – le conservateur de ses collections de peintures et de dessins. Elle le fera aussi commandeur de l'ordre royal de Victoria, un privilège de la souveraine.

Selon une rumeur, la reine mère avait commencé à soupçonner Blunt d'être un agent double en 1964, après qu'il lui avait révélé son athéisme, ce qui l'avait choquée. Être athée aidait-il à être un agent double ? Le contre-espionnage britannique aura du mal à confondre Blunt. Il ne craquera et n'avouera qu'en cette même année 1964, peu après l'affaire Profumo.

Le séisme causé par l'affaire Profumo et l'infiltration des services secrets de Sa Majesté par l'URSS après les exfiltrations de Burgess, Maclean et Philby est tel qu'il est alors décidé – et bien que les deux affaires ne soient pas liées – de ne pas révéler ce nouveau scandale. Un pacte d'immunité est conclu avec Blunt après qu'il a « chanté comme un canari », c'est-à-dire donné le nom de tous les agents recrutés par les Soviétiques et décrit leur mode opératoire. La reine est évidemment informée de l'affaire depuis le début et accepte aussi le pacte. Rien ne sera changé, Blunt conservera ses fonctions. Ce n'est qu'en 1979 que la vérité sera dévoilée par Margaret Thatcher, alors Premier Ministre, ce qui aggravera les mauvaises relations entre la reine et le chef du gouvernement. Elizabeth II, bien entendu, ne fit jamais la moindre allusion à ce maître espion que l'on avait vu à Buckingham Palace pendant plus de vingt ans. La reine veilla, en son temps, à radier le coupable de l'ordre de chevalerie dont il avait reçu les honneurs. Anthony Blunt est décédé en 1983.

Un quatrième enfant pour Elizabeth, un deuxième pour Margaret

Malgré ces crises qui révèlent l'extrême âpreté de la guerre froide, le bonheur personnel d'Elizabeth II et de Philip s'épanouit heureusement avec la naissance de leur troisième fils et quatrième enfant, le prince Edward, le 10 mars 1964. À trente-huit ans, la reine s'exclame : « Quel bonheur d'avoir de nouveau un bébé à la maison ! » Elle est une mère beaucoup plus attentive et présente auprès de ses deux derniers enfants, ce qui pourrait expliquer, partiellement, l'origine de certains conflits, en particulier avec Charles. Les photos officielles de la naissance sont révélatrices : c'est Cecil Beaton qui en est l'auteur. Elles sont très belles, mais elles mettent principalement en valeur le bébé Edward, Andrew, qui a quatre ans, et la reine.

Elizabeth II a d'autres raisons de se réjouir, car sa sœur Margaret, après avoir eu un garçon, David, en 1961, donne naissance, trois mois après la reine, à une fille, la petite Sarah, le 1er mai 1964. Le bonheur conjugal apparent de Margaret et Tony, qui sont maintenant installés à Kensington Palace, la rassure. Après ces années de tristesse, Margaret semble de nouveau heureuse.

La reine offre des obsèques nationales à Winston Churchill

Peu après avoir remis sa démission à Elizabeth II le 5 avril 1955, il était parti vénéré du peuple et respecté par tous les partis, en annonçant qu'il ne survivrait pas longtemps à sa retraite. Pour une fois, sir Winston s'était trompé sur lui-même : malgré ses cigares, l'alcool et une santé qu'il contribuait obstinément à dégrader, il avait encore passé dix années à fasciner ses contemporains, lesquels continuaient à discuter de son action. Ce Prix Nobel de littérature 1953 (il espérait celui de la paix) avait beaucoup écrit, notamment une *Histoire des peuples de langue anglaise* en quatre tomes ; il avait peint – pas seulement le dimanche –, voyagé, des

Bermudes au Maroc, de Madère à Monte-Carlo (où il s'était cassé le col du fémur), reçu de hautes personnalités comme de Gaulle (qu'il n'aimait pas mais respectait) et Eisenhower, son complice. Le 29 juillet 1964, le vieux lion avait fait ses adieux à la Chambre des communes et était apparu pour la dernière fois en public, à sa fenêtre, dans le quartier londonien de Kensington, le 29 novembre de la même année, la veille de ses quatre-vingt-dix ans. Le 10 janvier 1965, il fut victime d'un nouvel accident vasculaire cérébral. Il lutta neuf jours contre la mort et s'éteignit paisiblement, peu après 9 heures du matin, le dimanche 24 janvier.

La reine fut profondément affectée par sa disparition : il avait surmonté tant de défis. Elle admirait même ses défauts : il avait accompagné les trois premières années de son règne et, entre l'influence royale et le pouvoir effectif, entre la souveraine débutante et le politicien d'expérience, ils avaient formé un duo efficace et respecté. Très émue, Elizabeth II demande au cabinet de Harold Wilson, le chef du gouvernement qu'elle a nommé le 16 octobre 1964 après la courte victoire des travaillistes, des funérailles nationales, ce qui est exceptionnel pour un ancien chef du gouvernement. Harold Wilson donne son accord. C'est un symbole très fort, la reconnaissance du soutien que l'infatigable lutteur avait apporté à la famille royale et au pays pendant la guerre, mais aussi un témoignage de la place incroyable que Churchill a occupée, en dents de scie, dans la vie politique britannique et pendant si longtemps, même après des désastres comme celui des Dardanelles pendant la Grande Guerre. Le Royaume-Uni est en deuil et d'autres pays, comme la France, prennent le deuil.

De Gaulle, ancien partenaire difficile, mais de la même trempe que Churchill, écrit à la reine une lettre rendue publique par la presse :

> Madame, […] Pour tous dans mon pays, pour moi-même, sir Winston Churchill est et restera toujours celui qui, en dirigeant jusqu'à la victoire l'admirable effort de guerre britannique, contribua puissamment au salut du peuple français et de la liberté du monde. Dans le drame, il fut le plus grand. Je prie Votre Majesté d'agréer mes hommages très respectueux et très attristés.

Les hommages viennent du monde entier. La puissance de sa personnalité, l'éclectisme de ses centres d'intérêt, la fulgurance de son esprit, sa puissance de conviction, son talent oratoire et son intelligence pratique sont reconnus même par ses adversaires. Incroyable machine à idées (« cent par jour, selon le président Roosevelt, dont quatre seulement sont bonnes, mais il ne sait jamais lesquelles » !), « grand artiste d'une grande histoire », selon de Gaulle, il est considéré comme l'homme du siècle.

La cérémonie se déroule le samedi 30 janvier en la cathédrale Saint-Paul où, traditionnellement, sont célébrées les funérailles des grands chefs de guerre, tel l'amiral Nelson. Un détachement de la Royal Navy porte le cercueil couvert de l'Union Jack. La reine et toute la famille royale assistent évidemment à cet hommage rare. Puis, de la gare de Waterloo presque jusqu'au petit cimetière de Bladon, proche du château de Blenheim où était né Churchill en 1874, sous le règne de Victoria, ce géant de l'histoire fait son dernier voyage dans un train spécial. La locomotive, héroïque elle aussi, porte un nom qui résume l'existence de cet aristocrate indomptable et fantasque : *Battle of Britain*. Mais le jugement le plus inattendu – et peut-être le plus juste – est celui de la reine. Un commentaire exceptionnel, puisque la souveraine ne doit pas donner publiquement son avis sur un Premier Ministre, qu'il soit encore ou ne soit plus en fonction. D'un mot, Elizabeth II a résumé ce qu'elle pensait de Churchill : « Il était divertissant. » Et le 19 septembre de la même année 1965, « jour conventionnel de la commémoration annuelle de la bataille d'Angleterre », dans l'abbaye de Westminster où sont enterrés de très nombreux et très différents personnages historiques, la reine inaugure une pierre, identique à une pierre tombale, portant cette inscription, en grosses lettres : REMEMBER WINSTON CHURCHILL[1].

1. Antoine Capet, *Churchill, le dictionnaire*, *op. cit.*

9

Révolution des mœurs et éducation de prince (1965-1969)

Après la disparition de Churchill, la reine reprend ses voyages. Le 2 février 1965, elle s'embarque avec Philip pour une visite officielle en Éthiopie à l'invitation de l'empereur Hailé Sélassié, qui règne depuis 1930. Un personnage hors du commun à la tête d'un pays mythique. On l'appelle le Négus, titre porté par les souverains d'Éthiopie à partir du XIIIe siècle. Il ne s'agit pas d'honorer le Commonwealth (l'Éthiopie n'en fait pas partie), mais pour Elizabeth II, cette visite est le prétexte de retrouver un « ami » dans un pays allié du Royaume-Uni où, dès 1906, des zones d'influence avaient été partagées entre la France, la Grande-Bretagne et l'Italie. Puis, de 1936 à 1941, pendant l'occupation de son pays par les troupes de Mussolini, le Négus avait trouvé refuge à Bath, à 160 kilomètres à l'ouest de Londres. Dans une lettre, la princesse héritière avait manifesté sa sympathie à cet ancien élève des missionnaires français qui avait aboli l'esclavage en 1924. En 1941, grâce à la reconquête de son pays par les unités franco-britanniques, le Négus, homme de petite taille au visage émacié et barbu, retrouvait triomphalement son trône à Addis-Abeba, sa capitale située à 2 500 mètres d'altitude. L'empereur avait été convié au couronnement de la reine en 1953 et il était revenu en visite d'État à Londres en octobre 1954 ; la souveraine l'avait revu avec plaisir, car elle savait qu'il s'efforçait de moderniser les structures encore souvent féodales de son pays. Pour Elizabeth II, découvrir l'Éthiopie, c'est se plonger dans un pays à l'exotisme unique, l'antique Abyssinie, une des plus anciennes terres chrétiennes du monde, le Négus étant présumé être le deux cent cinquante-cinquième descendant du roi Salomon et de la reine de Saba. Un souverain très menacé, qui a déjà échappé à une tentative de coup d'État.

Le lion est l'emblème du pays, la reine va s'en apercevoir dès son arrivée. L'empereur accueille le couple royal en grand uniforme, mais coiffé d'un casque orné d'une crinière de lion ! Elizabeth porte un manteau et une robe jaune bouton d'or ainsi qu'un chapeau sagement orné de pétales assortis. Elle resplendit sous le soleil. Et pour une fois, l'unique journal local consacre une page complète aux femmes en l'honneur de la reine. Un événement !

En se rendant au palais, les illustres visiteurs abandonnent leur limousine américaine pour un carrosse rouge tiré par six chevaux blancs et entouré par cent gardes à pied en tenue rouge et blanc, marchant très vite de chaque côté et tous coiffés d'un casque orné, aussi, d'une crinière de lion. Les cavaliers qui accompagnent le carrosse le sont également. Il y a décidément beaucoup de lions en Éthiopie ! Le soir même, au dîner d'État, Elizabeth II paraît dans une superbe robe de satin chartreuse, avec des broderies ornant le large décolleté dorsal et le bas de la robe. Coiffée d'une tiare de diamants, la reine découvre de vrais lions, apprivoisés, ceux du souverain, dans les jardins du palais, plus impressionnants, mais heureusement plus sages, que les corgis. La reine et son mari sont magnifiquement accueillis. Une foule immense les applaudit sur les trajets ; une large banderole accrochée au-dessus de la route proclame : LONGUE VIE À L'AMITIÉ ENTRE L'ÉTHIOPIE ET LA GRANDE-BRETAGNE, avec les portraits des deux chefs d'État, et toutes les rues qui partent du palais portent les noms des généraux britanniques ayant aidé l'Éthiopie à se libérer de l'annexion italienne. La reine visite des églises où les fidèles portent des tenues impressionnantes ; on la protège du soleil par des parasols gigantesques, elle assiste à des démonstrations de gymnastique et, pour une fois les mains nues, donne un sucre à un cheval. C'était obligatoire ! Pendant cette semaine, Elizabeth II, caméra 16 mm à la main droite, et son mari se déplacent beaucoup ; ils passent même une nuit dans un campement au-dessus de l'ancienne capitale, Gondar. La reine visite aussi les champs de coton appartenant à des entreprises britanniques. Enfin, elle a droit à une sorte de fantasia, où les cavaliers brandissent farouchement des lances. Pour honorer cette monarchie lointaine et fascinante, Elizabeth II confère au Négus le grade de *Field Marshal*, en principe attribué seulement en temps de guerre ; le seul autre monarque au monde qui soit titulaire de la même promotion est le roi du Népal.

Elizabeth II et Philip en Allemagne : un casse-tête diplomatique

Certains voyages en Europe peuvent être plus compliqués que dans des pays lointains. À peine rentrée, la reine se consacre à un autre déplacement, prévu pour le mois de mai, longtemps repoussé (depuis deux ans) et qui a demandé une préparation délicate. Elizabeth II se rend, pour la première fois, en Allemagne (de l'Ouest, bien sûr), le pays de ses ancêtres et de ceux de son époux. C'est aussi la première fois, depuis l'avant-Première Guerre mondiale, c'est-à-dire depuis cinquante-deux ans, qu'un souverain britannique est reçu en territoire allemand, dans le cadre d'une visite d'État. En 1958, le président allemand Heuss était venu en voyage officiel à Londres et la reine, dans le discours qu'elle avait prononcé lors du dîner d'État à Buckingham Palace, avait fâcheusement utilisé l'expression « notre sang allemand », en parlant d'elle-même et de Philip, ce qui avait provoqué un tollé dans la presse britannique, notamment à la une du *Daily Express*. C'était donc encore un sujet délicat.

Vingt ans après la fin de la guerre, l'opinion britannique demeure très réservée sur l'opportunité de ce voyage, considérant sans doute que deux décennies n'ont pas suffi à cautériser les plaies. La reine a accepté l'invitation en y mettant une condition : « Cette visite doit apparaître, aux yeux du public et des médias, comme un souhait du gouvernement, surtout pas comme une initiative de la souveraine[1]. » Il est pourtant urgent de combler un grave retard diplomatique car, outre les bonnes relations entre le président de Gaulle et le chancelier Adenauer, en 1963 le président Kennedy s'est rendu à Berlin-Ouest en osant une intervention orale, audacieuse et mémorable. Le Premier Ministre Harold Wilson, fumeur de pipe et joueur d'échecs, très proeuropéen, est favorable à ce voyage. Mais compte tenu des origines dynastiques d'Elizabeth II comme de Philip, donc de leur multitude de cousins titrés et du protocole de la République fédérale, il a fallu deux ans pour ménager les susceptibilités, éviter de réveiller le contentieux et concevoir un programme intelligent. Le prince Philip sera à l'aise pour déminer le terrain avec l'aide de sa sœur Sophie et de son second époux, le prince Georges de Hanovre. Finalement, on décide que la reine rencontrera ses parentèles dans les *Länder* (États) de leur résidence. Le moment le plus émouvant sera le bref discours du cardinal-archevêque de Cologne. Le prélat ne parle pas un mot d'anglais et la reine ne comprend pas l'allemand. En dépit de son âge, le cardinal apprendra son texte en anglais par cœur et sera très touchant. La reine dira que « c'est le plus aimable discours que l'on ait prononcé en [son] honneur ».

Dès son arrivée à Bonn, Elizabeth II fait la conquête de ses hôtes. Elle est particulièrement éblouissante lors d'une réception donnée au château de Brühl, aux

1. Marc Roche, *Elizabeth II, une vie, un règne*, La Table Ronde, 2010, rééd. Tallandier, 2016.

environs de Bonn, dans une robe brodée bleu pâle parfaitement en accord avec le décor du grand escalier baroque qu'elle descend au son de trompettes. Pendant ce long séjour (une dizaine de jours), elle et Philip ont sillonné l'Allemagne de l'Ouest, partageant leur temps entre obligations officielles et réceptions privées dans les châteaux de leurs familles. On se souviendra d'une petite gaffe du duc de Brunswick, chef de la maison de Hanovre : il fait porter à son personnel la livrée des valets de la reine Victoria. Il en a parfaitement le droit, mais ce n'est pas une idée judicieuse, puisque c'est rappeler de manière ostentatoire les origines allemandes de la reine Victoria et donc des Windsor. En Bavière se posent deux casse-tête diplomatiques : le ministre-président de Bavière veut absolument que le couple royal entende un opéra, alors qu'il connaît l'aversion de la reine et de son mari pour l'art lyrique. Alors, on leur donnera un « opéra léger », *Le Chevalier à la rose*, car on le considère comme une délicieuse comédie en musique. Quant au duc de Bavière, chef de la maison de Wittelsbach, il se trouve être le dernier descendant des Stuarts, donc prétendant au trône britannique. Prévenu à l'avance, le duc d'Édimbourg dira que cela n'a aucune importance, mais que c'est une « sacrée mauvaise surprise » ! À Hambourg, le maire donne une réception à l'hôtel de ville pour ses invités d'honneur, mais il y a une tradition un peu gênante : depuis toujours, l'édile attend ses hôtes en haut d'un immense escalier et il ne l'a jamais descendu, fût-ce même pour accueillir le roi de Prusse, puis l'empereur allemand ! Après discussion, le maire fera une concession : il descendra les marches pour accueillir non pas la reine d'Angleterre, mais une lady ! À quelques incidents près, le séjour se déroule bien. Le couple regagne Londres. Depuis quelque temps, dans l'imposante capitale, beaucoup de traditions sont contestées…

Une décoration pour les Beatles, une chanson pour la reine…

Le retour des travaillistes au pouvoir s'accompagne de profonds bouleversements dans la société britannique. Elle s'efforce d'être moins inégalitaire. L'historien Roland Marx estime qu'à cette époque (en 1965) « 10 % de la population détient 80 % de la richesse nationale, alors que 1 % de la population est propriétaire de 43 % de cette même richesse[1] ». La révolution des mœurs est aussi en marche au Royaume-Uni, bien avant la tornade de Mai 68. Le Parlement britannique autorise l'avortement et les relations homosexuelles entre adultes consentants sont dépénalisées. Oscar Wilde était trop en avance. Le divorce est facilité, la protection de l'épouse consolidée et le droit de vote autorisé à dix-huit ans[2]. S'il n'est jamais facile d'être chef d'État, comment la reine pourra-t-elle tenir sa famille et conserver son influence, sachant que la tâche est plus ardue en temps de paix qu'en temps de guerre ? Elizabeth II va affronter

---

1. Cité par Philippe Valode, *Rois, reines, princes et princesses d'Angleterre*, L'Archipel, 2011 ; et Roland Marx, *La Reine Victoria*, Fayard, 2000.

2. Depuis 1928, le droit de vote était accordé aux femmes âgées d'au moins vingt et un ans.

des orages, des tempêtes et même des ouragans. Parmi les phénomènes inoubliables mais heureux de cette époque se situe l'ascension de « quatre garçons dans le vent », un groupe de chanteurs et musiciens. Ils s'appellent John Lennon, Paul McCartney, George Harrison et Ringo Starr. Le monde entier les applaudira, chantera et dansera sur leurs mélodies. Ce sont les Beatles. Leur aventure est partie de Liverpool en 1962, mais à défaut d'éditeur, ils ont produit eux-mêmes leur premier disque, essayant de convaincre le public avec leur rythme, leurs guitares et leurs voix. Deux ans plus tard, le 31 mars 1964, les quatre têtes aux cheveux longs ont atteint le sommet du succès : cinq de leurs chansons sont aux cinq premières places du hit-parade américain. Le 26 octobre 1965, à Buckingham Palace, Elizabeth II décore les Beatles de l'ordre de l'Empire britannique. Paul McCartney déclare : « La reine est adorable, elle est très aimable, elle s'est montrée comme une mère pour nous. » En remerciement, il composera plus tard la chanson *Her Majesty*. Même Elizabeth II n'échappe pas à l'ambiance du *swinging London* !

L'année même (1962) où les Beatles n'inspiraient pas confiance aux éditeurs de disques, à Londres, dans le quartier romantique de Chelsea qui n'a cessé d'attirer les artistes et les créateurs, sur King's Road, une boutique appelée Bazaar propose dans sa vitrine un vêtement révolutionnaire pour les femmes : une minijupe. Sa créatrice, la styliste autodidacte Mary Quant, aura vite la réputation de « libérer » la femme par provocation. Elle assurera que la minijupe est venue de la rue, par exemple de Carnaby Street, la célèbre rue commerçante de Soho. La minijupe devient vite un symbole de résistance aux conventions et à tout ce qui est ordonné et guindé. Quelques centimètres de tissu en moins et le triomphe du collant bouleverseront plus les mœurs que de nouvelles lois permissives, et la minijupe va partir à la conquête du monde.

L'avenir du prince Charles : un dilemme pour ses parents

Charles va avoir seize ans en cette année 1965. Ses parents s'inquiètent de son évident « mal-être ». La question s'était posée, trois années auparavant, de savoir quelle école après Cheam conviendrait le mieux au jeune prince. La reine mère, très proche de son petit-fils, était consciente de sa timidité et de son sentiment très aigu d'être « différent » des autres par son destin. En fait, Charles lui rappelait beaucoup son propre mari, qui avait été lui-même très malheureux dans son enfance et son adolescence. Or, le futur George VI s'était parfaitement épanoui lors de ses années au collège d'Eton. Elle pensait donc que cette institution conviendrait parfaitement au prince héritier. Face à la reine mère, Philip et son oncle Dickie Mountbatten souhaitaient une expérience un peu plus rude, avec l'institution où Philip avait fait ses études secondaires, Gordonstoun, en Écosse. La reine n'aime pas les crises familiales, notamment avec son mari, elle les fuit et préfère un éventuel affrontement avec sa mère. Ainsi, après une visite de Gordonstoun, internat assez spartiate qui avait plutôt terrifié le prince héritier le 1er mai 1962 (il avait treize ans), dans l'avion piloté par son père qui le conduisait vers le pensionnat redoutable où la cuisine n'a rien d'appétissant et le chauffage reste symbolique, le moins que l'on puisse dire est que ce jeune garçon n'était pas très heureux du choix qu'on avait fait pour lui. De fait, Charles n'y sera pas du tout à l'aise, au bord des larmes à chaque fin de vacances à l'idée de devoir regagner son pensionnat. En effet, il lui est pratiquement impossible de se faire des amis, car si quelqu'un essaie d'être gentil avec lui, il est immédiatement brocardé par les autres qui l'accusent de n'agir que par intérêt. Il n'est pas davantage épargné par ses camarades de football et de rugby ; le romancier William Boyd, un de ses condisciples, racontera : « Nous étions tous après lui pour cogner sur le futur roi d'Angleterre. » La seule personne réellement consciente des angoisses de Charles est sa grand-mère Elizabeth. Elle lui écrit beaucoup, parlant ironiquement de l'institution comme du « salubre et glorieux lit de roses appelé Gordon's Town[1] » ! Balmoral n'étant pas très loin, il va la voir à Birkhall chaque fois que c'est possible. Elle lui téléphone pour le réconforter et recommande à tous les autres membres de la famille de l'appeler pour briser sa solitude. Le duc d'Édimbourg, sans état d'âme, juge que c'était une bonne décision et que si l'établissement de Gordonstoun avait été bon pour lui, il le serait pour son fils.

En 1965, Elizabeth II prend le relais et va aider son fils, peut-être sans en avoir totalement conscience. Elle

---

1. William Shawcross, *Queen Elizabeth, the Queen Mother*, *op. cit.*

estime nécessaire pour le futur monarque de connaître le Commonwealth au plus tôt. La reine décide donc de l'envoyer pour six mois en Australie, à Timbertop, considéré comme le Eton australien, mais en vérité assez proche dans ses méthodes de celles de Gordonstoun. Une fois de plus, Charles n'est pas heureux de quitter sa famille pendant un temps aussi long, particulièrement son jeune frère Edward, auquel il est très attaché. Le fils aîné du couple royal emportera deux montres avec lui, l'une indiquant l'heure de l'endroit où il se trouvera en Australie, l'autre celle des gens qu'il aime dans les îles Britanniques, une façon de compenser l'immense décalage horaire. Toutefois, le prince ne part pas seul. L'un des écuyers de son père, âgé de trente-cinq ans, David Checketts, est choisi pour accompagner le prince. Marié et père de famille, il va s'installer avec femme et enfants dans une ferme à proximité du collège. Il aidera beaucoup Charles en l'accueillant chez lui chaleureusement chaque week-end et sera auprès de lui lors d'une visite que l'école organise chaque année chez les missionnaires de Nouvelle-Guinée et de Papouasie. Le prince est littéralement fasciné par les coutumes, les danses et les vêtements des aborigènes. C'est certainement là que va naître l'intérêt de Charles pour l'anthropologie. Ainsi, le fils aîné d'Elizabeth II et de Philip trouve un équilibre en Australie et parvient à vaincre sa grande timidité ; il commence à avoir confiance en lui. Il s'offre même son premier bain de foule et n'entend personne rire de ses oreilles décollées si souvent caricaturées. Le retour à Gordonstoun sera beaucoup plus aisé. Charles est presque devenu adulte. Il joue même dans *Macbeth*, mais cela n'a rien d'original : les enfants royaux ont l'habitude d'interpréter Shakespeare, toujours d'actualité !

L'expérience tire à sa fin. Le prince achève sa scolarité en 1966. Comment ses parents vont-ils orienter la suite des études du futur souverain ? En réalité, la décision avait déjà été prise lors d'un dîner donné le 22 décembre 1965 à Buckingham Palace par la reine et Philip. Y étaient invités, entre autres, le Premier Ministre Harold Wilson, l'archevêque de Canterbury, le président du comité des vice-chanceliers des universités, Dickie Mountbatten et le secrétaire de la reine. Lord Mountbatten avait suggéré que le prince poursuive ses études au Trinity College de Cambridge, avant de s'initier à la marine à Dartmouth. C'était un compromis qui ne pouvait que satisfaire la reine mère, puisqu'elle souhaitait que son petit-fils suive l'exemple de son grand-père George VI dans une université agréable où les gens sont civilisés et intelligents. Philip, qui n'avait pas fréquenté de tels lieux prestigieux, restait un peu perplexe vis-à-vis de Cambridge. En revanche, il ne pouvait qu'approuver Dartmouth où lui-même avait été formé et avait rencontré la princesse héritière. La reine avait laissé faire et c'est ainsi qu'après en avoir fini avec le cauchemar de Gordonstoun – et de bons résultats scolaires –, Charles fit son entrée au Trinity College à l'automne 1967, afin d'y étudier l'anthropologie et l'archéologie.

Pendant ce temps, Elizabeth II avait des engagements protocolaires dans un contexte qui, parfois, ne permettait pas d'oublier la guerre froide : ainsi, en février 1967, la reine avait reçu avec beaucoup de faste Alexis Kossyguine, président du Conseil des ministres de l'URSS, lors d'un grand dîner à Buckingham Palace. Le Premier Ministre Harold Wilson et le secrétaire d'État au Foreign Office Gordon Brown étaient évidemment présents. Peu après, toujours à Londres, le chef de l'État soviétique avait dénoncé le « régime dictatorial » de Mao Tsé-toung en Chine. Les services secrets avaient apprécié ce concours d'hypocrisie.

Trente ans après l'abdication, la reine revoit son oncle Édouard

Pour la sœur de Charles, la princesse Anne, tout avait été plus simple. Âgée de quinze ans, elle était pensionnaire dans une institution chic à la campagne, Benenden. D'un tempérament extrêmement volontaire, extravertie, ayant préféré quand elle était petite fille jouer avec son frère à des jeux de garçons, entretenant avec son père des rapports de complicité, ayant un contact facile avec sa mère, dès son plus jeune âge elle a montré son tempérament sportif et une passion pour les animaux, surtout les chiens et les chevaux, comme sa mère. L'équitation devient une passion définitive puisque, après son pensionnat, la princesse a commencé à s'entraîner dans les écuries d'Alison Oliver, une fameuse instructrice recommandée à la souveraine par l'écuyer de la reine mère. La princesse a trouvé sa voie.

Mais pour la reine, chef de famille, la responsabilité ne se limite pas à ses propres enfants. Le 7 juin 1967 à Londres, sur les murs de Marlborough House qui avait été sa dernière résidence, le souvenir de la reine Mary est honoré par la pose d'une plaque. Une cérémonie traditionnelle ? Mieux : un véritable événement familial et politique, puisque toute la famille royale est présente autour de la reine, même le duc et la duchesse de Windsor ! Leur présence, qui était impensable depuis des décennies, est devenue une réalité. Elizabeth II sait que son oncle, âgé de soixante-treize ans, est malade et que sa vue s'est dégradée, l'obligeant à porter des lunettes aux verres très sombres ; il a subi plusieurs opérations délicates aux États-Unis et à Londres. Lors de l'intervention de mars 1965 à la London Clinic, la reine était venue lui rendre visite et avait revu Wallis pour la première fois depuis 1936 ; l'entrevue de vingt-cinq minutes avait été courtoise. Il faut imaginer, autour de Marlborough House, la foule des curieux maintenus à distance par les *bobbies* lorsque arrivent les limousines face à St. James' Park. Quelle rencontre ! La reine serre la main de son oncle et de la duchesse. La reine mère, en signe d'affection ou de pitié, embrasse son beau-frère sur la joue ; l'ex-roi Édouard VIII n'est guère vaillant et la duchesse est « incroyablement nerveuse ». Après sa révérence à la reine, Wallis va-t-elle faire une révérence à la reine mère ? Non, elle ne la fera pas : les deux ennemies sont face à face pour la première fois depuis 1936 ! La réconciliation est-elle possible ? Non, puisque les Windsor ne sont pas conviés au lunch qui suit chez les Gloucester, autrement dit en famille. Est-ce une mesquinerie de la reine ? Non, plutôt de la prudence, car la présence de Wallis n'aurait pas été bien comprise ni sans doute acceptée, même trente ans après le scandale. La duchesse, la pestiférée, a vu la reine.

C'est déjà un progrès tangible ! La jeune génération trouve d'ailleurs que l'acharnement sur ce contentieux familial est dépassé, après trois décennies de haines recuites et un monde qui s'est reconstruit après la guerre. Un gigantesque pas en avant est donc accompli, mais il ne faut pas en demander trop dans ce jeu où chat et souris se guettent entre les susceptibilités et les usages ; il n'est d'ailleurs pas sûr que l'animosité des Windsor entre eux puisse cesser. Le duc et la duchesse vont déjeuner à Kensington Palace chez la princesse Marina de Kent, qui juge le protocole injuste à leur égard. Et, geste remarqué, la reine met l'un de ses avions à la disposition du couple pour lui permettre de regagner Paris, où il réside. L'ex-roi et sa femme vivent un moment rare : ils ont droit à un protocole, certes limité et éphémère, mais tout de même… Est-ce parce que Elizabeth II a pitié de la santé de son oncle ? Un pressentiment ? Pendant ce voyage du retour, le duc et la duchesse, perpétuellement rejetés, fébriles, quémandeurs et insupportables depuis trente ans, ont le sentiment d'exister dans la lumière, pour quelques heures. Les temps changent. L'homme va marcher sur la Lune. Le duc et la duchesse peuvent rêver. C'est la maison de la reine qui les raccompagne en France.

Elizabeth II promet qu'elle aidera Wallis si elle est veuve…

Avec les années, les réunions de famille les plus prévisibles sont les enterrements. Le 30 août 1968 ont lieu les funérailles de la princesse Marina de Kent, tante par alliance de la reine, emportée par une tumeur au cerveau. Le duc de Windsor y assiste, mais il ignore qu'il séjourne pour la dernière fois sur le territoire britannique. Amaigri, fatigué, il se préoccupe de son décès s'il venait à disparaître avant Wallis. Quinze jours plus tôt, il a écrit à la reine, toujours à propos de besoins d'argent, mais cette fois après sa mort. Il sait que sa rente à vie de 10 000 livres sur les revenus de Sandringham et de Balmoral cessera d'être payée le jour de son décès. Il sollicite donc d'Elizabeth II la garantie qu'une rente sera servie à Wallis. La demande est si osée que la reine prend son temps pour lui répondre (huit mois !). Dans une lettre du 26 février 1969, la tante assure son « cher oncle David » qu'un revenu sera versé par elle-même, sur ses propres deniers, et par ses successeurs si elle venait à disparaître du vivant de Wallis. La souveraine, partagée entre l'exaspération et la mansuétude, prévoit une pension annuelle de 5 000 livres, espérant que cette décision l'« aidera à apaiser son esprit ». Il faut reconnaître que la reine a l'élégance de ne pas évoquer la fortune que percevra la duchesse à la mort de son mari, et mieux valait ne pas parler des bijoux ni du problème diplomatique que posait la situation de l'ex-roi Édouard VIII aux ambassadeurs de la reine. Certes, l'oncle Édouard demeurait une Altesse royale, mais en même temps il était devenu une personne privée, ce qui constituait un paradoxe permanent et sans précédent, encombré des récriminations de la duchesse qui ne serait jamais une Altesse royale, une frustration sociale dont elle se plaignait en permanence. Si les contacts familiaux avaient repris, le gouvernement refusait toute relation avec le duc de Windsor. Que le Premier Ministre soit travailliste ou conservateur n'y changeait rien.

1er juillet 1969 : Charles est investi du titre de prince de Galles

Organisant des cérémonies qui rassemblent des foules, Elizabeth II a toujours veillé à rapprocher la monarchie du peuple, sachant combien la reine Victoria avait fini par devenir impopulaire en étant trop invisible. La première importante manifestation royale depuis le couronnement et le mariage de la princesse Margaret est une cérémonie qui concerne l'avenir du Royaume-Uni. C'est l'intronisation du prince de Galles. La décision avait été prise plusieurs années auparavant, mais il fallait attendre que Charles atteigne l'âge de vingt et un ans. L'idée de l'investiture d'un prince héritier au pays de Galles remontait à 1911 et ce n'était que la seconde fois que cette cérémonie allait se dérouler. Elle avait demandé une longue préparation.

Mais la venue du prince héritier au pays de Galles intervient au moment où, dans cette partie du royaume, le climat politique et social est agité, et ce depuis deux ans. Le mouvement nationaliste gallois est très actif et violent : il pose des bombes dans les bâtiments publics, au point que lorsque Charles, sur la demande de sa mère, avait quitté Cambridge, bien qu'il y fût heureux, et intégré l'université galloise d'Aberystwyth, il avait été menacé. Par prudence, le ministère de l'Intérieur avait sécurisé l'université avec soixante-dix officiers de police et infiltré les étudiants eux-mêmes, car certains étaient extrêmement hostiles à la venue de Charles. Le prince s'était montré très déterminé et il avait suivi ses études sans manifester la moindre inquiétude. Charles prend une part importante dans la préparation de cette cérémonie médiévale qui aura pour cadre le château de Caernarvon, un monument impressionnant qui a joué et joue toujours un rôle important dans la vie publique britannique. Mais plus la cérémonie se rapproche et plus l'inquiétude monte. Bien que Charles parle maintenant parfaitement gallois, au point de prononcer un discours dans cette langue pour séduire les Gallois, la population s'inquiète du coût de cette fastueuse cérémonie. Pis encore : des rumeurs d'attentat contre l'héritier continuent à se répandre. C'est donc un événement à hauts risques. Ni la reine ni son fils ne manquent de courage. Une fausse alerte à la bombe oblige le train conduisant Charles vers Caernarvon à s'arrêter. Le matin suivant, une vraie bombe explose à 30 miles du château, tuant les terroristes qui la manipulaient. Pourtant, malgré le danger, la cérémonie sera magnifique.

Au château de Caernarvon, construit en deux temps, entre le XIIIe et le XIVe siècle, était né le fils d'Édouard Ier – un Plantagenêt –, le futur Édouard II, premier à recevoir le titre de prince de Galles, porté depuis lors par tous les héritiers successifs du trône. Mais pour Charles, qui a vingt et un ans, cette cérémonie de 1969 est empreinte d'une mémoire contrastée, puisque c'était en 1911, sous le règne de George V, que son grand-oncle David, futur Édouard VIII puis duc de Windsor, avait inauguré la tradition de l'investiture dans ce château. Depuis, le rite avait été interrompu, seuls les héritiers mâles pouvant prétendre à ce titre prestigieux. La reine invite son oncle, seul, mais le duc de Windsor, toujours furieux que la présence de son épouse ne soit pas désirée, refuse. Peut-être est-ce aussi trop douloureux pour lui de se replonger dans l'époque où il incarnait l'avenir du royaume. Le duc se contentera de suivre l'événement à la télévision, comme lors du couronnement. Lord Snowdon s'est chargé du décor. Il a aussi dessiné les uniformes et les costumes, sauf celui du prince de Galles et la couronne qu'il doit porter, une version moderne de la traditionnelle couronne des princes de Galles incrustée de pierreries, alternant les croix et les fleurs de lys.

À la fin de la procession, et après avoir reçu symboliquement les clés de la forteresse de pierre noire, Charles est revêtu d'un ample manteau d'hermine lorsqu'il s'agenouille devant sa mère et déclare, en ayant soin de le faire en gallois : « Moi Charles, prince de Galles, je me proclame votre homme lige et je m'engage par ma foi et mon honneur à vous servir jusqu'à la mort. »

La reine, vêtue et coiffée de jaune pâle, reste très inquiète, redoutant un attentat. La même angoisse avait gagné la BBC, qui avait aussi prévu une émission en forme d'hommage funèbre !

Le nouveau prince de Galles fait un triomphe personnel inattendu et la diffusion du programme est un succès qui témoigne d'une réalité dans ce décor de légende : le royaume est uni. Elizabeth II assurera que cette journée a été « merveilleuse » et la presse tissera des louanges à Charles, « le plus prometteur des princes de Galles depuis l'époque du Prince Noir[1] », soit plus de six siècles avant cette investiture. Il était évident que cette cérémonie avait pour but de frapper les esprits, mais la reine et son fils étaient convaincus de l'utilité de cet adoubement. Au-delà du spectacle, c'était la concrétisation d'un mythe, une glorification du passé et une façon de préparer l'avenir.

1. Le Prince Noir, fils du roi d'Angleterre Édouard III, devait son surnom à la couleur de son armure. Il fut titré prince de Galles en 1343. Sa technique d'utilisation des archers avait été déterminante contre la cavalerie française dans la première grande victoire anglaise de la guerre de Cent Ans, à Crécy, le 26 août 1346.

10

Communication royale : pièges et succès

Une Land Rover roule sur une route d'Écosse. La scène, dans cette nature magnifique, est banale pour les téléspectateurs du Royaume-Uni. On est dans les environs de Balmoral, c'est-à-dire chez la reine, puisque ce domaine est l'une de ses deux propriétés privées, l'autre étant le manoir de Sandringham, dans le Norfolk. La caméra s'approche : on découvre que la conductrice n'est autre qu'Elizabeth II, les cheveux protégés par un de ses habituels foulards Hermès. Voir Elizabeth II au volant n'est pas fréquent et l'on s'amuse à rappeler qu'elle est la seule personne ayant le droit de conduire sans permis. Quel policier aurait le mauvais goût de le lui demander ? Le film s'appelle *Royal Family*. Sa diffusion a été abondamment annoncée. Mais ce 21 juin 1969, le documentaire coproduit par la BBC et la chaîne ITV va stupéfier des millions de gens. On va montrer ce qui était inimaginable : le public, subjugué, voit et entend la souveraine et ses proches dans des scènes quotidiennes, en famille.

C'est une nouveauté absolue. Une fois encore, c'est Dickie Mountbatten qui est à l'origine de cette mise en scène de la famille royale. Toujours soucieux de sa propre promotion, l'amiral avait été très heureux d'un film réalisé deux ans auparavant et intitulé *La Vie et les grands moments de lord Mountbatten*. Il convainc sans difficulté son neveu Philip, toujours à la recherche d'innovations et opposé à une représentation trop pompeuse de la monarchie. C'est un long tournage, pendant toute une année, qui est imposé à la famille à chaque moment de sa vie, tant officielle que privée ; mais c'est évidemment ce dernier aspect qui va susciter le plus grand intérêt. La diffusion du film précède de huit jours l'investiture de Charles comme prince de Galles à Caernarvon. Ce n'est évidemment pas une coïncidence. Elle fait partie d'une grande opération de communication pour la famille royale due à l'efficacité de l'Australien William Heseltine, le nouveau responsable des relations publiques de la reine. Ce sera un formidable succès : en dix-huit mois, le film attirera 40 millions de téléspectateurs britanniques, enchaînant des séquences jamais vues : la préparation de la diffusion du discours de Noël d'Elizabeth II à Buckingham Palace, où l'on voit la reine charmante et détendue au milieu des siens ; le prince Charles se promenant à bicyclette dans les rues de Londres ; une jolie scène où la reine, à cheval, passe les troupes en revue lors de la cérémonie de *Trooping the Colour* ; le sonneur de cornemuse qui joue tous les matins, à 9 heures, sous les fenêtres de la reine – à Londres et en Écosse, mais pas à Sandringham ; les conférences de la reine le matin avec son secrétariat pour la vérification de son agenda… Sans oublier le chariot d'argent contenant le déjeuner de Sa Majesté, lequel, rien n'ayant changé à Buckingham Palace depuis Victoria, doit parcourir des kilomètres de couloir, poussé par des valets, et monter deux étages en ascenseur pour aller des cuisines à la salle à manger privée où Elizabeth II déjeune avec Philip – on suppose que ledit chariot est pourvu de plaques chauffantes ! Et puis, quel plaisir d'assister, presque comme un invité, à l'une des traditionnelles *garden parties* annuelles où la reine accueille aimablement près de 9 000 personnes ! Mais le clou du film est certainement le pique-nique royal dans les environs de Balmoral où Philip et Anne se chargent du barbecue allumé à l'aide de papier journal (quel journal ? on ne le saura pas…) roulé par les blanches mains de Sa Majesté et où le prince Charles explique à son petit frère Edward comment réussir une sauce de salade à base de crème fraîche. Des blagues, des jeux avec les enfants, avec les chiens, tweed et bonne humeur. Il y a aussi de belles images de la famille à bord du *Britannia*. C'est sur le yacht royal que la reine et sa famille sont le plus à l'aise, menant une vie plus décontractée : la reine y porte des pantalons ! Le personnel communique par gestes pour ne pas perturber la tranquillité des passagers royaux. En dehors des voyages officiels, la reine utilise le *Britannia* chaque année pour se rendre en Écosse ; sur le pont, Elizabeth II tient dans ses bras la petite Sarah Armstrong-Jones, ce qui constitue presque un message subliminal : durant ces années, la reine prend auprès d'elle les enfants de Margaret et de Tony pour les vacances d'été, leurs parents préférant largement les charmes de la *dolce vita* italienne – de Rome à Florence, de Capri à la Costa Smeralda – aux landes écossaises. Les Snowdon sont tombés dans les pièges de ce qu'on commence à appeler la *jet-set*. La reine s'en inquiète, pressentant que tout cela pourrait mal tourner, et met tout en œuvre pour protéger les enfants du couple. Une situation qu'elle assumera plusieurs fois dans sa vie. Philip, Anne et Charles sont filmés en action, Charles à ski, aussi bien sur la neige que sur l'eau, pratiquant le polo avec autant de talent que son père, Anne à cheval et Philip pilotant lui-même un avion de la flotte royale. Les téléspectateurs partagent avec la famille un voyage dans le train royal composé de dix voitures comprenant trois bureaux, trois salles à manger, trois cuisines et cinq salles de bains.

La dernière séquence montre la famille à table se racontant des histoires drôles. Philip commence à parler de son beau-père, le roi George VI : « Il avait des comportements parfois très étranges et il m'arrivait de penser qu'il était fou. Un jour, je me rendis à Royal Lodge à sa demande. On me dit qu'il se trouvait dans le jardin. Je sortis, mais ne le trouvai nulle part, jusqu'à ce que j'entendisse une incroyable explosion de gros mots provenant d'un massif de rhododendrons. Je scrutai l'intérieur du massif et découvris le roi coiffé de son bonnet à poil de *Trooping the Colour*, massacrant les tiges des fleurs à l'aide d'une serpe. » Une grande séance de défoulement privé pour le roi George VI dont on connaissait la nervosité et les difficultés d'élocution. Mais montrer la famille en train de se moquer du comportement du défunt monarque n'était sûrement pas une bonne idée.

La reine mère était opposée à ce crime de lèse-majesté audiovisuel, elle le sera toujours. Selon la veuve de George VI, la famille royale ne devrait pas permettre ce genre d'intrusion comme les princes souverains de Monaco en ont l'habitude, leur vie privée nourrissant les pages des magazines. Certains hauts personnages osent dire que ce film détruit la monarchie en supprimant la frontière de la vie privée. Le journaliste français Henri Pierre, alors correspondant du *Monde* à Londres, parle d'une « date historique : c'est bien l'envers du timbre-poste, du billet de banque, de la pièce de monnaie, qui est ainsi exposé ». Les critiques n'ont plus besoin d'être masquées, puisque l'existence de la souveraine est désacralisée. On entre dans une autre époque : trois semaines plus tard, l'homme marche sur la Lune. Il y avait, probablement, une raison politique à cette opération de communication sans précédent : trois ans plus tôt, au pays de Galles, dans une mine de charbon proche du village d'Aberfan, cent seize enfants et vingt-huit adultes ont péri lors d'une catastrophe. L'opinion avait jugé la reine trop lente à manifester sa compassion. Depuis 1969, la rediffusion de *Royal Family* est interdite, les rarissimes copies sont indisponibles et la reine ne veut plus voir ce film. A-t-elle eu le pressentiment que la communication est une arme à double tranchant ?

Philip, mari d'une reine fortunée, prétend manquer d'argent !

Alors que le Royaume-Uni, par l'intervention de son Premier Ministre Harold Wilson, frappe une deuxième fois à la porte de l'Europe, les temps sont financièrement difficiles pour la royauté. La liste civile, autrement dit le budget de la famille royale voté par le Parlement, se réduit comme une peau de chagrin. L'inflation a rongé les dotations allouées à la reine depuis son avènement. Selon les prévisions, en 1970, les comptes de la maison royale seront dans le négatif ! Avec son don de gaffeur sincère – en réalité le masque d'un homme intelligent –, le duc d'Édimbourg révèle ses soucis à la télévision : « Nous allons être dans le rouge cette année, que faire ? Nous avons un petit yacht [le *Britannia*] que nous pourrons vendre, il faudra sans doute que je renonce bientôt au polo… Des choses comme ça ! »

On imagine la stupéfaction teintée d'hilarité et de reproches des téléspectateurs britanniques, certes toujours ravis d'approcher les *royals*, mais les sujets de Sa Majesté connaissent aussi de graves problèmes de trésorerie. L'opinion est partagée. L'humour prend le relais dans la presse où les plaisanteries fleurissent avec des caricatures sans pitié, par exemple : « Chérie, et si on vendait un Canaletto pour changer de machine à laver ? » Lord Mountbatten, qui se charge volontiers des relations publiques de la dynastie, fait remarquer que la mystérieuse « fortune de la reine d'Angleterre » est constituée à plus de 85 % de tableaux, d'œuvres d'art et de mobilier, tous splendides, mais qu'Elizabeth II n'a pas le droit de vendre. Contempler ces trésors est déjà un immense privilège. Des explications sont fournies : il ne faut pas confondre les résidences officielles, propriétés de la Couronne, donc de l'État (Buckingham Palace, Windsor et Holyrood à Édimbourg), avec les propriétés privées (Balmoral en Écosse, Sandringham dans le Norfolk) que la reine entretient personnellement, sans omettre le paiement de nombreuses charges salariales. Au début de 1970, la « firme », autrement dit l'entreprise Windsor, doit montrer ses comptes au Parlement. Des commissions discutent de solutions de la seconde moitié du XXe siècle en faisant appel à des arguments juridiques et à des usages remontant à deux cents ans. Exemple : faudrait-il accorder un salaire au prince de Galles et lui retirer les revenus du duché de Cornouailles ? Un bel exercice de démocratie, mais comment chiffrer l'apport de la monarchie aux Britanniques ? Le prix de l'image est difficilement calculable et il est sujet à de redoutables variations…

Entre visite d'État et visite familiale, Elizabeth II revient à Paris

Début mai 1972, la reine est informée que son « cher oncle David », opéré une nouvelle fois, se meurt d'un cancer. Le duc pèse 45 kilos et il est intubé. Il n'a plus que quelques jours à vivre. Or, au même moment, la souveraine doit venir en visite d'État à Paris. Ce deuxième voyage officiel de la souveraine en France célèbre l'entrée, progressive, du Royaume-Uni dans le

Marché commun. Les pourparlers ont duré un an et ils ont été facilités par le président français, Georges Pompidou, nettement plus ouvert à la candidature du Royaume-Uni que son prédécesseur à l'Élysée. La reine vient donc à Paris pour consacrer la fin du « splendide isolement britannique ». Mais comment concilier le programme très chargé de la souveraine avec l'adieu à son oncle ? Qui aurait la priorité : la représentation de la Couronne ou une urgence familiale ? Ce sera la mission de l'ambassadeur de Sa Majesté, Christopher Soames, francophile aux propos souvent peu diplomatiques et gendre de Churchill avec lequel les relations avaient été exécrables. Les deux hommes se détestaient ! Son Excellence sera chargée de trouver un creux dans l'emploi du temps d'Elizabeth II, annonçant avec une certaine brutalité aux médecins du duc que celui-ci ne devra pas mourir pendant cette visite ! Il serait préférable qu'il s'éteigne avant ou après, mais surtout pas pendant, car les complications protocolaires seraient insurmontables et la reine devrait interrompre un voyage officiel essentiel ! Les médecins lui répondent qu'ils ne peuvent prendre un tel engagement et que le malade pourrait très bien décéder pendant cette visite. Soames se contentera donc de prendre, chaque jour, des nouvelles de la santé du duc.

Lors de la visite officielle, la presse britannique remarque, avec aigreur, que le président Pompidou, très galant homme, donne le bras à la reine en montant les marches de l'Élysée. *Shocking !* On ne touche pas la reine ! La bonne éducation française a enfreint les usages de la cour de St. James ! Ce ne sera pas la dernière fois…

Pendant ce temps, la duchesse de Windsor prépare la visite royale. Par une ultime coquetterie, le duc, jadis si élégant, exige d'être présentable, sans tubes ni perfusions visibles, assis dans un fauteuil, habillé comme s'il était en croisière, ce qui avait été l'une de ses activités favorites. On assure qu'il a fallu près de quatre heures pour le préparer à la rencontre avec sa nièce, les médecins soulignant qu'on est proche de la fin. On peut, malgré tout, saluer le courage de l'ex-roi cherchant à paraître le moins diminué possible. Le 18 mai 1972, dans leur résidence du bois de Boulogne sécurisée par la police, Wallis fait sa révérence à la reine et son mari parvient à sourire. Les deux femmes affichent une parfaite maîtrise d'elles-mêmes. Apparemment, aucune émotion, mais des paroles de réconfort à la duchesse qui s'assied un peu à l'écart. Puis, par décence, celle-ci se retire pour rejoindre le duc d'Édimbourg et le prince Charles. Wallis fait servir le thé. Nul ne saura jamais la teneur du dernier entretien entre la reine, soudain bouleversée par la ressemblance de son oncle très amaigri avec son père le roi à la fin de sa vie, et le duc, sinon qu'il a été heureux de la voir, touché qu'elle ait bousculé les convenances pour céder au devoir d'humanité. Y a-t-il eu une sorte de confession de la part d'Édouard ? D'aveu ? D'explication ? De pardon de la part de sa nièce ? Le duc peut à peine parler, mais ses yeux malades expriment sa reconnaissance. La reine repart, l'ambassadeur Soames est soulagé. Onze jours plus tard, le 29 mai, à 2 heures du matin, la duchesse prend dans ses bras ce corps décharné. En murmurant « chérie », le mourant pose sur elle son ultime regard bleu. Il a profondément aimé Wallis ; quant à elle, rien n'est moins sûr. Il s'éteint à l'âge de soixante-dix-sept ans.

La reine tient parole : le duc de Windsor est inhumé à Windsor

À Londres, Elizabeth II décrète une période de deuil. Le Premier Ministre Edward Heath, un conservateur nommé en 1970 et que la reine n'apprécie guère, autorise l'ambassade parisienne à ouvrir un registre de condoléances à la mémoire de l'ancien et éphémère souverain. La gendarmerie escorte la dépouille du duc jusqu'au Bourget où les honneurs militaires lui sont rendus. Le cercueil est placé dans un appareil de la Royal Air Force. Wallis, tétanisée, n'a pas eu la force d'accompagner celui qui l'avait choisie en renonçant à son devoir et en provoquant un cataclysme qui avait failli ravager la monarchie. À l'arrivée de l'avion sur une base militaire, l'hymne national est interprété et la dépouille accueillie par le duc et la duchesse de Kent, cousins germains de la reine. Le cortège gagne directement Windsor où une foule dense attend le long de la rue en pente qui conduit à la porte Henri-VIII. Le lendemain, lord Mountbatten accueille Wallis à sa descente d'avion et la conduit à Buckingham Palace. La reine est d'une exquise prévenance. Selon ses instructions, la duchesse a droit à l'appartement des chefs d'État. Quel décalage ! Quel choc de penser qu'en 1936 la sulfureuse Américaine n'avait jamais eu l'autorisation d'apparaître sur le fameux balcon ! Tous ces honneurs qui lui avaient été interdits !

Mais la reine va davantage étonner son entourage en maintenant la cérémonie officielle de son anniversaire au samedi 3 juin où, à cheval et en uniforme, elle passe la Garde en revue et fixe les funérailles de son oncle au surlendemain. Pour Elizabeth II, chef d'État, cette tradition, qui remonte au XVIIIe siècle, a la force d'une fête nationale. Rien ne saurait la retarder et feu le roi Édouard VIII avait trop bousculé les usages pour que sa nièce suive son exemple. Un photographe prend un cliché de la duchesse de Windsor observant la cérémonie de *Trooping the Colour* d'une fenêtre du palais comme une intruse ! Ne l'avait-elle pas toujours été ?

Lundi 5 juin, dans la chapelle St. George, près de quatre-vingt-dix personnes prennent place. La duchesse est placée à côté d'Elizabeth II et toute la famille royale est présente. On remarque le roi Olav V de Norvège entre le duc d'Édimbourg et la reine mère, de grands noms de la Cour, des généraux, des amiraux, le Premier Ministre Heath et ses prédécesseurs Macmillan, Wilson, alors chef de l'opposition, et même Eden. Il y a des montagnes de fleurs. Wallis prend une revanche en voyant une foule défiler avant la mise au caveau : on compte 57 903 personnes. Le cercueil est descendu dans la terre de Frogmore Garden, mausolée royal dans le parc, comme l'ex-roi Édouard VIII l'avait souhaité, un vœu exaucé par sa nièce. La duchesse de Windsor, furieuse qu'on ne la traite pas comme une Altesse royale[1], n'a maintenant qu'un immense regret : elle

1. Charles Higham, *Wallis Simpson, la scandaleuse duchesse de Windsor*, trad. Éric et Françoise Deschodt, JC Lattès, 1989, rééd. 2005.

voulait mourir avant le duc. Elle a peur, que va-t-elle devenir socialement ? La cérémonie achevée, après les amabilités ambiguës, elle sera toujours à part, veuve scandaleuse d'un ancien souverain jamais couronné et ayant abdiqué à cause d'elle. La reine n'apprécie sans doute pas qu'Edward Heath ose évoquer, à la Chambre des communes, avec un lyrisme déplacé, « la loyauté et l'amour » de Wallis, puis que Harold Wilson rende hommage à cette femme dont le nom, dans cette même assemblée, avait été conspué par un tumulte mémorable à l'annonce de l'abdication. Ces politiciens souffrent-ils de pertes de mémoire ou sont-ils des épigones insulaires de Tartuffe ? Lors des obsèques, la duchesse avait paru très absente, parfois même égarée. Elle rentre à Paris quelques jours plus tard et sombrera petit à petit dans une incapacité mentale et physique. Et cette femme, autrefois si mondaine et provocante, se retrouve dans une immense solitude, veillée seulement par son avocate, maître Suzanne Blum. Une longue agonie. Elle mourra le 24 avril 1986 et aura droit, elle aussi, à des funérailles dans la chapelle St. George, avant de reposer au côté du duc, dans le cimetière royal de Frogmore Garden, à Windsor.

À la fin de cette même année 1972, le 20 novembre, Elizabeth II et Philip célèbrent fastueusement leurs noces d'argent. Après une messe d'action de grâces en l'abbaye de Westminster où ils s'étaient unis vingt-cinq ans plus tôt, le couple fait une longue promenade à travers la City, en landau découvert malgré le froid, pour se rendre à un déjeuner offert par le maire de Londres. La reine et son mari reçoivent de nombreux cadeaux, mais celui qui les touche certainement le plus vient de leur fils aîné, le prince de Galles : il leur offre une série de boîtes en argent dont les couvercles gravés représentent les résidences royales. Tout semble aller pour le mieux dans le couple souverain. Pourtant, Philip manifeste, parfois, son éternelle volonté d'indépendance, décidant de son emploi du temps sans en prévenir la reine, ce qui peut la mettre dans une situation embarrassante. Par exemple, Elizabeth II avait accepté un week-end à Broadlands, chez les Mountbatten, qu'elle est obligée d'annuler au prétexte d'« autres engagements pour Philip ». De nouveau, certaines rumeurs circulent à propos d'éventuelles infidélités du duc d'Édimbourg. Philip, toujours très beau et très séduisant, aime flirter, faire la cour aux jolies femmes qu'il rencontre dans la plus haute aristocratie britannique. Que cela soit allé plus loin, personne n'en a jamais apporté la preuve. Si la reine a souffert, on n'en a jamais rien su. Le mariage, en tout cas, n'a pas été menacé, la reine n'ayant jamais voulu douter de la loyauté de Philip à son égard. Et celui-ci a toujours considéré que la reine, dans son rôle de chef de famille, a su, avec force, rassembler les siens et faire face aux problèmes de chacun ; il l'admire et ne manque jamais de le rappeler publiquement.

Mariée, la princesse Anne prouve son courage et son humour

La seule fille d'Elizabeth II et Philip est toujours aussi passionnée par les chevaux. Bien qu'elle soit une excellente cavalière et qu'elle gagne des trophées dans des compétitions, ses rapports avec la presse sont mauvais ; elle est très désagréable avec les journalistes et les envoie volontiers promener. Anne n'est pas vraiment jolie, mais sa forte personnalité et son tempérament hérité de son père (et peut-être aussi le fait qu'elle ait droit au titre de princesse depuis ses dix-huit ans) ne l'empêchent pas d'avoir de nombreux admirateurs. Elle a été la petite amie d'Andrew Parker Bowles, qui épousera ensuite Camilla Shand. Le cavalier Richard Meade, double médaillé d'or aux jeux Olympiques, fait aussi partie des soupirants d'Anne ; il la trouve pleine d'humour, amusante et très excitante, mais il a toujours nié l'avoir demandée en mariage. Finalement, elle tombe amoureuse du capitaine Mark Phillips. Cet excellent cavalier, très beau garçon, qu'elle connaît depuis longtemps, partage les mêmes goûts qu'elle. Il n'avait jamais été dans les idées de la reine de se mêler des amours de ses enfants. Toutefois, le choix d'Anne n'enthousiasme pas ses parents. Pourtant, Mark Phillips, s'il n'est pas issu de l'aristocratie, appartient à un bon milieu. Et son statut d'officier en fait un gendre parfaitement convenable. Et puis, Anne n'a-t-elle pas dit à sa mère, après un concours gagné par Mark Phillips : « Il est le plus sympathique des hommes que j'aie vus courir » ?

La fille de la reine n'aime plus seulement les chevaux, son cœur bat aussi pour un cavalier. Les fiançailles sont annoncées le 30 mai 1973 et le Royaume-Uni est stupéfait de découvrir, sur les photos prises en cette circonstance dans la grande galerie de Windsor, une princesse de conte de fées face à son superbe fiancé en uniforme rouge et noir. Il faut dire que le service de presse a choisi un des photographes les plus emblématiques de l'époque, Norman Parkinson, plus connu jusqu'à présent comme un spécialiste de la mode. Anne porte une somptueuse robe longue de Zandra Rhodes, styliste britannique renommée, ses magnifiques cheveux ne sont plus serrés dans son éternel chignon, mais retombent sur ses épaules, seulement retenus par un somptueux diadème de diamants. Une totale métamorphose ! Leur mariage est célébré le 14 novembre 1973, jour du vingt-cinquième anniversaire du frère d'Anne, le prince Charles. C'est un vrai mariage royal qu'Elizabeth II a voulu pour sa seule fille. Elle a choisi l'abbaye de Westminster comme pour son propre mariage et demandé que la cérémonie soit intégralement retransmise à la télévision. Certes, aucun monarque étranger n'est présent et l'on fait quand même attention aux dépenses, car le choc pétrolier a rogné les finances publiques et l'avenir de la monarchie n'est pas en jeu à cause des noces. La mariée est éblouissante, maquillée par un Français, Olivier Echaudemaison, qui réussit à sublimer son teint d'Anglaise et ses très beaux yeux bleus. Les deux enfants d'honneur sont le petit frère de la princesse, Edward, attendrissant en kilt avec jabot de dentelle sur son spencer noir, et sa cousine Sarah Armstrong-Jones, fille de Margaret, tout sourire dans sa ravissante robe blanche.

Un événement inattendu va modifier les jugements toujours défavorables sur Anne. Au soir du 20 mars 1974, alors que la princesse devenue Mrs. Mark Phillips est dans sa voiture sur le Mall, le véhicule est soudainement arrêté. Un coup de feu blesse son chauffeur. Un homme, très excité, ouvre la portière et exige que la princesse le suive. Il est armé. Elle refuse. Il tente de l'enlever en lui attrapant un bras. Elle se débat, l'inconnu la menace, lui ordonnant de le suivre. Anne lui lance : « Je ne le ferai pas ! »

Le chauffeur parvient à bousculer l'inconnu, qui s'enfuit avant d'être blessé par la balle d'un policier, car ce cauchemar survient à portée de Buckingham Palace. Maîtrisé et arrêté, l'homme semble être un malade mental. En fait, il est un militant de l'IRA, l'armée républicaine irlandaise. La reine est affolée par l'incident. Désormais, les membres de la famille royale bénéficieront en permanence d'une protection rapprochée. Le prince Charles, qui sert alors dans la Royal Navy, est en mer. Lorsqu'il apprend les risques courus par sa sœur, il lui téléphone. Elle lui répond avec calme qu'il n'était pas question qu'elle descende de voiture. Tout simplement. L'affaire émeut les Britanniques qui découvrent le courage de la princesse. Personne ne la soupçonnait d'une telle détermination face à un individu armé. Anne devient, enfin, populaire.

C'est avec cette nouvelle image que, peu après, la fille de la reine vient à Paris présider une importante manifestation sportive. Le soir, un dîner de gala, caritatif, est organisé au Cercle de l'Union interalliée, voisin de l'ambassade britannique. La princesse arrive un peu en retard, ce qui n'est pas son genre. Lorsqu'elle apparaît en robe du soir, très applaudie, les convives constatent que son œil droit est auréolé d'un hématome qu'aucun maquillage n'a pu dissimuler. Murmures puis silence dans la salle Foch, comble, du Cercle. Avec esprit, la princesse explique : « Vous pensez tous que je me suis disputée avec mon mari et que nous nous sommes battus. J'ai le regret de vous dire que c'est faux. La vérité est que cet après-midi mon cheval a voulu aller dans une direction et moi dans l'autre... Un *major disagreement* ! »

Le duc de Brissac, président du Jockey Club, intervient au nom du monde hippique. Il rassure l'invitée qui a fait rire toute l'assistance : « Le cheval a eu tort et Votre Altesse royale est ravissante. »

Ce fut l'avis de nombreux Français ce soir-là qui la voyaient de près pour la première fois et jurèrent que, n'en déplaise à certains ragots d'outre-Manche, elle ne ressemblait pas du tout à un cheval !

La reine est finalement très satisfaite du mariage de sa fille, qui semble avoir toutes les chances de réussir puisque les deux époux partagent la même et dévorante passion équestre. En revanche, la reine s'inquiète un peu pour Charles. Le prince de Galles achève son service dans la marine et il va falloir lui trouver de nouvelles occupations pour éviter à tout prix qu'il ne tombe dans les travers de son prédécesseur ayant porté ce titre, feu le duc de Windsor. Mais Philip et Elizabeth II ne communiquent pas aisément avec leur fils. Celui-ci en veut à son père de lui avoir imposé la pension de Gordonstoun et il n'a pas de contacts directs et francs avec sa mère ; il réserve ses confidences à sa grand-mère bien-aimée, la reine mère Elizabeth, mais aussi à une dame d'honneur de sa mère qui a su gagner sa confiance, lady Susan Hussey. Quant à l'image paternelle, on peut dire que, pour Charles, elle est plus incarnée par son grand-oncle lord Mountbatten que par son propre père. C'est Dickie qui le fascine par sa brillante guerre qui lui a valu le titre de lord of Burma et sa fascinante expérience de dernier vice-roi des Indes. Il est aussi le seul à pouvoir lui parler de son oncle, le défunt duc de Windsor, que Dickie a bien connu, alors que le sujet reste tabou dans la famille. La grande proximité de Charles avec son grand-oncle inquiète un peu Philip, non qu'il soit jaloux, car ce n'est pas son style, mais parce qu'il connaît trop bien Dickie pour ignorer d'une part son incontestable charisme, d'autre part son appétit du pouvoir et le profit qu'il pourrait tirer de l'affection que lui témoigne l'héritier du trône.

Un cauchemar pour la reine : sa sœur Margaret va divorcer !

L'année suivante, un nouveau deuil frappe la famille royale : il s'agit du dernier frère encore vivant de feu le roi George VI, le duc de Gloucester. « Oncle Harry » était un personnage pittoresque qui n'avait jamais eu la moindre ambition intellectuelle ni de goût pour le pouvoir, bien qu'il eût été un très consciencieux gouverneur général de l'Australie. Après cette fonction, il s'était livré à ce qu'il aimait le plus au monde, la vie à la campagne. Sa surdité avait fait de lui un sujet de moquerie pour ses proches : son plus récent exploit remontait à une soirée à l'opéra de Covent Garden où Maria Callas chantait *Tosca*. Après que la cantatrice eut sauté dans le Tibre du haut de la tour du château Saint-Ange, le duc s'était exclamé d'une voix forte (tous les spectateurs en avaient profité !) : « Bon, maintenant qu'elle est bien morte, nous allons pouvoir rentrer à la maison[1] ! » Ce duc haut en couleur avait eu la douleur de perdre son fils aîné, le prince William de Gloucester, dans un accident d'avion en 1972. Pour la reine et pour la maison royale, une page se tournait : il n'y avait plus de survivant Windsor de la génération de George VI.

Une bonne nouvelle économique précède une mauvaise nouvelle familiale. La découverte de pétrole et de gaz en mer du Nord, au large de l'Écosse, doit progressivement permettre au Royaume-Uni de remplacer le charbon et de couvrir une partie de ses besoins en énergie. Tant mieux, car la crise pétrolière est mondiale : en octobre 1973, le prix de l'or noir importé est multiplié par 4. Le 3 novembre 1975, la reine inaugure le premier pipeline sous-marin, long de 160 kilomètres, qui conduit le pétrole à la côte écossaise. Désormais, l'exploitation de ces gisements sera rentable, avec 100 millions de tonnes de brut par an. En mars 1976, alors que des millions de lecteurs pleurent toujours la disparition d'Agatha Christie, « la femme à qui le crime a le plus rapporté depuis Lucrèce Borgia », selon Churchill, au début de l'année, ce qui n'était qu'une rumeur devient pour la reine la confirmation d'un nouvel échec conjugal dans sa famille. Il y a encore dix ans, quand un cousin de la reine avait quitté sa femme et était devenu le premier divorcé des descendants de George V, l'affaire avait fait beaucoup de bruit, mais l'infidèle n'était que dix-huitième dans la succession au trône. En revanche, l'échec patent du mariage de Margaret place Elizabeth II au cœur de cette crise. Les tabloïds et toute la presse

1. Sarah Bradford, *Elizabeth. A Biography of Her Majesty the Queen*, *op. cit.*

vont se régaler de ragots et en vivre confortablement. Des révélations « de caniveau » ? Pas toujours, mais bien ciblées et souvent argumentées. C'est une preuve, parfois encombrante, de l'attention populaire portée à la dynastie, à ses joies comme à ses tourments. Dans les dîners chics, le mariage du comte et de la comtesse de Snowdon, Tony et Margaret pour les intimes, est réputé brisé. Le photographe juge sa femme trop possessive, la sœur de la reine déplore l'égoïsme de son mari. Elle est malheureuse et cela se voit : elle a grossi. Depuis environ cinq ans, on ne les rencontre plus ensemble. Chez eux, c'est la guerre, l'amour transformé en haine. Qui a commencé ? Peu importe, car c'est le résultat qui est spectaculaire. Margaret s'est mise à boire et à traîner sa dépression et ses amants dans les night-clubs londoniens puis jusqu'à ses chères Antilles, dans sa maison *Les Jolies Eaux* de l'île Moustique, ce vrai-faux paradis que Tony n'a jamais supporté. Quand elle était à Londres, le mari refusait de parler à sa femme devant leurs enfants. Dans ses tiroirs, il laissait à son intention des billets insultants comme celui-ci : « Tu as l'air d'une manucure juive et je te hais[1]. » Margaret se laisse de plus en plus aller, à tous égards, oubliant son rang et l'effet désastreux de son ivresse publique. Certains s'interrogent : cette déchéance serait-elle liée à son amour sacrifié pour Peter Townsend ? Peu importe : il y a une nouvelle « affaire Margaret », beaucoup plus grave pour la monarchie que la précédente. Un député travailliste, opposé au Premier Ministre travailliste James Callaghan nommé le 5 avril 1976, fait de l'ex-princesse Margaret

1. *Ibid.*

la cible de ses attaques au moment où Buckingham Palace négocie, laborieusement, la nouvelle liste civile qui lui sera allouée : « Payer pour une ivrogne et ses amants ? Pas question ! »

Après la « princesse triste », la « princesse alcoolique ». L'opinion n'est plus de son côté quand le chômage progresse et que le pouvoir d'achat est rogné par l'inflation. Furieuse autant qu'attristée, la reine tente de raisonner sa sœur. Margaret répond en se jetant dans les bras de Roddy Llewellyn, un paysagiste ami de Colin Tennant. Il est chargé de la distraire. Il y réussit : elle a quarante-trois ans, il en a vingt-cinq. Elizabeth II constate la vérité : en dépit de leur apparente compatibilité et de leurs caractères complémentaires qui, de l'avis général, auraient dû leur permettre de constituer un couple solide, Tony et Margaret n'étaient pas faits pour vivre ensemble ; même leur intérêt commun envers l'art s'était transformé en querelles vulgaires et stupides. Et la reine qui, dans le secret de sa conscience, pourrait se sentir coupable de ne pas avoir soutenu Margaret autrefois est accablée que l'amant de sa sœur se tienne très mal dans les boîtes de nuit. Elizabeth II, elle, est consciente d'un monde qui change. L'après-guerre est passé : depuis le 13 décembre 1974, l'archipel de Malte, qu'elle aime tant, est devenu une république, mais reste dans le Commonwealth. Les Seychelles vont connaître bientôt la même évolution, mais leur capitale s'appellera toujours Victoria.

Hélas ! Des photos intimes, en maillot de bain, de Margaret et de Roddy côte à côte au bar d'une plage de Moustique régalent, entre autres, les lecteurs de la presse du week-end. Puis l'opinion est abreuvée de plaintes d'associations caritatives que la princesse est censée patronner, mais qui ne reçoivent pas les fonds promis par Son Altesse royale. Cette calomnie, comme d'autres, s'effondrera, mais le mal est fait. Deux jours après la publication des photos scandaleuses par le tabloïd dominical *News of the World* au début de 1976, un communiqué de Kensington Palace annonce la séparation de la princesse Margaret et du comte de Snowdon. Pendant deux ans, la reine tentera l'impossible pour réconcilier le ménage Snowdon, mais les éclats publics de Margaret dérivent vers un scandale politique, puisqu'ils émanent de la sœur de la souveraine. Finalement, la princesse annonce son intention de demander le divorce le 10 mai 1978. Dans un éditorial, le *Daily Telegraph* note, avec un réalisme glacé, que ces incidents sont, en somme, la caractéristique d'une monarchie héréditaire, que « le bon doit être accepté avec le moins bon ». Le quotidien, pourtant très conservateur et dont la reine fait les mots croisés, constate que non seulement réclamer à l'occupante du trône d'avoir une conduite exemplaire, mais l'exiger aussi de sa famille serait « trop demander ; et ce serait trop demander même dans une société bien plus consciente de la nature de ses idéaux ».

Le comte de Snowdon reste lord Snowdon par la volonté de sa belle-sœur qui l'aime beaucoup et se montre, en privé, sincèrement triste de cet échec. Sa notoriété de photographe, qui n'a fait que s'amplifier, permet à Tony d'acquérir une maison sur Launceston Place, dans le quartier chic de Kensington. Margaret aura la garde des enfants. Par chance, la princesse et son ex-mari, qui ne peuvent plus se supporter, resteront, l'un comme l'autre, dans les meilleurs termes avec la reine qui a toujours profondément chéri sa sœur. Elizabeth II leur demandera de respecter certaines formes. Ainsi, lors de la confirmation de sa fille Sarah à Windsor, Margaret sera empêchée d'y assister sur ordre médical : elle souffre de gastro-entérite. Lord Snowdon, lui, est présent. Il en ira de même lorsque la reine demandera à Tony de la prendre en photo avec son premier petit-fils Peter Phillips, le premier enfant de la princesse Anne. L'union brisée de Margaret avait mis en évidence l'évolution de l'opinion et même celle de l'Église d'Angleterre, qui ne s'était pas opposée à cette séparation. Chez les Windsor, comme partout, le divorce était devenu courant ; les mœurs l'avaient définitivement intégré. Mais dans le cas de la dynastie, il y a une particularité : la princesse Margaret conserve sa place – la sixième – sur la liste de succession et doit continuer d'assurer ses fonctions et obligations royales publiques.

Été 1977 : Elizabeth II célèbre ses vingt-cinq ans de règne

Heureusement, cette agitation familiale et médiatique s'était estompée et était passée à l'arrière-plan lorsque, le 7 juin 1977, dans Londres en fête, un seul événement avait éclipsé tous les autres : la reine célébrait un quart de siècle à la tête du Royaume-Uni. Tant pis si pour ce jubilé le ciel était gris, la souveraine était en rose. Et elle avait prouvé qu'elle maîtrisait parfaitement ses attributions constitutionnelles, ses devoirs comme ses prérogatives. Si elle exerce sa fonction en permanence – un « vrai métier », dit son entourage –, elle n'intervient publiquement qu'avec parcimonie, à bon escient, et s'applique à travailler dans la discrétion. Les huit Premiers Ministres qu'elle a déjà nommés, dont Harold Wilson à deux reprises, en conviennent. Dans le carrosse doré qui date de George III – un Hanovre –, Elizabeth II est acclamée par des centaines de milliers de ses sujets qui agitent des vagues de drapeaux dans les rues et aux fenêtres. Le duc d'Édimbourg, très souriant, a toujours autant d'allure dans son uniforme impeccable de la Royal Navy. La princesse Anne, accompagnée de son époux, dissimule sa future maternité dans un gracieux ensemble vert pomme. Le prince Charles est à cheval, en colonel des grenadiers, la tête coiffée d'une toque en fourrure d'ours, très chaude. Dans son landau, la princesse Margaret boude (et pour cause !), mais elle est là. Son mari est remplacé par lord Mountbatten, dont on ne peut plus compter les médailles ni les décorations tant cet authentique héros en a reçu.

Le cortège arrive à la cathédrale Saint-Paul. « Sous les voûtes de l'immense édifice religieux conçu sur le modèle de Saint-Pierre de Rome, trente-cinq dirigeants officiels se lèvent à l'arrivée de la souveraine. Tous les représentants du Commonwealth, le président américain James "Jimmy" Carter et son épouse, James Callaghan, l'actuel Premier Ministre travailliste, et les anciens occupants de la fonction, Harold Wilson et Edward Heath, saluent l'avancée de la souveraine au centre de l'autel[1]. » Trente-cinq minutes de sermon plus tard, c'est à pied que la reine et toute sa famille se rendent à l'Hôtel de Ville, déclenchant un formidable enthousiasme. Le prince Philip veille à rester deux bons pas en arrière : depuis le temps, il est rodé dans le respect de la préséance de son épouse et ne saurait y manquer aujourd'hui. Photographes et cameramen, amateurs et professionnels, enregistrent et diffusent des milliers d'images. Elizabeth II est souriante. Du côté des accessoires vestimentaires, toujours très commentés, on ne sait lequel sera le plus immortalisé : le chapeau rond bleu pastel très fleuri de la reine mère ou l'immense toque du prince de Galles ? Puis, au balcon de Buckingham Palace, la famille royale offre deux curiosités à 500 millions de téléspectateurs. La première question que l'on se pose est celle-ci : pourquoi, à bientôt trente ans, le prince Charles est-il toujours célibataire ? On ne sait pas encore que, depuis sept ans, une certaine Camilla Shand est la seule femme dans sa vie – « de dix-huit mois plus âgée et déjà très expérimentée sexuellement », selon l'historienne Sarah Bradford. La seconde question que se pose la foule est plus anodine : pourquoi le prince Andrew, duc d'York, âgé de dix-sept ans et rentré du Canada, n'est-il pas en uniforme ? On ne connaîtra les réponses que plus tard. Peu importe, le jubilé est une grande réussite. C'est aussi la première fois que le prince Edward, comte de Wessex et troisième enfant du couple royal, a, du haut de ses treize ans, la fierté d'assister à un événement monarchique exceptionnel. Si le balcon de Buckingham Palace pouvait parler…

1. Jérôme Carron, *Élisabeth II, reine du siècle*, *op. cit.*

11

De l'assassinat d'une légende à la naissance d'une idole (1979-1981)

Il est le membre le plus séduisant, le plus glorieux et le plus subtil de toute la famille. Et aussi le conseiller occulte le plus influent. Lord Mountbatten est à lui seul un résumé fascinant de l'histoire britannique des trois premiers quarts du XXe siècle. La réputation de cet arrière-petit-fils et filleul de la reine Victoria, né à Windsor en 1900 et qu'elle tenait dans ses bras lors de son baptême, dépasse les frontières de l'ancien empire des Indes, dont il fut le dernier vice-roi. Cette négociation délicate, qui aboutit à l'indépendance de l'Inde en 1947 et à la création du Pakistan, et qui provoqua un déplacement massif de populations et des massacres, fut aussi mouvementée que sa vie privée : ce séducteur impénitent, y compris auprès des stars de Hollywood, s'accommoda que sa femme, la belle et fortunée Edwina, qui avait eu beaucoup d'amants, devînt la maîtresse de Nehru, auquel elle resta fidèle. Le leader nationaliste hindou n'avait pas résisté au charme de lady Mountbatten : leur liaison était notoire et dura jusqu'au décès d'Edwina en 1960 – que, dans son journal, son mari commenta sobrement : « Tragédie. » Mais quatre ans plus tard, à la mort de Nehru, lord Mountbatten, selon la volonté de son épouse, dispersa dans le Gange les cendres du Pandit, cet apôtre de la neutralité diplomatique.

J'ai eu la chance de connaître l'élégant lord Mountbatten, qui se targuait de posséder quatre cents cravates ! Très satisfait de lui-même, il était le charme incarné. Un incorrigible, mais irrésistible séducteur. Se rendant en France pour un grand dîner dans les caves d'un champagne réputé où, pendant la guerre, s'étaient cachés des pilotes de la Royal Air Force, il déclara à une jolie Française, qui lui était présentée, ce qu'il avait dû dire à maintes femmes : « Madame, lorsqu'on vous voit, on sait qu'on est en France. »

Mais lord Mountbatten était d'abord un authentique héros. De tous les commandements suprêmes qu'il exerça, celui qui l'avait placé à la tête des forces alliées en Asie du Sud-Est restait dans toutes les mémoires : il avait délivré les Britanniques du joug japonais. Sa triomphale campagne de Birmanie lui avait valu le titre, accordé par le roi George VI, de comte de Birmanie. Jouant volontiers les intermédiaires dans les affaires familiales, cet oncle du duc d'Édimbourg, qui avait manigancé des rencontres entre Philip et la princesse héritière en espérant leur mariage, finit par agacer le mari de la reine, tandis que celle-ci s'amusait à voir en « Dickie un faiseur de mariages de l'ancienne époque ».

De fait, lord Mountbatten est surtout très proche du prince Charles. Il lui présente des petites amies, évidemment toutes bien nées (un vrai défilé !), et insiste pour que l'héritier du trône se décide enfin et épouse sa petite-fille Amanda. Ce serait une nouvelle greffe Mountbatten sur la généalogie des Windsor, mais Amanda, trop jeune, refuse. En réalité, la deuxième proposition de mariage orchestrée par lord Mountbatten aboutit à un échec avec Charles. L'amiral est déçu, jugeant son candidat trop hésitant, ce qui provoque la colère du prince Philip. Bien que le duc d'Édimbourg doive beaucoup à son oncle, il n'en peut plus de sa tutelle paternaliste sur Charles ; la reine demeure plus indulgente au sujet des interventions de Dickie dans l'intimité de son fils ; elle ne peut oublier qu'il a été l'artisan de son mariage et il reste écouté de la souveraine, surtout quand il est le seul à oser dire à la famille ce que personne ne veut entendre. Il est aussi l'un des rares à pouvoir appeler la reine de son surnom d'enfance, Lilibeth. Un privilège dont il sait se servir.

Alors, un peu vexé que son talent d'entremetteur ne soit plus apprécié, l'ancien commandant en chef de l'OTAN en Méditerranée, chef d'état-major de la Défense britannique et grand amiral de la flotte se consacre à sa retraite active, synthèse de tout ce qu'il aime : le polo, le cinéma, les voyages, les voitures de sport et les jeux de séduction. Et chaque matin, deux heures d'équitation avant de répondre à un courrier himalayen.

L'IRA tue lord Mountbatten, la reine s'éloigne pour pleurer...

Il est très apprécié en Irlande du Nord, où il possède une résidence surplombant la baie de Donegal. Il aime y passer ses vacances. Depuis plusieurs années, les nationalistes de l'IRA ont ce haut personnage « dans le collimateur », au sens propre de l'expression. Membre de la famille royale, symbole de l'autorité britannique et de l'asservissement des Irlandais républicains, lord Louis Mountbatten est informé des menaces contre sa vie et il a des gardes du corps. Mais il est fataliste. À soixante-dix-neuf ans, il en a tant vu ! On dit aussi que ce prestigieux soldat est très aimé de ses subordonnés. Et un militaire tel que lui ne peut avoir peur.

Au matin du 27 août 1979, à 11 h 30, Dickie part relever ses casiers à homards pour la dernière fois de la saison. Il est accompagné de six personnes, dont l'une de ses filles, son mari et leurs enfants. Sur ses ordres, les officiers de sécurité les suivent à la jumelle. Il est difficile de contrarier un tel caractère et l'amiral n'a besoin de personne pour ce bref cabotage. Lui qui a commandé des escadres de la Royal Navy aime être à la barre de son embarcation vert et blanc, un modeste bateau de pêche, le *Shadow V*. Il va couper son moteur quand « une charge de 25 kilos de gélinite explose sous ses pieds et l'esquif se désintègre. Des fragments de bois, de métal, de cordages, de chaussures et de vestes de sauvetage sont propulsés dans les airs au milieu d'un épais nuage de fumée et retombent en pluie sur plusieurs dizaines de mètres alentour[1] ». Le héros est tué sur le coup. Trois passagers du *Shadow V* sont également déchiquetés, dont son petit-fils Nicholas Knatchbull, âgé de quatorze ans, et la belle-mère de sa fille Patricia, lady Brabourne, âgée de quatre-vingt-trois ans. Trois autres sont grièvement blessés, dont Patricia et son mari lord Brabourne.

À Balmoral, la reine reçoit quelques invités. Informée du drame, on la voit sortir dans le parc. Seule. Son escorte l'observe de dos, immobile devant un arbre. Elle reste ainsi longuement. Certains témoins assureront que les épaules de la souveraine étaient secouées de sanglots. Mais si personne ne verra Elizabeth II en larmes, on saura qu'elle est effondrée. L'onde du choc familial et politique fait le tour du monde. En Inde, à Delhi, le gouvernement décrète un deuil de huit jours, geste d'une réelle gratitude de l'ancienne colonie envers son émancipateur. C'est aussi un séisme de colère et de chagrin : « *Bastards !* », titrent les journaux britanniques. Un mot qui, dans cette langue, revêt un sens particulièrement fort et méprisant. La reine et la famille royale sont accablées. Plusieurs hautes personnalités étrangères assistent aux funérailles solennelles de lord Louis Mountbatten à Westminster le 5 septembre. Son cercueil, recouvert de l'Union Jack et de son bicorne d'amiral, est placé sur un affût de canon. La colère du prince Charles est à peine contenue : furieux, il serre les poings. « *Bastards !* », c'est bien ce que semble penser le petit-neveu et filleul de l'amiral. Toute la famille se retrouve ensuite à Broadlands, la propriété

1. François Kersaudy, *Lord Mountbatten*, *op. cit.*

des Mountbatten où Elizabeth et Philip avaient passé le début de leur voyage de noces. Le défunt y reposera dans un mausolée. En accord avec sa mère, Charles prend la parole. Il est très ému et a du mal à parler. La reine ne montre aucune émotion, du moins en public. Seul son regard exprime sa douleur. Peu de temps après la cérémonie, l'héritier du trône écrira : « J'ai perdu quelqu'un qui était infiniment précieux dans ma vie, qui me témoignait une énorme affection, qui me disait des choses désagréables que je n'avais pas particulièrement envie d'entendre. [...] D'une manière extraordinaire, il savait être, tout à la fois, grand-père, grand-oncle, père, frère et ami. » En un mot, un mentor.

En assassinant le légendaire lord Mountbatten, l'IRA s'est considérablement discréditée et la condamnation de cet acte odieux est unanime. Le défunt était, sans aucun doute, arrogant et vaniteux, mais quel parcours et quel courage ! Quelle vie extraordinaire ! Au nom de sa lutte, l'IRA ne respectait rien : même les chiens de l'amiral, des labradors excellents nageurs, avaient été victimes de la bombe... « *Bastards ?* » Oui, le prince Charles avait raison de le penser : c'est bien ce qu'étaient les assassins de son légendaire grand-oncle.

Un face-à-face inédit : dame de fer contre reine d'acier

L'assassinat de Louis Mountbatten est un traumatisme particulier pour la souveraine et sa famille : c'est la dynastie régnante qui a été atteinte. La colère et l'indignation font place à l'angoisse. La stabilité de la monarchie est fragilisée et les mesures de sécurité devront être modifiées. Ce drame survient alors que, depuis le 5 mai, un nouveau Premier Ministre, marquant le retour des conservateurs, est installé à Downing Street. Pour la première fois dans l'histoire politique britannique, une femme a été nommée Premier Ministre, et c'est aussi la première fois qu'une femme dirige les conservateurs : en février 1975, elle avait remplacé Edward Heath à la tête du parti. Pour Elizabeth II, cette situation est sans précédent. Une nouvelle époque commence : celle de la rencontre entre deux femmes, l'une au nom de l'État, l'autre au nom du cabinet. C'est également la première fois que le chef du gouvernement est de la même génération que la reine. Enfin, c'est également la première fois que la reine nomme une personne venant du milieu de la petite bourgeoisie commerçante. La titulaire est Margaret Thatcher, fille d'un épicier qui était aussi maire d'une petite ville du centre de l'Angleterre, Grantham. Sa brillante fille, passionnée de politique, a étudié à Oxford et a été élue au Parlement à trente-deux ans. La réputation de Margaret Thatcher a été vite établie : une femme autoritaire et désagréable, intransigeante, qui avait été secrétaire d'État à l'Éducation dans le cabinet d'Edward Heath. Par mesure d'économie, elle avait supprimé le verre de lait pour les plus grands enfants des classes primaires, ce qui lui avait valu le surnom de « la personne la plus détestée de l'année ». Mrs. Thatcher est donc arrivée au printemps en étant déjà très impopulaire, après des grèves particulièrement dures pendant l'hiver 1978-1979, alors que le chômage progresse et que le pouvoir d'achat stagne. La reine a face à elle une femme volontaire et de conviction, ce qui, au début de leurs entretiens, n'est pas pour lui déplaire, car Margaret Thatcher a foi dans sa mission pour redresser le pays : elle exalte l'effort individuel, la libre entreprise, le désengagement de l'État et veut briser la puissance des syndicats. Mais ces changements sont si brutaux et si spectaculaires qu'ils vont vite alourdir l'atmosphère de l'audience du mardi entre la reine et son Premier Ministre, et leurs relations n'auront rien à voir, pour Elizabeth II, avec ce qu'elles étaient depuis 1952 avec ses huit précédents chefs de gouvernement, qu'ils fussent conservateurs ou travaillistes. Lorsque, le 4 mai 1979, la reine a nommé cette plébéienne au 10 Downing Street, elle savait déjà que Margaret Thatcher n'avait que faire de certains usages. Ainsi, lorsqu'elle était ministre, elle avait été invitée à Balmoral pour un week-end campagnard. Campagnard, certes, mais à Balmoral, du matin au soir, on se change quatre fois par jour, y compris les chaussures. Mrs. Thatcher n'a pas tenu compte d'une réalité : c'est la reine qui reçoit chez elle et, même pour un week-end, Elizabeth II reste la reine. Et il y a des codes à respecter. La ministre n'a que des petites chaussures de cuir noir « de communiante. Sans rien d'autre[1] ». Pour la partie de chasse l'après-midi ou même une simple promenade, des bottes seraient plus indiquées. On lui en prête. Elles ne lui vont pas. Alors Mme la secrétaire d'État à l'Éducation « enfile des chaussettes les unes par-dessus les autres ». Le résultat est ridicule. Plus grave : Mrs. Thatcher a fait attendre

1. Jérôme Carron, *Élisabeth II, reine du siècle*, *op. cit.*

la reine qui, en apparence, n'en montre aucun agacement. « Lors de ses visites suivantes, Margaret Thatcher n'apporte pas de bottes. Elle préfère s'abstenir de participer à la chasse pour pouvoir continuer à travailler les dossiers qu'elle a avec elle[1]. » Mais alors, pourquoi est-elle venue ? Cette désinvolture n'a aucune signification politique. Mrs. Thatcher n'est pas là pour dynamiter la monarchie, elle est favorable au régime ; bien plus : elle aime la royauté et la famille régnante. Mais elle se trompe en jugeant que la reine n'est qu'une figurante, certes respectable et respectée, et que c'est elle, Maggie, comme on la surnomme, qui détient la réalité du pouvoir. En fait, selon les principes constitutionnels, le partage des fonctions est clair : la reine règne, le Premier Ministre gouverne. L'exécutif a deux têtes. Elizabeth II est là depuis vingt-sept ans, Maggie est son neuvième Premier Ministre, tandis que la « fille de l'épicier », comme la surnomment ses adversaires, n'est en place que depuis quelques mois. Mais elle traîne sa réputation d'« avoir foi en son destin ». La reine étudie les dossiers à fond, conseille, dit son opinion en secret, approuve ou désapprouve la décision prise, mais doit respecter sa réserve d'icône bien informée, mais muette. Quelques indiscrétions, volontaires ou non, laissent soudain penser que face aux méthodes énergiques, voire brutales, de Maggie, Sa Majesté laisserait filtrer sa désapprobation, ce qui serait grave et que personne ne peut prouver. La reine est d'une discrétion légendaire. L'une des erreurs de Mrs. Thatcher est de mettre en cause le rôle, certes symbolique mais en même temps essentiel

1. *Ibid.*

– et auquel Elizabeth II tient particulièrement –, de la reine comme chef du Commonwealth, à propos de la politique d'apartheid de l'Afrique du Sud. En pleine décolonisation, le Commonwealth est un domaine ultrasensible et cher à la reine ; cette association d'États dépasse les seuls intérêts du Royaume-Uni. Or, le Premier Ministre se permet de contrarier Buckingham Palace, qui renvoie Downing Street à ses responsabilités, car la reine est furieuse du tintamarre médiatique sans précédent. Et elle est encore plus affligée par la décision de Maggie de faire payer les frais universitaires aux étudiants des pays du Commonwealth, jusque-là gratuits ou à des tarifs modérés. Elizabeth II est gênée de se trouver face aux dirigeants du Commonwealth qui respectent son ouverture d'esprit ; la reine les connaît tous personnellement, résultat de ses innombrables voyages. La conférence du Commonwealth, à Lusaka, en Zambie (où la reine s'est rendue contre l'avis du Premier Ministre qui jugeait la situation dangereuse pour la souveraine), met en évidence les divergences entre les deux femmes et il faut trouver une solution à la déclaration unilatérale d'indépendance de Ian Smith, Premier ministre de Rhodésie. Bien plus tard, ayant quitté le pouvoir, la Dame de fer se croira obligée, dans ses *Mémoires*, de décerner un satisfecit à la reine pour la tenue des audiences du mardi et l'étude préalable des affaires par la souveraine : « Quiconque imagine que ces rencontres ne sont que des formalités et qu'elles se bornent à quelques mondanités se trompe lourdement ; elles sont très sérieuses et Sa Majesté y apporte une maîtrise impressionnante des dossiers et une expérience d'une incroyable étendue. Et quoique la presse ne puisse résister à la tentation de suggérer des dissensions entre le Palais et Downing Street, surtout concernant les affaires du Commonwealth, j'ai trouvé que l'attitude de la reine envers le travail du gouvernement était absolument correcte[1]. » Elizabeth II réussit son examen de passage, mais elle avait déjà eu Churchill comme examinateur ! Et quelques autres, aussi admiratifs…

Le prince Charles va enfin se marier ! Mais avec qui ?

L'héritier du trône avait accompli le parcours imposé. Après quelques années dans la Royal Navy, il était devenu pilote dans la Royal Air Force, ce qu'il aimait beaucoup, comme son père. L'année 1977, il était nommé colonel d'un régiment de parachutistes ; il avait tenu à subir le même entraînement que ses hommes. La timidité de Charles ne l'empêchait pas d'être extrêmement courageux, de tester ses limites physiques, notamment en pratiquant avec talent aussi bien le ski que le polo. Il en avait fini avec sa formation militaire. Il regagnait Buckingham Palace, où il avait sa propre maison. Son agenda était très chargé, mais chaque fois qu'on lui confiait une mission, par exemple l'organisation du jubilé d'argent de la reine cette même année 1977, il sentait bien qu'il n'avait, en fait, aucun pouvoir de décision. Il n'est pas facile d'être le prince

1. Margaret Thatcher, *10, Downing Street*, Albin Michel, 1993, rééd. 2013.

de Galles ! Sa vie privée, elle aussi, est assez compliquée. En 1970, il rencontre la première et la seule femme dont il soit jamais tombé éperdument amoureux, Camilla Shand. Il a vingt-deux ans, elle a dix-huit mois de plus que lui et a déjà connu d'autres hommes. Elle n'appartient pas à la haute aristocratie, mais elle est très à l'aise dans les milieux que fréquente le prince. Le père de Camilla, ancien officier de cavalerie, est amateur de jardinage et courtier en vins ; son épouse est la fille de lord Ashtombe, dont la famille a construit le très chic quartier de Belgravia à Londres. La personne la plus connue des ancêtres de Camilla est son arrière-grand-mère, Alice Keppel, qui fut, pendant de nombreuses années, la maîtresse d'Édouard VII, ce que Camilla s'empresse de raconter à Charles. L'exemple d'un autre prince de Galles !

La relation entre Charles et Camilla est extrêmement positive pour lui. Ils sont très complices, partageant un grand sens de l'humour et un goût pour les surnoms : ils s'appellent mutuellement Gladys et Fred. Camilla est une fille de la campagne, elle aime la nature, les chevaux et les jardins ; Charles aussi. Même Dickie Mountbatten semble approuver cette romance qui rend son petit-neveu si heureux, au point de mettre sa propriété de Broadlands à leur disposition pour leurs rendez-vous. À ce moment-là, aucun des deux amoureux ne semble envisager l'avenir ni même un éventuel mariage. Charles ne s'engage donc pas et part rejoindre le HMS *Minerva*, dans les Caraïbes, à bord duquel il est affecté pour servir la Royal Navy. Pendant son absence, Camilla renoue avec son précédent *boyfriend*, Andrew Parker Bowles, qui avait aussi été celui de la princesse Anne. Ils se marient en juillet 1973. Camilla était certes libre, mais c'est un coup dur pour le prince héritier. Dès lors, Charles va se transformer en prince charmant disponible, mais, contrairement à son oncle David, il n'a pas d'aventures avec des femmes mariées ; en revanche, on va voir un véritable défilé à son bras, celui des plus ravissantes représentantes de la haute société britannique : lady Jane Wesley, fille du duc de Wellington, Georgina Russell, Sabrina Guinness, Davina Sheffield, Anna Wallace, lady Leonora Grovesnor. Même Caroline de Monaco est envisagée dans la course. Quand le prince de Galles va-t-il se décider ? On sait que feu lord Mountbatten avait rêvé de « faire » le mariage de Charles, comme il avait « fait » celui de Philip et d'Elizabeth. Mais il n'est plus là et, en 1980, l'héritier est si désemparé par la disparition de son mentor qu'il a repris sa liaison avec Camilla. Une femme mariée ! La reine est mise au courant par l'un de ses officiers, ami d'Andrew Parker Bowles. Il met en garde Elizabeth II : « Le régiment n'aime pas ça ! » La mère ne dit rien à son fils, mais Philip et elle s'inquiètent de la situation qui pourrait provoquer un scandale. Il est temps que leur fils, qui a trente-deux ans, se marie et donne un héritier à la Couronne. Pour Charles, cette période est très difficile : il est torturé, déchiré entre sa passion totale pour Camilla et son devoir de prince héritier. Pendant ce temps, la « firme » s'active ! On cherche la candidate idéale, bien née, de préférence jolie et, bien sûr, vierge… ou, en tout cas, sans passé sexuel connu.

Une certaine lady Diana Spencer, « menteuse compulsive »...

À l'été 1980, on pense avoir trouvé la promise rêvée, lady Diana Spencer, dont la sœur aînée, Sarah, avait été l'une des petites amies de Charles, mais sans l'aimer. Elle avait refusé de l'épouser. Les Spencer sont une des grandes familles du royaume, descendant du premier duc de Richmond, un bâtard de Charles II. Ils ont une magnifique propriété, Althorp, dans le centre du pays, et une résidence à Londres, appelée Spencer House, mais qui est un véritable palais. Du côté maternel, la grand-mère de Diana, lady Fermoy, est dame d'honneur de la reine mère depuis 1956. Le père de Diana, le dix-huitième comte Spencer, « Johnny », était écuyer de George VI, puis d'Elizabeth II.

Pourtant, l'univers des Spencer n'est pas aussi idéal qu'il peut paraître à première vue. De nombreux drames ont jalonné leur vie familiale et leurs rapports sont complexes ; ils ont du mal à communiquer entre eux. Les relations de « Johnny » avec son père étaient tellement épouvantables que ce dernier voyait à peine ses petits-enfants. Du côté maternel, on n'est guère plus stable. Frances Roche, la mère de Diana, à qui sa fille ressemble beaucoup, a été une des plus ravissantes et des plus courtisées débutantes de sa génération, et à dix-sept ans, elle avait déjà choisi l'homme qu'elle voulait épouser : « Johnny » Spencer. Il était fiancé à une autre, mais quand Frances Roche veut quelque chose, elle l'obtient ! Ils se sont mariés en 1954. Le mariage a duré quinze ans, le couple fonctionnait mal, Frances trouvait son mari ennuyeux et leur vie se détériorait. Pourtant, les naissances se sont succédé : deux filles, un petit garçon déficient qui est mort très vite, Diana, la troisième fille, suivie trois ans plus tard par un autre fils, l'héritier tant attendu par « Johnny ». Frances n'en pouvait plus de sa vie conjugale et, malgré ses cinq grossesses, était toujours aussi séduisante. Elle était tombée amoureuse d'un autre homme ayant onze ans de plus qu'elle, Peter Shand Kydd, évidemment marié et qu'elle épousera plus tard. Le divorce, prononcé en 1969, avait été horrible. Lady Fermoy, exaspérée, avait témoigné contre sa propre fille, et Frances et sa mère ne se sont pas revues pendant treize ans. Quant aux enfants, ils ont vu partir leur mère et sont restés seuls avec leur père. Diana a alors huit ans. On peut supposer qu'elle a reçu un choc violent, comme son frère et ses sœurs, lors du départ de leur mère. Diana reporte son amour sur son père, dont elle est la préférée. Elle est jolie, grande, blonde, charmeuse, mais tout le monde reconnaît – y compris son frère Charles Spencer, qui le confirmera au journaliste Andrew Morton lorsqu'il écrira la retentissante biographie de Diana – qu'elle est une « menteuse compulsive[1] », peut-être parce qu'elle a eu une enfance malheureuse. D'autres proches la disent sournoise.

En juillet 1980, un barbecue est organisé dans le Sussex chez des amis. Diana émeut Charles en lui disant combien elle a été bouleversée par sa tristesse lorsqu'il a pris la parole aux funérailles de lord Mountbatten. La jeune et jolie lady dit à Charles ce que seule Camilla

1. Andrew Morton, *Diana. Sa vraie histoire par elle-même*, Plon, 1998.

lui avait déjà dit ! Début septembre, Diana est invitée à Balmoral, de même que le couple Parker Bowles. La presse remarque la présence de Diana, ravissante, et on commence à s'intéresser à la jeune femme. Diana est photographiée, par surprise, à la sortie de l'école où elle est puéricultrice, mais le contre-jour permet de deviner ses jolies jambes à travers sa longue jupe légèrement transparente. Elle tient un enfant dans ses bras. La photo fera sensation. Le premier contact avec des paparazzis… Diana, c'est évident, n'en est pas mécontente.

D'autres photos vont suivre et tout le monde se fait à l'idée qu'elle pourrait être l'élue de Charles. Celui-ci part pour l'Inde, mais lorsqu'il revient, il reste une semaine sans téléphoner à Diana. Il n'est donc pas encore convaincu. *A priori*, la jeune femme est la bonne personne, mais lui est terrifié de ce plongeon dans l'inconnu, ne voulant décevoir ni son pays ni sa famille. Charles envisage de faire son devoir, mais il n'est pas sincèrement amoureux. Deux jours après son retour de vacances de sports d'hiver à Klosters, en Suisse, le prince héritier se résout à faire sa demande en mariage, le 4 février 1981. Diana accepte immédiatement. Elle est sans doute amoureuse, Charles, lui, est réservé : il sait que Camilla est sa véritable âme sœur et qu'il va devoir y renoncer. Le mariage du prince de Galles avec cette aristocrate de dix-neuf ans est un mariage arrangé, mais pour l'opinion, si ce n'est pas un conte de fées, ce doit être un mariage d'amour, voire un coup de foudre. Or ce n'est pas le cas. En réalité, depuis longtemps, Diana rêve d'être princesse de Galles et voit en Charles un personnage romanesque, rassurant, parfait gentleman digne des romans à l'eau de rose de la prolifique Barbara Cartland, qui se trouve être la mère de la seconde épouse de son père et s'habille souvent en rose. Diana connaît parfaitement l'existence de Camilla dans la vie du prince et les deux femmes ont même assisté ensemble à une course de chevaux peu après la demande en mariage de Charles en février 1981. Mais Diana « pense qu'elle sera la plus forte, qu'elle saura conduire Charles à oublier sa maîtresse, pour ne plus aimer qu'elle, la protéger et la chérir[1] ». Qu'espère le prince héritier ? Que Diana soit tendre, respectueuse, irréprochable dans son rôle officiel. Et peut-être Charles pense-t-il, sincèrement, mais en s'aveuglant, qu'il pourra rompre avec Camilla. Diana est une aristocrate dont l'entourage est proche de la famille royale. Elle a toujours vu Charles. Derrière les apparences, le malentendu est complet. Officiellement, la reine et Philip sont enchantés. Contrairement à ce que l'on a beaucoup raconté, le choix de Diana comme « fiancée » n'était pas le fruit d'un complot des deux grands-mères, lady Fermoy et la reine mère Elizabeth. Lady Fermoy était résolument opposée à ce mariage. Elle déclarerait, plus tard, qu'elle était terrifiée, car elle connaissait trop bien sa petite-fille pour savoir qu'elle ne pourrait pas supporter la pression de son statut. Elle dirait même avoir souhaité alerter Charles en lui assurant qu'il était en train de commettre une très grande erreur, mais elle y a renoncé, pensant que, de toute façon, il était déjà trop engagé pour l'écouter. Quant à la reine mère, elle avait une immense tendresse

1. Antoine Michelland, « Dix siècles de mariages à la cour d'Angleterre », *Point de Vue Histoire*, n° 7, mars 2011.

pour son petit-fils. Elle n'avait rien contre Diana et pensait que « cela pourrait marcher ». Elle dit un jour à Charles : « Il y a Diana Spencer – c'est la fille que vous devez épouser –, ne vous mariez pas si vous ne l'aimez pas. Si vous l'aimez, allez-y, parce que si vous ne le faites pas maintenant, il y en a beaucoup d'autres qui le feront[1]. » Les grands-mères étaient plus lucides que la reine et Philip.

Autour de Diana, une incroyable frénésie médiatique...

Ce n'était pas prévu. Même si Diana a déjà un comportement maladroit ou ambigu avec la presse, entre l'acceptation et la fuite, dès que la date du mariage est annoncée (29 juillet 1981), des milliers de demandes d'entretiens et de reportages arrivent au service de presse du prince. Bien sûr, la rareté historique de l'événement justifie l'engouement national : on rappelle que le dernier mariage d'un prince de Galles remonte à 1863. C'était celui du futur roi Édouard VII, qui épousait la princesse Alexandra de Danemark. « Et encore avait-il été célébré dans la plus grande discrétion, souligne Antoine Michelland, en raison du veuvage de Victoria », son cher Albert étant mort en 1861. Le deuil de Victoria ne prendrait jamais fin. La vérité est que Charles a déjà trente-deux ans et que l'opinion

1. Sarah Bradford, *Elizabeth. A Biography of Her Majesty the Queen*, *op. cit.*

britannique espère son mariage depuis des années. Et puis, pour ceux qui connaissent la liaison du prince avec Camilla, le charme de Diana l'aidera à relever le défi, celui d'une épouse qui parviendra à faire oublier la maîtresse. Avec Barbara Cartland dans la famille, les amours du futur roi ne peuvent qu'être un best-seller ! Le tout nouveau fiancé n'a guère le loisir de s'occuper de Diana, car le 15 mars il quitte Londres pour un voyage officiel de cinq semaines en Australie et en Nouvelle-Zélande, puis au Venezuela et aux États-Unis. C'est la dernière tournée du prince de Galles célibataire.

Pendant son absence, Diana est confiée à un « staff » chargé de guider ses premiers pas dans sa nouvelle vie : le secrétaire privé de Charles, deux diplomates et un assistant qui deviendra le secrétaire privé de Diana. Celle-ci a un bureau installé à Buckingham Palace, où elle vit depuis l'annonce de ses fiançailles. La future princesse passe beaucoup de temps avec ses quatre conseillers, mais ne semble pas avoir grand-chose à faire. Ce quatuor est tétanisé par les propos de la fiancée qui est apparemment obsédée par les relations de Charles et de Camilla Parker Bowles. En fait, ces quatre hommes sont les seules personnes auprès de qui elle peut s'épancher. Charles est loin, la reine et Philip sont trop absorbés par leurs propres charges. Diana perd du poids et fond en larmes fréquemment. L'entourage pense que c'est la pression des semaines précédant le mariage qui l'épuise. Quand son fiancé passe au palais entre deux voyages, il est visiblement exaspéré par son attitude. Quelques jours avant la cérémonie, la jalousie de Diana atteint son comble lorsqu'elle découvre, dans le bureau d'un collaborateur du prince, un bracelet sur lequel sont gravées les initiales G. F. (Gladys et Fred), manifestement destiné à sa rivale Camilla, puisqu'il s'agit de leurs noms de code amoureux. Elle se rue chez Charles, enfin de retour, pour lui demander une explication. Charles répond qu'il s'agit d'un cadeau d'adieu qu'il compte remettre personnellement à Camilla. Il va donc la revoir, au grand désespoir de Diana. Celle-ci est persuadée que Charles ne l'aime pas et qu'il est toujours épris de Camilla. Ce n'est pas le bal donné par la reine à Buckingham Palace avant le mariage qui va la rassurer. Charles ne danse qu'une fois avec Diana et tout le reste de la soirée avec Camilla, devant le mari de celle-ci ! Qu'écrirait Barbara Cartland ? En larmes, Diana gagne Clarence House, la résidence de la reine mère où elle va passer sa dernière nuit de célibataire. Là, elle trouve un cadeau de Charles, une chevalière aux armes du prince de Galles accompagnée d'une lettre très tendre où il l'assure être fier d'elle et qu'il l'attendra demain au pied de l'autel. De quoi apaiser Diana à la veille de la journée qui va changer leurs existences.

Une surprise sans précédent sur le balcon de Buckingham Palace

Au matin du 29 juillet, Diana est fébrile, tandis que des défilés avec fanfares emplissent Londres d'une atmosphère de fête. Des centaines de milliers de personnes sont dans les rues, beaucoup ont campé depuis deux jours pour être sûrs de bien voir le cortège. La journée d'été s'annonce superbe. Après un raccord de maquillage, Diana, qui se penche à une fenêtre pour voir les soldats, renverse du parfum sur sa robe. Ce n'est pas grave. Est-ce un bon signe ? On ne sait. En revanche, son styliste, David Emanuel, s'inquiète de la robe de la mariée : a-t-on bien vérifié le jupon ? Non ? Il faut s'assurer tout de suite qu'il est bien maintenu. Ce serait une catastrophe s'il se détachait pendant la cérémonie ! Le créateur de la robe, qui en a caché le moindre croquis pour éviter qu'un journal ou une télévision ne la montre avant le jour J, va vérifier : « Je dois donc passer sous la jupe pour m'assurer que tout va bien. Et en émergeant de sous la jupe, à quatre pattes, je me retrouve face à la reine mère. J'ai cru mourir ! »

Bien que Charles soit le premier sur la ligne de succession après la reine, son mariage n'est pas célébré à Westminster, mais en la cathédrale Saint-Paul, plus vaste, en raison de la foule d'invités, 2 700 personnalités sélectionnées, chefs d'État compris. Le plus remarqué est le roi des îles Tonga, dans le Pacifique Sud, membre du Commonwealth : ce monarque ne se déplace qu'avec son fauteuil personnel et sur mesure ; il pèse 120 kilos ! Quand Diana s'apprête à gravir les marches de Saint-Paul au bras de son père, des centaines de journalistes n'ont qu'un but : voir, raconter, montrer sa robe ! Un choc : la traîne de tulle ivoire mesure 8 mètres de long. La mondovision permet à 150 millions de téléspectateurs de découvrir instantanément cette métamorphose : Diana est devenue une princesse ! Un éblouissement qui fait le tour de la planète.

La cérémonie commence. Sous le dôme monte une voix céleste chantant du Haendel : c'est celle de la soprano néo-zélandaise Kiri Te Kanawa. Lors de l'échange des consentements demandé par Mgr Robert Runcie, archevêque de Canterbury, les imminents époux sont si troublés qu'ils en bafouillent : Charles oublie un mot et Diana inverse les prénoms en l'appelant « Philip Charles » au lieu de « Charles Philip » ! Avec humour, le marié glisse à l'oreille de la mariée : « Vous venez d'épouser mon père ! »

L'union est, bien entendu, validée sans aucun autre rituel.

La sortie des nouveaux mariés est grandiose, des volées de cloches répondant à des salves d'artillerie tandis que Diana descend les marches au bras de Charles. La foule est en extase. La monarchie n'a pas connu de nouvelle princesse de Galles depuis cent dix-huit ans. On applaudit la fraîcheur et la jeunesse de la mariée, un passeport pour l'avenir. Cela n'empêche pas les services de sécurité d'être sur les dents : six semaines plus tôt, le 13 juin, alors que la reine défilait, à cheval, sur le Mall pour la fête nationale du *Trooping the Colour*, un garçon de dix-sept ans a tiré six balles en direction de la souveraine, espérant devenir « l'adolescent le plus célèbre de son temps ». Mais comme ses cartouches étaient à blanc, l'escorte en fut quitte pour une peur inoubliable. D'une parfaite dignité et d'un courage légendaire, la reine avait conservé son calme et flatté l'encolure de sa jument Burmese pour la rassurer et continuer le défilé, en saluant les drapeaux. Son agresseur fut condamné à cinq ans de prison, il en sortit au bout de trois. Pourquoi s'affoler ? D'autres attentats avaient échoué, près ou très loin du palais. Les risques du métier.

De Saint-Paul à Buckingham Palace, la grande artère du Strand réserve un triomphe au landau des mariés. Lorsque enfin, selon la tradition, le couple apparaît au balcon des moments solennels, des dizaines de milliers d'admirateurs ne se contentent pas d'applaudir, d'agiter des drapeaux ou de chanter. Des voix réclament… un baiser ! Oui, un baiser en public, pour le public, devant la foule ! Du jamais-vu chez les Windsor, du jamais-vu sur ce balcon ! Charles s'avance un peu, sa femme, avec plus de fougue, renverse son visage et offre ses lèvres. C'est visiblement Diana qui le demande, ce baiser. Un baiser sans précédent en ce lieu, un baiser dont elle veut que le monde soit témoin.

Le début de leur voyage de noces est, assurément, une copie conforme de celui d'Elizabeth et Philip en 1947. En fin d'après-midi, le couple princier prend un train à Waterloo à destination de Broadlands, la propriété des Mountbatten. Ils y resteront moins longtemps que le duc et la duchesse d'Édimbourg, deux jours seulement, mais auront droit à la même chambre que les parents de Charles. La lune de miel se poursuit par une croisière de quinze jours à bord du *Britannia* vers la Méditerranée, avec une escale à Gibraltar dont l'annonce avait déplu à Madrid, ce qui expliquait l'absence de la monarchie espagnole restaurée au mariage. La presse n'est pas autorisée à monter à bord du yacht royal. Il y aura seulement quelques jolis clichés du couple accoudé à la rambarde. Les paparazzis sont frustrés. Ils ne vont pas tarder à se rattraper…

12

De la guerre des Falkland à l'*annus horribilis*

Envoyées par son fils Charles, la reine reçoit de curieuses nouvelles du *Britannia*. Quand Elizabeth II est à bord, le yacht royal devient, comme Buckingham Palace ou Windsor, la résidence officielle du chef de l'État britannique. Et sauf urgence absolue, l'équipage doit être le plus invisible et silencieux possible et entre 2 heures et 6 heures du matin, on ne dérange pas les passagers. Mais, selon ce qui est déjà son habitude avec les journalistes, la jeune princesse de Galles passe d'un pont à une coursive, semble jouer à cache-cache avec le personnel du bord assez désorienté par l'énergie, la jeunesse et l'esprit un peu provocateur de Diana. Si elle multiplie ses apparitions et disparitions devant les deux cent soixante-dix officiers et marins, c'est une façon de se venger : la croisière a été organisée sans que la jeune mariée soit consultée. À l'opposé, Charles s'enferme dans un salon aux canapés fleuris ou dans la bibliothèque, meublée simplement, et écrit à sa mère qu'il vit « comme un ermite ». Étrange commentaire de la part d'un époux en voyage de noces. Charles lit beaucoup, médite, s'interroge sur l'existence, plongé dans les écrits du dernier conseiller de lecture de lord Mountbatten, un Sud-Africain, Laurens van der Post, auteur notamment du *Monde perdu du Kalahari* qui raconte comment les populations survivent dans ce désert. Le couple se retrouve au déjeuner et au dîner. Diana est déçue, contrariée. Elle voudrait un mari amoureux qui ne la quitte pas, qui n'ait pas d'autre désir dans sa vie que d'être seul avec elle, pour qu'ils vivent, enfin, leur intimité. En réalité, Diana s'ennuie, tandis que son mari prétexte un retard dans ses lectures et profite de ses vacances pour se mettre à jour. À leur retour, le prince et la princesse de Galles se rendent à Balmoral. Diana s'attendait à être accueillie avec chaleur, mais la famille, dont elle fait maintenant partie, est plutôt distante. Dès l'arrivée de sa belle-fille, Elizabeth II s'aperçoit que, contrairement à ce qu'elle pensait, Diana n'aime ni la campagne, ni les chevaux, ni la chasse, ni la pêche, ni les longues promenades dans la nature, ce qui rend très difficile son adaptation au mode de vie de la famille royale, qui ne communique jamais sur ses propres émotions, mais au contraire les neutralise en permanence par des traits d'humour plus ou moins appuyés. Diana, trop émotive, n'est pas à l'aise. Elle se sent rejetée. Malgré, parfois, sa bonne volonté, la princesse irrite profondément la souveraine en refusant, par exemple, de descendre dîner. Pis : lors de cérémonies officielles qui jalonnent le séjour, comme l'ouverture des très populaires jeux athlétiques des Braemar, Diana arrive en retard et surtout après la reine, ce qui, dans le code protocolaire des Windsor, est le comble de la grossièreté. Mais il y a plus inquiétant : la reine remarque les curieuses habitudes alimentaires de sa belle-fille. Diana s'éloigne pour vomir dans un massif de fleurs. Seraitelle déjà enceinte ? Peut-être, mais cette façon de ne pas dissimuler ses malaises choque la souveraine qui, tout le monde le sait, a une santé à toute épreuve et ne supporte pas les faiblesses ou les maux des autres. Elizabeth II est en elle-même une leçon de maintien. Question d'éducation et de tempérament. Si on ne se sent pas bien, on ne se montre pas. À une dame d'honneur qui ne comprenait pas comment la reine tenait debout pendant d'interminables parades, défilés et cérémonies, la souveraine avait expliqué qu'il suffisait d'« avoir son poids équitablement réparti sur ses deux jambes bien droites ». L'équilibre, c'est le secret. Un jour, un député s'étonna du maintien impeccable de la reine lors d'une célébration et remarqua, à haute voix, qu'Elizabeth II avait de jolies jambes. Gaffe monumentale : son commentaire n'échappa pas à un journaliste qui le publia. Évidemment, l'opinion fut choquée et le député s'empressa de téléphoner au secrétaire privé de la reine pour lui dire à quel point il était confus et le prier de présenter ses excuses à la souveraine. On lui répondit que celle-ci n'était pas scandalisée, jugeant qu'« il y avait longtemps qu'un politicien n'avait pas dit quelque chose d'agréable à son propos ».

La reine voit partir son fils Andrew dans une guerre lointaine

Le 5 novembre 1981, on annonce que la princesse de Galles est enceinte. Diana, déjà suivie et guettée par la presse, ne sera plus jamais lâchée. Où qu'elle aille, quoi qu'elle fasse, elle est traquée, photographiée, filmée. Son secrétariat tente d'obtenir de la retenue de la part des journalistes. En vain. Diana est belle et manifestement pas mécontente que la lumière soit sur elle, même si c'est insupportable pour Charles et l'entourage. C'est un harcèlement qui rappelle la façon dont Margaret avait été poursuivie en son temps, même en maillot de bain. Cependant, malgré l'heureuse nouvelle de la future naissance, les vacances de fin d'année à Sandringham ne sont pas totalement sereines. La princesse de Galles y apparaît maussade, dépressive, et la reine est horrifiée de voir sa belle-fille enceinte se jeter du haut d'un escalier. Une tentative de suicide ? Ce grave incident n'aura pas de conséquence sur sa grossesse. Il faudra attendre plusieurs années pour que la nature des troubles psychologiques et comportementaux de Diana soit révélée au public à un moment où tout ce qui a été caché finit par sortir.

Il y a bientôt un sujet nettement moins futile que les apparitions de la princesse de Galles. Le 16 janvier 1982, le Saint-Siège et le Royaume-Uni ont décidé de rétablir dans leur plénitude des relations diplomatiques qui étaient très restreintes depuis quatre cent cinquante ans, soit depuis la rupture entre Henry VIII et Rome. Un voyage du pape Jean-Paul II est en préparation. Pourtant, l'heure n'est pas à la paix. Au large des côtes de l'Argentine, en plein Pacifique Sud, la dictature militaire de Buenos Aires annonce qu'elle va reconquérir l'archipel des îles Malouines, que les Britanniques appellent Falkland et qu'ils occupent depuis 1832. Ce sont des rochers souvent oubliés, mais, dit-on, riches en pétrole. Croyant à une opération facile, les Argentins envahissent l'île dite de Géorgie du Sud le 2 avril. Le gouverneur britannique donne l'ordre de déposer les armes. Margaret Thatcher, ulcérée, met en alerte des troupes et demande à la reine, alors à Windsor, de signer, le dimanche matin, l'ordre de réquisition des navires de commerce. Le paquebot *Queen Elizabeth* transportera les hommes de la 5e brigade, environ 10 000 hommes. Soudain, il n'est plus question de Diana : l'honneur britannique est bafoué. Mais pour la reine, la situation est bouleversante et inédite : elle est touchée en tant que mère ; elle qui a connu la guerre et les menaces contre sa famille ne pensait pas revivre une telle angoisse pour ses enfants. Or, son deuxième fils, Andrew, vingt-deux ans, part comme pilote d'hélicoptère. Andrew est un solide gaillard, joyeux, amateur de blagues souvent de mauvais goût, multipliant les conquêtes féminines et beaucoup plus extraverti que Charles. Surnommé Andy, il fait souvent sourire sa mère et s'esclaffer son père de ses farces qui ne respectent même pas l'atmosphère supposée convenable des palais. Andrew, comme son frère, a été envoyé dans le redoutable pensionnat de Gordonstoun. Son heureux tempérament et le fait que, dix ans plus tard, l'école ait quelque peu adouci ses règles feront que le prince sera nettement moins traumatisé par cette expérience que son frère aîné. Andrew, beaucoup moins intellectuel que Charles, n'est nullement attiré par l'université. Il évitera Cambridge, en revanche il comblera son père en intégrant Dartmouth. Il sera marin et se spécialisera dans l'aéronavale. Il a une passion pour l'armée où il se sent heureux, et cette fois il se sent utile, fier de voler au secours des habitants des Falkland qui ont manifesté leur volonté de rester sous administration britannique. La reine, inquiète, n'a qu'une pensée : que son fils revienne vivant. La guerre est courte, mais la bataille aéronavale, du 21 mai au 14 juin, laisse un lourd bilan : 1 000 victimes dont 255 Britanniques et quatre bâtiments de la Royal Navy coulés. La dictature argentine a capitulé. « Conçue comme une campagne sans risque destinée à distraire la population argentine des excès du régime […], l'affaire des Malouines aura l'effet inverse de celui escompté, provoquant à terme la chute de la dictature en Argentine ; et surtout, réaffirmant au monde que le lion britannique a encore toutes ses dents[1]. »

Le sous-lieutenant Andrew, pilote embarqué sur le HMS *Invincible*, est le seul membre de la famille royale ayant participé au conflit. Son retour trois mois plus tard est triomphal. Andrew le blagueur participe au regain de fierté nationale. La reine et son Premier Ministre, qui ne s'apprécient guère, sont nécessairement unies dans la victoire. Du 28 mai au 2 juin, le pape Jean-Paul II est en voyage officiel au Royaume-Uni et une messe est célébrée en la cathédrale de Westminster conjointement avec l'archevêque de Canterbury. Que le chef de l'Église catholique soit accueilli par le chef

1. Anne-Élisabeth Moutet, *William et Harry*, Télémaque, 2007.

de l'Église anglicane est un événement considérable. La popularité de la monarchie est forte et la reine en oublierait presque la publication mondiale d'une photo de Diana enceinte, en bikini, prise aux Bahamas en avril. Elizabeth II reste furieuse que la presse n'ait pas respecté la décence qu'elle avait demandée aux journalistes. La colère royale sera durable, mais provisoirement remisée par la naissance de son premier petit-fils.

La reine est rassurée... par les oreilles de son petit-fils William !

L'été 1982 resterait-il placé sous le signe des bonnes nouvelles pour le Royaume-Uni ? On pourrait le croire. La princesse de Galles est devenue la plus adulée du monde et à chaque instant on attend son accouchement. Comme d'habitude, les bookmakers parient sur le sexe et les prénoms de l'enfant à naître et les crieurs, dans la tradition héritée du XVIIIe siècle, sont prêts dans leur costume, alors qu'ils n'ont aucune fonction officielle. Depuis des semaines, Diana a mélangé la bonne volonté et les maladresses, mais le public n'en est pas témoin, ou pas informé. On lui a pardonné beaucoup d'écarts, mais le fait d'arriver systématiquement en retard au déjeuner ou au dîner à la table royale, après la reine, reste intolérable. Entre boulimie et anorexie, Diana a des phases dépressives et des relations compliquées avec son mari. Mais, enfin, le 21 juin 1982, une dizaine de jours après la capitulation des militaires argentins, la princesse de Galles accouche d'un fils, William. En venant voir son premier petit-fils, Elizabeth II a une remarque aussi surprenante que désagréable : « Heureusement, il n'a pas les oreilles de son père[1] ! »

Cri du cœur ou trait d'humour de la reine ? On en restera là.

Scandale : devant Elizabeth II, un inconnu est assis sur son lit !

Rassurée, la reine reprend ses nombreuses activités, selon un rituel parfaitement rodé, entre les dossiers du gouvernement, ses obligations et sa vie familiale. Lorsqu'elle se trouve à Londres, Elizabeth II est réveillée en douceur dans sa chambre située dans l'aile nord de Buckingham Palace. Une femme de chambre apporte le thé matinal, de l'Earl Grey fumant, et un jus d'orange, avant d'ouvrir les rideaux. Lui succède bientôt la coiffeuse, confidente dévouée. Dans une pièce voisine, le policier en civil, qui a veillé toute la nuit sur la sécurité de la souveraine, a déjà quitté son poste, le personnel privé ayant pris son service. Ce rituel immuable n'empêche pas qu'à l'aube du 9 juillet 1982 un inconnu réussit à se glisser dans la chambre royale et même jusqu'au lit de la reine, sur lequel il se borne à s'asseoir ! Dans un premier temps, la reine croit qu'on lui apporte son thé, mais à 7 h 15, c'est trop tôt. Sa Majesté, d'un flegme *british* légendaire,

1. Sarah Bradford, *Elizabeth. A Biography of Her Majesty the Queen*, *op. cit.*

comprend vite qu'il s'agit d'un étranger au palais, en l'occurrence un certain Michael Fagan, paisible schizophrène de trente-trois ans qui désirait entretenir la reine de ses problèmes familiaux. Selon lui, elle seule peut l'aider ! La reine n'a pas peur, écoute l'homme, tout en appuyant sur le discret bouton d'alarme. Mais personne n'entend la sonnerie ! Plus grave, pendant que son « visiteur » parle, la reine compose deux numéros de téléphone pour qu'on lui envoie deux policiers, sans plus de succès ! Toujours calme, l'homme demande une cigarette. La reine prétexte aimablement d'aller en chercher dans le petit salon voisin et tombe sur une femme de ménage avec un aspirateur. Cette dernière a le choc de sa vie : un homme, qui n'est pas le prince Philip, sort pieds nus de la chambre de la reine ! Comme on s'en doute, Elizabeth II est finalement secourue. Cette inimaginable rencontre est malheureusement ponctuée par un incident grave : on retrouvera un morceau de verre brisé et du sang sur le lit, le pauvre homme, désespéré, ayant tenté de s'ouvrir les veines devant la reine. Celle-ci avait instamment demandé que cette affaire ne soit pas ébruitée. Mais le rapport de police sera malencontreusement transmis à la presse. Le récit de l'incroyable mésaventure provoque des réactions indignées, des inquiétudes (et si l'homme avait été un tueur de l'IRA ? Comment a-t-il pu franchir les multiples contrôles de sécurité dans le palais ?), mais aussi des dessins satiriques fort drôles, avec toutes les déclinaisons humoristiques possibles. Ah ! Si les corgis avaient été là ! Malheureusement, ils étaient en promenade dans le parc, surveillés par un valet de pied. Voulant toujours aller plus loin, les journaux se demandent pourquoi la reine dormait seule dans son lit. Faisait-elle chambre à part avec le prince Philip ? Le couple n'allait-il pas aussi bien que ce qu'on disait ? Le palais fut obligé de communiquer sur cette délicate question, expliquant que le duc d'Édimbourg, attendu pour honorer un engagement protocolaire, devait quitter le palais à 6 heures du matin et, pour ne pas réveiller la reine, il avait préféré dormir dans son dressing-room. On précisa aussi que, où qu'ils se trouvent, et bien que l'on sache qu'ils ont chacun leur chambre, la reine et son mari partagent toujours le même lit. Si cela avait été le cas ce matin-là, l'incident aurait sans doute pris une tout autre tournure…

Le cabinet de Margaret Thatcher est très embarrassé, l'opinion choquée par ce fait divers tragicomique et l'événement fait le tour du monde, entre rires et colère. On peut supposer que quelques mutations discrètes ont été ordonnées parmi les policiers de Scotland Yard et les membres des services chargés de la protection de la famille royale, lesquels ont peut-être été envoyés en Écosse pour surveiller le mystérieux et insaisissable monstre du loch Ness !

Invitée à Balmoral, la petite amie d'Andrew est scandaleuse…

La cohabitation constitutionnelle entre la reine et Margaret Thatcher est particulièrement complexe en cette année 1982, le Premier Ministre empiétant sur le prestige des Windsor à un moment où ils sont très populaires. La Dame de fer commet une lourde faute en ne prévoyant pas, en octobre, la présence de la reine et de la famille royale au défilé des troupes victorieuses qui reviennent au pays après la guerre des Falkland, cérémonie à laquelle participe le prince Andrew au milieu de ses camarades. Le Premier Ministre, dont l'autoritarisme est manifeste, veut, visiblement, savourer seule « sa victoire », alors qu'Elizabeth II, comme autrefois son père George VI, est particulièrement sensible à tout ce qui peut souligner la solidarité, jamais démentie, de la famille royale avec la nation lorsqu'elle se trouve en guerre ou menacée. La victoire est celle du Royaume-Uni et Buckingham Palace le rappelle à celle qui a tendance à effacer la souveraine. Mrs. Thatcher oublie que, si elle incarne le gouvernement, la reine est la figure tutélaire de l'État. La brillante conduite et le courage d'Andrew ont été très estimés. Il en est fier. La reine ne demandait pas un traitement particulier pour son fils, mais elle n'apprécie pas d'avoir été éliminée lors de cet hommage national aux soldats qui se sont battus. Le sous-lieutenant Andrew Windsor, qui n'est pas du genre réservé et discret, est vexé. En compensation, le héros, qui est le fils préféré d'Elizabeth II, est invité à Balmoral avec sa petite amie du moment, une certaine Koo Stark. Une aubaine pour les tabloïds ! En effet, si la reine juge « charmante » cette jolie brune dont elle ne sait rien, les journaux s'empressent d'informer Sa Majesté, bien entendu après le séjour de Koo Stark, que la jeune femme était apparue dans des films érotiques, photos dénudées à l'appui. Le repos du guerrier ! La mère d'Andrew est furieuse d'avoir été piégée et son père, le prince Philip, fait savoir son mécontentement.

Mais Andrew est très attaché à Koo Stark. Pendant des mois, il refuse de rompre avec elle. Quand, enfin, il la quitte, très en colère contre ses parents, un nouveau scandale éclate avec les confidences plus qu'intimes d'une de ses nouvelles conquêtes, étalées dans une presse gourmande d'indiscrétions. Une conclusion s'impose : il faut marier Andrew, qui semble avoir un regrettable penchant pour les filles un peu vulgaires.

En attendant, la reine reçoit Ronald Reagan à Windsor. Elle entretient d'excellentes relations avec le président américain et lui rend sa visite, notamment, en Californie, en mars 1983. L'ancien acteur de série B que personne n'avait pris au sérieux et la souveraine font assaut de bonne humeur. À la fin de son séjour particulièrement pluvieux, Elizabeth II conclut son discours par ce trait d'humour : « Je savais que nous avions exporté de nombreuses coutumes aux États-Unis, mais j'ignorais que la météo en faisait partie[1]. »

Deux fils pour Charles et Diana, deux vies séparées...

Le 15 septembre 1984, la princesse de Galles accouche d'un second fils, Harry. Charles semble déçu : d'après Diana, il voulait une fille. Elle ajoutera, plus tard, que la seule réaction de son mari en voyant le bébé a été : « Oh ! c'est un garçon. Et il est rouquin,

---

1. Stephen Clarke, *Elizabeth II ou l'Humour souverain*, Albin Michel, 2018.

en plus[1]. » Diana suggère que Charles n'est pas intéressé par cet enfant. C'est injuste. Il est émerveillé par ses deux fils, n'hésitant pas à leur donner leur bain, voire à les changer. Mais derrière cette apparence de bonheur familial, au moment de la naissance de Harry, l'union de Charles et de Diana n'est plus qu'une fiction. Le prince a renoué avec Camilla, dont la nouvelle résidence de campagne est à une vingtaine de kilomètres de Highgrove, le domaine de Charles, duc de Cornouailles, dans le Gloucestershire. Si très peu de gens connaissent la liaison de Charles, Elizabeth II, Philip et la reine mère n'en ignorent rien. Le ménage Parker Bowles se veut très libre, chacun des deux époux vivant sa vie. Ils sont souvent invités l'été par la reine mère dans son château de Birkhall, près de Balmoral, où résident le prince et la princesse de Galles. Un voisinage qui permet toutes les rencontres. De toute façon, le fait que le prince de Galles ait une maîtresse n'est pas une nouveauté dans l'histoire de la dynastie et ne semble choquer personne. Pour autant, Diana se sent profondément humiliée. La reine et le reste de la famille choisissent d'ignorer la situation, espérant que le temps guérira les plaies, et surtout de ne pas s'en mêler, car ce serait pire que tout. Entre convenances et hypocrisie, il faut éviter un scandale public. L'époux de Camilla, Andrew Parker Bowles, est lieutenant-colonel commandant la cavalerie de la reine. Il est donc un personnage important de la maison royale, présent auprès de la souveraine lors de toutes les cérémonies officielles. La seule pique qu'il recevra, raconte Sarah Bradford, sera d'être

1. Anne-Élisabeth Moutet, *William et Harry*, *op. cit.*

interpellé publiquement aux courses d'Ascot par un membre du club hippique : « Hello, Ernest Simpson ! » Pour mémoire, Ernest Simpson était le second mari complaisant de Wallis Simpson, la maîtresse du roi Édouard VIII qui avait causé son abdication en 1936. Mais la reine a d'autres raisons d'être soucieuse : pendant dix-huit mois, la grève des mineurs contre la politique de Margaret Thatcher, triomphalement réélue en 1983, ne peut la laisser insensible. Les audiences avec la Dame de fer sont probablement tendues.

C'est à l'été 1985 qu'Andrew rencontre une rousse flamboyante, Sarah Ferguson, invitée dans la loge royale à Ascot grâce à Diana qui pense qu'elle pourrait intéresser son beau-frère. Diana a vu juste : Andrew et Sarah sont placés côte à côte au lunch et le prince est séduit au premier regard. Le père de Sarah, Ronald Ferguson, écuyer de la reine, fait partie de l'équipe de polo de Philip depuis 1960 ; son épouse Susan et lui ont souvent été invités à des chasses à Sandringham et à Windsor pour la semaine d'Ascot. Sarah, née en octobre 1959, est leur seconde fille. Elle avait treize ans, en 1972, quand ses parents ont divorcé. Sa mère, la belle Susan, est tombée amoureuse du joueur de polo argentin Hector Barrantes, évidemment irrésistible. Elle l'a épousé et est partie en Argentine, laissant ses enfants avec leur père. Une histoire similaire à celle de Diana, le même abandon maternel pendant l'enfance, un traumatisme commun subi par les deux jeunes filles que cette situation a rapprochées. Que Sarah aime l'équitation et la campagne est rassurant pour la reine et pour Philip. Le contraire de Diana. Elle ne peut qu'être une fiancée convenable. Ouf ! Certes, « Sarah Ferguson avait eu des aventures – elle ne s'en cachait pas –, mais elle était piquante, un brin provocante, respirant la santé et la vitalité, sportive accomplie et amoureuse de campagne et de grand air, sans complexe et sans problème[1] ». Une fille simple, naturelle, des qualités qui ne peuvent que convenir à la reine. Le soupirant officiel de Sarah, qui avait vingt-deux ans de plus qu'elle et avec lequel elle vivait sans aucun projet de mariage, est congédié aussitôt qu'Andrew fait sa demande. Andrew est éperdument amoureux de Sarah, ce qui l'empêche de mesurer qu'ils n'ont pas grand-chose en commun : Andrew ne boit pas et ne fume pas, elle si. Il aime le golf et les soirées à la maison, elle n'aime que sortir et s'amuser. Au moins, les nouveaux fiancés ont le même âge – vingt-sept ans pour Sarah (désormais surnommée Fergie, diminutif de Ferguson), vingt-six pour Andrew – et le même sens de l'humour, avec un penchant pour les blagues un peu vulgaires et pas toujours convenables. Leur mariage est fixé au 23 juillet 1986, à Westminster. Le matin même, la reine confère à son fils le titre de duc d'York, qui avait été celui donné à son père par George V, un titre réservé au deuxième fils, en principe non destiné à régner. La cérémonie n'a évidemment pas la même importance que les noces du prince héritier, mais elle est tout de même télévisée et attire 500 millions de spectateurs.

Si l'apparat est le même que pour Charles et Diana, on ne compte que 1 800 invités, aucun chef d'État et la traîne de la robe, sur laquelle on a brodé la lettre « A », pour Andrew, mesure, d'après les experts, un mètre de

1. Charles Hargrove, *Elizabeth II*, *op. cit.*

moins que celle de sa belle-sœur Diana. Sarah, facétieuse, fait son entrée dans l'abbaye de Westminster coiffée d'une couronne de fleurs fraîches qui semble retenir son voile, alors qu'on s'interrogeait sur la tiare de diamants que, sans aucun doute, la reine lui prêterait. L'assistance est médusée. Sarah, après avoir rejoint Andrew, retire sa modeste couronne pour laisser apparaître un superbe diadème. Ouf !

Comme d'habitude, les femmes Windsor offrent un festival de couleurs au public : bleu pervenche pour Elizabeth II ; fleurs bleues et jaunes pour la reine mère qui décevrait ses *groupies* si elle ne portait pas un spectaculaire chapeau à plumes ; la robe à pois de Diana est surprenante, fidèle à son caractère. À la sortie de l'abbaye, certains observateurs, maniaques de détails et guetteurs de faux pas, assurent que Sarah a pincé les fesses de son mari dans son bel uniforme de la Royal Navy. Si c'est avéré, était-ce un pari d'un très mauvais goût ?

Fergie et Diana : leur concurrence médiatique gêne la reine

La reine, qui porte pour la première fois en public de très grosses lunettes, n'a rien vu ou rien voulu voir. On retiendra que le gâteau, confectionné par les pâtissiers de la Navy, a cinq étages de hauteur et que ce mariage est la quatorzième union princière célébrée en l'abbaye. Mais on va surtout vite remarquer que la deuxième belle-fille d'Elizabeth II n'est pas aussi fréquentable qu'on le croyait à Buckingham Palace. Le matin de son mariage, Andrew avait reçu de sa mère une somme considérable pour construire une maison sur le domaine de Sunning Hill dans le parc de Windsor. On peut rappeler que la résidence de Sunning Hill avait été offerte par George VI à Elizabeth et Philip pour leur mariage, mais qu'elle avait malencontreusement brûlé intégralement et n'avait pas été reconstruite. La demeure des nouveaux mariés va se révéler si clinquante, si tapageuse et si hors de prix que les journalistes la compareront à celle de la famille Ewing, dont les membres sont les héros du célèbre feuilleton télévisé américain *Dallas* : par un jeu de mots, *South Fork* devient *South York*, ce qui n'est pas un compliment… Amour, gloire et royauté !

Ces péripéties familiales n'empêchent pas la reine de préparer son voyage en Chine populaire, du 12 au 18 octobre 1986. C'est le premier déplacement d'un monarque britannique dans l'empire du Milieu, d'autant plus symbolique qu'il a été décidé que le territoire de la colonie britannique de Hong Kong serait restitué à la Chine le 1er juillet 1997, à l'expiration du bail signé en 1898. Les sujets de la reine peuvent voir des images du couple souverain visitant la Grande Muraille et la Cité interdite. La reine prend des photos de Philip. Un voyage royal dans la Chine communiste est pour Elizabeth II une expérience inédite. À son retour, elle retrouve les siens et les nuages commencent à s'amonceler sur les mariages de ses enfants. La mésentente de Charles et Diana est flagrante et sa nouvelle belle-fille, Fergie, se révèle incontrôlable. Elle dépense sans compter, mais prétend contribuer aux charges du ménage en

« écrivant » sur Osborne, la maison de la reine Victoria sur l'île de Wight. En réalité, l'ouvrage est rédigé par la nièce du bibliothécaire de la reine ! Puis, Fergie ose aussi signer un livre pour enfants, *Les Aventures de Budgie, le petit hélicoptère*, plagiat complet d'un album paru dans les années 1960. Au magazine espagnol *Hello*, la duchesse vend, pour 200 000 livres, le droit de la photographier en compagnie de son mari et de ses deux filles, Beatrice et Eugenie, nées respectivement en 1988 et 1990. En l'apprenant, la reine est choquée et informe sa belle-fille que cela ne se fait pas. Mais pis encore, c'est le mariage de sa fille Anne qui vole en éclats au début de l'année 1989. Anne annonce à sa mère qu'elle se sépare de Mark Phillips pour éviter un scandale : la princesse a eu des aventures et certaines lettres de celui qui sera son second mari, le commandant Tim Laurence, ont été volées et pourraient révéler cette liaison. Mark Phillips, quant à lui, a largement trompé son épouse et il est même soupçonné d'avoir eu un enfant hors mariage. La séparation est prononcée en avril, mais curieusement elle ne suscite pas beaucoup de commentaires. Anne est toujours populaire, car elle est l'un des membres de la famille royale qui travaille le plus pour ses œuvres et fondations, notamment le Save the Children Fund. Mark Phillips se comporte avec élégance et tout se passe le moins mal possible. Néanmoins, le coup est rude pour la reine. C'est le prélude à un divorce, le premier de l'un de ses enfants et le deuxième dans la famille royale après celui de Margaret. La reine Mary doit se retourner dans sa tombe.

La visite d'État de Mikhaïl Gorbatchev en avril 1989 à Windsor se déroule dans un climat tendu, Margaret

Thatcher montrant qu'elle apprécie peu le dirigeant soviétique. Lors du dîner d'État, l'ancien apparatchik, qui se dit attaché à la « coexistence pacifique », apprend deux mauvaises nouvelles : d'une part le naufrage d'un sous-marin nucléaire, d'autre part la découverte par des chercheurs obstinés, dans une forêt de l'Oural, des restes de la famille impériale russe massacrée à Ekaterinbourg en juillet 1918. Invitée à se rendre dans une URSS vacillante, Elizabeth II répond qu'elle n'acceptera cette invitation ou se fera représenter que lorsque les Romanov auront, enfin, une digne sépulture.

À l'été 1990, la famille royale au grand complet se retrouve à Balmoral pour célébrer les soixante ans de la princesse Margaret. Le moins que l'on puisse dire est que l'atmosphère est loin d'être détendue. Les deux belles-filles de la reine se comportent comme des gamines, provoquant des remarques glaciales de Charles sur « ces petits cerveaux qui se contentent de petites choses ». La reine elle-même est si énervée qu'elle s'en prend à ses corgis adorés et même à son petit-fils William qui, il faut le dire, se révèle assez insupportable. Elizabeth II est-elle déjà informée de la conduite de Fergie ? Celle-ci, qui supporte de moins en moins les longues absences d'Andrew poursuivant sa carrière d'officier de marine, a rencontré aux États-Unis un riche héritier texan, Steve Wyatt, fils d'un magnat du pétrole. Lors d'une partie de chasse, Fergie présente à son mari celui qui est devenu son amant. Andrew ne se doute de rien. Après la naissance d'Eugenie en mars 1990, la liaison reprend et, en juillet, Fergie et ses filles passent des vacances en France, dans la villa des Wyatt au cap Ferrat. Fergie prend de nombreuses photos et est elle-même photographiée pendant ce séjour. Elle va, malheureusement, oublier ces clichés en regagnant le Royaume-Uni. Erreur fatale.

La duchesse d'York continue sa liaison et fait même inviter Steve au « bal de Noël » donné à Buckingham Palace pour célébrer, conjointement, les quatre-vingt-dix ans de la reine mère Elizabeth, les soixante ans de Margaret et les trente ans d'Andrew. Fergie, complètement inconsciente, joue un jeu dangereux. Son père et même sa mère lui intiment l'ordre de rompre avec l'Américain. Celui-ci rentre prudemment à Washington après avoir « rangé » les photos de Fergie au sommet d'une armoire, dans la maison du cap Ferrat. La liaison est terminée. Steve est rapidement remplacé par un autre Texan, John Bryan. Fergie n'est décidément pas une femme de marin.

Elizabeth II souhaite que 1992 soit une année sereine…

Dans son discours télévisé de Noël 1991, la reine ne peut imaginer ce que l'année à venir, 1992, lui réserve. Elle ne parle que de la prochaine célébration de ses quarante ans de règne, concluant : « Avec vos prières et votre appui, et avec l'amour et le soutien de ma famille, je ferai tout pour vous aider dans les années à venir. »

En janvier 1992, dans la villa des Wyatt au cap Ferrat sur le haut d'une armoire, un laveur de carreaux tombe sur les photos oubliées depuis un an et demi par Fergie, et négligemment « rangées » par Steve Wyatt.

Conscient de la bombe qu'il vient de découvrir, le laveur de carreaux s'empresse de vendre les clichés à des tabloïds. Leur publication rend Andrew fou furieux ! Il découvre, brutalement, la trahison de Fergie à laquelle il ne pouvait pas croire. Certes, les photos montrent sa femme très proche de Steve Wyatt, qui la tient amoureusement par les épaules, mais le pire pour Andrew est de voir que sa fille aînée Beatrice, alors âgée de deux ans, était tendrement cajolée par l'amant de sa femme…

Six jours après ce coup de tonnerre, Andrew et Sarah/ Fergie décident de se séparer. Leur union aura duré quatre ans. Ils en informent la reine le 22 janvier à Sandringham. Elle leur demande de réfléchir avant de prendre une décision irrévocable. Elizabeth II ne parvient pas à comprendre ses enfants, en particulier ses deux belles-filles. Quel cadeau d'anniversaire pour ses quarante ans de règne ! D'autres vont suivre, comme autant de désastres… En effet, dans le foyer du prince et de la princesse de Galles, la situation s'est dégradée. Ce mariage, qui avait été arrangé entre gens de la haute société, n'est plus qu'une façade, chaque jour un peu plus délabrée. Charles continue sa liaison avec Camilla. Alors qu'il s'acquitte de nombreuses obligations, il constate que son épouse, très rusée, lui vole perpétuellement la vedette. Il suffit que Diana apparaisse pour provoquer un délire médiatique, quoi qu'elle fasse ou ne fasse pas. Sournoisement, la princesse de Galles prévient les journalistes tout en feignant d'être surprise qu'ils la poursuivent. L'épouse de l'héritier du trône « se vend » très bien. Un jeu pervers, exaspérant pour Charles et la famille royale. Michael Colborne, contrôleur général de la maison du prince de Galles, va en faire les frais : Charles le rend responsable de son déficit de popularité par rapport à Diana. Colborne n'aura d'autre solution que de démissionner. Plus tard, il dira : « Son Altesse royale [Charles] s'est toujours demandé pourquoi le public préférait voir une princesse ravissante plutôt qu'un quadragénaire en costume trois-pièces[1]. » Bien observé ! Le mari de Diana ne pouvait pas lutter, son épouse est devenue une idole qui peut tout se permettre. En février 1992, une photo, très étudiée et posée, de Diana seule, triste et mélancolique en Inde, devant le Taj Mahal, fait le tour du monde. Le message est clair : la princesse est seule, révélant publiquement que son couple est disloqué. Parfaite manipulatrice, sûre de sa beauté et de son charme, Diana a choisi d'apparaître devant ce sublime mausolée, tombeau d'un amour éternel, pour signifier qu'elle est malheureuse. L'icône souffre et affiche sa douleur devant des centaines de millions de témoins. La reine et la Cour tentent, une fois de plus, d'éviter le pire. Après un match de polo, Charles essaie d'embrasser sa femme en public : ayant détourné la tête, elle ne lui offre qu'une joue !

Été 1992 : la guerre des belles-filles dévaste la reine et Philip

Le 29 mars, le père de Diana, le comte Spencer, meurt brusquement alors que le couple princier est en vacances en Autriche, à Lech, avec William et Harry.

---

1. Anne-Élisabeth Moutet, *William et Harry*, *op. cit.*

Une nouvelle occasion pour la princesse d'exposer sa mésentente avec Charles : elle refuse de partir avec lui pour Londres et même de se rendre aux obsèques avec lui. Il ira en hélicoptère, elle en voiture. À son père, Diana rend un hommage bouleversant et bouleversé. En fait, elle l'avait à peine revu depuis son mariage et n'était revenue à Althorp que pour le mariage de son frère. En avril, le divorce de la princesse Anne est prononcé, sa mère est profondément navrée, mais cette rupture est digne et sans tapage médiatique. Le 7 juin, la princesse de Galles lance une bombe sur la famille royale : le *Sunday Times* publie des extraits d'un livre d'Andrew Morton, *Diana, Her True Story*[1]. Il y a de quoi occuper un dimanche anglais ! Diana se présente comme une victime, une femme trompée depuis le début de ses noces, et elle accuse la famille royale de ne pas prendre sa défense. Diana relate ses souffrances, son incurable boulimie, sa dépression, ses tentatives de suicide. Et elle ose prétendre qu'elle n'est pour rien dans cet ouvrage, alors que c'est évidemment faux. Le livre est un triomphe, traduit en plusieurs langues, car Diana est une star mondiale et joue sans nuance avec sa popularité. La reine et le duc d'Édimbourg jugent ces révélations indécentes ; ils sont très choqués et prennent le parti de leur fils. En revanche, l'opinion se range du côté de l'épouse incomprise et bafouée. Diana est un filon en or pour les journaux, les radios et les télévisions. Quel roman ! Pourtant, malgré le séisme, la princesse apparaît

1. Andrew Morton, *Diana, Her True Story*, Simon & Schuster, Londres, 1992. Paru en France sous le titre *Diana, sa vraie histoire*, trad. Édith Ochs, Claude Nesle et Louise Lenormand, Plon, 1992.

auprès de Charles et de ses beaux-parents au balcon de Buckingham Palace pour la cérémonie de *Trooping the Colour*. Mais, quelques jours plus tard, pendant la semaine royale d'Ascot, pour la première fois le prince Philip marque ostensiblement son hostilité à l'égard de sa belle-fille. Jusque-là, il avait manifesté une certaine indulgence pour elle et était, sans doute, le seul ayant tenu compte de ses difficultés psychologiques ; il l'avait plutôt soutenue. Mais à Ascot, le mari de la reine n'a pas un regard pour elle et ne lui adresse pas la parole. Pour la première fois, la reine et Charles commencent à évoquer une séparation. Encore une…

Au mois d'août, comme d'habitude, la famille au grand complet se retrouve à Balmoral. Au matin du 20 août, le *Daily Mirror* publie des photos, prises à son insu, de Sarah/Fergie et de ses deux filles avec le « conseiller financier » de la duchesse d'York, John Bryan, le « successeur » de Steve Wyatt. Ces clichés ont été pris le mois précédent, dans une villa du sud de la France. Une des photos montre John Bryan suçant voluptueusement un orteil de la jeune femme, peu vêtue, au bord de la piscine, sous le regard des petites filles ! À Balmoral, les journaux sont étalés sur la table du petit déjeuner lorsque Andrew se joint à une partie de la famille. La reine et Philip ne descendent pas : à l'étage, ils tentent de digérer non leur *breakfast*, mais cette nouvelle déflagration ! Fergie est convoquée à 9 h 30 par la reine. Il n'est plus question de sauver le mariage d'Andrew. Cette fois, Elizabeth II est furieuse et sa belle-fille n'en mène pas large. Toutefois, pour ne pas donner aux médias l'impression qu'on chasse une princesse déchue, on autorisera Sarah/Fergie à rester encore trois jours à Balmoral, présente à la table royale pour tous les repas. On imagine l'ambiance… Il faut reconnaître qu'Andrew se comporte en véritable gentleman, n'accablant pas son épouse malgré l'évidence de ses adultères. Il aura souvent cette attitude chevaleresque avec elle, comme si elle avait été piégée par une presse sans pitié. Mais cette fois, le divorce des York est inévitable.

Un nouveau scandale éclate quatre jours plus tard. Le 24 août, le *Sun* n'est pas en reste dans cette guerre des journaux : il publie la transcription d'une conversation de Diana, enregistrée le soir du réveillon 1989, avec un de ses amis, James Gilbey, vendeur de voitures de luxe et héritier d'une marque de gin. Pourquoi ce dialogue épicé a-t-il été enregistré ? Et pourquoi cet enregistrement a-t-il été conservé plus de deux ans ? On a évoqué une fuite du MI5, les services secrets, mais sans aucune preuve. Les lecteurs du *Sun* peuvent aussi l'entendre par téléphone. James Gilbey a visiblement des relations très tendres avec la princesse qu'il surnomme *Squidgy*, ce qu'on pourrait traduire par « ma douce ». Et ce scandale portera le nom de « Squidgygate », comme on disait le « Watergate ». Dans cette conversation, révélant une incontestable intimité entre les deux interlocuteurs, Diana déverse, avec violence, tout son ressentiment à l'encontre de Charles et emploie des termes particulièrement grossiers à l'égard de la famille royale. Et pourtant, le *Sun* reconnaît avoir censuré des passages explicitement sexuels de ce déballage et expurgé ce qui mettait en cause des personnalités qui auraient pu attaquer le journal pour diffamation. Diana a changé de rôle : elle n'est plus une « pauvre victime » ;

elle est maintenant une épouse qui se venge de l'infidélité de son mari en ayant elle-même des amants – et l'avenir montrera qu'ils auront été assez nombreux. La guerre des Galles et la guerre des York accablent la reine. Malgré ces tornades de vulgarités croustillantes, Elizabeth II cherche à convaincre sa plus dérangeante belle-fille de sauver les apparences en accompagnant Charles dans son voyage officiel en Corée du Sud, du 4 au 8 novembre. Diana commence par refuser, puis accepte. Ce périple sera un succès commercial et diplomatique, mais un nouveau cauchemar médiatique, chaque geste de Charles et de Diana – celle-ci se montrant très boudeuse –, chacune de leurs expressions étant analysés et décryptés. Le résultat confirme évidemment l'échec flagrant de leur couple. Ce sera leur dernier voyage officiel en commun ; ils ne représenteront plus ensemble le Royaume-Uni à l'étranger.

Et pourtant, l'année des catastrophes n'est pas finie… Que pouvait-il encore arriver ?

L'incendie du château de Windsor : la fatalité accable la reine

Ce que deux guerres mondiales n'avaient pu faire, la chaleur dégagée par un projecteur placé trop près d'une tenture y parvient : dans la nuit du 19 au 20 novembre 1992, un incendie accidentel ravage d'abord la chapelle privée de la reine Victoria, devenue celle d'Elizabeth II, à l'angle nord-est de la cour d'honneur. Le feu a pris au-dessus de l'autel. Il se propage rapidement à travers les combles, détruisant le plafond en bois de la splendide salle St. George où se réunissent, une fois par an au mois de juin, la reine, le duc d'Édimbourg et les autres chevaliers de l'ordre de la Jarretière, selon un rituel qui remonte à 1348, année de la fondation dudit ordre. Malgré les efforts de deux cents pompiers et de sept casernes, le toit et les murs sont réduits en cendres et le reste de la salle (56 mètres sur 9) est sérieusement endommagé. Six siècles d'histoire disparaissent dans le brasier et la fumée. Outre la chapelle privée, la salle à manger d'apparat est ravagée. Elle avait déjà souffert d'un incendie en 1853. C'est dans cette pièce que la reine reçoit ses invités à déjeuner lors des courses d'Ascot, à Pâques. Aucun élément décoratif n'est épargné ; on déplorera la perte d'un immense buffet et d'un tableau représentant *George III assistant à une revue*.

Le salon cramoisi, principale pièce des salles de semi-apparat, n'échappe pas davantage à la destruction : la charpente du toit, pourtant en acier, se dilate sous l'intensité de la chaleur, repoussant le mur est ; la façade entière, calcinée, menace de s'effondrer alors que le plafond n'est plus qu'un amas de cendres. Après une lutte de quinze heures, l'incendie est circonscrit au nord-est de la forteresse. Des milliers d'œuvres d'art, une grande partie de la bibliothèque et de la salle des estampes ont pu être évacuées. Par chance, les salles les plus touchées étaient vides au moment du sinistre, car l'installation électrique était en réfection. La vision de la tour Brunswick sur le ciel rouge, au-dessus de la Cour haute, est hallucinante. Le prince Andrew, qui passait la nuit au château, a pu organiser, avec beaucoup d'efficacité, le premier sauvetage des œuvres. Les équipes de secours ont unanimement salué ses interventions. Réveillée en pleine nuit, la reine, qui se trouvait à Buckingham Palace, est sur place à la première heure. On voit Elizabeth II chaussée de bottes, s'avançant au milieu des décombres, choquée, son foulard Hermès noué sous le menton. Pour la souveraine, ce drame, le jour même de son quarante-cinquième anniversaire de mariage, est particulièrement pénible, d'autant plus que Philip est en Argentine. La reine s'enrhume, sa voix est enrouée en raison des fumées âcres qu'elle a inhalées. Elizabeth II aime beaucoup Windsor, non seulement parce qu'elle y a de nombreux souvenirs d'enfance, y compris ceux qui remontent à la guerre, mais aussi parce que cet imposant château symbolise un résumé de l'histoire britannique depuis le XIe siècle et Guillaume le Conquérant, son premier constructeur. La reine est accablée : c'est une partie de sa vie qui est détruite par les flammes. La consternation s'abat sur Sa Majesté et sur le Royaume-Uni.

Quatre jours plus tard, le 24 novembre, dans le Guildhall de Londres, lors du banquet donné pour ses quarante années sur le trône, Elizabeth II prononce le discours le plus émouvant de son règne. D'une voix lasse, presque étouffée par une angine, la reine, aussi triste que sa robe et son chapeau vert sombre, est désemparée. À l'assistance, elle demande « indulgence, compréhension et gentillesse ». Mais ce que le monde entier retiendra est son humour distancié lorsqu'elle dit : « Je ne conserverai pas de l'année 1992 le souvenir d'un bonheur sans mélange. Comme me l'écrivit, avec sympathie, l'un de mes aimables correspondants, ce fut vraiment une *annus horribilis*. »

Le « Camillagate » inquiète la reine. Le cauchemar va-t-il cesser ?

Deux jours après cette déclaration entrée dans l'histoire se produit un événement qui était programmé depuis longtemps, mais dont la quasi-concomitance avec la tragédie de Windsor surprend. Le 26 novembre, à la Chambre des communes, John Major, le Premier Ministre successeur de Margaret Thatcher – laquelle a battu le record de longévité (onze ans et demi) au 10 Downing Street –, annonce que la reine et le prince de Galles acceptent de payer des impôts. Ainsi, la souveraine et son héritier deviennent des contribuables. Une révolution ? Un signe des temps. Et Elizabeth II financera, sur sa cassette privée, le budget de certains membres de sa famille. De même, il est décidé que Windsor ne sera pas restauré aux frais de l'État (les travaux vont durer cinq ans), la reine prenant les dépenses à sa charge, et que, pour rassembler le complément des fonds nécessaires, Buckingham Palace sera ouvert à la visite pendant les mois d'été.

Le 9 décembre, le même John Major fait une déclaration moins surprenante, mais néanmoins spectaculaire : « C'est avec regret que Buckingham Palace annonce que le prince et la princesse de Galles ont décidé de se séparer. » La suite du communiqué est riche de précisions, prouvant que la reine et son Premier Ministre ont minutieusement étudié la situation :

> Leurs Altesses royales n'ont pas l'intention de divorcer et continueront à s'occuper ensemble de l'éducation

> de leurs enfants. Ils continueront à tenir séparément leurs engagements publics, mais apparaîtront ensemble dans certaines circonstances familiales et nationales. La reine et le duc d'Édimbourg, bien qu'attristés, comprennent et compatissent aux difficultés qui les ont conduits à prendre cette décision. Sa Majesté et Son Altesse royale le prince de Galles espèrent que les intrusions dans la vie privée du prince et de la princesse pourront maintenant cesser[1].

Le Premier Ministre ajoute que les questions dynastiques ne sont pas affectées par cette décision, les enfants conservant leur rang dans la succession au trône. Mais John Major stupéfie le Parlement et l'opinion en ne voyant aucune raison pour que Diana ne soit pas couronnée reine lors de l'avènement de Charles ! Un vrai cauchemar pour le prince ! « L'idée que la princesse de Galles, vivant séparée de son mari, et à couteaux tirés avec lui, puisse être couronnée apparut à la plupart des gens comme totalement absurde », observe Sarah Bradford.

La seule note positive de cette fin d'année épouvantable est la révélation par la BBC du remariage, prévu le 12 décembre, de la princesse Anne avec Timothy Laurence, commandant de la Royal Navy. La reine l'apprend par la radio en même temps que ses sujets. Anne est furieuse contre la BBC, car elle souhaitait un mariage en Écosse dans la plus stricte intimité, et la reine est furieuse contre sa fille, qui ne l'a pas informée. Elizabeth II réagit aussitôt, prenant en main

1. Intervention au Parlement (traduction de l'auteur).

précipitamment (ce qu'elle déteste) la cérémonie qui aura lieu « à l'église de Crathie, sur le domaine de Balmoral, car l'Église d'Écosse accepte de bénir les seconds mariages, ce qui n'est pas le cas, à l'heure actuelle, de l'Église d'Angleterre[1] ». Le mariage religieux était indispensable pour la princesse Anne si elle voulait conserver ses droits au trône. Une petite réception de deux heures « avec soupe et sandwichs » est organisée dans une annexe du château. « C'est le mariage royal le moins cher de l'histoire du royaume. » Le remariage d'Anne est bien jugé par l'opinion, le nouveau gendre de la reine étant discret et bien élevé[2]. Les bonnes nouvelles sont si rares… Hélas ! L'*annus horribilis* n'est pas terminée. Une nouvelle bombe explose, cette fois elle vise Charles : elle a pour nom « Camillagate ». Il s'agit de l'enregistrement, datant de décembre 1989, donc trois ans plus tôt (quelques semaines avant le « Squidgygate »), d'une conversation extrêmement intime entre Charles et Camilla Parker Bowles. Charles exprime son désir de vivre à l'intérieur de la petite culotte de sa bien-aimée ! Et c'est accompagné d'autres détails encore plus intimes ! Pour la reine, c'est un nouveau cauchemar. La guerre déclenchée entre son fils et sa belle-fille lui semble aussi ravageuse qui celle qui avait partagé le royaume en deux camps au moment de l'affaire

---

1. Hélène Catsiapis, *La Royauté anglaise au XXe siècle*, *op. cit.* Depuis cette date, les seconds mariages sont bénits par l'Église d'Angleterre, ce qui sera le cas de celui de Charles et Camilla le 9 avril 2005, à Windsor.

2. Robert Hardman, *Our Queen*, Hutchinson, 2011.

Wallis Simpson. Diana devient un énorme problème. Son extrême popularité, amplifiée par la presse, l'érige en victime, tandis que la famille royale paraît coupable à l'égard de la princesse. Le « Squidgygate » : un point pour Charles. Le « Camillagate » : un point pour Diana. La guerre aura-t-elle une fin ?

13

La reine entre tragédie, impopularité et reconquête

Bien avant son avènement, la future Elizabeth II avait mesuré l'importance de la réputation de la dynastie dans une monarchie, la famille souveraine devant être irréprochable. Son père George VI avait été un modèle et sa conduite exemplaire avait rendu sa dignité à la Couronne. Princesse héritière, elle savait l'« importance de l'image qu'elle doit renvoyer[1] ». En quarante années de règne, elle n'a pu être critiquée ni dans sa fonction politique ni dans sa vie privée. Mais entre la fin de 1992 et le début de 1993, le déferlement médiatique sur son entourage est tel que la souveraine et son époux ont le sentiment d'être assiégés par une presse sans pitié où l'audiovisuel a pris une importance sans précédent. C'est la première fois que la reine et les siens sont assaillis par la meute médiatique. On imagine la

1. Jérôme Carron, *Élisabeth II, reine du siècle*, *op. cit.*

stupéfaction et le dégoût de Sa Majesté quand elle prend connaissance de la transcription des propos incroyablement scabreux de Charles sur les dessous portés par Camilla. Le couple souverain, inquiet, s'interroge et interroge ses proches pour tenter de savoir quel est le degré de sa responsabilité dans l'échec retentissant des mariages de ses trois premiers enfants, mais il ne trouve pas la réponse. Une très ancienne règle journalistique s'impose toujours : les nouvelles scandaleuses se vendent mieux que les autres. Charles se pose les mêmes questions de manière presque obsessionnelle : pourquoi tout a-t-il si horriblement et si rapidement basculé dans sa vie privée, étalée devant une opinion insatiable ? Théoriquement, ce qui se passe devrait être le triomphe de Diana puisque, comme elle l'avait déclaré dans sa biographie racontée par Andrew Morton dont elle était complice, la liaison de Charles et Camilla est avérée. Diana devrait donc être victime et non coupable. Mais – et c'est une des naïvetés de Diana que de ne pas s'en être rendu compte –, au Royaume-Uni, l'information est souvent agressive et farouchement attachée à son indépendance. La princesse, qui bénéficie d'une oreille attentive dans plusieurs journaux, croit maîtriser ses contacts. Elle se trompe, car s'il y a un affrontement entre la famille royale et les médias, ceux-ci sont aussi dans une compétition féroce entre eux et tous les coups sont permis. Le respect et la distance ont disparu.

Au début de l'année 1994, une partie des grands titres se retournent contre la princesse qui, souvent, joue double jeu et que les experts en scandales jugent paranoïaque. Le *Sun*, encore lui, publie des photos de Diana en compagnie de Richard Kay, chroniqueur royal réputé du *Daily Mail*, prouvant la proximité de la princesse de Galles avec ce prestigieux quotidien. Pis, l'hebdomadaire *News of the World* révèle la relation que Diana a entretenue avec l'antiquaire Oliver Hoare. Et relate le harcèlement téléphonique dont l'épouse de ce dernier a été victime de la part de Diana après qu'il a rompu avec la princesse. Ladite épouse a porté plainte et l'enquête a clairement montré que les appels venaient de Diana, presque hystérique. Le rapport de police lui avait été présenté et l'acharnement téléphonique avait aussitôt cessé. Mais Diana aime son image, celle qu'elle veut donner au monde, par exemple quand elle entretient sa forme dans un club de sport. Rien à dire à ce sujet, sauf que sa photographie, jambes écartées, à la une du *Sunday Mirror*, prise à l'aide d'un appareil caché dans un faux plafond, ou cet autre cliché où elle pose, seins nus, sur une plage en Espagne, ne font qu'exciter les amateurs.

Pis encore, la parution, au printemps 1994, du livre d'Anna Pasternak, *Princess in Love*, révèle au grand public la très longue aventure de Diana avec le capitaine James Hewitt. C'est elle qui l'a encouragé. Il était entré dans sa vie en 1986. La date n'est pas anodine, car l'officier Hewitt est roux et des rumeurs malveillantes avaient circulé, lui attribuant l'éventuelle paternité du prince Harry. Or, c'est impossible : Harry a déjà deux ans quand le capitaine commence à courtiser sa mère. Si Harry est roux, il faut mettre en cause les gènes de la famille Spencer : elle compte de nombreux rouquins. Néanmoins, on ne peut exclure que Harry ait souffert de ces ragots. Hewitt a été aussi très présent dans la vie de William et Harry qui le considéraient comme un compagnon de jeu idéal. Ils n'ont pas compris qu'il disparaisse brutalement de leur vie comme de celle de leur mère en 1990. En fait, c'était Diana qui avait rompu car, à cause de sa maladresse, tout le régiment était au courant et l'« affaire » risquait d'être vendue aux tabloïds.

La reine et Philip sont effondrés : Charles, futur roi, se ridiculise

Si, jusqu'ici, la reine et la Couronne étaient épargnées par ces livraisons quasi quotidiennes de détails secrets, tout juste dignes d'adolescents en pleine puberté, cette accumulation met en cause l'avenir de la monarchie puisque Diana, totalement imprévisible, reste la mère du prince William, deuxième dans l'ordre de succession après son père Charles. Celui-ci ne sort pas grandi de la révélation de ses désirs intimes. Mais il est impossible de prévoir ce qu'en pense l'opinion, si versatile. Le livre d'Andrew Morton, qui devait défendre Diana, commence à la desservir, tandis que Charles est discrédité par sa relation avec Camilla Parker Bowles et leurs entretiens. La reine souhaite qu'il cesse de fréquenter sa maîtresse, femme mariée. La situation est ridicule, hypocrite et souille l'image royale. Mais Elizabeth II, qui déteste les conflits familiaux car, enfant, elle en a vu les ravages, n'a pas la force de mettre son fils en face de ses responsabilités. Elle charge donc son secrétaire privé, Robert Fellows, de faire comprendre au futur roi qu'il doit rompre, en évoquant le cauchemar familial et national de 1936. Charles promet. Mais, au bout de trois mois, il ne tient plus et revoit Camilla. À Noël 1993, la reine espère retrouver un semblant de sérénité familiale. Hélas ! Les quelques heures que Diana passe à Sandringham sont infernales, la princesse étant vexée à la fois qu'on s'intéresse moins à elle et qu'on la suive partout ! La reine, pour une fois exaspérée, exige que les photographes et cameramen cessent cette chasse aux images. Ce sera l'une des rares fois où l'on verra une colère d'Elizabeth II, d'autant plus que Sandringham, propriété privée, est un sanctuaire familial depuis son enfance.

6 mai 1994 : avec le tunnel, l'Angleterre n'est plus « une île »

Retrouvant son devoir d'État et ses multiples obligations, Elizabeth II inaugure le tunnel sous la Manche avec le président Mitterrand. Après huit années de travaux pharaoniques et les efforts de 12 000 techniciens, ingénieurs et ouvriers, ce vieux rêve, qui avait suscité tant de fantasmes et de projets, est enfin une réalité. Pour la reine, les 50 kilomètres de double voie ferroviaire sous la mer sont un moment inoubliable de son règne. Au-delà de l'exploit technique, une page se tourne : l'insularité britannique, qui avait protégé le royaume aussi bien de Napoléon que de Hitler, n'existe plus. Est-ce un mal ou un bien ? En tout cas, c'est un tournant décisif dans l'histoire européenne et l'adieu à la première particularité du pays : la France et le Royaume-Uni ont désormais une frontière terrestre. La cérémonie a d'abord lieu du côté français, à Coquelles, en présence de Margaret Thatcher, Premier Ministre à l'époque de la ratification du traité, de son successeur John Major, du Premier ministre français Pierre Mauroy, des deux ministres des Affaires étrangères sir Geoffrey Horne et Roland Dumas, de leurs homologues belge et allemand ainsi que du prince Philip. Les deux chefs d'État (la reine est en manteau et chapeau rose, le président en veston) coupent le ruban en dentelle de Calais. Cela s'imposait. Ainsi, c'est l'Europe qui s'amarre aux îles Britanniques, une invasion pour les adversaires du tunnel. La reine, qui juge François Mitterrand un peu sentencieux, mais qui est fascinée par sa culture, refuse de monter dans la somptueuse voiture de l'Élysée embarquée à bord d'un *shuttle* (navette) et préfère sa Rolls-Royce. C'est donc en Britannique, dans un symbole de l'excellence britannique, que la première traversée officielle est vécue par Elizabeth II, même si la limousine est à bord d'un train appelé Eurostar – un anglicisme, tout de même. La reine apprend que les divers tunneliers avaient été baptisés de prénoms féminins par les équipes, exclusivement masculines, travaillant sous la mer. Heureusement, aucun tunnelier ne s'appelait Elizabeth ! Les images montreront un François Mitterrand l'air inquiet des opérations d'embarquement à destination de Folkestone, tandis que la reine passe pour avoir dit, en songeant peut-être aux milliards de tonnes d'eau au-dessus de sa tête pendant le trajet : « Je souriais, mais du bout des lèvres… » À Folkestone, la reine et le président sont accueillis par la garde royale. Elizabeth II est chez elle.

29 juin 1994 : le prince Charles contre-attaque à la télévision

La date n'est pas choisie par hasard : à deux jours près, c'est celle du vingt-cinquième anniversaire de son intronisation en qualité de prince de Galles. Ce soir-là, un mercredi, l'héritier du trône, exaspéré d'être systématiquement décrié, choisit la plus redoutable des armes médiatiques, celle qui pénétrera dans tous les foyers, la chaîne ITV, et sera relayée par les premières chaînes d'information en continu, comme Euronews. Charles ruminait sa réplique depuis des mois. Au journaliste Jonathan Dimbleby, dont le père était le commentateur officiel des événements royaux sur la BBC, le fils aîné de la reine a accordé deux mois de tournage pour un film de deux heures et demie diffusé à 20 h 15. Le titre est accrocheur : *Charles: The Private Man, the Public Role*. Ses futurs sujets vont donc tout savoir sur celui qui devrait être le quarante-deuxième monarque britannique ; ses habitudes, ses activités, ses goûts en matière de chansons et de peinture, les médecines naturelles, l'architecture, tout y passe. Le prince est souvent détendu, parfois sérieux, parfois amusé. Mais, comme on s'en doute, la question qui excite les 15 millions de téléspectateurs est celle de sa vie conjugale. Après un long silence, Charles assure qu'il a essayé d'être fidèle à Diana : « Jusqu'à ce que notre mariage soit irrémédiablement détruit, nous avons tous les deux fait de notre mieux. » Dans le cadre imposant de la chapelle St. George à Windsor, Charles confesse, pour la première fois, son infidélité. Il évoque sa maîtresse

Camilla, précisant : « Mrs. Parker Bowles a été une amie pendant très longtemps et continuera à l'être pendant longtemps encore. » Le divorce ? Même s'il n'est pas envisagé dans l'immédiat, « il ne constitue pas un empêchement pour devenir roi ». Et le père de William et Harry dit qu'il est inquiet pour eux, déplorant la pression médiatique permanente sur leurs vies et sur la sienne. Élevant l'entretien au niveau des relations entre l'Église et la Couronne, le prince précise qu'il entend, le moment venu, être « défenseur de la foi », c'est-à-dire non seulement de la foi anglicane, mais de toutes les religions. En dépit de ces révélations et annonces, cette diffusion est loin d'être un succès total, ce que redoutait Camilla. En effet, le même soir, Diana est apparue, comme par hasard, à une réception à la Serpentine Gallery, dans une robe noire spectaculaire, très décolletée et très courte. Et c'est elle qui fait la une des journaux du lendemain. Chacun son tour, torts partagés, la guerre médiatique continue ! Si Charles et Diana utilisent les mêmes armes, le prince n'a pas exactement les mêmes avantages ni les mêmes devoirs que son épouse !

La reine et Philip sont stupéfaits : Charles dénigre ses parents !

On sait qu'Elizabeth II ne regarde ou ne lit jamais les reportages et enquêtes sur elle-même ou sa proche famille. Il est pourtant difficile de croire qu'elle n'ait eu aucun écho de ce projet, dont la réalisation a duré très longtemps. Être informée indirectement, presque clandestinement, n'est guère agréable pour la souveraine, car il s'agit de son fils et successeur. Pourquoi ne lui a-t-il rien dit ? La reine juge que Charles aurait dû lui parler de sa volonté de s'expliquer. Mais la souveraine, qui déteste les déballages de la vie privée, espérant toujours que le temps apaisera les conflits, n'est pas convaincue de l'efficacité de ce documentaire sans précédent. Pour elle, la question principale est de savoir si, malgré le parasitage d'audience opéré par sa belle-fille dans la soirée et le lendemain matin, le fait que Charles ait brisé la loi du *no comment* peut, en définitive, être salutaire et permettre au prince de regagner une popularité fuyante, puisqu'il apparaît comme le coupable dans le spectaculaire règlement de comptes entre les deux époux. Était-il indispensable de se placer au niveau de millions de couples en crise quand on est appelé à régner sur eux ?

Trois mois plus tard, Charles récidive avec le second volet de son plan médiatique, sa propre biographie, écrite par le même journaliste, *The Prince of Wales*. *A priori*, c'est le livre du film. Des extraits paraissent dans le *Sunday Times*. Mais, en réalité, ce n'est pas seulement la version imprimée du documentaire et un autoportrait de l'héritier. Ce volume contient un réquisitoire du prince contre sa mère régnante : Charles se présente presque comme un enfant martyr, très malmené par un père trop dur avec lui et pour ainsi dire ignoré par une mère se consacrant exclusivement à ses devoirs de monarque. Ici encore, Elizabeth II a été tenue à l'écart du projet éditorial. Elle considère que c'est presque une trahison de son fils et successeur, d'autant plus injuste que le poids des affaires de l'État est écrasant et qu'il a semblé essentiel à la reine que la monarchie et le symbole de sa stabilité politique passent, malheureusement, avant sa famille, ce qui pour la reine est un authentique et douloureux sacrifice. Et il est vrai que, comme une sorte de compensation à sa délicate situation de prince consort, elle a laissé Philip diriger complètement l'éducation et surtout les études des enfants. Et Charles oublierait-il ces princes de Galles, par exemple les futurs Édouard VII et Édouard VIII et même son grand-père, George VI, dont l'enfance et l'adolescence furent souvent compliquées, elles aussi ? Charles n'est pas le premier ni le seul dans ce cas.

Mais dans ce « réquisitoire », ce que la reine supporte le moins est l'exhibitionnisme affectif de son fils : comment son successeur ose-t-il se plaindre publiquement ? Les jérémiades en privé sont déjà intolérables pour la fille de George VI, alors devant des dizaines de millions de gens… Et la reine a raison : elle qui s'efforce, par son attitude et ses silences, de fédérer le maximum d'opinions constate que ce livre coupe le Royaume-Uni en deux clans inégaux : les uns approuvent Charles, les autres, plus nombreux, critiquent ses plaintes, indignes d'un futur souverain, car elles témoignent de ses défaillances. Certes, ses confidences ont humanisé le prince Charles, mais elles ont aussi mis en évidence ses faiblesses. Qui l'emportera, de ses partisans ou de ses adversaires ? L'entourage royal laisse entendre qu'Elizabeth II est furieuse contre son fils qui a hypothéqué l'avenir.

Dans la vengeance et la mise en scène, Diana est la plus forte !

C'est un vrai feuilleton ou, mieux, une série télévisée dont chaque épisode excite des millions d'amateurs. À chaque fois, on espère être surpris, et on l'est ! Le scénario est de plus en plus perfide, c'est-à-dire de pire en pire. Dans le rôle de la provocatrice imprévisible et qui sait prendre la lumière, la princesse de Galles est parfaite. Qu'elle ait rencontré Mère Teresa signifie que Diana est sensible à la douleur des malades et des déshérités, mais... elle ne vivra pas parmi les malheureux de Calcutta. Elle fait monter la pression en précisant préférer être la « princesse des cœurs » (expression qui, on le sait, sera reprise plus tard) plutôt que la reine (évidemment du Royaume-Uni, sa belle-mère). On imagine les dégâts causés par une telle déclaration de guerre ! Puis, Diana ose prétendre à une mission d'ambassadrice extraordinaire de la Couronne pour des buts humanitaires. Au Foreign Office, on est stupéfait, mais plus très étonné, et certains diplomates voient dans le comportement de celle qui est toujours l'épouse de Charles une volonté sournoise de dynamiter la monarchie en la discréditant. Pour la première fois, Diana est analysée comme une menace politique, comparable à ce qu'était Wallis Simpson en 1936. Ces ministres et très hauts fonctionnaires font savoir au gouvernement et à la souveraine que Diana est « dangereusement incontrôlable, *a loose cannon*, selon l'expression anglaise d'une certaine presse[1] », autrement dit un

1. Hélène Catsiapis, *La Royauté anglaise au XXe siècle*, *op. cit.*

carambolage catastrophique ! Constatant la dégradation de l'image royale provoquée par sa belle-fille, la reine commence à envisager la procédure de divorce. Diana réagit avec un talent rare dans la vengeance combinée à une très efficace mise en scène. Le 14 novembre 1995, jour du quarante-septième anniversaire de Charles, la princesse de Galles annonce qu'elle donnera, six jours plus tard, le 20 novembre, une grande interview en direct à la BBC, dans la célèbre émission *Panorama*. Le 20 novembre, c'est le jour du quarante-huitième anniversaire de mariage d'Elizabeth et Philip ! Quel cadeau perfide pour son mari et ses beaux-parents !

L'émission est diffusée depuis le domicile de Diana, à Kensington Palace. La princesse de Galles dramatise encore plus la situation. Vêtue d'un tailleur noir et d'un corsage blanc, les yeux très maquillés, elle utilise avec un réel professionnalisme le spectacle mondial qu'est la télévision. À l'ancien célèbre chroniqueur sportif Martin Bashir, Diana confirme tout ce qui a été déjà relaté dans sa biographie, en particulier sa haine envers Camilla (qui a divorcé) et son adultère avec le capitaine James Hewitt. Mais derrière cette version orale du livre d'Andrew Morton se cache une bombe politique : avec une fausse innocence, la princesse s'interroge en prenant l'opinion à témoin ; elle doute des capacités de Charles à régner et estime que son fils William devrait être le successeur d'Elizabeth II, car « si Charles devient roi, il devra affronter une tâche encore plus difficile et accepter beaucoup plus de restrictions à sa liberté ». L'attaque dynastique est ravageuse, confirmant les doutes que Charles avait lui-même évoqués sur ses futures responsabilités. Ces insinuations sont désastreuses. Pendant une heure et devant 20 millions de téléspectateurs médusés, enthousiastes et compatissants, Diana raconte, avec une apparente sincérité, ses quatorze ans de malheur : « J'aimais désespérément mon mari, j'espérais que nous formerions une très bonne équipe. » Elle ose dire que le plus pénible était l'« attention permanente des médias », que « le palais ne [l]'a aidée en rien » – une flèche qui vise la reine –, parle de sa dépression, confirme sa volonté de représenter la Couronne et achève par une formule humoristique, soigneusement préparée, qui fera le tour de la planète : « Nous étions trois dans ce mariage et cela fait beaucoup de monde dans un couple. » Avantage, Diana ! Charles a perdu médiatiquement, sa femme maîtrisant et la technique et l'espace. Elle a réussi à montrer d'elle-même une image humaine, généreuse, lucide. Et son arme absolue est son charisme. L'émission bat des records d'audience, même en dehors du Royaume-Uni. Aucun commentaire de Buckingham Palace, mais la reine, que l'on dit exaspérée, ne voit plus d'autre issue à cette crise, devenue politique, que le divorce. Pour l'opinion, Diana ne cesse de prendre l'initiative au détriment de Charles. À ses conseillers, la souveraine aurait déclaré : « Il faut en finir. » Le chef de famille prend le relais du chef d'État.

1996 : résignée, la reine organise les divorces de Charles et d'Andrew

Peu avant Noël, Elizabeth II écrit séparément à son fils Charles et à Diana, leur suggérant (en fait, c'est un ordre) d'entamer la procédure. Le 15 février, la reine reçoit sa belle-fille afin de mettre au point les modalités pratiques de la séparation définitive. Les deux parents continueront de s'occuper conjointement de l'éducation des enfants, William (treize ans), qui vient d'entrer au célèbre collège d'Eton, et Harry (onze ans), qui est toujours pensionnaire à Ludgrove. Tous deux ont subi douloureusement l'impact de cette guerre médiatique entre leurs parents. Comment ne pas être gênés et perturbés par ces règlements de comptes à l'échelle mondiale ? Du point de vue familial, 1996 se présente comme une *annus horribilis bis*, puisque le 30 mai, le divorce d'Andrew et de Sarah/Fergie est prononcé. Il est financièrement peu avantageux pour la duchesse d'York et Andrew, qui n'a pas de fortune personnelle, dépend entièrement de la reine, qui réglera personnellement bien des factures pour son fils. Fergie, qui perd son prédicat d'Altesse royale, n'attire aucune compassion de la presse ni de l'opinion à cause de sa vie privée extravagante et de ses dettes ; celles-ci vont d'abord l'obliger à revivre sous le même toit que son ex-mari, puis à continuer ses acrobaties financières en vendant son image aux États-Unis.

À peine un mois plus tard, le 28 août, le divorce de Charles et Diana est une réalité juridique. La reine, consciente que Diana a la réputation d'être une bonne mère, chaleureuse et tendre, décide qu'elle continuera à vivre à Kensington Palace, conservera ses bureaux au palais de St. James, mais perdra, elle aussi, son titre prestigieux d'Altesse royale. Il est possible que cette décision d'Elizabeth, deux jours après que le divorce est devenu officiel, ait été provoquée par une réaction de Diana : en la recevant, la souveraine avait recommandé à sa belle-fille de rester discrète sur les détails de leur entretien. Mais, à son habitude, Diana avait joué avec le feu médiatique et immédiatement alerté ses « amis » journalistes. D'où une colère froide de la reine contre Diana à qui, décidément, on ne peut pas faire confiance. C'est ainsi qu'on apprend que la princesse de Galles (elle conserve ce titre) recevra une indemnité compensatoire de 17 millions de livres, une somme qui fait de ce divorce l'un des plus chers de la fin du XXe siècle[1]. Mais Diana sera-t-elle raisonnable ? En est-elle capable ? Pauvre reine Elizabeth II ! Sur ses quatre enfants, trois ont divorcé et Edward n'est pas encore marié. Que d'échecs familiaux ! Que de mauvais exemples ! On peut penser que la reine s'interroge : a-t-elle été trop dure ? Sa fonction, écrasante, a-t-elle broyé des personnalités ? Ses enfants et ses belles-filles manquaient-ils de caractère pour accepter les contraintes de leurs situations ? Ont-ils cru qu'ils pouvaient tout se permettre ? Ont-ils oublié que les monarques et leurs familles ont, d'abord, des devoirs ?

Cependant, quel que soit son état d'esprit à l'égard de ses deux ex-belles-filles, la reine conservera un lien minimal avec elles, continuant à leur téléphoner, à les

1. Soit 19 millions d'euros ou 23 millions de dollars.

voir, pour ses quatre petits-enfants. Elizabeth II assume son devoir de grand-mère et rien ni personne ne pourrait la contraindre à y déroger, car elle a autant d'affection pour William et Harry que pour Beatrice et Eugenie. À Noël 1996, soucieuse de maintenir une apparence de normalité pour ses petits-enfants, la reine invite Diana à Sandringham pour Noël. Diana refuse. Elle a tort, car on ne refuse pas une invitation de Sa Majesté. Mais pour son ex-belle-fille, Sandringham est un cauchemar ; ne pratiquant ni la chasse ni les activités habituelles de la famille, elle s'y ennuie à mourir et déclare même : « Je serais arrivée en BMW et repartie en corbillard[1]. » Pour William et Harry, c'est leur premier Noël sans leur mère, qui reste seule à Kensington Palace avant de s'envoler pour les Caraïbes.

Une nouvelle organisation de leurs vies pour William et Harry

Bien avant que le divorce soit prononcé et avant même leur séparation officielle, Charles et Diana avaient modifié leur existence et celle de leurs enfants : tandis que Diana gardait l'appartement de Kensington Palace, Charles aménageait un appartement dans St. James Palace où il avait déjà ses bureaux ; il l'agrandira par la suite pour que ses fils aient plus d'espace. Évidemment, il conserve Highgrove, où il les recevra le week-end. Conscient que ses enfants ont besoin d'être accompagnés

1. Anne-Élisabeth Moutet, *op. cit.*

dans ce changement de vie, pour s'occuper d'eux il engage une jeune femme qu'il connaît depuis toujours et qui deviendra l'assistante de son secrétaire particulier, Alexandra Legge-Bourke. Les jeunes princes vont adorer celle qu'ils surnomment Tiggy, une compagne joyeuse, pratiquant l'équitation, la chasse, pleine d'imagination pour distraire les deux enfants. Évidemment, Diana, en voyant de nombreuses photos de ses deux fils très joyeux en compagnie de la jolie Tiggy, en prend ombrage. Ce n'est pas la première fois qu'elle déteste *a priori* toute personne susceptible de capter l'affection de ses fils. Elle est jalouse de Tiggy. Elle l'accusera sans preuves, par pure méchanceté, d'être la maîtresse de Charles et même de s'être fait avorter. Tout est faux. Le scandale sera évité, mais l'affaire remontera jusqu'à la reine et Diana cessera immédiatement ses allégations. Heureusement, Tiggy restera au service de Charles et les enfants en auront bientôt le plus grand besoin…

Malgré leur divorce, la guerre des Galles n'est pas terminée. En juillet 1997, Charles donne une grande fête en l'honneur des cinquante ans de Camilla. Toute la presse est en émoi, c'est une façon pour Charles d'affirmer que Camilla fait définitivement partie de sa vie. Bien entendu, Diana est furieuse et, pour se venger, elle accepte l'invitation de Mohammed Al-Fayed à séjourner dans sa propriété de Saint-Tropez et à bord de son yacht. Elle s'y rend accompagnée de ses deux fils et médiatise spectaculairement, comme elle sait le faire, sa nouvelle liaison avec le fils de son hôte, Dodi Al-Fayed. C'est la première fois que Diana s'affiche à ce point, peut-être pour compenser sa rupture avec un chirurgien pakistanais, après une relation qui avait duré deux ans ; c'est le chirurgien cardiaque Hasnat Khan, affolé par le choc d'une telle exposition dans sa vie, qui avait rompu.

Pendant ce temps, la reine, qui a géré tous les désordres familiaux de ses enfants, s'apprête à affronter une nouvelle épreuve d'un genre différent, mais qu'elle va aussi partager avec Philip. Le gouvernement conservateur de John Major avait décidé que le yacht royal, le *Britannia*, coûtait trop cher et qu'il faudrait le désarmer. Le nouveau Premier Ministre, le travailliste Tony Blair, confirme cette décision. Après quarante ans de bons et loyaux services, le *Britannia* appareille pour sa dernière croisière. La migration annuelle de la souveraine en compagnie d'une partie de sa famille les conduit de Londres à l'Écosse avant ses vacances à Balmoral. Pour Elizabeth II comme pour son époux, c'est un déchirement. Ils ont une passion pour ce superbe yacht, « la seule résidence [qu'ils aient] construite ensemble » et où ils pouvaient vivre d'une façon simple et décontractée.

Le 16 août 1997, le *Britannia* accoste pour la dernière fois à Caithness lors de la traditionnelle visite à la reine mère, dans son château de Mey. Sa fille est accompagnée de Philip, d'Andrew, nouveau divorcé, et de ses deux filles, Beatrice et Eugenie, de la princesse Anne, de son nouveau mari, Timothy Laurence, de ses enfants Peter et Zara. Le dernier fils d'Elizabeth II et de Philip, Edward, accompagné de sa *girlfriend* Sophie Rhys-Jones, est aussi présent. Les enfants de Margaret, David Linley et Sarah Chatto, sont accompagnés de leurs conjoints. La reine mère Elizabeth, très attachée aux traditions, est au moins aussi affectée que sa fille. Qu'elle soit pour la dernière fois l'hôtesse de cette escale du *Britannia* la touche profondément. Néanmoins, tout le monde fait bonne figure et l'on se quitte sans trop de tristesse, puisqu'on va bientôt se retrouver : traditionnellement, Queen Mum rejoint sa fille à Balmoral pour passer le dernier week-end d'août.

La mort de Diana : du drame au séisme mondial

Dans la nuit du 30 au 31 août 1997, la reine est réveillée à 2 heures du matin par l'ambassadeur britannique à Paris. Il lui annonce que son ex-belle-fille, la princesse de Galles, a été victime d'un grave accident de voiture à Paris, dans le tunnel du pont de l'Alma. On croit Diana grièvement blessée, mais toujours vivante. Un deuxième appel, à 3 h 30, l'informe que la princesse est morte. Elle avait trente-six ans. Charles est immédiatement prévenu. On laissera William et Harry, qui ont rejoint Balmoral après leurs vacances avec leur mère à Saint-Tropez, dormir un peu plus longtemps. Avec sa délicatesse habituelle, Elizabeth II, qui veut éviter un choc trop violent à sa mère, venue de Mey pour le week-end, lui écrit une lettre l'informant de la situation, lettre qu'on doit lui remettre à son réveil. Philip et Elizabeth II sont tétanisés. Leur première réaction, tout comme celle de Charles, est de protéger les enfants. Les circonstances de l'accident sont rapidement connues : Diana et Dodi Al-Fayed, qui s'étaient installés au Ritz, étaient assiégés par les journalistes en quête de la bonne photo et d'une éventuelle annonce de fiançailles, puisque Dodi s'était rendu chez un joaillier de la place Vendôme pour acheter une bague à Diana. Ne supportant plus ce harcèlement (que Diana avait pourtant encouragé en posant volontiers devant les paparazzis en Sardaigne pour de fausses photos volées), ils avaient décidé de quitter le Ritz par l'arrière de l'hôtel et s'étaient engouffrés dans une Mercedes conduite par M. Paul, fidèle employé du palace. À côté de lui, le garde du corps personnel de la princesse. Il faut ici préciser que, lors de son divorce, Diana, qui ne supportait plus la présence permanente des officiers de sécurité qui lui étaient imposés depuis ses fiançailles, avait dit qu'elle ne voulait plus être protégée par les services britanniques. Elle pensait qu'ils l'espionnaient. Elle oubliait qu'ils étaient surtout là pour la protéger. Chez une personnalité aussi exposée qu'elle l'était, son idée fixe était d'une grande inconscience. On connaît la suite : prise en chasse par des photographes, la voiture allait trop vite. Elle était sans doute mal entretenue et le chauffeur aurait, dit-on, un peu trop bu avant de prendre le volant. Mais rien ne le prouvera scientifiquement et, contrairement à ce qui sera avancé, personne ne l'avait vu ivre dans le bar Hemingway du Ritz, qui était fermé. On sait aussi que, comme dans tout accident mettant en cause une personnalité importante, beaucoup ont envisagé un attentat. Rien n'a permis, après d'interminables polémiques et une enquête très approfondie, conduite conjointement par les polices française et britannique, d'étayer la thèse criminelle. La conclusion est simple : la princesse est morte dans un banal accident, pour cause d'excès de vitesse. Mais, comme on le sait, les rumeurs qui suivirent transformèrent la fatalité en conspiration et les premiers soupçons se portèrent sur la famille royale, supposée être responsable de tout. À 7 h 15, Charles réveille William. Anne-Élisabeth Moutet rappelle que le jeune prince avait très mal dormi car il avait eu, la veille, sa mère au téléphone et cette conversation n'avait pas été agréable. William n'aimait pas Dodi Al-Fayed et il l'avait dit à Diana. Il avait raccroché… Charles annonce à son fils aîné le décès de sa mère et tous deux vont réveiller Harry. C'est un moment d'immense chagrin qui restera éternellement gravé dans leurs mémoires. Devant le désarroi de ses parents, Charles prend les choses en main. Il va se rendre à Paris dans l'après-midi pour rapatrier à Londres le corps de Diana.

La reine finit par accepter qu'un avion du Queen's Flight emmène son fils à Paris. Entre-temps, le prince de Galles appelle Tiggy Legge-Bourke pour qu'elle arrive au plus vite et tente de gérer la douleur des enfants. Dans la matinée, le Premier Ministre Tony Blair prend la parole pour un hommage appuyé à la « princesse des cœurs ». Elizabeth II et Philip ne pensent qu'aux enfants. Ils les emmènent à l'office dominical en disant qu'ils vont prier pour leur maman, tout en demandant au pasteur de ne rien changer à son sermon pour ne pas les perturber davantage. Hormis le téléviseur de leur propre chambre, tous les récepteurs disparaissent de Balmoral. Cette fermeture aux médias s'explique par la volonté de la souveraine que ses petits-fils ne soient pas bouleversés davantage par la diffusion, en continu, des rétrospectives de la vie de leur mère et les premières images de la tragédie sous le pont de l'Alma. Elizabeth II et Philip ont sans doute raison, mais l'ampleur du traumatisme mondial provoqué par la mort de la princesse va leur échapper. Si la disparition inattendue de Diana les touche (la reine dira : « Elle était si jeune »), pour eux elle n'est que l'ex-épouse de leur fils, n'a plus le titre d'Altesse royale, donc les drapeaux ne seront pas mis en berne. C'est un deuil purement familial et l'on envisage un enterrement dans le carré de Frogmore, à Windsor. La princesse Anne interrompt ses vacances pour rejoindre Balmoral avec ses deux enfants, Peter et Zara, car elle pense qu'ils seront un secours pour leurs cousins.

La reine, invisible, est accusée d'indifférence et de froideur

Le comportement de la famille royale, confinée à Balmoral, déchaîne les foudres de la presse et d'une large partie de la population qui ne comprend pas ce qui est pris pour de l'indifférence. La reine est absente, invisible. Un grand quotidien pose la question à la une : « Où est notre reine ? » Il faudra toute l'énergie et l'obstination de Tony Blair, soutenu par Charles qui, lui, a bien perçu la gravité de la situation, pour convaincre Elizabeth II de rentrer d'urgence à Londres pour manifester sa compassion, faire mettre les drapeaux en berne et prévoir des obsèques solennelles pour la princesse défunte. Ce ne sera pas difficile : on a prévu depuis longtemps les funérailles nationales de la reine mère Elizabeth. On appliquera donc le cérémonial prévu aux obsèques de Diana. À Londres, une foule immense vient déposer des montagnes de fleurs devant les grilles de Buckingham Palace. Elizabeth II et Philip sont surpris : Diana était-elle donc encore si aimée ? Le peuple est frustré d'un manque de compassion royale. Entre Balmoral et Downing Street, le malentendu persiste. Finalement, guetté par des millions de regards, le drapeau est hissé en berne, à mi-mât, sur Buckingham Palace. Un demi-deuil[1] ? Un début de prise de conscience ? C'est insuffisant…

Le 5 septembre, après six jours d'un silence jugé comme une grave faute politique, la reine revient à Londres à l'instigation pressante du Premier Ministre qui voit grossir la colère : « Windsor assassins ! » lit-on sur des pancartes. Tony Blair est presque de la même génération que Diana et il a immédiatement compris que la tragédie provoquait un séisme. L'opinion en veut à la souveraine qui avait exclu Diana de la famille royale et reste attachée à l'ex-épouse du prince Charles.

Du jamais-vu : Elizabeth II est face à l'animosité populaire…

Devant Buckingham Palace, les grilles disparaissent sous un insolite jardin. Soudain se déroule une scène sans précédent : la reine et Philip sortent à pied du palais et se dirigent vers les grilles. La foule est silencieuse. Pis : pour la première fois de son règne, Elizabeth II sent

1. Quand la reine n'est pas présente, le drapeau n'est pas hissé. La dernière fois que l'Union Jack avait été mis en berne, c'était le 6 février 1952, à la mort du roi George VI. La décision prise pour la mort de Diana est donc exceptionnelle.

l'animosité du peuple. Une colère froide, une immense colère muette… Elle-même en est choquée à son tour. À la demande du Premier Ministre, le prince Charles a insisté pour que sa mère se manifeste. Le soir même, dans une robe de deuil, la reine se force à une déclaration télévisée pleine de bienveillance. À l'image, on voit, derrière la reine, l'océan de fleurs noyant les grilles du palais. Si le texte de son discours a été passé au crible par le palais et les services de Tony Blair, la reine s'exprime simplement, avec émotion. Dans son allocution, Diana devient « un être humain exceptionnel et doué » qu'elle avait admiré et respecté « pour son énergie et son engagement envers les autres. […] Quiconque connaissait Diana ne pourra jamais l'oublier ». Puis, pour la première fois depuis qu'elle est montée sur le trône, Elizabeth II plaide en faveur d'un apaisement : « Je crois qu'il y a des leçons qui doivent être tirées de sa vie et de l'extraordinaire et imprévisible réaction à sa mort. » La reine a parlé en grand-mère. Mais en reine, elle a voulu sauver l'image royale, gravement brouillée. Elle s'est rendu compte de son erreur, mais qui pouvait, réellement, prévoir que l'émotion serait mondiale, que même le colonel Kadhafi s'en mêlerait en assurant que Diana avait été assassinée parce qu'elle allait « épouser un musulman » ?

Le propos de la reine, en direct, est habile, mais trop tardif. L'opinion mettra longtemps à pardonner la froideur souveraine, car on aurait souhaité, même contenue, une compréhension spontanée. Toutefois, une décision a été prise par les communicants de Downing Street, de Buckingham Palace et de la famille Spencer : les deux garçons suivront, à pied, le cercueil de leur mère. Philip est le seul à s'insurger devant cette idée, qu'il juge inhumaine pour William et Harry. Le duc d'Édimbourg n'aura pas gain de cause, mais William va dire, lui aussi, qu'il n'est pas d'accord. Il n'accepte finalement de suivre le cercueil avec son frère, son père et son oncle Spencer que si Philip veut bien être à ses côtés, ce que son grand-père accepte volontiers. Tout le monde remarque que pendant ce terrible trajet d'environ un kilomètre et demi, entre St. James Palace et l'abbaye de Westminster, le mari de la reine n'a cessé de parler à voix basse à William. Le samedi 6 septembre, la foule et deux milliards de téléspectateurs suivent la cérémonie. On guette avec curiosité le moment où le cercueil, placé sur un affût de canon et recouvert de l'étendard des Windsor, va passer devant Buckingham Palace. La reine, le prince Philip, la princesse Margaret et même Fergie, la duchesse d'York divorcée, sont debout. Ils attendent. Quelle sera la réaction de la souveraine… qu'on ne fait pas attendre ? Le convoi funéraire arrive enfin. En signe de respect, Elizabeth II incline la tête. Un geste amplifié par les caméras, mais qui ne suffit pas à réconcilier la population et les innombrables admirateurs de celle que Nelson Mandela a érigée en « citoyenne du monde » avec la « firme ». La reine a commis une faute en restant absente et silencieuse pendant quatre jours. Elle n'aimait pas celle qui était tant aimée. Le Premier Ministre a été très habile et sa popularité y gagne. Le temps sera-t-il un allié ou un adversaire pour Elizabeth II ? La mémoire de la princesse médiatique va-t-elle dominer et brouiller quarante-cinq années d'un règne pratiquement sans fautes ?

À Westminster, le frère de Diana vise la reine. Il est applaudi !

Sous les voûtes de l'abbaye, le monde de la princesse de Galles est très présent, avec des stars, des artistes, des créateurs. Elton John chante pour son amie disparue *Candle in the Wind*, une chanson écrite initialement à la mémoire de Marilyn Monroe. Tom Cruise et Steven Spielberg sont venus. Hollywood à Westminster : cela ressemble bien à Diana. Karl Lagerfeld, John Galliano sont là eux aussi. On est loin d'une cérémonie pour le Gotha traditionnel ; seules les royautés espagnole et néerlandaise sont représentées par une infante et une princesse, venues à titre privé. Trois épouses de chefs d'État se sont déplacées : Hillary Clinton, Bernadette Chirac et Suzanne Moubarak. Soudain, le silence est rompu par la voix du comte Charles Spencer. Face à la famille royale, le frère de Diana s'en prend violemment d'abord à la presse, puis aux Windsor, voulant préserver ses neveux de l'absence d'humanité dont il vient d'être témoin. Ce n'est pas un hommage à sa sœur, « qui n'avait pas besoin d'être royale », mais une agressive plaidoirie d'avocat en mémoire de la princesse « sensible, belle, pleine d'humour et de joie de vivre ». Le frère de Diana est furieux. Il accuse. À la stupéfaction muette de la souveraine, il est applaudi à l'intérieur de la cathédrale ! À l'extérieur, où des haut-parleurs retransmettent l'office à une foule considérable, une bruyante vague d'approbation salue l'imprécation du comte Spencer. La reine va devoir composer avec cette nouvelle réalité. Grâce aux médias (et à cause d'eux), le monde est devenu un village et les silences peuvent être aussi ravageurs que les bavardages permanents.

Après la cérémonie, Diana est inhumée à Althorp House, la demeure des Spencer, au nord de Londres ; elle repose dans un caveau aménagé sur une île, au milieu d'un étang.

En célébrant ses noces d'or avec Philip, la reine ravive la monarchie

Et si le calendrier permettait à Elizabeth II de renouer avec la confiance et l'estime populaires ? L'événement qui se présente en novembre 1997 est une chance que la souveraine saisit avec détermination. La célébration des cinquante ans de mariage d'un monarque britannique n'a jamais eu lieu. En effet, le seul roi qui aurait pu fêter ses noces d'or avait été George III en 1811, mais comme il donnait des signes de démence (il souffrait d'une anomalie du métabolisme appelée porphyrie) et avait sombré dans la folie en 1810, la régence fut confiée à son fils et successeur George IV. Donc, pour Elizabeth II et Philip, ce cinquantenaire est une chance politique. Presque « toute l'Europe couronnée s'est déplacée pour assister au service d'action de grâces d'Elizabeth II et de cinq autres couples anonymes, mariés comme elle en 1947[1] ». Sont venus les souverains belges, Albert II et Paola, ainsi que la veuve de Baudouin, la reine Fabiola ; la reine Margrethe II de

1. Jérôme Carron, *Élisabeth II, reine du siècle*, *op. cit.*

Danemark, son époux le prince Henrik, le prince héritier Frederik ; le grand-duc de Luxembourg et sa famille ; des membres des dynasties régnantes de Suède et de Norvège. Un couple royal dont le souverain a perdu son trône à cause des communistes après la guerre est particulièrement ému : c'est le roi Michel de Roumanie, le seul invité au mariage de la princesse héritière Elizabeth le 20 novembre 1947, au cours duquel il avait rencontré sa future épouse, Anne de Bourbon-Parme. Pour Elizabeth II, il est certain qu'après les divorces familiaux et le cauchemar Diana, la solidité de son couple avec Philip ne peut qu'offrir une image positive, à la fois intime et publique, de son règne. Après la cérémonie à Westminster, la reine, revigorée, se rend à pied au 10 Downing Street, chez le Premier Ministre qui l'attend pour la féliciter. Très habilement, Elizabeth II ne se hâte pas, s'arrête souvent et sourit. Pari gagné : la foule l'applaudit ! William et Harry la suivent, leur présence émeut. L'absence de protocole apparent (la sécurité est discrète) permet à la reine de se rapprocher déjà physiquement de ses sujets. Tout un symbole ! Chez Tony Blair et son épouse Cherie – elle est notoirement antimonarchiste –, un *drink* a simplement été prévu pour Sa Majesté. La présence de la reine chez le chef du gouvernement est, on l'a vu, exceptionnelle. Ensuite, un dîner est donné dans la salle des banquets de Whitehall toute proche pour plus de trois cents personnes, dont le couple Blair. Charles reçoit les invités royaux à bord du *Britannia* ; c'est la dernière mondanité organisée sur le célèbre yacht, qui sera mis à la retraite dans trois semaines.

Satisfaite de l'atmosphère de cette journée, la reine prend la parole et commence par dédier une déclaration de reconnaissance amoureuse à Philip : « Il a simplement été ma force durant toutes ces années et il le demeure. Et moi et sa famille entière et ce pays et beaucoup d'autres pays, nous lui devons plus qu'il ne le dira jamais. Beaucoup trop fréquemment, je le crains, le prince Philip a dû m'écouter parler. Nous avons souvent discuté ensemble de mes discours. » Avec une tendre malice, Elizabeth II se réfère aux commentaires abrupts et aux remarques inattendues de son époux, parfois un peu gênantes : « Comme vous l'imaginez, ses opinions ont toujours été exprimées avec la plus grande franchise. » L'assistance imagine fort bien la scène ! La suite du discours royal est un audacieux rappel au « malentendu » d'il y a trois mois : « Pour nous, famille royale, le message est souvent plus difficile à décrypter, il peut être brouillé par la déférence et les tendances contradictoires de l'opinion publique. Mais nous devons le lire. J'ai fait de mon mieux avec l'aide et l'amour constant du prince Philip pour décrypter ce message. Et nous essaierons, comme une famille, tous ensemble, d'agir de même dans le futur. »

L'assistance applaudit, en particulier Tony Blair, coauteur de cet examen de conscience de la souveraine – car, en dehors de son discours de Noël qu'elle rédige sans l'aval du cabinet, la reine doit soumettre son propos au Premier Ministre. Mais il faut reconnaître qu'Elizabeth II n'avait pas joué son rôle si parfaitement depuis longtemps. Elle a assez d'expérience pour savoir qu'elle vient de rétablir une relation normale avec l'opinion. La presse oublie ses critiques sévères et les festivités s'achèvent, le lendemain, par un dîner à Windsor, dans la salle St. George qui vient d'être restaurée, suivi d'un bal. La reine est redevenue la souveraine respectée. Quel soulagement ! Son sourire est sincère.

En disant adieu au Britannia, *Elizabeth II verse une larme...*

C'était programmé, c'était attendu et redouté particulièrement par le couple royal. L'entretien du somptueux yacht était devenu trop onéreux pour le contribuable britannique : le gouvernement travailliste a jugé, comme son prédécesseur conservateur, que 60 millions de livres chaque année était un effort que rien ne justifiait. La turbine à vapeur du navire était trop gourmande. Le désarmement du navire a lieu à Portsmouth, le 12 décembre 1997. Construit en Écosse, il avait été baptisé par la reine le 16 mars 1953, trois mois avant son couronnement, et mis en service en janvier 1954. En quarante-quatre ans, le yacht, qui avait le statut de résidence royale quand Elizabeth II était à bord, avait effectué neuf cent soixante-huit voyages officiels avec la reine ou des membres de la famille royale et accosté dans trois cents ports. Immatriculé dans la Royal Navy, il pouvait être aménagé en navire hôpital en cas de guerre avec deux cents lits, soixante médecins et infirmiers. En temps normal, son équipage comptait une vingtaine d'officiers et deux cent soixante-dix marins. Long de 127 mètres, il avait une capacité hôtelière de deux cents passagers. Pour la reine, cette journée est particulièrement émouvante. Que de souvenirs ! À bord, elle était heureuse avec Philip. Ils avaient tout choisi ensemble, de l'aménagement des cabines et des salons de réception à la décoration, des tissus aux meubles. Ils étaient chez eux, dans une « maison » qu'ils avaient imaginée et non dans un château ou un palais ayant déjà plus d'un siècle. Le *Britannia* était leur contemporain et leur œuvre à tous les deux. Aucun autre monarque britannique n'en avait fait usage. Il resterait le navire d'Elizabeth II et du duc d'Édimbourg et de personne d'autre. Même si le devoir d'État ne prend jamais de vacances et même si elle restait en contact permanent avec Londres et le gouvernement, la reine était détendue à bord. Et surtout sans journalistes, sans aucun regard indiscret. Elle pouvait s'y promener dans des tenues décontractées. Elle était libre de rire, de sourire sans qu'on interprète son attitude. Une solitude organisée, protégée, et le marin Philip y était aussi heureux.

L'avant-dernière croisière du *Britannia* fut un signe des temps en cette même année 1997 : il avait vogué jusqu'à Hong Kong pour la rétrocession de cette colonie britannique à la Chine populaire. Le 30 juin, le prince Charles, en uniforme blanc, avait présidé l'ultime cérémonie au cours de laquelle retentissait, pour la dernière fois, le *God Save the Queen*, puis l'Union Jack n'avait plus flotté au mât de la résidence du gouverneur, emporté par le vent de l'histoire. La fin d'une époque. En août, la famille royale avait utilisé le yacht, comme chaque année, pour gagner l'Écosse. Aussi, ce 12 décembre 1997, la reine, vêtue de rouge, est-elle submergée d'émotion par ce nouvel adieu. On verra ce que l'on pensait ne jamais voir dans aucune des circonstances tragiques vécues par Elizabeth II : une larme glisse sur sa joue. Le *Britannia* avait accompagné la reine presque depuis le début de son règne, elle l'accompagne le jour de son désarmement, l'un des moments les plus tristes de la vie de la souveraine. Elle salue cette élégante ambassade flottante qui l'a conduite si loin et si souvent ; maintenant, le *Britannia* va devenir un musée dans l'avant-port d'Édimbourg. Les foules viendront imaginer ce qu'était la vie à bord. Décidément, cette année 1997 est pesante. Que d'arrachements ! Pour ses voyages à l'étranger, désormais Sa Majesté utilisera l'avion ou, éventuellement et grâce au tunnel sous la Manche, le train pour ses déplacements en Europe.

La reine est attentive à la nouvelle vie de William et Harry

Après le décès de leur mère, les princes ont passé quelques jours avec leur père à Highgrove. Charles avait retardé leur rentrée scolaire pour éviter une trop grande curiosité de leurs camarades. En fait, ceux-ci s'étaient très bien comportés en envoyant des lettres de condoléances qui n'exigeaient aucune réponse. William entame sa deuxième année à Eton sans problème ; il est brillant et sérieux et, chaque semaine, il traverse la petite rivière qui sépare le collège du domaine de Windsor pour aller prendre le thé avec sa grand-mère, la reine ; ce rituel est essentiel pour eux deux. Avec beaucoup de tact, Elizabeth II prépare son petit-fils aux futurs devoirs de sa charge. Pour Harry, c'est plus difficile ; il redouble sa dernière année à Ludgrove, car il n'était pas prêt à passer l'examen d'entrée à Eton. Harry est le plus perturbé des deux garçons, sans doute parce qu'il est le plus jeune. Il a vécu très difficilement les déchirements de ses parents et ses études en ont souffert. La reine en est très consciente et c'est Charles qui va tenter de l'aider : en novembre 1997, il l'emmène avec lui dans son voyage officiel en Afrique du Sud. Harry découvre le Botswana, un coup de foudre définitif pour lui. Avec son père, il rencontre Nelson Mandela – on sait combien Diana avait d'admiration pour cette personnalité. Charles et Harry assistent aussi, à Johannesburg, à un concert des Spice Girls. Harry est aux anges ! Conscient de l'effet bénéfique des voyages en famille, le prince de Galles emmène ses deux fils au Canada pour une visite officielle aux vacances de Pâques 1998. Les jeunes princes font un triomphe. Ils sont apparemment heureux avec leur père, une image qui rassure la reine.

L'année 1998 est aussi celle des cinquante ans de Charles. Il veut les fêter avec ses fils mais, pour lui, le plus délicat reste à faire : il souhaite que William et Harry rencontrent Camilla, la pire ennemie de leur mère, et si possible acceptent sa présence auprès de leur père. En juin, le prince de Galles organise un premier tête-à-tête entre William et Camilla dans les appartements de Charles au palais de St. James, qu'il a fait agrandir pour y accueillir ses fils. Camilla est terrorisée, mais tout se passe bien. Ses fils sont des amis de William à Eton et elle saura faire la conquête de l'aîné. Pour le cadet, ce sera plus délicat. La rencontre a lieu à Highgrove, en compagnie des enfants de Camilla, mais la glace est vite rompue. Désormais, Camilla n'aura plus à se cacher pour rejoindre Charles, à Londres comme à Highgrove. La concrétisation de cette recomposition familiale se manifeste à deux reprises : d'abord lorsque, le 31 juillet 1998, William et Harry donnent une grande fête à Highgrove pour le demi-siècle de leur père et mettent Camilla à la place d'honneur. Puis le 14 novembre de la même année, le véritable jour de l'anniversaire de Charles, lorsque Camilla demande à William et Harry de participer au spectacle qu'elle organise à Londres. Les deux garçons vont parodier la scène finale des *Monty Python* pour la plus grande joie de leur père et de tous les invités.

Edward et Sophie : le dernier mariage du siècle à Windsor

Le prince Edward, troisième fils et quatrième enfant du couple souverain, est le moins connu de la famille. Il a fait les mêmes études que ses frères, puis a rejoint les Royal Marines. Un choix surprenant, car c'est l'une des unités les plus dures et l'on savait qu'Edward rêvait de devenir acteur. Son expérience militaire fut désastreuse : en janvier 1985, avant la fin de son engagement et au grand désespoir de son père, il avait démissionné. Des rumeurs ont couru dans la presse sur ses tendances homosexuelles, toutes démenties par ses proches : le prince avait eu plusieurs aventures féminines, mais elles étaient restées volontairement confidentielles. Edward est très aimé de celles et ceux qui sont à son service ou travaillent avec lui. Une popularité dans la discrétion.

Le 19 juin 1999 à Windsor, dans l'élégance gothique de la chapelle St. George, le cadet des enfants d'Elizabeth et Philip épouse Sophie Rhys-Jones. La jeune femme a trente-quatre ans, Edward trente-cinq et ils se connaissent depuis six ans. Fille d'un concessionnaire automobile et ancienne attachée de presse, la blonde Sophie était totalement extérieure au milieu de la Cour. Elle a enthousiasmé la reine qui a immédiatement approuvé ce mariage. On peut supposer que l'âge des mariés, qui fait de leur union une décision de la maturité, a paru encourageant pour Elizabeth II et le duc d'Édimbourg. La préférence pour les ingénues avait montré ses limites. Mais il y a quelque chose de troublant chez la jolie Sophie : elle ressemble à Diana ! Une confrontation qui pourrait être lourde, mais Sophie rassure l'entourage royal en précisant : « La comparaison physique avec Diana me flatte, mais nous avons des personnalités très différentes. » De quoi dissiper les inquiétudes, même si certains nostalgiques de la « princesse du peuple » se mettent à rêver ! Ce sera un défi, brillamment relevé par la nouvelle belle-fille de la reine.

Celle-ci, comme les futurs époux, a voulu une cérémonie la plus sobre possible, non télévisée ; mais il y a tout de même 20 000 personnes dans les rues de Windsor pour applaudir le couple dans son landau – celui dans lequel, chaque année, la reine se rend aux courses d'Ascot – et une réception est offerte par Elizabeth II à six cents personnes. Une intimité relative. Peut-être par superstition, en tout cas par discrétion, Sophie n'a pas voulu du titre de princesse proposé par sa souveraine belle-mère ; elle se contente, si l'on peut dire, d'être Altesse royale et comtesse de Wessex. Et elle est coiffée d'un diadème de diamants, un peu allégé, de la reine. Sophie avait exigé un mariage sans chapeau, car elle jugeait que certains couvre-chefs étaient parfois ridicules. De vrais perchoirs pour les oiseaux ! Elizabeth II, en couleur parme, avait trouvé un compromis. Quant à la reine mère, quatre-vingt-dix-neuf ans, personne n'oserait l'imaginer sans chapeau : elle en perdrait son sourire ! Mais elle apprécie beaucoup le réalisme et le charme de Sophie. Parmi les personnalités, le sultan de Brunei, l'un des cinq monarques membres du Commonwealth, est accompagné de ses deux épouses. On comprend pourquoi il est très remarqué et l'on imagine les commentaires suscités par son audace ! L'un des invités, ami d'Edward, est le compositeur Andrew Lloyd Webber, auteur de nombreuses comédies musicales qui sont des triomphes mondiaux, tel *Le Fantôme de l'Opéra*. Heureusement, le fantôme de Diana ne s'est pas invité…

On a vu la reine sourire franchement à la sortie de la chapelle. Elle a confiance dans le choix de son dernier fils célibataire et l'opinion est satisfaite de la simplicité affichée pour l'événement. Par rapport au faste des précédents mariages et aux désastres qui avaient suivi, cette modestie était souhaitable et conforme à la réputation d'Edward, « le prince le plus discret de la famille ».

Elizabeth II fête l'an 2000 et la reine mère ses cent ans !

Si le changement de millénaire est fêté partout dans le monde, parfois avec inquiétude, à Londres le Premier Ministre Tony Blair et le parti travailliste veulent donner à cette célébration une signification particulière. Il a donc été décidé de construire sur la rive sud de la Tamise le Dôme du Millénaire qui, pour son inauguration dans la nuit du 31 décembre 1999 au 1er janvier 2000, rendra hommage au génie du peuple britannique. Diverses expositions célèbrent la langue anglaise, ses grands auteurs et ses grands artistes. Le soir de l'inauguration, l'accent est mis par l'archevêque de Canterbury sur les racines chrétiennes de la Grande-Bretagne et sur la naissance du Christ il y a deux mille ans. La reine est évidemment présente avec le duc d'Édimbourg. On leur demande même d'y participer en joignant leurs mains à celles du Premier Ministre et de son épouse pour chanter *Auld Lang Syne* (littéralement « Le bon vieux temps »). Si la reine s'est volontiers prêtée à la glorification du génie britannique et de sa langue, sa mère est tranquillement restée à Sandringham ce soir-là pour accueillir, le lendemain, le reste de la famille comme chaque année. La reine mère est particulièrement concernée par l'an 2000 : le 4 août prochain, elle fêtera ses cent ans ! Selon l'usage au Royaume-Uni, les anniversaires importants sont célébrés en plusieurs phases. Pour la mère de la reine, cela commence le 21 juin par une réception et un bal à Windsor donnés par la reine Elizabeth II pour célébrer, en une seule fois, plusieurs anniversaires : le siècle de sa mère, les soixante-dix ans de sa sœur la princesse Margaret, les cinquante ans de sa fille Anne et les quarante ans de son fils Andrew, le duc d'York. Une fête mémorable, un événement unique que l'on n'est pas près de revoir.

Le 11 juillet, un office de Thanksgiving (action de grâces) est célébré à la cathédrale Saint-Paul en présence d'une multitude de têtes couronnées dont les Luxembourg, les Norvège, les Belges, et quelques découronnées, les Grecs et les Roumains… Le 18 juillet, le lord chancelier de la Chambre des lords envoie un message à la reine mère de la part de ses pairs. Tony Blair n'est pas en reste : il fait une annonce pour féliciter la reine mère à l'occasion de ses cent ans. Une grande première à la Chambre des communes. Les deux chambres du Parlement rivalisent d'hommages. Le 4 août, c'est enfin le véritable jour de l'anniversaire de Queen Mum. Comme chaque année, la veuve de George VI apparaît devant la grille de Clarence House, posant pour les photographes et les chaînes de télévision, mais cette fois, elle doit se rendre en calèche, en compagnie de son petit-fils le prince de Galles, de Clarence House jusqu'à Buckingham Palace, donc le long du Mall. Queen Mum est très angoissée, ce qui n'est pas son genre. Elle a peur qu'il n'y ait personne pour la saluer. Charles a alors un trait de génie, il lui dit : « Allons-y, Grannie ! Rappelez-vous que Hitler avait déclaré que vous étiez la femme la plus dangereuse d'Europe ! »

Éclats de rire de la grand-mère, qui avait tort de s'inquiéter, car une foule considérable l'acclame avec enthousiasme le long du parcours et lors de la non moins traditionnelle apparition au balcon du palais. Modestement, elle dira : « Je n'ai pas compris à quoi rimait toute cette agitation exagérée... Je n'ai fait que mon travail... »

Le destin inachevé de Margaret, la « princesse rebelle »

Depuis des années, la sœur de la reine est malade et malheureuse. Elle était tout de même venue au mariage de son neveu Edward. Elle est oppressée par une triste réalité : sa vie est à la dérive. Tony, son ancien mari, s'est remarié avec une divorcée, qui a eu l'étrange courtoisie de souhaiter « tout le bonheur possible à la princesse Margaret » ! Dans cette marée d'unions brisées, de divorces et d'enfants traumatisés, elle se demandait s'il existait encore des couples dont le mariage résistait. Il y a, évidemment, l'exemple de sa sœur, la reine.

Jadis si romantique et si courtisée, Margaret n'avait plus la même aura auprès de la bonne société. La princesse boit tôt dans la soirée, fume soixante cigarettes par jour et a un jeune amant. Rien d'original. Quand elle l'a rencontré, elle avait quarante-trois ans, lui vingt-cinq. Un roman digne de Stendhal. Le héros s'appelait Roddy Llewellyn. Cette liaison était grave, car à l'époque Margaret était toujours mariée : elle était la comtesse de Snowdon. Depuis, elle avait dilapidé sa rente dans des vacances perpétuelles. Et une fois de plus, au Parlement, des voix avaient protesté contre cet exemple aussi choquant que navrant, puisqu'elle était la sœur de la reine. Par mesure d'économie, on ne lui affecta plus qu'un seul garde du corps, ce que les parlementaires qui traquaient les dépenses royales injustifiées jugèrent encore trop onéreux. Que faisait Margaret ? Rien d'utile. Son port d'attache était Moustique, une île privée de 7 kilomètres carrés dans les Petites Antilles. Elle y signait des chèques ou réglait des notes avec des billets à l'effigie de sa sœur sur le dollar des Caraïbes orientales. Une oisiveté de milliardaire. Mais peu à peu, l'alcoolisme avait fait fuir ses amis, puis ses relations. On ne se bousculait plus pour être invité chez elle.

À Londres, un jour de 1981, la princesse recevait son cher Roddy à l'heure du thé. Huit ans après avoir connu Margaret, il lui présenta sa future femme. Comme l'écrivait Balzac, « le dernier amour d'une femme est souvent le premier amour d'un homme ». Son ancien amant s'était marié vingt jours avant Charles et Diana. Décidément, « Margaret hésite, mais finit par envoyer un télégramme de félicitations[1] ». Cependant, la fin de cette liaison avait été bénéfique, la princesse reprenait ses activités officielles, coupait des rubans, baptisait des navires (quel dommage, ce champagne gâché !), inaugurait des écoles, présidait ou parrainait plus de cinquante associations. La reine reprenait espoir. Margaret prononçait des discours, appréciait le *Royal Ballet* et recevait de nouveau. Semblant plus équilibrée, elle ne méritait plus le triste prix que lui avait décerné une presse impitoyable face à sa déchéance, celui d'être l'une des « dix femmes les plus mal habillées

1. Bertrand Deckers, *Les Grandes Amoureuses du Gotha*, Point de Vue/L'Express/Roularta, 2011.

du monde » ! La princesse s'était enfin rapprochée de ses enfants, David, le designer, et Sarah. Son instinct maternel se manifestait de nouveau, mais les blessures demeuraient vives, surtout, semblait-il, chez sa fille.

En juin 1995, Margaret, qui avait soixante ans, apprenait le décès de Peter Townsend en France, dans la vallée de Chevreuse où il vivait depuis longtemps. De lui, elle avait gardé des photos, en particulier trois. L'ancien aviateur avait été sa véritable passion. On ne tue pas tout à fait un amour rebelle. Margaret n'avait jamais eu un caractère facile et lorsqu'elle était malheureuse, elle pouvait être très méchante, ne s'en privait pas, même à l'égard de sa sœur qui faisait pourtant tout ce qu'elle pouvait pour adoucir sa vie. Mais Margaret pouvait aussi se montrer généreuse et même admirative à l'égard de la reine dans l'ombre de laquelle elle avait vécu. Il faut souligner que, malgré son mal-être, au lendemain des obsèques de Diana, Margaret avait écrit à sa sœur pour lui « exprimer [s]a tendre admiration pour la façon si affectueuse dont [elle avait] pris soin de chacun après l'accident et rendu la vie supportable pour les deux pauvres garçons… », en précisant : « Là, comme toujours, fidèle au poste, vous avez écouté chacun et pris toutes les décisions. Je vous ai simplement trouvée merveilleuse[1]. »

Le 2 février 1998, Margaret, revenue de l'île Moustique, est victime d'un accident vasculaire cérébral. Ses ennuis de santé se multiplient : treize ans plus tôt, on lui avait retiré une partie d'un poumon. Pour le

1. *In* William Shawcross, *Queen Elizabeth, the Queen Mother*, *op. cit.* (traduction de l'auteur).

Noël 2001 à Sandringham, Margaret ne va pas bien. Elle est arrivée en hélicoptère et deux nouvelles attaques la condamnent au fauteuil roulant. La reine mère elle-même prend froid et les fêtes ne sont pas très gaies. Lorsque Margaret quitte Sandringham à la mi-janvier, Queen Mum insiste pour que toute la famille l'accompagne comme d'habitude et agite son mouchoir en signe d'au revoir quand la princesse est conduite à sa voiture, dans son fauteuil roulant. Quelques jours plus tard, le 8 février, Margaret a une nouvelle attaque cérébrale. Elle meurt le lendemain à l'hôpital King Edward VII, dans sa soixante-douzième année. Conscient que la perte d'un enfant est sans aucun doute la pire épreuve qu'une mère puisse connaître, Charles se précipite à Sandringham pour tenter de réconforter sa grand-mère. Les funérailles ont lieu le 15 février, exactement cinquante ans après le décès de George VI, dans la chapelle St. George de Windsor. La princesse a demandé à être incinérée et souhaité que l'urne soit déposée dans le mémorial de son père, à l'intérieur de la chapelle.

Queen Mum quitte la scène : elle était la légende d'un siècle

La reine mère est très fatiguée, au point que pour la première fois de sa vie, elle n'a pas assisté à la messe commémorative de la mort de son mari. Malgré sa très grande faiblesse, elle a tenu à être présente aux obsèques de sa fille. Pour Elizabeth II, la santé de sa mère est une préoccupation permanente. C'est d'autant plus angoissant pour elle que 2002 est l'année de son jubilé d'or. On se souvient que la célébration des quarante ans de règne d'Elizabeth II avait été totalement polluée par les épouvantables péripéties de l'*annus horribilis* 1992 et n'avait pas été un grand succès. Elle souhaiterait que son jubilé d'or lui permette de conforter sa reconquête de l'opinion. Or, justement, à cause de ce jubilé, la reine doit partir avec Philip pour un très long voyage, de la Jamaïque à l'Australie en passant par la Nouvelle-Zélande. Il n'est pas question de décevoir les populations du Commonwealth. Chaque jour de ce périple, elle va joindre sa mère par téléphone, comme elle le fait habituellement quand elle est, par exemple, à Buckingham Palace ou à Windsor. La reine a de mauvais pressentiments et chaque appel est précédé d'un moment d'inquiétude. À son retour, sitôt descendue de l'avion, elle se fait conduire à Royal Lodge pour embrasser sa mère. Le mois de mars va être chargé en manifestations, caritatives et militaires, toutes liées aux cinquante ans de règne d'Elizabeth II. Pendant ce temps, la reine mère s'affaiblit de plus en plus. Il est évident qu'elle ne pourra pas rejoindre les siens à Windsor pour Pâques le 31 mars.

Le Vendredi saint, elle est incapable de soulever la tête de son oreiller. Son médecin fait demander à la reine, qui est alors à cheval dans le parc, de venir au plus vite car sa mère veut lui dire au revoir. À 15 h 15, ce 30 mars 2002, la veuve de George VI meurt, entourée de sa fille et des enfants de Margaret, Sarah et David. Elle avait dit qu'elle ne redoutait pas la mort, car elle pensait être apparentée à lady Macbeth ! On ne guetterait plus ses apparitions jubilatoires, ses chapeaux et ses robes fuchsia ou bleu canard, et on n'oublierait pas son courage pendant la guerre. Elle était l'ultime lien avec d'autres temps, une professionnelle de la monarchie. Il était difficile d'imaginer le monde sans elle. Ses funérailles sont les plus solennelles depuis celles de son époux George VI. Le cercueil est d'abord exposé à Westminster Hall, au Parlement. On y place la couronne de son couronnement en 1937, ornée du Koh-i Nor. À côté de la couronne, une petite carte manuscrite est déposée : « *In loving memory. Lilibeth.* » Discret et tendre hommage de la souveraine à sa mère. Une parade fait défiler les troupes de l'ancien empire sous le soleil. Tous les petits-enfants suivent le cercueil. Après l'office dans l'abbaye de Westminster, la reine, en regagnant Buckingham Palace, est applaudie spontanément par la foule. Une immense empathie avec la souveraine se manifeste pour la première fois depuis longtemps, comme si tout à coup la population britannique prenait conscience de toutes les épreuves que la reine a endurées sans broncher, les divorces retentissants, la mort spectaculaire de sa belle-fille et les accusations injustes qui avaient suivi, l'incendie de Windsor, la mise à la retraite du *Britannia*, les sacrifices financiers exigés par le gouvernement, et maintenant, coup sur coup, la mort de sa sœur chérie, puis de sa mère bien aimée.

La reine était là, debout. Et le peuple l'acclamait.

14

God Save the Queen

Peu après l'annonce du décès de la reine mère, qui était la grand-mère préférée des Britanniques, sa fille, oubliant les rigueurs du protocole, s'était adressée à la population dans un bref message télévisé, enregistré à Windsor, la veille des funérailles. La reine s'était dite « profondément émue par le déferlement d'affection » en réaction à la triste nouvelle, rappelant que la défunte « avait un sens de la vie contagieux qui lui est resté jusqu'à la toute fin ». L'éditorialiste de *The Observer* juge que « la reine mère représentait un monde, un ordre constitutionnel et une culture en voie d'extinction. La famille royale qu'elle a construite a besoin d'une nouvelle période de créativité si elle veut continuer à jouer un rôle clé dans la vie nationale ». La veuve de George VI, par sa force et son symbole, était un atout exceptionnel et la synthèse inoubliable des valeurs des Windsor.

Elizabeth II, pour une fois sur une note personnelle, avoue : « J'ai puisé beaucoup de réconfort dans ces marques de gentillesse et de respect. » Malgré son chagrin, l'émotion populaire fournit à la reine un regain d'espoir. Si plus de 200 000 personnes ont fait la queue pendant des heures, dans le froid et l'humidité, pour défiler devant le cercueil de sa mère à Westminster Hall avant la cérémonie religieuse, était-ce seulement la preuve d'un attachement à cette femme joyeuse et courageuse ? N'était-ce pas également le signe d'une opinion encore favorable à la monarchie ? Les divorces, les déchirements conjugaux, les turpitudes privées, devenus des scandales publics, avaient gravement obéré le prestige du régime. Un sondage prédisait, avant la disparition de Queen Mum, qu'un tiers des Britanniques pensaient que la royauté ne survivrait pas à Elizabeth II. Avec elle, l'opinion enterrerait dix siècles d'histoire. Mais après les funérailles de la reine mère qui avaient été grandioses, le pessimisme avait fondu devant l'immense ferveur populaire : moins de 12 % de la population juge probable la fin de la monarchie. Quel soulagement ! Cet élan inattendu de popularité profite à Elizabeth II parce qu'elle est, à son niveau, le dernier témoin d'une histoire commencée dans un autre siècle et que les épreuves l'ont rendue plus humaine, dans une illusion de proximité grâce à la télévision, un puissant relais médiatique pour une fois positif. Sa Majesté a ouvert son cœur. Le peuple ne peut douter du chagrin de la souveraine et cette douleur est partagée.

Le jubilé de 2002 : pluie d'hommages à la reine triomphante

Le 4 avril, un défilé sur le Mall donne le signal du début des festivités célébrant cinquante années de règne. La jeune génération des Windsor et apparentés est au rendez-vous avec les princes William et Harry et Peter Phillips, le fils de la princesse Anne (celle-ci n'avait jamais voulu de titre pour son mari et leurs enfants). La reine est souriante, même devant le bruyant mais respectueux défilé des motos des Hells Angels. Regrette-t-elle les merveilleuses mélodies des Beatles ? Elle y songe sans doute puisque, à son initiative et à celle de Charles, le week-end du 1er au 3 juin, les jardins de Buckingham Palace accueillent un gigantesque concert de rock qui rassemble 14 000 sujets de Sa Majesté, tirés au sort et venus de toutes les régions du Royaume-Uni. Une affiche superbe, des valeurs sûres : la chanteuse d'origine galloise Shirley Bassey, qu'Elizabeth II avait anoblie en faisant d'elle une *dame*, chante avec sa voix envoûtante échappée du générique d'un film de James Bond (elle en a interprété trois, dont le légendaire *Goldfinger*) ; Tom Jones et sa puissance vocale intacte ; Paul McCartney, à qui son titre de *sir* permet de plaisanter un instant avec la reine enjouée (elle n'a pas changé son sac à main de bras ni ne l'a posé, ce qui serait le signe que l'entretien est terminé et que, selon ce code discret, on doit l'exfiltrer d'urgence) ; les timbres inoubliables d'Annie Lennox et de Cliff Richard. Pour la première fois dans l'histoire de Buckingham Palace, le gazon derrière l'édifice se transforme en un surprenant rendez-vous de la pop music. Le prince Charles a accueilli sa mère d'abord protocolairement en l'appelant « Madame ». Il achèvera son intervention par un affectueux et familier *mummy*, qui surprendra et choquera quelques traditionalistes. On est encore plus étonné quand Elizabeth II accepte joyeusement de monter un instant sur la scène. Et le feu d'artifice, d'environ trois quarts d'heure, allumé par la reine et le duc d'Édimbourg, restera dans toutes les mémoires.

Le 4 juin, le couple royal se rend à la cathédrale Saint-Paul pour un service d'action de grâces. C'est dans le carrosse du sacre et du couronnement, toujours aussi somptueux, mais peut-être moins inconfortable qu'en 1952, que la reine et Philip sont acclamés. L'apparition de la famille au balcon, dans la lumière d'un soleil glorieux, a la valeur d'une apothéose : la BBC estime la foule à un million de personnes devant Buckingham Palace. La presse est laudative, titrant le lendemain « Le deuxième sacre ». Le 17 juin, dans une autre phase de célébration, la reine invite les couples de monarques européens à la cérémonie annuelle des chevaliers de l'ordre de la Jarretière. Une institution née il y a six cent cinquante-quatre ans, un défilé de toques, de toges, de colliers et de panaches dans la chapelle St. George. Un fabuleux saut dans l'histoire, un spectacle unique, une fois l'an, avant un dîner offert aux hôtes royaux. En dressant le bilan de son règne, Elizabeth II s'autorise à dire : « Je pense que nous pouvons regarder avec une certaine fierté les réalisations de ces cinquante dernières années. » À cette date, la reine présente un bilan personnel impressionnant dans sa fonction. On peut en citer quelques chiffres :

plusieurs centaines de voyages officiels, 3 millions de lettres envoyées, 380 630 distinctions et décorations décernées, sans omettre un labeur très consciencieux et nécessairement secret avec ses Premiers Ministres ; le travailliste Tony Blair, onzième chef du gouvernement depuis 1952, est dans son deuxième mandat. Il est né l'année du couronnement d'Elizabeth II... Après tant de crises dévastatrices pour l'image monarchique, la reine a renoué avec l'opinion. Enfin !

Harry, le prince fêtard, fragilise la reconquête royale...

C'est une déflagration qui fait d'abord trembler les murs de Buckingham Palace, mais aussi ceux du Parlement et ceux du 10 Downing Street, pour finir par déclencher un séisme politico-dynastique. Le 14 janvier 2005, le *Sun*, fleuron de la presse britannique populaire, sort une véritable bombe à la une. Il est le plus lu de tous les quotidiens, aussi bien dans le sport que dans la politique et les scandales en tous genres. Avec près de 2 millions d'exemplaires chaque jour, son influence est considérable. Ce quotidien a osé comparer Margaret Thatcher à Churchill, mais a soutenu Tony Blair. En bref, il vaut mieux avoir le soutien qu'être une cible du *Sun*, titre phare du groupe Murdoch, faiseur médiatique de « rois » et de « reines » dans tous les domaines, adversaire impitoyable et sans nuance de tous les dérapages. Ce matin-là, le second fils de Charles et Diana est à la une avec ce titre dévastateur :

« Harry le nazi » ! De quoi brouiller les œufs du *breakfast* ! Sur la droite de la page, en effet, Harry, verre et cigarette à la main, porte une chemise kaki de l'uniforme allemand de l'Afrika Korps. C'est déjà assez douteux pour une soirée d'anniversaire dont le thème était « Africains et coloniaux »… Mais il y a pire : au bras gauche, Harry porte en brassard la croix gammée, la swastika ! Que l'uniforme soit approximatif est presque négligeable, mais que la croix gammée, noire sur fond rouge, soit exacte et bien visible est inadmissible et insupportable. On imagine la stupeur de sa royale grand-mère, de la famille Windsor dont des membres ont été tués par l'ennemi, la colère des anciens combattants, des milieux militaires. L'héroïsme et le sacrifice de celles et ceux qui ont résisté à Hitler sont souillés par un prince de vingt et un ans, troisième sur la liste de succession au trône, après Charles et William. Que cette soirée déguisée ait voulu fêter l'anniversaire d'un médaillé olympique surprend. Les réactions de colère pleuvent, aussi bien d'un ancien ministre travailliste de la Défense que du ministre israélien de la Défense, Silvan Shalom, estimant que le prince Harry n'est pas fiable. Un euphémisme. Le mauvais goût de cet accoutrement est aggravé par des révélations : le prince avait bu, il avait fumé, peut-être autre chose que du tabac. Il présente ses excuses. Certains prennent sa défense, rappelant que toute la soirée Harry s'était bien comporté et qu'on ne savait pas exactement ce qui s'était passé. L'aurait-on drogué ? Et enfin, que c'est un tout jeune homme qui a été traumatisé par la mort de sa mère. Quelques voix sollicitent une indulgence difficilement acceptable, mais le mal est fait. Le pire est que cette affaire éclate au moment du soixantième anniversaire de la libération du camp d'Auschwitz et que la reine préside, à Londres, une cérémonie à la mémoire des victimes et en présence de rares survivants. Ce n'est pas la première fois que Harry est traqué par les médias. Comme son frère William, mais trois ans plus tard, en 1998, il était entré à Eton. Les deux fils de Diana s'y sont donc trouvés ensemble pendant deux années. Harry est beaucoup moins ambitieux que son aîné dans ses études, mais il excelle dans tous les sports, particulièrement dans le *wall game*, un mélange horriblement brutal de football, de rugby et de lutte gréco-romaine – une spécialité d'Eton. William, lui, se contente d'être un champion de natation et de water-polo, mais il est moins bon cavalier que Harry, qui excelle également en équitation. Harry est le cadet et, depuis toujours, les cadets Windsor ont plus de problèmes que leurs aînés dont la destinée est toute tracée. Mais n'est-ce pas le sort de tous les cadets des familles régnantes ? Harry va donc commencer à se distinguer en draguant les filles et en absorbant régulièrement des quantités excessives d'alcool ; les paparazzis se régalent de photos peu valorisantes de sorties de boîtes de nuit très arrosées. Le propriétaire du pub le plus proche de Highgrove redoute les accès de colère, les débordements verbaux et les insultes quand Harry est ivre. Charles, en père généreux, avait installé dans les sous-sols de Highgrove le Club H pour ses fils et leurs amis avec un bar, des juke-boxes, des jeux vidéo, une piste de danse et une très bonne sonorisation. Le jour où Charles fut beaucoup moins amusé est celui où il découvrit que Harry transformait le Club H en une « fumerie » de marijuana.

Sa réaction fut immédiate : il emmena son fils passer une journée dans une clinique de désintoxication pour drogués à l'héroïne. Harry ne l'était pas, mais son père redoutait plus que tout qu'il pût le devenir. C'était déjà arrivé dans la famille : le plus jeune oncle de sa mère la reine, le duc de Kent (mort en 1942), s'était longtemps drogué et avait dû être traité. Cette visite dans la clinique avait beaucoup secoué Harry. Malheureusement, sa médiatisation fut désastreuse, car avant « Harry le nazi », le jeune prince avait fait la une de *News of the World* avec « La honte de Harry le drogué ». L'affaire du déguisement nazi tombait donc mal à tous égards : en cette année 2005, après avoir achevé ses études à Eton en 2003, il concluait sa deuxième année sabbatique avant d'intégrer Sandhurst, le Saint-Cyr britannique. En effet, il est d'usage, à la sortie d'Eton, que chaque étudiant passe une année sabbatique (*a gap year*). Son frère William l'avait accomplie en 2000 : six semaines d'entraînement de survie dans la jungle de Belize, ancien Honduras britannique, avec les Welsh Guards, deux mois dans une île de l'océan Indien pour un programme d'observation de la faune et de la flore aquatique, dix semaines en Patagonie selon un accord de coopération anglo-chilien, puis quatre mois à étudier les rhinocéros au Kenya.

Pour Harry, c'était plus compliqué : trop jeune pour intégrer Sandhurst, il avait eu droit à deux années sabbatiques, provoquant, hélas !, ce titre à la une des tabloïds : « Deux ans à ne rien faire. » Certes, il avait passé plusieurs mois en Afrique, au Lesotho, à s'occuper d'enfants malades du sida, plusieurs mois en Australie à coacher des adolescents au rugby et au football. Dans toutes ces activités, il avait manifesté une empathie et une chaleur humaine qui ressemblaient fort aux meilleures qualités de sa mère. Après tout cela et avant d'intégrer l'école militaire la plus prestigieuse du Royaume-Uni, on peut dire que le scandale de « Harry le nazi » était à la fois inadmissible et inopportun. En effet, au printemps suivant, le prince Charles allait enfin régulariser sa situation avec Camilla.

Charles et Camilla se marient trente-quatre ans après leur coup de foudre

En 1666, l'année où un gigantesque incendie avait détruit les quatre cinquièmes de Londres, le mémorialiste Samuel Pepys écrivait à propos de la forteresse de Windsor : « C'est le château le plus romantique du monde. » Peut-être est-ce la raison pour laquelle, huit ans après le décès de Diana, le prince Charles l'a choisi pour cadre de son mariage avec sa chère Camilla. Il avait toujours apprécié qu'elle soit à l'aise partout, qu'elle apparaisse chaussée de bottes sur un sentier forestier ou d'escarpins à une réception. Elle avait toujours partagé ses goûts et son humour, lui avait donné confiance en lui. Elle avait été plus que sa maîtresse : une affidée et une complice. Malgré tout ce qui s'était passé jusqu'au drame final, cette proximité n'avait jamais été rompue. Il y a plusieurs raisons au fait que la reine se décide à autoriser le mariage de Charles et Camilla. Celle-ci est la femme de la vie de son fils aîné et successeur. Elle veut donc lui donner un signe de confiance et lui permettre de mettre fin à une situation inconfortable et très critiquée. La souveraine pense aussi avoir suffisamment regagné l'estime et le crédit politique du peuple britannique pour imposer un mariage *a priori* impopulaire. Diana est décédée il y a huit ans, mais son image est encore forte, presque celle d'une victime, et pour les Britanniques Camilla est toujours la « méchante ». Enfin, en 2005, la reine a soixante-dix-neuf ans. À la veille de ses quatre-vingts ans, elle veut que son héritier, Charles, soit incontestable, avec à ses côtés une femme légitime.

Le 9 avril 2005, Charles épouse Camilla, d'abord à la jolie mairie de Windsor en contrebas du château, dans High Street, où 10 000 personnes attendent la sortie du couple des mariés. William est le témoin de son père, Tom Parker Bowles est le témoin de sa mère. La reine et Philip n'y assistent pas et l'on souligne que, dans les unions de la famille, le mariage civil n'est ni évoqué ni montré, car la reine, par sa qualité d'autorité religieuse suprême, ne peut assister à une union civile. Celle-ci est cependant indispensable, l'Église anglicane, qui ne permet pas le remariage religieux de divorcés, devant se conformer à la loi de l'état civil. Cette formalité est également obligatoire afin que Charles puisse porter, de manière indiscutable, le titre de chef de l'Église anglicane lorsqu'il succédera à sa mère. Les parents de Charles seront en revanche présents à la chapelle St. George pour une simple bénédiction nuptiale, mais qui est tout de même donnée par l'archevêque de Canterbury. Charles et Camilla, qui s'étaient connus en 1971, ont dû attendre un tiers de siècle leurs mariages et divorces respectifs avant de s'unir. Le même Samuel

Pepys avait aussi écrit, en 1666, une œuvre très personnelle, *Love is a Cheat* (*L'amour est une tricherie*), mais il avait préféré détruire ce long poème, le jugeant indécent… La reine, étincelante en jaune paille, est souriante et s'amuse à poser avec les nouveaux mariés pour la photo souvenir au milieu d'invités célèbres comme Rowan Atkinson, irrésistible gaffeur sous le nom de Mr. Bean, Stephen Fry, inconditionnel d'Oscar Wilde dont il a interprété la vie, et Joanna Lumley, l'une des légendes de la célébrissime série télévisée dont le titre français est *Chapeau melon et bottes de cuir*. Tradition et mythes éternels de la société britannique. Ceux qui décortiquent le fonctionnement et l'avenir de la monarchie s'inquiétaient : quel serait le statut de Camilla lors de l'avènement de Charles ? Le prince de Galles a pour deuxième titre celui de duc de Cornouailles. Son épouse reçoit donc le titre de duchesse de Cornouailles. Quand Charles sera couronné roi, Camilla ne sera pas couronnée reine. Elle sera princesse consort, comme l'époux de la reine Victoria et, un siècle plus tard, Philip d'Édimbourg avaient été princes consorts. Mais afin d'adoucir cette restriction, la reine autorise sa nouvelle belle-fille à associer les armes des Windsor aux siennes. La vie privée de Charles ne peut plus, désormais, être l'objet de critiques.

Pour la reine, l'harmonie familiale n'est jamais totale...

Harry continue d'être l'enfant terrible de la famille royale : en mai 2007, il se bagarre dans un club. Le prince a bu. Il se bat avec un paparazzi, tente de récupérer l'appareil du photographe. C'est son garde du corps qui évacue le prince ivre. Après être sorti de Sandhurst très brillamment avec le grade de second lieutenant dans le régiment d'élite des Blues and Royals (il a subi un entraînement très dur de cinq mois et demi), alors que le plus fragile des fils de Charles et Diana devait rejoindre les unités engagées en Irak, l'état-major redoute que Harry ne devienne une cible pour Al-Qaïda. Le prince Harry est très contrarié : bien qu'il souhaite faire carrière dans l'armée, il déclare alors qu'il préférerait y renoncer s'il devait être cantonné à des missions sans risque et sans intérêt. Néanmoins, pendant cette période, il a un autre but : pour le dixième anniversaire de la mort de Diana, son frère aîné William et lui décident d'organiser un concert le 1er juillet 2007, date de l'anniversaire de leur mère qui aurait eu quarante-six ans. Le stade de Wembley, temple du football qui vient d'être rénové, accueille un spectacle musical exceptionnel (il durera six heures) à la mémoire de la « princesse des cœurs ». Ses fils ont voulu que ses artistes préférés puissent être sur la scène. Des portraits géants, en noir et blanc, de la princesse de Galles souriante sont dressés en fond de scène, et certaines de ses stars favorites comme Elton John, Tom Jones, Rod Stewart, mais aussi Bryan Ferry, Duran Duran et des comédiens lui rendent hommage devant 60 000 personnes. C'est un grand succès. La soirée, retransmise dans cent quarante-cinq pays, est regardée par environ 500 millions de téléspectateurs. William, vingt-cinq ans, et Harry, vingt-deux ans, accompagné de sa petite amie du moment, la blonde Sud-Africaine Chelsy Davy, veulent défendre la mémoire de la princesse défunte, qualifiée de « grande icône de la générosité salie par la presse ». William est seul. Il a rompu quelques mois plus tôt avec sa *girlfriend* Kate Middleton. Celle-ci est néanmoins bien présente dans le stade, trois rangs plus haut, mais aucune photo des ex-amoureux ne sera prise.

Au mois de janvier de l'année 2008, Charles entre à la fois dans sa soixantième année et dans l'histoire « comme le plus "endurant" de tous les héritiers du trône qu'ait connus la monarchie britannique, battant ainsi le record de cinquante-neuf ans et soixante-quatorze jours précédemment détenu par son arrière-arrière-grand-père, le roi Édouard VII[1] ». La résistance de la reine Victoria avait contraint son fils à patienter. Charles s'est installé à Clarence House après la mort de sa grand-mère la reine mère Elizabeth, qui y résidait elle-même depuis le décès de George VI. Lui aussi patiente, en étant très actif.

De son côté, la duchesse d'York – qui a conservé ce titre bien qu'elle soit divorcée d'Andrew, mais a perdu

1. Isabelle Rivère, *Elizabeth II, dans l'intimité du règne*, *op. cit.* Lors d'une visite dans un cabaret de Montmartre du Paris des années 1890, le futur Édouard VII avait été apostrophé en référence à sa mère sur le trône depuis 1837 : « Alors, Monseigneur, cette maman, toujours en bonne santé ? »

celui d'Altesse royale – refait souvent parler d'elle, et pas pour de bonnes raisons. Sarah/Fergie avait d'abord connu un semblant de réussite aux États-Unis (où les *royals* suscitent souvent une curiosité pas toujours bienveillante) et gagné beaucoup d'argent en étant l'ambassadrice de Weight Watchers. Étant sujette à l'embonpoint, cette belle-fille d'Elizabeth II, toujours aussi flamboyante, était crédible en vantant les mérites de ce régime alimentaire. Mais le contrat a été rompu et, comme d'habitude, la duchesse a laissé des dettes qui, elles, avaient grossi. Puis, en 2008, elle a coproduit avec Martin Scorsese un film sur les jeunes années de la reine Victoria, plutôt réussi, historiquement solide et somptueusement réalisé. Hélas ! Une fois de plus, elle s'est endettée. Le pire survient en juin 2010, lorsqu'elle est piégée par un journaliste qu'elle croyait être un homme d'affaires. Celui-ci cherchait, prétendait-il, à rencontrer son ex-mari le duc d'York, ambassadeur des entreprises britanniques dans le monde entier. Fergie se propose d'être l'intermédiaire efficace de ce rendez-vous en échange de… 500 000 dollars. Le plaidoyer de la duchesse, légèrement éméchée, est filmé par une caméra cachée. Comme on l'imagine, la diffusion de cette « négociation » a un effet catastrophique. La reine est accablée d'une telle inconscience et d'une telle vulgarité. Il faut dire que la situation des époux divorcés est paradoxale. Après avoir vendu leur propriété clinquante de Sunning Hill à l'inattendu gendre du président du Kazakhstan pour 25 millions de dollars, le duc d'York s'est installé dans le parc de Windsor, au Royal Lodge, l'ancienne résidence de sa grand-mère. Il y accueille ses filles Beatrice et Eugenie, ce qui est normal, mais aussi son ex-épouse, ce qui est généreux, car elle est toujours couverte de dettes.

En mars 2011, Andrew fera, à son tour et malgré lui, la une des journaux britanniques. On l'y voit en compagnie d'un milliardaire américain empêtré dans une sordide affaire de prostitution de mineures. Il n'y est pas impliqué, mais on peut imaginer la consternation et la colère digne mais profonde de la reine. Celle-ci est informée par les services secrets que le prince a des relations « douteuses » avec de soi-disant « investisseurs » et autres oligarques des anciennes républiques d'Asie centrale. Le prince Andrew agit-il dans le cadre de sa mission ou aussi pour des motifs plus personnels ? Officiellement, Andrew est un ambassadeur princier chargé de promouvoir l'industrie et le commerce du Royaume-Uni. Son comportement ambigu dans ses négociations incite une partie du gouvernement à le démettre de ses fonctions. Mais David Cameron, le nouveau Premier Ministre depuis le 11 mai 2010, et le plus jeune (quarante-trois ans) qui ait été nommé par la reine – il est par ailleurs un de ses cousins au cinquième degré –, apporte son soutien au duc d'York. Elizabeth II sermonne son fils préféré pour qu'aucune ombre ne vienne ternir les fiançailles de son petit-fils William avec la jolie Kate Middleton, dont l'union est prévue en avril 2011, alors qu'ils avaient rompu en 2007. La reine veut montrer qu'elle continue d'accorder sa confiance à son deuxième fils. Lors d'une cérémonie privée au château de Windsor, Andrew est promu grand-croix de l'ordre royal de Victoria, fondé en 1896, pour « services exceptionnels rendus » au monarque. Un immense honneur de la part de la reine et une façon de dire que l'« affaire » est close.

Kate a attendu dix ans que William la demande en mariage

Après Eton, William – objet de toute l'attention de la reine qui, on le sait, l'a vu une fois par semaine en tête à tête pendant la durée de ses études à Eton pour le préparer à son avenir tout tracé de deuxième sur la liste de succession après son père Charles – s'apprête à entrer à l'université avant d'intégrer la prestigieuse École militaire de Sandhurst, passage obligé pour un futur roi. Curieusement, le prince ne choisit pas Cambridge, comme l'avaient fait son père et son grand-père, mais l'université écossaise de St. Andrews. En effet, William pense qu'en s'éloignant géographiquement de Londres il échappera facilement à la curiosité de la presse qui ne le lâche pas. C'est une très bonne université et elle va devenir la plus attractive du royaume dès lors que l'héritier en second de la Couronne l'intégrera. On raconte que beaucoup de mères des jeunes filles de la bonne société se sont empressées d'y inscrire leurs filles, ayant le secret espoir que l'une d'elles séduirait le prince.

Les débuts universitaires de William sont laborieux. Il s'est inscrit en histoire de l'art, mais il y est mal à l'aise. C'est une amie – et elle n'est rien d'autre à ce moment-là –, Kate Middleton, qui lui conseille de changer d'option et de choisir comme matière principale la géographie, où il avait excellé à Eton. C'est elle aussi qui le fait s'installer dans une maison en ville plutôt que dans la résidence universitaire sans charme. Ils seront quatre dans cette demeure : le prince, deux autres étudiants et Kate, la seule fille… Les études de William se déroulent bien. À son père, mais aussi à la reine et au prince Philip, il raconte combien Kate l'a aidé. Très rapidement, la jeune fille est invitée en vacances par la famille royale, aux sports d'hiver à Klosters et l'été à Balmoral où elle fait la conquête de tout le monde.

À la fin de son cursus universitaire, William intègre Sandhurst à l'été 2007. Il annonce qu'il quittera l'armée au début 2009 après avoir suivi une formation d'officier chef de char à l'été 2008, puis les stages d'instruction obligatoires dans la Royal Navy et la Royal Air Force, dont il ressort avec la qualification de pilote d'hélicoptère. Un parcours sans faute. Mais en 2007, William annonce qu'il se sépare de Kate Middleton. La nouvelle est plutôt mal accueillie par la presse. En revanche, William « fête » sa rupture avec quelques amis au Mahiki, un club londonien où il a ses habitudes avec son frère, s'exclamant : « Je suis libre ! Et maintenant, buvons toute la carte[1]. » Pas très élégant ! Tout le monde s'était fait à l'idée que le couple qu'il formait avec cette jolie brune souriante et si bien élevée était parfait. Kate est alors l'objet d'une traque permanente par les paparazzis, qu'elle affrontera avec une parfaite dignité. Toujours souriante, pas de larmes, aucune déclaration intempestive. L'anti-Diana. Pourquoi William l'a-t-il brutalement quittée ? On a beaucoup parlé du

1. Guy Adams, article paru dans *The Independent on Sunday*, 17 juin 2017.

groupe d'amis dans lequel il évoluait, des jeunes gens qui traitaient Kate avec une sorte de mépris, trouvant qu'elle n'appartenait pas à leur milieu, pointant l'origine modeste de ses parents, un ancien contrôleur aérien et une ancienne hôtesse de l'air qui avaient brillamment réussi et fait fortune dans la création d'un site Internet vendant des articles pour fêtes et divers événements, notamment des farces et attrapes. Kate travaillait avec eux. À ceux qui se pincent le nez sur les origines « roturières » de Kate, on peut rappeler que le beau-père de la princesse Anne « était un fabricant de saucisses, celui d'Edward un marchand de pneus, celui d'Andrew un officier et celui de Charles, enfin, un négociant en vins[1] [quoique aristocrate] ». Mais il y avait une autre raison à cette rupture : William redoutait que Kate ne supporte pas la pression constante imposée à tout membre de ce niveau de la famille royale. Il craignait que, comme sa mère l'avait été, Kate ne devienne la proie des médias. Un harcèlement odieux, quand bien même la jeune femme, à la différence de Diana, ne l'aurait pas encouragé. Une traque où toutes les réactions et tous les incidents sont à craindre. Dans cette période, on n'a peut-être pas mesuré à quel point la situation était difficile pour Kate. Ni la reine ni le prince Charles ne voulaient intervenir. L'expérience leur avait montré que le moindre conseil ou avis dans ces questions était pratiquement toujours mal venu, voire désastreux. Ils laissaient faire William. Mais peu à peu, celui-ci a commencé à revoir Kate, d'abord très discrètement, puis

1. Philippe Valode, *Rois, reines, princes et princesses d'Angleterre*, *op. cit.*

comme avant. Ils se retrouvent et sont visiblement heureux. Le 16 novembre 2010, leurs fiançailles sont officielles ; les deux jeunes gens, rayonnants, sont très à l'aise (quel contraste avec celles de Charles et Diana !). Mais ce que tout le monde remarque, et qui suscitera des commentaires variés, est la bague de fiançailles. À Kate, William offre le magnifique saphir entouré de diamants qui n'avait jamais quitté l'annulaire de Diana, de ses fiançailles jusqu'à son divorce. Le geste de William peut être interprété de diverses façons : soit un hommage à Kate que William juge digne de succéder à sa mère dans l'opinion, soit une façon de maintenir le souvenir de Diana, désormais un peu controversé même s'il est inévitable. Kate semble ravie et pas du tout encombrée par la lourde symbolique de ce cadeau princier. Elle assume cette référence à la mère de son futur époux et fait scintiller ce joyau à chaque mouvement de sa main.

Le mariage du 29 avril 2011 amplifie la reconquête royale

Vêtue et chapeautée de jaune canari, mais gantée de blanc avec un sac assorti, à quatre-vingt-cinq ans, Elizabeth II affiche un sourire de joie. Ce matin-là, Sa Majesté est, pour une fois, particulièrement gracieuse et le montre, comme on le chante dans le *God Save the Queen*. Visiblement satisfaite, elle savoure la preuve d'un prestige retrouvé. Et le prince Charles apparaît comme un père attentif s'occupant bien de ses deux fils :

l'héritier est remonté dans l'estime du public, ce qui a contribué à améliorer l'image brouillée des Windsor. Le mariage de William et Kate est à la fois celui d'un couple moderne se connaissant bien, dont la romance avait été révélée par l'impitoyable *Sun* en 2004, ayant vécu des ruptures et des crises dans un royaume lui-même confronté à diverses turbulences économiques. Mais ce mariage est aussi une chance sur mesure pour la royauté : donner une de ces représentations qu'elle seule peut nous proposer, avec des touches de nouveautés. De plus, l'opinion pressent que, à l'inverse d'un mariage arrangé entre gens de « la haute », il s'agit cette fois d'un mariage d'amour, rendant à la Couronne sa part de rêve. Il lie la maison royale à la famille Middleton, les premiers « roturiers » à connaître un tel honneur en trois cent cinquante ans. L'autre nouveauté est que le prince a vécu de longues années avec celle qu'il a finalement choisie – après leur rupture – pour être son épouse. Sans doute, comme l'avait écrit le prince de Lampedusa dans *Le Guépard*, dans des temps nouveaux « il fallait que tout change pour que rien ne change ». Kate n'est pas née dans un château et la véritable noblesse est désormais une affaire d'âme et de cœur.

À la veille de la cérémonie, tous les sondages confirment l'attachement des Britanniques (plus de 76 %) à la Couronne, car elle contribue à l'unité du pays et en donne une bonne image, notamment à l'étranger. Ce sondage démontre aussi combien la personnalité de la reine est de nouveau appréciée et respectée après la grave crise de désamour en 1997 et l'impopularité dangereuse qui avait suivi. Même le prestigieux *Guardian*, quotidien de centre gauche et de référence fondé en

1821, constate, en analysant cette reconquête, que la monarchie demeure intouchable dans le cœur des gens et résume le sentiment que « le Royaume-Uni n'est pas d'humeur à faire la révolution ». Depuis la tentative républicaine de Cromwell, la guerre civile et l'exécution de Charles Ier le 30 janvier 1649, les révolutions outre-Manche s'étaient limitées à des changements de dynasties. Toutefois, avec ce mariage, la dynastie des Windsor n'a plus droit à l'erreur. Quitte ou double ! L'événement n'est pas une célébration d'État, mais, si l'on peut dire, une cérémonie familiale à l'échelle planétaire, sous la protection vigilante de 5 000 policiers et militaires et les attentions, nécessairement indiscrètes, des journalistes. On attend beaucoup de cette journée. Quelques grincheux, toujours les mêmes, dont certains envoyés spéciaux et correspondants guettant, avec une haine allègre, les ratages et gaffes, dénoncent déjà, sarcastiques, une mise en scène choquante, alors que la ferveur nationale, tous milieux confondus, est enthousiaste et s'obstine à l'être. Mieux : à être satisfaite. Ce mariage ne peut pas se permettre de décevoir. Certains veulent voir dans le nom de jeune fille de Kate (qui aimerait que l'on se souvienne que son vrai prénom s'écrit avec un C…) un signe d'équilibre. Née Middleton, elle est la jeune fille du « milieu », ni trop belle ni trop exubérante, mais jolie, élégante, saine et directe. Le talent de faire ce qu'il faut où il faut et au bon moment.

Il n'y aura pas le moindre incident ni même un infime retard sur l'horaire fixé par le protocole, la reine se souvenant qu'à son mariage en 1947, alors qu'elle était encore princesse héritière, elle avait eu… une minute de retard ! Soixante-quatre ans plus tôt, sous les mêmes voûtes de la cathédrale, c'était elle qui disait oui. À l'arrivée du Premier Ministre David Cameron et de son épouse devant l'abbaye de Westminster, le chef du gouvernement a droit à des applaudissements. Ils sont d'autant plus inattendus que le locataire du 10 Downing Street vient d'annoncer de très sévères restrictions budgétaires et une cure d'austérité difficile à admettre. Mais ce 29 avril 2011, la crise n'est pas invitée à la noce. Elle existe, mais on veut l'oublier. La journée doit être une parenthèse heureuse qu'aucune mauvaise fée ne viendra gâcher.

Pas de mariage princier sans carrosse : à la sortie de Westminster, la voiture est découverte, car le ciel est clément. La monarchie réconcilie joliment la tradition et l'innovation : face à un million et demi de personnes rassemblées devant Buckingham Palace, en arrivant sur le fameux balcon tendu de rouge et d'or, la mariée, radieuse, murmure : « Wow ! » À moins que ce ne soit un plus protocolaire : « Oh my God ! » – l'affaire n'est pas tranchée, mais Kate est éblouie et sans doute reconnaissante devant un tel enthousiasme populaire. Les époux échangent deux baisers, dont le second, très amoureux, à 13 h 27. William avait-il dit « Kiss me Kate », titre d'une fameuse chanson de comédie musicale ? Ce baiser déclenche des vagues de bravos et de hourras et c'est une des images que retiendra l'histoire. Une image vue par 2 milliards de téléspectateurs, un record ! Elle fera la une de toute la presse du lendemain et des magazines. Sur le balcon, la joie est de retour. Enfin ! La reine est radieuse. Le prince Harry garde son comportement dissipé et blagueur, mais c'est bon signe, tandis que le prince Philip est toujours aussi impeccable dans son uniforme des Horse Guards. Des centaines de milliers de gens sont venus, parfois de très loin, pour vivre cet instant sur place. Une communion. Puis – c'est une référence au mariage de Charles et Diana – le couple part dans la superbe Aston Martin DB6 décapotable appartenant au prince Charles (pas tout à fait celle de James Bond, mais presque). Respect de l'environnement oblige, son moteur à essence a été converti au bioéthanol. Sur sa plaque d'immatriculation arrière, on lit *Just Wed* (« Jeunes mariés »). Le départ a lieu sans l'habituel vacarme de casseroles attachées au pare-chocs, mais dans une envolée de ballons roses, certains en forme de cœur. Le couple brise le protocole et va à la rencontre de la foule qui apprécie beaucoup cette simplicité, se reconnaît dans ses propres rêves, souvenirs et nostalgies. Un entracte dans les soucis quotidiens. Tout est impeccable, sympathique, sans bavure, avec allure, mais sans rigidité, ce qui n'était pas garanti d'avance. Un judicieux cocktail, comme on sait les préparer outre-Manche. Les « experts » ayant prédit que deux tiers des Britanniques seraient indifférents à cette cérémonie ont été démentis. William et Catherine, désormais duc et duchesse de Cambridge, titre qui remonte au XVIIIe siècle, ont réussi leur premier véritable examen de passage en public. Sans doute le fait que Catherine/Kate, gracieuse, simple, élégante et enjouée, ne soit pas issue de l'aristocratie compte-t-il pour beaucoup dans la réussite de cette journée.

Inévitablement, le souvenir de Diana n'était pas absent, puisqu'elle était la mère du marié. On a comparé la robe de Kate, épurée, sobre, près du corps, à celle de la défunte princesse de Galles, la traîne plus courte (2,70 mètres) que celle de la disparue. Sa dentelle a été brodée à Caudry, cité réputée pour son savoir-faire dans le nord de la France, petit clin d'œil à un bon siècle d'Entente cordiale. Dès le lendemain, des commandes de dentelle haut de gamme commencent à s'entasser chez les tullistes de Caudry, et grâce à Internet, en quelques heures, des copies de la robe qui avait été un secret d'État sont disponibles au prix de 2 700 euros l'unité. Une affaire en comparaison des 45 000 euros de l'original ! En revanche, il n'y aura pas de copies du diadème porté par Kate. Prêté par la reine, il avait été créé en 1936 par Cartier. George VI l'avait offert à son épouse Elizabeth, la future reine mère, et ce joyau avait été transmis à leur fille le jour de ses dix-huit ans. Que Kate en soit coiffée atteste que la souveraine approuve cette union.

Ce soir, la reine autorise un night-club dans Buckingham Palace !

Le spectacle populaire et médiatique d'un tel mariage n'est réussi que s'il réserve quelques surprises bien préparées et si possible sans gaffe… L'apparition de Pippa, splendide sœur cadette de Kate et demoiselle d'honneur de la mariée, a fait une sérieuse concurrence à la nouvelle duchesse. Qu'un soldat s'évanouisse et tombe de cheval est une tradition. Mais qu'un footballeur ose porter une décoration sur une jaquette et en plus sur le revers droit (!) est impardonnable : carton rouge pour David Beckham, moins familier des usages de la Cour que du jeu de « balle au pied » sur un rectangle de 90 à 120 mètres de long ! La palme du mauvais goût est remportée, sans hésitation, par le couvre-chef des deux filles du prince Andrew. Le chapeau surréaliste porté par Beatrice d'York ressemble à un mélange de trophée de chasse et de dessus de cheminée ! Heureusement, il a vite été mis aux enchères sur eBay et la somme recueillie (93 579 euros) a été, selon le *Daily Telegraph*, versée à une association caritative. Ouf !

Le véritable étonnement de la journée est, par accord de la souveraine, la transformation sans précédent d'une partie de son palais en boîte de nuit pour trois cents invités, avec boule à facettes réclamée par Pippa et un DJ engagé par Harry le noctambule, après de consciencieuses recherches. On y dansera jusqu'à l'aube. Diana avait essayé de briser les chaînes de la tradition, mais elle était allée trop loin et était sur le point de dynamiter le régime. Ce soir, ce n'est pas un abandon des habitudes, c'est un enrichissement par de nouvelles idées. À l'heure du *breakfast*, il faudra des litres de café fort pour dynamiser les survivants de la nuit presque blanche au palais. On comprend que la reine et le duc d'Édimbourg se soient très tôt retirés vers la solitude paisible de Windsor. Dans cette soirée du 29 avril 2011, la souveraine s'y repose, puisque les commères shakespeariennes n'ont plus rien à dire ni à critiquer, même à Windsor ! Soulagée par la réussite de cette journée, Elizabeth II fonde de grands espoirs sur la solidité de ce mariage. Il symbolise la reconquête royale. La vénérable royauté, qui en a tant vu, a pris un coup de jeune et de charme, soutenue par une Elizabeth II gardienne des usages, mais qui a toujours été attentive à l'évolution des mœurs et des attentes de ses sujets, avec des doses d'humour bien choisies. D'une certaine façon, une nouvelle monarchie vient de naître. Kate et William en sont les visages heureux.

Surprise : en 2012, Helen Mirren, « The Queen », salue la vraie reine !

Dans la vie et le règne d'Elizabeth II, l'année 2012 restera inoubliable par les millions de témoignages d'estime, de gratitude et de respect qu'elle reçoit pour le soixantième anniversaire de son avènement. Un jubilé de diamant qui est fêté par tout le Royaume-Uni et le Commonwealth. Des festivités, souvent originales, aussi réussies que spectaculaires. Les hommages commencent le vendredi 13 mai, à Windsor, par un déjeuner que l'on appellera le « déjeuner des rois » : vingt-six souverains sont réunis à la table de Sa Gracieuse Majesté. L'absence de Sophie d'Espagne sera remarquée, le gouvernement de Madrid ayant prié la reine d'annuler son voyage, toujours à cause de Gibraltar, ce contentieux qui remonte à 1713, le traité d'Utrecht ayant attribué ce « rocher » espagnol à la Couronne britannique. Périodiquement, Gibraltar est réclamé par Madrid, malgré la volonté des résidents, entérinée par référendum, de demeurer sujets de la reine. Quant au roi de Bahreïn, il pose un problème protocolaire au plan de table en étant accompagné de… treize épouses !

Lors d'une soirée fabuleuse, se produisent mille quatre cents cavaliers et artistes et cinq cent cinquante-huit chevaux, un ensemble représentant dix-huit nations. Ce soir, le monde de la reine, le monde entier, a rendez-vous à Windsor. Des écrans géants permettent de suivre ce spectacle sans précédent, ayant pour cadre un théâtre avec rideaux et un décor inouï. Le but est de rappeler que, derrière les multiples facettes de la tradition, Elizabeth II n'a cessé de travailler en représentant la nation, et l'empreinte historique qu'elle a laissée au cours de ses centaines de voyages officiels dans cent seize pays différents est inoubliable. Bien sûr, aucune célébration royale ne peut être imaginée sans un hommage à l'art équestre, une tradition à Windsor. Le cheval est le seigneur des fêtes royales terrestres. C'est un véritable spectacle qui met en scène aussi bien la fameuse garde royale de Buckingham Palace que la police montée du Canada, des scènes de western avec attaque de la diligence, les chevaux danseurs du Rajasthan, le tout dans la Castle Arena aménagée dans le parc du château ou 3 000 personnes ont pris place, des places qui parfois se sont vendues l'équivalent de 1 000 euros l'unité. Et quelle surprise de voir apparaître, sur une immense toile peinte, Buckingham Palace au quart de ses véritables dimensions ! Soudain, après que les invités ont entonné debout le *God Save the Queen*, la magnifique voix de la comédienne Helen Mirren rend hommage à Elizabeth II. Un clin d'œil, puisque la comédienne a reçu un oscar pour son interprétation de la reine dans le film magistral de Stephen Frears, *The Queen*, que la reine n'a jamais voulu voir ! Helen Mirren, également anoblie par Elizabeth II, rappelle que la première visite d'État de la jeune souveraine fut au Canada. Immédiatement, des images du Grand Nord sont projetées et la légendaire police montée arrive au petit trot. Un triomphe. Helen Mirren poursuit : « Nous vous saluons, nous vous aimons et, d'un même élan, nous disons longue vie à la reine ! »

Le Commonwealth fait briller ses composantes : la fanfare des Royal Marines répond à un chœur du Kenya. Le 19 mai, un défilé de 2 500 hommes s'achève par une audacieuse et très applaudie prouesse aérienne : les avions de deux escadrilles de la Royal Air Force dessinent dans le ciel le chiffre 60 ! Colonel honoraire de nombreux régiments, la reine est toujours infatigable et attentionnée. Alors que c'est son jubilé qui est fêté, Elizabeth II rappelle le lien privilégié qu'elle entretient avec ceux qui servent sous l'Union Jack : « Votre dévouement à notre nation est un exemple pour nous tous », dit la souveraine qui a un peu de mal à cacher son émotion. Toutes ces festivités en son honneur privilégient l'histoire et dépassent la politique. La reine Victoria avait été, jusqu'à cette date, le seul monarque britannique à célébrer son jubilé de diamant, mais Elizabeth II, avec ses quatre-vingt-six ans en 2012, bat sa trisaïeule, qui n'avait que soixante-dix-sept ans lorsqu'elle célébra le sien en 1877.

3 juin 2012 : sur la Tamise, mille navires pour le jubilé de diamant...

Londres n'avait pas été le théâtre d'un tel spectacle depuis trois cent cinquante ans ! C'était en mai 1662, lorsque le roi Charles II, un Stuart, descendit la Tamise accompagné d'une véritable armada richement décorée pour célébrer son mariage, à Portsmouth, avec la princesse Catherine de Bragance. Le dimanche 3 juin 2012, le grand quotidien *Sunday Telegraph* publie un sondage jugeant qu'Elizabeth II, toutes dynasties confondues, est avec 35 % d'opinions positives le plus grand monarque britannique ayant régné. Même la légendaire reine Victoria est détrônée (seulement 24 % des suffrages), et la précédente Elizabeth, la « Ire », ne recueille que 15 %, bien qu'elle eût symbolisé longtemps un règne emblématique. Depuis trois jours, la capitale vit dans la célébration des soixante années d'Elizabeth II sur le trône. Le très conservateur et très influent *Daily Mail* a titré à la une : « Jubilation », la BBC est à court de qualificatifs, le métro n'est plus qu'un moyen de transport « royal » avec une carte d'abonnement à l'effigie de la reine ! Et sur leurs plaques, les bus rouges à impériale honorent la souveraine. Même British Airways, dans sa fierté d'avoir permis à la reine d'aller dans le monde entier pour exercer sa fonction, se permet de transformer une valise en couronne ! À 14 h 11, Elizabeth II et sa famille embarquent à bord d'une chaloupe de l'ancien yacht royal *Britannia.* La reine est en robe et manteau blancs rebrodés de perles d'argent, avec une broche en diamants (de rigueur pour ce jubilé) et des boucles d'oreilles qui ont appartenu à sa grand-mère, la reine Mary. Camilla est en ivoire et Kate, en rouge, a agrafé une broche en forme de dauphin, cadeau de la Royal Navy. Le duc d'Édimbourg est en grand uniforme, comme Charles, Andrew, William, qui porte celui de lieutenant de la Royal Air Force ; quant à Harry, coiffé d'un béret bleu clair, il a revêtu la tenue des Blues and Royals. La princesse Anne et son époux, le vice-amiral sir Timothy Laurence, sont aussi en uniforme et gants blancs. Élégance féminine (on se demande comment le sublime chapeau de la duchesse de Cambridge, conçu par Sylvia Fletcher, peut tenir en équilibre et ne pas s'envoler) et tradition militaire sont prêtes à résister à un ciel gris et même à une pluie fine qui pourrait faire partie de la fête.

À 14 h 30, la reine et sa suite montent à bord du *Spirit of Chartwell*, une barge redécorée dans le goût des XVIIe et XVIIIe siècles, longue de 64 mètres. Cet éphémère navire amiral est un parc flottant : quatre-vingt-dix guirlandes, cent quarante plantes et des milliers de fleurs. Sous un dais de bois doré, un fauteuil de velours rouge a été prévu pour la reine, mais celle-ci ne s'assoira pas un seul instant, saluant debout la foule massée sur les berges depuis des heures. Elle tient, puisant ses forces dans les sandwichs, la bière et le thé. Et la fierté de cette communion nationale. Comment Elizabeth II résiste-t-elle si longtemps sans manifester le moindre signe de fatigue ? Question d'entraînement, mais aussi de respect envers le million de spectateurs enthousiastes. Un tel spectacle ne se reverra peut-être jamais. C'est un ballet fluvial qui va durer 75 minutes, sur 11 kilomètres, de Battersea Park à Tower Bridge.

Avec un grand professionnalisme et la volonté de ne privilégier, donc de n'oublier, personne, la famille royale s'est répartie pour être vue des deux rives, par exemple Charles et Camilla à bâbord, William, Kate et Harry à tribord. Le joyeux et imprévisible maire de Londres, Boris Johnson, va d'un bord à l'autre ; il est en civil : ainsi, on le reconnaît.

Le défilé fluvial commence. Une leçon d'histoire avec le *Gloriana*, réplique exacte de son ancêtre du XVIIe siècle qui fend l'eau grâce à dix-huit rameurs, à une cadence olympique. À l'entrée symbolique de la souveraine dans la City, une vénérable compagnie d'artillerie tire quarante et un coups de canon. Peu après 16 heures, les deux tours du Tower Bridge sont en vue. Achevé en 1894, le plus célèbre des ponts de Londres est une réussite technologique ; l'ancien système hydraulique de levage de la salle des machines a été remplacé, en 1976, par un circuit hydroélectrique. La flottille royale s'avance au milieu d'un alignement de voiliers et le Tower Bridge s'ouvre pour laisser passer l'extraordinaire convoi, formant alors un majestueux arc de triomphe. À bord des bateaux de tous genres et de toutes époques, dont deux cent soixante-cinq ne sont pas motorisés, les équipages sont tournés vers la reine pour la saluer. Une dame, contemporaine de la souveraine et enchantée de l'apercevoir, hurle, triomphante : « On est là depuis Churchill et Staline ! »

Un feu d'artifice est tiré des tours du pont, véritable catapulte de lumières éclairant le ciel devenu gris et pluvieux. En soixante ans de règne, Elizabeth II n'a jamais été contrariée par les ondées et la pluie fait partie de la tradition. Et la canonnade reprend, tirée depuis le

HMS *Belfast*. Une salve d'honneur au nom de l'Irlande du Nord en concurrence avec le vaisseau fermant l'extraordinaire cortège, alors que l'armada passe devant les docks légendaires, dûment décorés. Ce bateau, appelé *Symphony*, est bien nommé : à son bord, le London Philharmonic Orchestra enchaîne divers hymnes historiques et, bien sûr, la prière nationale en faveur de la reine. Sa Majesté n'est pas superstitieuse : elle est passée sous treize ponts. À cause du temps frais, elle est redescendue quelques instants pour se couvrir un peu plus, est remontée et ne s'est jamais assise. Une vraie reine de diamant, debout face au vent de l'histoire qui la porte, triomphale.

Juillet 2012 : incroyable !
La reine... partenaire de James Bond !

L'inauguration des jeux Olympiques de Londres restera dans les annales du sport, mais aussi dans celles de l'humour de la monarchie britannique. Le secret absolu avait été gardé depuis le mois de mars et très peu de gens étaient dans la confidence de ce que préparait la souveraine. Quatre mois plus tard, les milliards de téléspectateurs du vendredi 27 juillet 2012 découvrent que, pour la première fois – et ce sera sans doute la seule –, Elizabeth II a accepté de jouer son propre rôle dans un spectaculaire court-métrage. Fêtant sa quatre-vingt-sixième année, l'arrière-arrière-arrière-petite-fille de Victoria prouve au monde que le *british sense of humour* reste une valeur sûre. Elizabeth II a accepté de donner la réplique au plus célèbre des agents secrets « au service de Sa Majesté », James Bond lui-même, l'insubmersible 007, en la personne de Daniel Craig, actuel détenteur de ce rôle prolifique. Le scénario est simple, mais inoubliable : un taxi s'arrête dans la cour d'honneur de Buckingham Palace. Un homme en descend, élégant dans son smoking, sa tenue de travail préférée. James Bond, l'espion tant aimé ou tant détesté, est d'abord accueilli par trois petits fauves, les facétieux corgis de la reine, Monthy, Holly et Wiclow, des rivaux à quatre pattes du visiteur. Puis, accompagné d'un majordome en grande tenue, James Bond/Daniel Craig foule le tapis rouge qui le conduit au premier étage du palais, jusqu'au bureau de la souveraine. Celle-ci, vêtue de rose et d'un inévitable bibi à plumes, lève les yeux d'un dossier vers son hôte et lui dit, avec le plus grand sérieux : « *Good evening, Mister Bond.* » Droit comme un I, il répond : « *Good evening, Your Majesty.* »

Ce sera leur seul dialogue. Huit mots ! Place à l'action ! Il est venu chercher la reine, sa reine, pour une mission très spéciale, olympique. Tous deux empruntent un corridor, puis descendent l'escalier de marbre. Ils montent dans un hélicoptère. Les trois chiens sont penauds et vexés du scénario : le film continue sans eux ! Cinq secondes plus tard, l'appareil survole le stade olympique. Le vrombissement des rotors force 80 000 spectateurs et un milliard de téléspectateurs à lever les yeux ou à se concentrer sur les images : deux silhouettes s'élancent dans le vide. À la stupéfaction – hilare ! – de la foule, la reine et James Bond sautent en parachute ! Leurs corolles s'ouvrent aux couleurs de l'Union Jack. Bien sûr, comme l'a immédiatement précisé un communiqué du palais, Sa Majesté était doublée par un cascadeur professionnel. Ouf ! L'agent 007 aussi. Un peu décevant, non ? Peu importe : en jouant le jeu et en partageant le goût des peuples britanniques pour l'autodérision, la reine, si souvent mise en scène et caricaturée dans sa fonction depuis soixante ans, touche le cœur de ses millions de sujets. Elle a osé se mettre en scène de la façon la plus inattendue, en duo avec un personnage de fiction lui aussi mythique. Et, selon le palais, la reine a pris « tant de plaisir » à être complice des caméras du réalisateur Danny Boyle qu'elle a ajouté, ce soir, un nouveau record, inoubliable et hors catégorie, à son exceptionnel palmarès. Bravo, Madame ! Aux jeux Olympiques de Londres, Elizabeth II remporte la médaille d'or de l'humour.

22 juillet 2013 : avec George, la reine est arrière-grand-mère

Ce dimanche, les rumeurs assurent que la duchesse de Cambridge a été admise dans une clinique privée de l'hôpital St. Mary. Les parieurs annoncent leurs pronostics et un crieur professionnel (qui n'a aucune fonction officielle) a revêtu sa pittoresque tenue du XVIIIe siècle. Mais l'excitation était prématurée ; le dimanche soir, aucune nouvelle. Le *royal baby* se fait attendre ; peut-être ne voulait-il pas perturber l'attention de la presse le jour de l'abdication du roi Albert II des Belges et de la prestation de serment de son fils et successeur, le roi Philippe, également jour de fête nationale en Belgique. En fait, la jolie duchesse n'est arrivée à St. Mary que le lundi matin. Les pronostics reprennent de plus belle. C'est à 16 h 24, heure locale, que naît un garçon de 3,8 kilos. Une explosion de joie parcourt le Royaume-Uni et les seize pays du Commonwealth. Preuve que le destin de la famille royale, ses bonheurs comme ses malheurs, fait intégralement partie de la vie politique britannique, le Premier Ministre, David Cameron, déclare : « C'est un moment important pour notre nation, un moment exaltant que tout le pays partage. » Le véritable village médiatique qui s'était installé sur le trottoir en face de l'hôpital sort enfin de sa torpeur. Les émissions spéciales se succèdent, les journaux sortent des éditions « extra ».

Dans son uniforme de fantaisie, rouge et or, coiffé de plumes multicolores, l'autoproclamé « crieur public » a son moment de gloire devant les caméras, micros et des centaines de téléphones portables. Comme il s'égosille entre deux *bobbies*, on l'écoute, on le croit un personnage officiel échappé d'un vieux conte, alors qu'il n'est qu'un astucieux farceur. C'est le page de la reine, un vrai fonctionnaire de la Cour, Philip Rhodes, qui apporte le bulletin médical à Buckingham Palace. Puis Mrs. Anderson, l'attachée de presse de la souveraine, et un valet de pied vont placer ce document sur un chevalet, devant le palais où se presse la foule. Il faudra attendre quarante-huit heures pour connaître le premier prénom de cet héritier de la Couronne en troisième position après son grand-père, le prince Charles, et son père William. Le prénom choisi, George, est fort et classique. Il a été porté par six monarques, dont le courageux George VI, père de la reine. Mais George de Cambridge se prénomme aussi Louis, en référence à l'amiral Louis Mountbatten, dernier vice-roi de l'Inde anglaise, oncle du duc d'Édimbourg et parrain du prince Charles. Avec une telle hérédité, le nouveau-né se devait d'esquisser, selon les experts, sa première *royal wave* (« salut royal ») à peine… trente-six heures après sa naissance ! Une habitude à prendre très tôt ! Mais, plus sérieusement, la naissance de George est un événement historique rarissime pour la reine. En effet, c'est la première fois depuis juillet 1894 que quatre générations de Windsor vivants, souverain et héritiers du trône, vont poser sur la même photographie. Cent dix-neuf ans plus tôt, sur une photo en noir et blanc, la reine Victoria, assise, tenait dans ses bras son arrière-petit-fils, le futur Édouard VIII. Derrière elle, debout, son fils, le prince de Galles, futur Édouard VII, et son petit-fils, futur George V. Le 23 octobre 2013, le baptême de George dans la chapelle royale de St. James, en présence de la reine, de Charles et de William, renouvelle cette situation dynastique exceptionnelle. Déjà une part d'éternité…

Septembre 2014 : Elizabeth II face à l'indépendance de l'Écosse

Alors que, traditionnellement, la reine et sa famille, très attachées à l'Écosse, y compris pour des raisons familiales, séjournent en cette saison à Balmoral et inaugurent les célèbres jeux athlétiques de Braemar, une question se révèle angoissante : un référendum, proposé le 18 septembre par le Premier Ministre écossais, rendra-t-il possible ce cauchemar : passer d'une Écosse autonome à une Écosse indépendante, rayant d'un trait l'acte de réunion des parlements anglais et écossais de 1707 qui avait créé le Royaume-Uni de Grande-Bretagne ? Pour la souveraine, ce cataclysme aurait pour première conséquence de faire disparaître l'Union Jack, le drapeau britannique ! Hommage au roi Stuart Jacques VI d'Écosse devenu Jacques Ier d'Angleterre, il date de 1603 et symbolise l'union des deux Couronnes[1]. Mais d'autres bouleversements seraient aussi catastrophiques, comme la restitution de biens de la collection royale qui sont, en réalité, un héritage incontestable des Stuarts. Ainsi, par exemple, le saphir sur la couronne impériale légué en 1807 au souverain de Grande-Bretagne et la couronne de saint Édouard commandée en 1661 par Charles II et qu'Elizabeth II portait lors de son sacre et couronnement en 1953 devraient être restitués à l'Écosse. Ou encore, le château de Holyrood (la sainte Croix en ancienne langue écossaise), où se trouvent les appartements de l'infortunée Marie Stuart et qui est la résidence officielle d'Elizabeth II lorsqu'elle séjourne à Édimbourg et où elle donne chaque été une traditionnelle *garden party*, deviendrait la demeure du chef de l'État écossais. Pour

1. L'Union Jack regroupe la croix écossaise de Saint-André, blanche sur fond bleu, la croix anglaise de Saint-Georges, rouge, et la croix irlandaise de Saint-Patrick, rouge également. L'Union Jack est donc un drapeau britannique, union de trois Couronnes, et non uniquement le drapeau de l'Angleterre.

mémoire, Sean Connery, Écossais et premier titulaire du rôle de James Bond, portant kilt et spencer, avait été adoubé chevalier par la reine en juillet 2000 à Holyrood.

Elizabeth II examine les sondages qui laissent prévoir une victoire de l'indépendance. Elle n'en dit rien, évidemment, mais on la sait inquiète. Ce serait un crève-cœur pour elle et la mémoire de sa mère, passionnément amoureuse de son Écosse natale. Et la reine s'interroge aussi : une nouvelle grossesse de la duchesse de Cambridge est annoncée. Cet enfant, frère ou sœur du petit George, naîtra-t-il dans une Grande-Bretagne séparée du pays des magnifiques Highlands ? Que deviendrait le mythe du monstre du loch Ness ? Elizabeth II conserverait-elle une double couronne ? Quels prétendants, tous catholiques, pourraient revendiquer le trône des rois Stuarts ? Peu avant le scrutin, alors que le oui au divorce est donné gagnant, la reine ose poser pour une photo dans la campagne près de Balmoral en grande tenue de l'ordre du Chardon, équivalent écossais de l'ordre de la Jarretière, que l'on dit fondé au XVe siècle par le roi Jacques III d'Écosse. La reine sort de sa réserve sans rien dire, mais montre son attachement à l'union.

Le vote du 18 septembre refuse majoritairement l'indépendance, à 55,3 % des suffrages, ce pourcentage montant jusqu'à 61,1 % à Édimbourg. Le Premier Ministre du Royaume qui demeure donc uni, David Cameron, promet une Écosse plus forte dans l'organisation actuelle. On peut imaginer le soulagement de la reine. On en a même la preuve, car David Cameron a commis une gaffe en révélant que lorsqu'il a appelé la souveraine pour lui annoncer le résultat, « la reine a ronronné au bout de la ligne, je n'ai jamais entendu quelqu'un être si content », signe de soulagement et de satisfaction, ce que l'on n'aurait jamais dû savoir. C'est l'une des rarissimes fois où l'avis de la reine a pu être déchiffré sur une situation politique, de surcroît très délicate, mais sans qu'elle soit responsable de cette indiscrétion. L'auteur de cette faute politique s'empressa de présenter ses excuses, y compris à la souveraine : « Écoutez, je suis très gêné, je suis extrêmement désolé. C'était une conversation privée, certes, mais une conversation privée que je n'aurais pas dû avoir et que je n'aurai jamais plus. » On ne s'est pas demandé si le chat du 10 Downing Street, Larry, qui porte le titre de *Chief Mouser to the Cabinet Office* (« souricier en chef du cabinet »), considéré, depuis 1929, comme un agent de la fonction publique, avait lui aussi ronronné… ce qui n'aurait rien de surprenant ! Mais le félin étant politiquement neutre, ses ronronnements n'ont jamais pu être interprétés !

Ainsi, le prochain enfant de William et Kate naîtra dans un royaume toujours uni. Cette perspective mériterait qu'on déguste un bon whisky et rappelle la déclaration de la reine lorsque l'autonomie écossaise avait été accordée en 1998 : « Je reconnais l'Écosse comme nation, pas comme État » – autrement dit, la souveraineté britannique ne pouvait être contredite. Charlotte de Cambridge naît à Londres le 2 mai 2015. Elle est baptisée le dimanche 5 juillet en l'église St. Mary Magdalene de Sandringham. Une cérémonie simple, dans l'esprit des monarchies scandinaves. La fête, bien que privée, en présence d'une vingtaine d'invités selon le souhait de l'heureux papa, permet tout de même de rassembler 3 500 personnes devant l'église. Certains ont campé depuis la veille sur l'herbe pour ne rien manquer. La reine, en rose, est arrivée en Land Rover conduite par le duc d'Édimbourg. Charlotte a fait son entrée dans le landau qu'Elizabeth II poussait quand Andrew et Edward étaient bébés. Depuis la naissance d'Eugenie, fille cadette du duc et de la duchesse d'York vingt-cinq ans plus tôt, la famille régnante n'avait pas accueilli de nouvelle petite princesse. Par un autre rappel historique, William a voulu que le photographe choisi pour immortaliser l'événement soit Mario Testino, le favori de Diana. Une façon d'honorer la mémoire de la « princesse des cœurs ». On peut penser que Charlotte est déjà, pour beaucoup, une « petite princesse des cœurs ».

11 juin 2016 : avant le vote du Brexit, la reine fête ses quatre-vingt-dix ans

Elizabeth II, que certains voient, par erreur, au crépuscule de son règne, a toujours été attentive à l'avenir et au progrès dont il est porteur. Ainsi, le 23 février 2016, elle visite le chantier de la nouvelle ligne de métro qui reliera la City à l'aéroport de Heathrow et transportera 200 millions de passagers annuels à partir de 2019. Curieuse et enthousiaste, la reine prend un ascenseur de service plongeant à 28 mètres de profondeur sous la station Bond Street. Elle y rencontre les ouvriers et leur serre la main. Un choc souterrain de couleurs : la reine est en mauve, chapeau compris, et les équipes en orange ! Sa Majesté dévoile le logo de la future ligne, nommée « Elizabeth Line », de couleur mauve, bien sûr ! Le maire de Londres, le théâtral Boris Johnson, déclare que « tout en offrant une amélioration radicale des transports de la capitale, la “Elizabeth Line” offrira un hommage durable à notre monarque ». Elizabeth II est déjà une souveraine du futur, championne de la stabilité dans le changement.

On sait que les Britanniques sont les vrais inventeurs du pique-nique, puisque, au XVIIIe siècle, un certain John Montagu, quatrième comte de Sandwich et amiral, joueur impénitent, refusait de quitter la table pendant une partie et avait demandé à son majordome de lui préparer des collations lui permettant de continuer à jouer tout en se restaurant. Mais à Londres, pour saluer les quatre-vingt-dix ans de la reine et les quatre-vingt-quinze ans du duc d'Édimbourg le 11 juin 2016, la tradition de la cérémonie de *Trooping the Colour* atteint une dimension jamais vue : c'est un pique-nique géant qui est organisé sur le Mall, sur une distance de 1 kilomètre entre Buckingham Palace et Trafalgar Square. Dix mille convives, représentant les six cents organisations et fondations que parraine Sa Majesté, s'installent autour de 1 700 tables. Rien à craindre du côté de l'intendance : elle sert d'abord, sagement, 10 000 bouteilles de jus de pomme provenant des vergers de Windsor et 33 000 tasses de thé. Puis on passe à plus corsé, avec 5 000 pichets de Pimm's, un très populaire cocktail, à base de gin ou de whisky, ou encore de rhum ou de vodka. De quoi tenir, car la pluie, qui n'est jamais invitée, tombe toujours en fraude ! Plus de 10 000 paniers de pique-nique (la tradition !) sont garnis de mousse de saumon, de roulades de poulet avec asperges, de salades de pommes de terre de Cornouailles, pâtés en croûte, fromages *british* réputés (les goûteux cheddar et stilton) et, pour le dessert, des montagnes de mousse de framboises du Norfolk. Avec humour, un journaliste du *Times* relève que les 125 litres de crème solaire resteront inutiles, le soleil restant boudeur. Prévoyants, les organisateurs ont rassemblé 12 500 ponchos et autres plaids. Dans la nuit, devant le monument à la mémoire de la reine Victoria, une loge a été construite : Elizabeth II et le prince Philip y apparaissent, ce qui soulève une immense clameur. Derrière cette mise en scène qui dépasse tout ce qu'on avait vu dans le genre à Londres, c'est Peter Phillips, le fils de la princesse Anne, qui est à la manœuvre pour célébrer sa grand-mère, la doyenne mondiale des monarques régnants. Le duc de Cambridge la remercie : « Granny, merci pour tout ce que tu as fait pour notre famille. Nous te souhaitons un bon anniversaire. » Puis William, Harry, Kate, Eugenie et Beatrice, toute la jeune génération des Windsor, se mêlent à la foule, fière et heureuse. Accrochés à des mâts, des drapeaux flottent tous les 5 mètres. L'Union Jack est même utilisé pour d'étranges chapeaux qui ressemblent à des gâteaux, à moins que ce ne soit l'inverse. Debout dans une Range Rover, le prince Philip et, à sa gauche, la reine, encore en rose, saluent la foule, tandis que leur voiture avance sur le Mall, entre les deux rangées d'un peuple conquis. Le couple royal sera très ému en voyant flotter la silhouette géante, sur toile, de son cher *Britannia* devenu un musée.

En réalité, en débutant le vendredi 10 juin, la fête dure trois jours, de la messe d'action de grâces, avec

Te Deum, à la cathédrale Saint-Paul, au pique-nique géant, en passant par l'apparition rituelle de la famille au balcon du Buckingham Palace, la parade militaire à pied et montée, assurée par 1 500 hommes et 300 chevaux. Derrière le dais rouge écarlate frangé d'or, la reine, en vert et gants blancs, a salué le défilé aérien ; Charlotte, dans les bras de sa maman, clignait des yeux, mais George regardait déjà attentivement l'hommage rendu à la reine par les neuf appareils de la Royal Air Force laissant un panache tricolore dans le ciel. Ce qu'on remarque particulièrement est l'atmosphère joyeuse, notamment au balcon. Elizabeth II rit, tout le monde rit, notamment quand elle plaisante sur son anniversaire à répétition et dit : « Je ne sais pas comment je me sentirai si vous me chantez encore *happy birthday* en décembre… » Cette bonne humeur est la continuité de l'harmonie intime soulignée par l'archevêque de Canterbury, assurant Sa Majesté de la gratitude nationale et du Commonwealth dont tous les gouverneurs généraux sont présents : « Vous avez été, Madame, un instrument de la paix de Dieu et, à travers vous, Dieu a si souvent transformé la peur en émerveillement et en joie. » Dans la cathédrale et devant un parterre à la fois familial – jusqu'aux petits-cousins – et politique – puisque trois Premiers Ministres sont présents, dont David Cameron qui lit un verset de l'Évangile selon Luc –, la communion, dans tous les sens du terme, est totale. Et le couple Elizabeth-Philip, dont un nouveau portrait privé est diffusé (la reine en chemisier et tricot rose, le prince en veste de tweed, chemise rose et cravate à dominante verte), est célébré par ces mots du chapelain de la cathédrale : « L'amour de deux époux qui ont traversé ensemble tous les orages de la vie et du siècle passé. » Pour la reine, qui a abandonné sa propre vie pour la consacrer à sa fonction, l'amour conjugal a été sa seule véritable force : elle porte sa broche Richmond, un cadeau de mariage fait à sa grand-mère Mary en 1893.

Le 14 juin, c'est à Ascot, jour de l'ouverture de la saison, que la reine est peut-être le plus heureuse. Elle a tant de souvenirs dans le *royal enclosure* (l'« enclos royal ») : elle y avait assisté à ses premières courses en 1945. « J'avais à peine dix-neuf ans ! » dit-elle, alors que, tradition oblige, elle arrivera dans un landau tiré par quatre chevaux gris. Le code vestimentaire est immuable : jaquette, fleur à la boutonnière, gilet si possible croisé (car c'est plus chic) et haut-de-forme gris ou noir pour les hommes, bien sûr retiré lors du *God Save the Queen* ; chapeau extravagant ou imaginatif, mais de préférence assorti à la robe, pour les dames : plumes d'autruche pour Camilla, pivoines pour la duchesse de Cambridge. Dans le train de banlieue parti de la gare de Waterloo, ces tenues n'étonnent personne, au contraire. Beaucoup de gens économisent pour assister aux plus célèbres courses hippiques du royaume et si possible y passer une semaine. Kate, ravissante, vit sa première semaine à Ascot, en bavardant avec la princesse Mary de Danemark. Le 16 juin, Elizabeth II, parieuse invétérée, avait prévu que son champion, Ryan Moore, gagnerait. Elle lui remet le trophée, la Gold Cup et une bouteille de champagne Bollinger, fournisseur de la Cour depuis l'ère victorienne (et le préféré de James Bond…). Ces festivités équestres et mondaines d'Ascot sont malheureusement gâchées par la campagne « pour ou contre le Brexit ». En effet, le Premier Ministre David Cameron a eu la fâcheuse idée d'imaginer un référendum demandant aux Britanniques s'ils voulaient oui ou non continuer à être membres de l'Union européenne. Le nom même de Brexit, qui inclut le mot « sortie », est révélateur.

Pour la seconde fois du règne d'Elizabeth II depuis la question de l'indépendance écossaise, mais cette fois avec une intensité dramatique, le débat divise profondément le royaume réputé « uni ». La reine est soucieuse : la politique gâche son anniversaire…

Au divorce du Brexit, la reine oppose la mémoire européenne

Même si Elizabeth II n'a pas le droit d'intervenir dans le débat du Brexit, son aura et sa volonté de ne pas disperser l'héritage de la Couronne peuvent jouer un rôle considérable. L'assassinat de la députée travailliste Jo Cox révèle l'âpreté du débat. À trois jours du scrutin, les sondages estiment que les partisans et les adversaires sont à peu près à égalité. Puis, presque dans les heures qui suivent, l'angoisse monte avec la progression des partisans du « *out* » qui ferait du Royaume-Uni, selon le Premier Ministre David Cameron, un « pays étriqué ». Certains estiment que seule la reine pourrait éviter un *Brexit horribilis*. Une petite phrase raisonnable de Sa Majesté ? Impossible avant le vote. Et après ? Le dimanche 23 juin 2016, le divorce du royaume d'Elizabeth II avec l'Union européenne est prononcé à 51,9 %. On imagine la souveraine, britannique, mais aussi européenne et qui l'a prouvé, consternée en silence par cette situation. Ainsi, le tunnel sous la Manche, qu'elle a inauguré, ne serait qu'une illusion et Albion redeviendrait une île diplomatique et économique ? Tous les regards, toutes les caméras se portent sur la reine. Que pense-t-elle ? Elizabeth formulera une réponse qui est un chef-d'œuvre de réalisme neutre, souriant, rassurant, un constat dans son existence et son emploi du temps où tout est prévu du 1er janvier au 31 décembre : « Eh bien, je suis toujours là. » Irréprochable, incontestable, inédit pour une situation elle aussi sans précédent. Quatre mots d'une densité exceptionnelle. Si le Brexit divise et perturbe l'opinion, la reine demeure un symbole d'union interne. On se souvient qu'elle avait promis, à vingt-cinq ans, de servir son peuple sa vie entière, « qu'elle soit longue ou courte ». Donc, aussi déterminée que discrète, Elizabeth II tient parole.

Mais elle va faire beaucoup mieux, car l'histoire vient à son secours. La reine a bonne mémoire : huit jours après le vote interprété comme un séisme par ses adversaires, le 1er juillet marque le centenaire de la bataille de la Somme en 1916 dont lui avait parlé son grand-père, le roi George V. Ce sont les Britanniques et le Commonwealth qui ont payé le plus lourd tribut lors de ces combats : 400 000 tués. Avec beaucoup de finesse, Elizabeth II demande à Charles, prince de Galles, de la représenter aux cérémonies qui ont lieu à Thiepval, avec William, Kate et Harry. Il est clair que la reine veut mettre en lumière les générations d'avenir pour commémorer un passé tragique où étaient engagés la France, le Royaume-Uni, le Commonwealth, mais aussi l'Allemagne, des combattants dont « le sacrifice et les souffrances ne seront jamais oubliés ». Sans le dire, la reine répond ainsi aux partisans du Brexit, leur rappelant la sanglante vanité d'une bataille inutile, l'offensive franco-anglaise de juillet à novembre 1916, un échec dans la guerre d'une Europe déchirée, laminée. On peut comprendre le message subliminal de la souveraine : est-il raisonnable de quitter l'Europe avec laquelle nous avons tissé tant de liens après tant d'affrontements ?

En se rendant dans la Somme, le président de la République française, François Hollande, a espéré qu'il ne pleuvrait pas. La pluie tombe tout de même, on sort des parapluies transparents chez les Britanniques, et le prince Charles dit : « Il est terrifiant d'imaginer les destructions qui ont ravagé ce paysage il y a cent ans. » Le premier bataillon de Saint-Cyr et un détachement des Irish Guards présentent les armes. David Cameron, Michael Higgins, président de la république d'Irlande, l'ancien président allemand Horst Köhler, les représentants de l'Inde, de la Nouvelle-Zélande, du Pakistan, de l'Afrique du Sud et du Canada sont là, eux aussi. Deux canons français et deux canons anglais, dont l'un servit en 1916, tirent une salve. Les personnalités ne sont pas seules : six cents enfants debout devant six cents tombes déposent un bouquet, écoutent les lectures, les allocutions. Sonnerie aux morts et drapeaux abaissés bouleversent de nombreuses personnes dont les familles ont été fauchées par la bataille de la Somme et ses conséquences. Ainsi, trois grands-oncles de Camilla, la duchesse de Cornouailles, ont été tués ici, en dix-huit mois, entre 1916 et 1918. La reine ne pouvait faire mieux en envoyant cette très symbolique délégation pour que la mémoire prépare l'avenir. Grande Guerre, grande douleur. À Londres, la veille, Elizabeth II et le duc d'Édimbourg se sont inclinés sur la tombe du soldat inconnu. Mais c'est sur le champ de bataille de la Somme qu'elle a, sans aucun doute, voulu faire savoir son sentiment sur les mirages politiques.

Le 4 mai 2017, Philip annonce son retrait de la vie publique

Ce n'est pas un coup de tête, mais une décision mûrement réfléchie dont il a longuement parlé, bien entendu, avec la reine, mais aussi avec ses enfants et ses petits-enfants. Il a sans doute amplement mérité sa retraite, qui ne prendra effet qu'en septembre. Soutien sans faille d'Elizabeth depuis leur mariage en 1947, chargé par elle de l'éducation des enfants, dès l'accès au trône de son épouse, c'est lui qui gère l'exploitation des domaines de Sandringham, de Balmoral et du grand parc de Windsor. Il a rationalisé et rentabilisé les domaines agricoles, mais aussi redessiné le parc de Balmoral. Ces activités prennent du temps, mais pas autant que ses engagements publics : en soixante-dix ans de vie officielle, le duc d'Édimbourg a tenu 22 191 engagements, assuré 637 visites à l'étranger dans soixante-sept pays, prononcé 5 493 discours et patronné 785 associations. En plus de cet agenda chargé, il a écrit quatorze livres, mais s'est aussi adonné à ses passions : le polo, puis les courses d'attelage dont il a été champion du monde, le pilotage d'avions et d'hélicoptères. Si l'annonce de ce retrait est un choc pour le peuple britannique, quel soulagement pour le prince ! Il va d'ailleurs très discrètement manifester un premier début d'effacement en apparaissant, à l'occasion de *Trooping the Colour* le 10 juin 2017, en tenue de ville.

Cet anniversaire est endeuillé par les attentats de Londres et de Manchester qui en mars, mai et juin ont fait trente-cinq morts et cent seize blessés, sans oublier l'incendie qui, en ravageant la tour Grenfell le 14 juin, a laissé un bilan accablant : soixante et onze victimes. Elizabeth II et William s'étaient rendus dans la salle de sport où étaient regroupés les survivants et les secouristes et avaient passé un long moment avec eux, en leur demandant de leur expliquer leurs besoins. « Majesté, William, Harry, aidez-nous ! » avaient-ils crié en larmes. La sincère compassion d'Elizabeth II et la présence d'un de ses petit-fils contraste avec la venue privée, sans un mot ni un geste de sympathie, de Theresa May, treizième chef du gouvernement nommé par la reine après la démission de David Cameron, tombé dans le piège du Brexit. Lors de l'anniversaire officiel de ce terrible accident, la reine tient à ce qu'une minute de silence soit observée à la mémoire des morts et des blessés. C'est la première fois que l'on revoit le duc d'Édimbourg au balcon de Buckingham Palace, sans uniforme, mais avec ses décorations. Désormais, la reine devra s'habituer à remplir seule ses obligations publiques, sans la présence de Philip à trois pas derrière elle. En septembre, on y pensera moins, on n'en parlera même pas, car un autre événement va occuper l'opinion et la galaxie médiatique : le nouvel amour du prince Harry.

Harry, l'enfant terrible, se fiance avec une actrice américaine

Depuis toutes les « unes » peu flatteuses des journaux, le fils cadet de Diana a changé. Il a continué sa carrière militaire et s'est rendu sur le front en Afghanistan, une première fois en 2007 au sol, une seconde fois en 2012 comme copilote d'hélicoptère. L'état-major y était très hostile. Il avait fallu au prince-officier beaucoup d'énergie et de ténacité pour accomplir son devoir comme il le voulait. Réalisant qu'on ne le laisserait plus s'exposer au combat, il a une idée remarquable qu'il va mettre en pratique avec talent et brio : les Invictus Games. Après avoir rencontré de nombreux soldats et officiers blessés, handicapés ou traumatisés, Harry cherchait à inventer pour eux une forme de jeux Olympiques. Une façon de les remotiver et de leur rendre l'espoir. Les premiers Invictus Games, compétition multisports pour les militaires infirmes du Royaume-Uni et du Commonwealth, ont eu lieu à Londres en septembre 2014. Une réussite qui met Harry en lumière d'une façon enfin positive.

Quant à sa vie privée, après une relation de cinq ans avec la Sud-Africaine Chelsy Davy, Harry était tombé amoureux d'une jolie aristocrate anglaise, Cressida Bonas. Mais celle-ci, actrice de théâtre, avait rompu avec le prince, car elle voulait poursuivre sa carrière de comédienne et craignait de perdre sa liberté. Harry est donc un cœur à prendre ; il ne va pas le rester longtemps. En juillet 2016, Harry rencontre, dans un dîner à Londres qui avait peut-être été arrangé, l'actrice américaine Meghan Markle, trente-quatre ans, héroïne d'un feuilleton télévisé à succès, *Suits*, dont les tournages ont lieu au Canada. Le prince tombe immédiatement amoureux et bombarde la comédienne de textos. Il l'invite même à séjourner au Botswana avec lui à l'été 2016. Megan rompt immédiatement avec l'homme qui partageait sa vie depuis deux ans, Cory Vitiello, un cuisinier canadien, et rejoint Harry en Afrique. Ils ne vont plus se quitter – si l'on peut dire, puisqu'elle vit au Canada et lui à Londres. En réalité, ils ne passeront jamais plus de quinze jours sans se retrouver. Les Invictus Games de septembre 2017 ayant lieu à Toronto, le prince va s'y rendre régulièrement pour les préparatifs. C'est lors de ces Invictus Games du 22 au 30 septembre 2017 qu'ils vont, volontairement et publiquement, apparaître ensemble pour la première fois. Désormais, leur idylle est officielle.

Les choses vont prendre un tour encore plus officiel lorsque, en réaction aux attaques subies par Meghan dans la jungle médiatique et les réseaux sociaux, Kensington Palace, en novembre 2017, publie un communiqué dans lequel le prince Harry exprime sa colère face au déferlement de « révélations » que sa *girlfriend* subit depuis une quinzaine de jours. Peu à peu, on va apprendre qui est Meghan Markle. Ses parents sont divorcés : sa mère, afro-américaine, est professeur de yoga et son père directeur de la lumière dans des studios de cinéma. Meghan a eu un début de carrière difficile, avant de connaître un succès éclatant grâce à la série *Suits*. Entre-temps, elle a été mariée à un producteur, dont elle est divorcée.

Qu'en pense la reine ? On peut imaginer qu'en apprenant que son petit-fils préféré (parce que le plus fragile) comptait épouser une Américaine divorcée, Elizabeth II n'a pu que repenser au scandale qu'avait représenté l'union de son oncle David, Édouard VIII, avec Wallis Simpson. Mais il y a une différence notable : Harry n'est pas le premier sur la liste de succession au trône. Harry adore sa grand-mère et obtient d'elle à peu près tout ce qu'il veut : la reine a participé à une émission de télévision où on la voyait, dans son bureau, au côté de son petit-fils la tenant tendrement par les épaules, regarder une tablette, tandis qu'il lui expliquait ses projets pour les Invictus Games. La souveraine participant à la promotion d'un événement, c'est certainement une première.

On ne sait rien de la façon dont Harry a informé Elizabeth II de son intention d'épouser Meghan Markle. Mais il a dû être convaincant en présentant sa future femme comme une personne exceptionnelle par son parcours difficile, par sa réussite et par son implication dans la défense de la cause des femmes et ses engagements humanitaires en Afrique. La reine n'a pas dû hésiter longtemps avant de donner son accord au mariage. Le 12 octobre 2017, Megan est présentée à Sa Majesté à Buckingham Palace. Là encore, on ne sait rien de cette audience, mais elle a dû être positive et on a parlé de deux dates, celle de l'annonce officielle des fiançailles, qui devait obligatoirement intervenir, par courtoisie, après le 20 novembre, date du soixante-dixième anniversaire de mariage d'Elizabeth et Philip. La seconde date, celle du mariage, devait elle aussi être obligatoirement fixée après la date prévue de l'accouchement de la duchesse de Cambridge, qui attend un troisième enfant. Les fiançailles seront officiellement annoncées le 27 novembre, une semaine après l'anniversaire des noces de la reine. Le lendemain, les fiancés rencontrent la presse dans les jardins de Kensington Palace, mais pas n'importe quel endroit de ces jardins : celui de Diana, la mère de Harry. La bague de fiançailles est, elle aussi, un hommage à la défunte princesse de Galles. Elle a été dessinée par Harry : un très beau diamant épaulé par deux autres diamants provenant d'une broche de Diana. Le bonheur du couple et son aisance sont évidents : maintenant, tout est facile pour eux. Harry est un communicant hors pair et Meghan une actrice qui a l'habitude d'être confrontée à la presse. La cérémonie est prévue pour le 19 mai 2018, à la chapelle St. George de Windsor. Il faut, ici, rappeler que le consentement de la reine au mariage de son « très tendrement aimé petit-fils » est donné selon une tradition qui remonte à 1772, sous le règne de George III : on doit obligatoirement obtenir l'accord du monarque, sous peine de contracter une union non valide. Depuis 2013, selon un nouveau *Crown Act*, cette loi « ne concerne plus que les six premiers successibles à la Couronne. Le prince Harry, sixième en ligne de succession depuis la naissance du petit prince Louis, est le premier à convoler selon ces nouvelles dispositions[1] ». L'accord royal, paraphé par la reine le 14 mars, mais rendu public plus tard, « est rédigé sur vélin, avec enluminures, calligraphie gothique, pluriel de majesté, signature en latin ». C'est « *Elizabeth Regina*, la Seconde par la Grâce de Dieu », qui manifeste sa joie selon un usage remontant à deux cent quarante-six ans…

1. Antoine Michelland, *Point de Vue*, 23 mai 2018.

Avec la série The Crown, *le public croit-il connaître la reine ?*

Si Rachel Meghan Markle est devenue une star de la télévision, Elizabeth II suscite la curiosité avec le feuilleton supposé raconter sa vie de souveraine. L'année 2017 avait commencé par un couronnement… médiatique. Le dimanche 8 janvier, au Beverly Hilton de Los Angeles, la soixante-quatorzième édition des Golden Globes récompensait la fastueuse série *The Crown*, la production américano-britannique diffusée par Netflix. Sa Gracieuse Majesté y est représentée sous les traits de la délicieuse Claire Foy qui restitue, avec finesse, la complexité et l'évolution du personnage de la souveraine qui est le « centre du monde depuis bientôt soixante-cinq ans ». La réalisation est à la hauteur de la somptueuse reconstitution des années 1950 dans un studio au nord de Londres. Plus de 7 000 costumes ont été confectionnés par la créatrice d'une autre série mythique, *Game of Thrones*, Michele Clapton. Elizabeth II et les Windsor portent chance aux scénaristes et aux acteurs. On ne peut que souligner l'extraordinaire libéralisme de la souveraine, mise en scène de son vivant pour la seconde fois après *The Queen* dans l'évocation de son existence publique et privée, jusqu'aux frontières de l'intimité conjugale, laissant la place à des ambiguïtés ou des suppositions. Malgré quelques erreurs factuelles, *The Crown* est une fascinante représentation, très réaliste, des coulisses de la vie dynastique dans le spectacle du pouvoir et des apparences de la plus impressionnante des monarchies, le tout magnifiquement interprété et filmé. Un cadre idéal pour raconter des rivalités, des luttes d'influence, des intrigues. Après le succès des deux premières saisons, la troisième est très attendue.

14 janvier 2018 : Elizabeth II accepte de commenter son sacre

Voilà un dimanche que les 10 millions de téléspectateurs de la chaîne BBC1 n'oublieront pas ! La reine, qui ne répond jamais aux questions de la presse, apparaît dans la salle du trône de Buckingham Palace pour commenter son sacre et son couronnement le 2 juin 1953 ! La couronne de saint Édouard, que l'archevêque de Canterbury avait posée sur sa tête, est sur une table, exceptionnellement sortie des coffres blindés de la Tour de Londres. Deux kilos et demi et quatre cent quarante gemmes symbolisant le pouvoir royal. Il a fallu vingt-deux ans à Alastair Bruce of Crionaich, héraut d'armes de Sa Majesté et commentateur des grands événements royaux, quoique non journaliste, pour convaincre la reine d'expliquer elle-même les images de son sacre… et de parler, aussi, du couronnement de son père George VI, le 12 mai 1937 ; Lilibeth avait alors onze ans. Elizabeth II est la seule personne au monde pouvant raconter deux couronnements et sacres en les ayant vécus. Si elle a accepté ce qui n'est pas tout à fait une interview, mais tout de même un exploit sans précédent, c'est, selon la reine, pour montrer aux jeunes générations, par une succession de souvenirs personnels, la continuité de l'État. Et de préciser que les joyaux « sont l'expression de la relation entre le peuple et son souverain ». Un peu plus tard, on remarquera aussi que, cinquante-trois ans après avoir décoré les Beatles, Elizabeth II vient de distinguer, une nouvelle fois, Ringo Starr, le batteur du groupe mythique et l'un des mille cent vingt-trois Britanniques récompensés « pour services rendus » dans cette promotion du jour de l'an 2018. Si les Beatles n'existent plus, le deuxième règne élizabéthain est toujours l'incarnation de traditions en apparence opposées, mais que la souveraine rend compatibles.

23 avril 2018 : naissance express chez la duchesse de Cambridge

Kate n'a passé que sept heures à la clinique privée de l'hôpital St. Mary pour mettre au monde son troisième enfant, un petit garçon dont on ne connaîtra les prénoms qu'un peu plus tard, « en temps voulu », selon un communiqué de Buckingham Palace répondant aux impatients habituels. Sept heures en tout, c'est un record, d'autant plus que la duchesse apparaît rayonnante, tenant son bébé dans les bras, au côté de William, fraîche, bien coiffée, ravissante dans une robe rouge à col de dentelle blanc, chaussée d'escarpins « stiletto » ! Avec Kate, tout est toujours parfait, même la date, puisqu'il reste un peu plus de trois semaines avant le mariage de Harry et Meghan, le temps de pouponner et de préparer ses deux aînés à leurs rôles de garçon et de demoiselle d'honneur. Les paris sont ouverts pour les prénoms. Ils seront presque tous déjoués car ceux d'un *royal baby* ne doivent rien au hasard ni aux desiderata de la population. Quelques jours plus tard, le nouveau-né reçoit trois prénoms : Louis, Arthur, Charles.

Le choix de Louis a beaucoup intrigué, certains amateurs se risquant à dire que c'était en référence aux rois de France ! Erreur ! Louis est, évidemment, un hommage à Louis Mountbatten, oncle du prince Philip, parrain et mentor du prince Charles. Le deuxième prénom, Arthur, provoque toutes sortes de fantasmes : on pense au roi Arthur, héros médiéval, et aux célèbres chevaliers de la Table ronde, légende chère au cœur des Britanniques. Erreur, encore une fois ! En réalité, Arthur est une référence à l'avant-dernier fils – et le préféré – de la reine Victoria, Arthur, duc de Connaught, qui ne s'était éteint qu'en 1942 à Clarence House. Les locataires suivants de cette résidence furent Elizabeth et Philip au début de leur mariage et c'est aujourd'hui la résidence du prince de Galles et de la duchesse de Cornouailles. Quant au prénom Charles, il faudrait venir d'une autre planète pour ne pas comprendre que c'est un hommage au fils aîné de la reine et grand-père du bébé, ce dernier étant désormais cinquième dans l'ordre de succession au trône. Ces trois prénoms ont nécessairement reçu l'accord de la reine. Ils honorent aussi bien le passé que le présent de la dynastie régnante.

19 mai 2018 : Harry épouse Meghan, une parenthèse enchantée

Inutile de le nier : ce mariage est un événement politique, dynastique, social, mondain et médiatique. Il est la conclusion heureuse d'un roman digne de la série *The Crown* et devrait en inspirer un épisode. Qu'un fils, longtemps fragilisé, de la mythique Diana épouse une comédienne de série télévisée dont la vie a déjà été très remplie est romanesque. Qu'elle ait accepté de tourner des scènes « chaudes », qu'elle ait la réputation d'être une féministe, qu'elle soit américaine, métisse et divorcée ajoutent au scénario. Qu'elle devienne duchesse et proche de la reine, c'est, tout simplement, un conte de fées à la sauce épicée par une pincée de scandale : le père de Meghan se serait vendu pour une série de photos prétendument réalisées par un paparazzi. Sanction de cette supposée mauvaise manière : il sera absent de la noce, officiellement pour « raison de santé ». Mais qui donc conduira la mariée à l'autel ? Ce sera son beau-père, le prince Charles, avec beaucoup d'élégance. Trois jours avant le 19 mai, les *groupies* attendent déjà le duc et la duchesse de Sussex, leur titre octroyé par Elizabeth II. Chaises pliantes, sacs de couchage, paniers et glacières garnis, quelques Américaines, soudain royalistes et pas peu fières, sont venues des environs de New York, campant à Windsor devant la porte Henri-VIII d'où sortira le carrosse. Et ces *groupies* espèrent surtout qu'elles auront droit à ce geste de la main tant attendu leur signifiant : « Nous vous avons vues ! » Qu'une Américaine de naissance modeste épouse un petit-fils de la reine, quel roman ! Meghan, duchesse de la plus prestigieuse des monarchies, c'est fabuleux ! On avait vu ce genre de mariage dans les années 1920, mais là, il s'agit d'amour ! Cela valait bien des achats de produits dérivés en tout genre, de la tasse de thé aux portraits des tourtereaux. Les événements de cette nature sont toujours stimulants pour l'économie britannique, surtout dans le contexte préoccupant du Brexit. Le *royal wedding* rapportera environ 550 millions d'euros, surtout, dit-on, parce que Harry est le plus populaire des *royals*, même devant son illustre et vénérée grand-mère.

Si 2 640 personnes ont reçu le faire-part et peuvent se placer sur le parcours du cortège dans l'enceinte du château, on en compte au moins 150 000 à l'extérieur des murs de la forteresse, lesquels ont résisté à bien d'autres assauts. En revanche, « seulement » 600 invités prennent place dans la nef et le chœur de la chapelle St. George. La BBC attend au moins 2 milliards de téléspectateurs, puisque le record à battre est celui du mariage de William et Kate en 2011. Les chaînes d'information continue et la mondovision y aideront certainement.

Le ballet est millimétré et ponctuel. À 11 h 40, Harry et William se dirigent vers l'autel, portant l'uniforme avec redingote sombre – sauf les bandes rouges des pantalons – des Blues and Royals. Afin que Harry puisse garder son collier de barbe rousse, en principe incompatible avec cette tenue, la reine a dû donner son autorisation spéciale ! Que ne ferait-elle pour ce petit-fils « tendrement aimé » ?

À 11 h 55, sans le moindre bruit, une majestueuse Rolls-Royce Phantom IV 1950 couleur prune remonte le Long Walk avant d'entrer dans la cour de la chapelle. Délicate attention de la reine : cette voiture avait été construite pour Elizabeth et Philip après leur mariage. En sortent la mère de Meghan, Doria Ragland, en vert tilleul, accueillie par le vice-doyen de Windsor, et sa fille, la tête parée d'un diadème ayant appartenu à la reine Mary qui retient son voile. Celui-ci, long de 5 mètres, a été brodé de fleurs symbolisant les cinquante-trois États du Commonwealth. La robe, très épurée, est de Givenchy, comme le voile. Peu avant midi, la reine en vert absinthe et le duc d'Édimbourg en jaquette, fleur blanche à la boutonnière, descendent de leur limousine ; un exploit pour Philip, qui a été opéré de la hanche quelques semaines plus tôt. Pendant ce temps, Meghan remonte lentement l'allée, seule d'abord sous la nef, puis au bras protecteur et rassurant de Charles. Le primat de l'Église anglicane s'avance face aux époux. Nommé par la reine cent cinquième archevêque de Canterbury en 1992, Justin Welby reçoit le consentement de Harry et Meghan. Les stalles du chœur de la chapelle St. George sont pleines : d'un côté, la famille royale, de l'autre les amis de Meghan et de Harry. George Clooney en fait partie, mal noté : il n'est pas en jaquette et a une allure un peu trop décontractée, comme s'il allait dire : « *What else ?* », la célèbre réplique d'un de ses contrats publicitaires. Elton John et Serena Williams sont là, ainsi que la famille de Diana, les Spencer, représentés par son frère et ses sœurs Jane et Sarah. La mémoire de la princesse de Galles est ravivée par un hymne qui avait été chanté lors de ses funérailles, mais aussi par des brins de myosotis blanc qu'elle aimait, pris dans les jardins de Kensington Palace et qui sont glissés dans le bouquet de la mariée. En anglais, cette fleur s'appelle *forget-me-not* (« ne m'oublie pas »). Même les ex de Harry ont été conviées, sans rancune : Chelsy Davy et Cressida Bonas. Toutes deux arborent un sourire éclatant. Bravo Harry !

Le sermon du pasteur Curry surprend par sa véhémence

Primat de l'Église épiscopale américaine, personnalité importante, notoirement opposé au président Trump, le révérend Curry a été convié à prendre la parole en se référant, entre autres, aux origines de la mariée. Passionné, il prend presque le ton des télévangélistes, ces prédicateurs américains dont les sermons devant les fidèles s'apparentent à un « show religieux ». On ne peut dire ce que pense la reine de cette manière si peu conventionnelle de traduire le message de l'Évangile. On peut parier que sous les voûtes de la chapelle St. George, chœurs et trompettes n'avaient jamais autant bousculé la solennité du moment que cette incantation. Il y a de la stupeur silencieuse parmi les fidèles, mais il est certain qu'on se souviendra de cette harangue, de cette voix si forte, si énergique dans son hommage à l'amour conjugal qu'on aurait pu l'imaginer suivie d'applaudissements, comme après un meeting politique. Cette prestation inattendue était-elle préparée ? Elle a surpris et un peu choqué. L'archevêque de Canterbury reconnaîtra, un peu plus tard, que, s'il avait effectivement pris connaissance du texte initial du révérend Curry, ce dernier « n'est pas tout à fait resté fidèle à la version initiale ». Il est certain que cette partie de la cérémonie eut un côté « américain » très spectaculaire, surprenant, mais vivifiant. Certains ont même parlé d'une infiltration hollywoodienne dans la multiséculaire chapelle St. George. Puis, à l'invitation de Meghan et de Harry, un chœur de gospel a chanté le tube de Ben E. King *Stand by Me* (« Reste avec moi »), et les voix superbes des chanteurs ont encore amplifié l'impression que cette cérémonie se déroulait très loin de Windsor.

Le soleil est de la partie et les mariés sortent sous un extraordinaire décor de fleurs blanches aménagé dans le porche de la chapelle St. George. Là, l'obligatoire baiser échangé provoque les hourras de la foule massée en contrebas. La promenade dans le landau que la reine utilise pour se rendre à Ascot permet à l'assistance comme aux téléspectateurs d'admirer non seulement les mariés rayonnant de bonheur, mais aussi la beauté du site, les pelouses taillées en damiers dans la cour intérieure du château, tous les tons de vert de la campagne anglaise dans ce printemps radieux, une dernière image de rêve. Le reste sera privé : un déjeuner donné par la reine dans la salle St. George (600 couverts), le traditionnel *wedding breakfast*. Le soir, c'est le prince Charles qui offre un dîner beaucoup plus restreint (200 personnes) au château de Frogmore dans le parc de Windsor, suivi d'un feu d'artifice et d'un bal jusqu'au bout de la nuit. Bien sûr, à Windsor, il ne pouvait y avoir d'apparition de la famille comme à Londres. Il faudra attendre le samedi 9 juin et la célébration de *Trooping the Colour* pour que Meghan prenne place, pour la première fois, sur le balcon de Buckingham Palace, après la parade honorant les quatre-vingt-douze ans de la reine. Toute la famille est là, mais Elizabeth II est seule, encadrée de ses trois fils : Philip, qui célébrera demain ses quatre-vingt-dix-sept ans, est absent, conformément à sa décision de ne plus honorer ses engagements publics. On s'est inquiété un moment de ne pas le voir, mais c'était normal : s'il était au mariage de Harry – un événement familial, donc privé –, c'était en tant que grand-père. Et ce ne sont pas les goujateries de Donald Trump à l'égard de la reine lors de sa première visite présidentielle à Londres, très mouvementée, les 12 et 13 juillet 2018 qui pourront effacer les images du bonheur royal en cet été. Tout semble sous contrôle avec ce spectacle que seule la monarchie britannique est capable d'offrir au monde entier. *God Save the Queen !*

15

Trois ans d'épreuves
(2018-2021)

Enchantée par le bonheur évident de son petit-fils Harry et de son épouse Meghan ainsi que par la parfaite réussite de leur mariage, la reine décide d'attribuer un grand appartement au duc et à la duchesse de Sussex à l'intérieur de Kensington Palace. Il s'agit de l'appartement numéro 1, occupé par le duc et la duchesse de Gloucester. Leurs enfants sont mariés, le lieu est désormais devenu trop vaste pour eux, si bien qu'ils acceptent très volontiers de le céder à leurs petits-neveux en échange d'un appartement plus petit. Elizabeth II décide de le restaurer complètement. En attendant de pouvoir l'occuper, les Sussex restent à Nottingham Cottage, sur le domaine de Kensington Palace, la résidence de Harry célibataire.

Harry et Meghan ne s'installeront jamais dans l'appartement numéro 1 rénové pour eux. Le couple préférera quitter Kensington pour emménager à Frogmore

Cottage, qu'ils vont restaurer à grands frais, dans le parc de Windsor. Si l'on a pu penser dans un premier temps que leur décision était simplement un caprice, il est apparu dans un second temps qu'elle était en réalité le révélateur d'une crise bien plus profonde. Comme le démontre Robert Lacey dans son dernier livre[1], c'est un très grave désaccord, voire une irréparable fracture entre les deux frères William et Harry qui en est la cause.

Un grave désaccord entre les deux frères

On se souvient combien les deux frères étaient solidaires depuis la mort de leur mère. William s'est senti définitivement responsable de son cadet. Le mariage de William avec Kate n'a rien changé à leur relation affectueuse. Mieux : Harry aime beaucoup Kate qui est très consciente du traumatisme qu'a été la mort si médiatisée de leur mère pour son mari et son beau-frère. Depuis 2011, ils travaillaient tous les trois à la Royal Foundation, l'ONG que les deux frères avaient créée en 2009 pour poursuivre les actions caritatives de Diana. Cette fondation œuvrait pour les vétérans de l'armée, le développement des enfants et la protection de la nature. Un quatrième but s'était imposé à eux, la santé mentale. William, Kate et Harry avaient fait part ensemble, à la télévision, de leur intérêt pour ce nouveau projet. Le premier accroc entre les deux frères va se produire après le coup de foudre de Harry et de Meghan. Il avait

1. Robert Lacey, *Guerre royale. Mensonges et trahisons*, traduction française de Julie Sibony, Albin Michel, septembre 2021.

fallu dix ans à William avant d'épouser Kate, lorsqu'il avait été sûr qu'elle possédait la force de caractère et les qualités nécessaires pour être l'épouse d'un futur roi. Dans une conversation avec Harry, il aurait suggéré à son frère de ne pas se presser et de prendre le temps de connaître cette « fille ».

Harry le prend très mal et refuse de voir William pendant un certain temps. Mais petit à petit, les choses s'apaisent. Le jour du mariage de Harry et Meghan, on voit les deux frères heureux et parfaitement à l'unisson. Cela ne peut que réjouir la reine qui, comme on l'a dit, place beaucoup d'espoir dans cette union.

Deux mois après le mariage de Harry et Meghan, le premier incident provoqué par la duchesse de Sussex est son refus d'assister, à Buckingham Palace, au dîner d'État donné en l'honneur du Président américain Donald Trump, le 12 juillet 2018. Elle n'aime pas Trump, mais elle oublie qu'un membre de la famille royale n'a pas le droit d'exprimer ses opinions politiques. Les Sussex sont alors remplacés à la dernière minute par le duc et la duchesse de Cambridge. Cette dernière a du mérite, car le président Trump avait tweeté méchamment lors de la publication de photos volées de Kate prenant un bain de soleil trop dénudé dans le midi de la France. Comme toujours, Kate s'incline. Elle apparaîtra au dîner, superbe, au bras de son époux.

À cette période, les Cambridge et les Sussex voient leurs deux maisons gérées par la même équipe de communication. Début octobre 2018, l'attaché de communication de Kensington Palace s'inquiète des nombreuses rumeurs de maltraitance du personnel qui travaille pour Meghan et Harry. Il remarque aussi un taux anormal de démissions dans leurs effectifs. Cela avait commencé bien avant le mariage, avec celle de la brillante secrétaire particulière de Meghan qui avait pris la tête de l'organisation du mariage. Elle quittait le service des Sussex deux mois avant le jour J. Sa remplaçante ne tiendra pas deux mois ! Le secrétaire particulier de Harry annonce, lui aussi avant le mariage, son intention de partir et s'en va aussitôt la cérémonie terminée. Il est question de secrétaires en larmes, malades à la perspective d'une réunion avec Meghan, de hurlements et de phrases méprisantes. Le chargé de communication rédige un rapport mais surtout, comme il exerce les mêmes fonctions auprès du duc de Cambridge, il informe ce dernier de cette situation insupportable. Aussitôt prévenu, William appelle son frère au téléphone, lequel, furieux, prend la défense de Meghan avant de raccrocher. Le duc de Cambridge se rend immédiatement chez Harry. Personne ne sait ce que les deux frères se sont dit, même si l'on peut supposer que cela fut violent et pénible. C'est à partir de ce jour-là que William et Harry ont cessé de se parler.

Le rapport du directeur de la communication de Kensington a eu des suites. Les avocats de Meghan ont jugé ces accusations diffamatoires et l'affaire, qui n'a resurgi que très récemment, a été enterrée. La reine n'a pas pu ignorer cet état de fait et sa déception a dû être amère. Mais il n'était évidemment pas question de laisser détruire l'image si charismatique des Sussex. Ils s'envolaient quelques jours plus tard, le 16 octobre 2018, pour un périple en Australie et en Nouvelle-Zélande. Juste avant leur départ, ils annoncent que la duchesse de Sussex attend un enfant pour le printemps prochain.

Au même moment, le duc de Cambridge, horrifié par le comportement de son frère et de sa belle-sœur à l'égard de leur équipe, totalement contraire aux usages de la monarchie britannique, charge son secrétaire particulier de lancer immédiatement une procédure de séparation des deux maisons, Cambridge et Sussex. C'est la fin des « *Fab Four* », comme on avait qualifié, en référence aux Beatles, les deux couples en février 2018, alors que Meghan n'était encore que fiancée à Harry. Leur apparition ensemble au lancement du forum annuel de la Royal Foundation avait soulevé l'enthousiasme du public. L'annonce que Meghan rejoindrait les Cambridge et Harry comme curatrice du fonds laissait penser à une formidable cohésion des deux couples. La séparation juridique de leurs deux maisons allait certainement provoquer une énorme déception. Lorsqu'ils partent en Australie et dans le Pacifique Sud, les Sussex sont particulièrement motivés pour faire de leur voyage un succès. C'en est un, effectivement. Ils sont acclamés partout, de l'Australie à la Nouvelle-Zélande en passant par les îles Fidji. On se bouscule pour apercevoir « en vrai » ce couple superbe dont le mariage si médiatisé a été suivi par des millions de gens.

Les Sussex cherchent leur place

Le 27 octobre 2018, les journaux révèlent que les princes Harry et William mettent fin à leur duo. Chacun aura désormais sa propre organisation. C'est le prince Charles qui participera au financement des deux nouvelles maisons royales, Cambridge et Sussex.

Au mois de décembre, Meghan et Harry annoncent qu'ils renoncent à leur appartement à Kensington. Ils préfèrent s'installer à Frogmore Cottage, dans le parc de Windsor. Ils vont rénover complètement cette résidence néoclassique où la reine Victoria avait installé le « Munshi », son favori indien et sa famille. Personne ne saura alors que c'est à cause de la brouille avec son frère William que Harry a pris cette décision. La reine ne peut avoir ignoré cette situation, mais sans doute pense-t-elle que les choses s'amélioreront avec le temps. Elle est en revanche préoccupée de confier à Harry et à Meghan des responsabilités dignes de leur rang. Dès janvier 2019, elle demande à Meghan de lui succéder comme marraine du National Theatre. Meghan ayant été comédienne, c'est une excellente idée de la reine qui n'aime pas particulièrement le théâtre. La duchesse de Sussex est très bien accueillie dans cette fonction. La reine demande aussi à Meghan de faire équipe avec Harry comme vice-présidente du Queen's Commonwealth Trust destiné à soutenir les jeunes de tous les pays concernés par cette organisation. La souveraine pense que Harry et Meghan sont faits pour remplir ce rôle. Ils ont tous deux du charisme et de l'empathie. Pour Elizabeth II, c'est une marque de confiance, car on sait à quel point elle est attachée au Commonwealth.

En février, Meghan, qui est décidément fâchée avec le protocole, décide de se rendre à New York pour fêter, avec ses amies américaines, la future naissance de son enfant. Elle ne juge pas utile de prévenir le palais de Buckingham… Au programme : cinq jours de festivités, appelées *baby shower*, qui surprennent tout le monde.

Il faut dire que cette étrange coutume n'a pas encore traversé l'Atlantique. Les réjouissances entre amies, parmi lesquelles Amal Clooney, Serena Williams et Oprah Winfrey, coûtent 350 000 dollars, bien que les Clooney prêtent leur avion à la future maman pour son retour à Londres. Les réactions de la presse sont négatives, car à cela s'ajoute le coût des travaux à Frogmore Cottage, une note de 2 700 000 euros, jugée excessive.

Le couple Sussex attend la naissance du bébé à Frogmore Cottage. Mais là encore, rien ne va se passer comme prévu…

La naissance d'Archie

Depuis les quatre accouchements de la reine à Buckingham Palace, le protocole des naissances royales a été totalement remanié. La princesse Anne, pour mettre au monde ses deux enfants Peter et Zara, avait choisi la maternité privée de l'hôpital St. Mary, à côté de la gare de Paddington. Diana, princesse de Galles, avait suivi l'exemple de sa belle-sœur, en accouchant de William et de Harry dans le même hôpital. On se souvient des deux venues de Diana, sortant à chaque fois de la maternité, ravissante et impeccable, avec son bébé dans les bras, accompagnée de Charles. Une sorte de nouveau protocole s'était installé. La duchesse de Cambridge l'avait suivi à la lettre. Elle aussi avait choisi l'hôpital St. Mary pour ses trois accouchements. Immanquablement, la sortie de la jolie maman, son bébé dans les bras, et de l'heureux père provoquait un immense enthousiasme populaire. Naïvement, on avait pensé que Meghan en ferait autant… Pas du tout ! Meghan était même horrifiée à l'idée de présenter son nouveau-né à la foule, quelques heures après sa délivrance. Elle a donc décidé d'entourer la naissance du plus grand mystère. Elle souhaitait accoucher à Frogmore Cottage, dans l'intimité familiale, son médecin lui recommande toutefois d'accoucher à l'hôpital. C'est donc dans le plus grand secret qu'elle donne naissance à un garçon, le 6 mai 2019, dans le très chic Portland Hospital de Londres. C'est Harry, tout seul, qui annonce avec beaucoup de joie la venue au monde de son fils devant les écuries de Frogmore Cottage… Pas de sortie triomphale de l'hôpital : première frustration pour l'opinion. Deux jours plus tard, le 8 mai, le couple se décide enfin à présenter leur fils au public, dans le somptueux hall St. George du château de Windsor. Seconde frustration : on ne voit quasiment pas le bébé, emmitouflé dans une couverture blanche et coiffé d'un bonnet enfoncé jusqu'aux yeux. Ses prénoms ont été dévoilés : il s'appellera Archie Harrison Mountbatten-Windsor. Quelques jours plus tard, une nouvelle série de photos sera faite à Windsor et réunira Archie, ses parents, sa grand-mère Doria et surtout ses arrière-grands-parents, la reine et le prince Philip, souriants et attendris.

Archie sera baptisé le 6 juillet dans la chapelle privée de la reine à Windsor. On ne connaît pas les noms des parrains et marraines, ce qui est contraire aux usages. La famille royale, avec Kate et William, est au complet sur la photo officielle du baptême. La paix serait-elle revenue entre les deux frères ? Évidemment non… La séparation des deux maisons entraîne aussi un partage entre les deux frères de la Royal Foundation, cette organisation caritative fondée à la mémoire de leur mère et à laquelle leurs deux épouses s'étaient associées. Le 20 juin 2019, le capital de la Royal Foundation est partagé en deux. Le duc et la duchesse de Cambridge sont à la tête de la première moitié de la fondation, dont ils gardent le nom. Harry et Meghan, qui reçoivent l'autre moitié, annoncent le 21 juin la création de leur nouvelle organisation caritative : « *Sussex Royal, the Foundation of the Duke and Duchess of Sussex* », aidés d'une équipe de conseillers américains.

L'heure n'est donc pas à la réconciliation. Harry et Meghan suscitent encore des commentaires négatifs en annonçant qu'ils ne se rendront pas à Balmoral pour leurs vacances d'été, sous prétexte que leur bébé est trop petit pour prendre l'avion. Encore une déception pour la reine. Ses vacances à Balmoral sont un véritable rituel. C'est le moment de l'année qu'elle préfère. Elle aime s'y retrouver avec Philip, leurs enfants, leurs petits-enfants et désormais aussi leurs arrière-petits-enfants.

Harry et Meghan prendront pourtant l'avion avec leur fils, à deux reprises cet été-là, d'abord pour une semaine aux Baléares dans l'île de Minorque, puis direction la Côte d'Azur, chez le chanteur Elton John. À la fin de l'été, la parution d'un numéro de *Vogue* dirigé par Meghan et consacré aux « forces du changement » s'avère un fiasco. Le magazine est beaucoup trop décalé et pas du tout dans l'esprit de ceux confiés précédemment à Diana puis à la duchesse de Cambridge. Pour se rattraper et récupérer leur popularité, les Sussex ont une opportunité : un voyage officiel en Afrique du Sud dans lequel ils comptent emmener leur fils Archie.

Le voyage en Afrique du Sud des Sussex et de leur petit Archie est minutieusement préparé. Tout au long de leur périple, ils vont être suivis par une équipe de télévision, dirigée par un journaliste ami de Meghan en vue d'un documentaire intitulé « Harry et Meghan, un voyage africain ». Le couple visite une ONG soutenue par le Queen's Commonwealth Trust. Il fait un triomphe auprès des enfants qui les attendent. Meghan prononce un discours semi-improvisé face à de jeunes Africaines et aborde l'émancipation des femmes, tout en se présentant elle-même, pour la première fois, comme une « femme de couleur ». Elle s'en sort avec brio. Le 25 septembre, le couple rencontre, à Cape Town, l'archevêque Desmond Tutu, prix Nobel de la paix et compagnon de Nelson Mandela, et lui présente leur bébé Archie. La photo fera le tour du monde. Ensuite, Harry se rend seul en Angola pour se mettre dans les pas de sa mère Diana. La princesse avait, courageusement, marché sur un terrain qui venait d'être déminé. Son fils fera un parcours équivalent là où les mines sont encore nombreuses dans cette partie de l'Angola. Le voyage se déroule remarquablement bien jusqu'au dernier soir, veille de leur retour. Harry et Meghan se livrent à des déclarations étonnantes devant l'équipe de télévision. Cette interview le soir, en plein air, autour d'un feu de camp, permet à Harry d'expliquer que désormais William et lui suivent des chemins différents. Meghan se livre bien davantage. Profitant d'une question du journaliste qui lui demande comment elle va, elle répond, les larmes aux yeux, que jamais personne dans la famille royale ne lui pose cette question, qu'elle se sent abandonnée et qu'elle vit très mal cette situation. Ses épanchements et ses récriminations sont totalement contraires aux usages, particulièrement au cours d'un voyage officiel. Ils seront malheureusement la seule chose que l'on retiendra du périple africain de Meghan et Harry. Tous deux aggravent encore leur cas en annonçant qu'ils attaquent en justice trois des principaux tabloïds britanniques, le *Daily Mirror*, le *Sun* et le *Mail on Sunday*, pour atteinte à leur vie privée. Il est vrai que ces journaux de large audience ne les avaient pas épargnés, notamment le *Mail on Sunday* qui avait révélé le contenu d'une lettre que Meghan avait adressée à son père quelques jours avant son mariage. La stratégie des Sussex est évidemment en rupture totale avec les usages de la famille royale qui a pour principe de ne jamais répondre aux attaques des tabloïds.

Que pense la reine de la façon dont son petit-fils et son épouse se sont acquittés de leur mission diplomatique en Afrique du Sud ? Elizabeth II n'est certainement pas « amusée ». La dernière partie du documentaire et les confidences amères de Meghan ne peuvent l'avoir réjouie. Quant à la décision d'intenter trois procès à la presse, elle ne peut que fortement contrarier la reine et son époux Philip, tout autant que le prince de Galles et le duc de Cambridge.

Dès leur retour à Frogmore Cottage, Harry et Meghan se penchent sur les produits dérivés qu'ils pourraient commercialiser sous leur marque « *Sussex Royal* ». Ils ont déjà déposé une centaine d'articles dès le mois de juin précédent, sans demander rien à personne ni prévenir la reine. Certes, il n'y a rien d'anormal à développer cette production, les boutiques de souvenirs de Buckingham Palace, de Windsor et de Balmoral sont déjà remplies de produits dérivés soigneusement choisis. Même le prince Charles distribue ses produits sous le label « *Duchy Original* » provenant du duché de Cornouailles. Mais Harry et Meghan auraient dû consulter la reine et le prince de Galles avant de se lancer dans cette juteuse aventure. Le couple de révoltés va continuer à contrarier tout le reste de la famille. Il décide, pour les fêtes de fin d'année, de ne pas aller à Sandringham mais de rejoindre la mère de Meghan, Doria, dans une propriété que Harry et Meghan ont louée au Canada, sur l'île de Vancouver. Ils ont l'intention d'y passer plusieurs semaines avec leur petit Archie. La reine dit comprendre cette décision et même l'approuver. Néanmoins, elle commence sans doute à trouver que Meghan et Harry exagèrent. Le boycott de Balmoral l'été précédent, les épanchements inappropriés en Afrique du Sud, les trois procès contre les journaux et maintenant le refus de venir à Sandringham, cela fait beaucoup ! D'autant plus que la souveraine doit gérer d'autres contrariétés. Son fils préféré, Andrew, duc d'York, est rattrapé par une sordide affaire qui le poursuit depuis plus de dix ans. Outre ses fructueuses relations avec de généreux oligarques, Andrew s'est lié d'amitié, grâce à Ghislaine Maxwell, une amie de son ex-épouse Sarah, avec le riche homme d'affaires américain Jeffrey Epstein. Ce dernier a invité le prince à plusieurs reprises chez lui à New York, mais aussi à Palm Beach en Floride et dans son île privée des Caraïbes, à des parties fines avec de jeunes femmes, certaines mineures. Epstein, bien des années plus tard, est arrêté à New York en juillet 2019 pour détournement de mineures. Il risque la détention à vie. Il se suicidera dans sa prison. La principale dénonciatrice d'Epstein, Virginia Roberts, trente-six ans, accuse le prince Andrew d'avoir abusé d'elle à plusieurs reprises. Hélas pour Andrew, elle possède une photo d'elle avec lui chez Epstein, datant de 2001, où le prince la tient enlacée par la taille sous le regard ravi de Ghislaine Maxwell, la rabatteuse d'Epstein… Virginia avait alors dix-sept ans. L'affaire est très embarrassante pour le prince. Le 14 novembre 2019, avec l'autorisation de la reine, Andrew décide d'accorder une interview à la BBC, enregistrée à Buckingham Palace. Bien que le prince soit très satisfait de sa prestation, il s'y révèle sûr de lui, arrogant et méprisant. Le résultat est catastrophique ! Il fait la une de toute la presse britannique, avec des titres épouvantables : « La honte ! », « Le paria », « La risée nationale ». Le prince Charles décide alors de prendre les choses en main et demande à sa mère la destitution d'Andrew. À contrecœur, la reine accomplit son devoir : le 20 novembre 2019, quatre jours après la diffusion de sa calamiteuse interview, le prince Andrew annonce qu'il se retire de la vie publique. Après les frasques de Meghan et Harry, la mise à l'écart de son fils préféré est une nouvelle épreuve pour Elizabeth II.

Mais cela ne l'empêche pas de réagir aussi au comportement inacceptable de Harry et Meghan. La reine exprime sa contrariété de façon subliminale, à sa manière, comme elle aime le faire. Lorsqu'elle enregistre à Buckingham Palace son discours destiné à être diffusé à ses sujets le soir de Noël, Elizabeth II choisit soigneusement les photos posées sur son bureau. À sa droite, on remarque un beau portrait en noir et blanc de son père le roi George VI, puis une photo en couleurs des Cambridge au grand complet (William, Kate et leurs trois enfants), une photo de Charles et Camilla et enfin un portrait du prince Philip. Les Sussex sont absents. Loin d'être un oubli involontaire, c'est une façon cruelle de montrer sa désapprobation. Dans son discours, la reine a cette phrase banale : « Le prince Philip et moi-même avons été ravis d'accueillir dans la famille notre huitième arrière-petit-enfant. » La reine ne nomme ni les parents ni le bébé. Il s'agit pourtant, dans la liste de succession, du numéro six pour le père et du numéro sept pour le nouveau-né. Depuis l'île de Vancouver, Meghan et Harry ont dû apprécier… Ils ont eu tort de ne pas se rendre à Sandringham cette année-là. Certes, personne ne pouvait soupçonner que ce serait la dernière réunion familiale avant une longue période.

Une catastrophe est sur le point de s'abattre sur le Royaume-Uni et le reste du monde, la pandémie du Covid. Pour l'instant, Harry et Meghan n'en savent rien. Ils préparent leur riposte et ne vont pas tarder à se manifester.

Lors de leur séjour dans l'île de Vancouver, Meghan et Harry ont eu le temps de réfléchir à ce qu'ils souhaitent pour leur avenir. Peut-être faire du Canada leur base tout en continuant leur travail pour le Commonwealth avec quelques retours en Grande-Bretagne pour assumer leurs responsabilités de membres de la famille royale. Ils avaient d'ailleurs fait part de leur désir de changement tant à la reine qu'au prince Charles. Laissant Archie aux soins de sa grand-mère maternelle, Doria, le couple arrive à Londres le 6 janvier 2020. Les Sussex ont bien l'intention de négocier leur nouvelle vie, mais ils sont un peu inquiets, car le protocole du palais leur indique que la reine n'a aucune possibilité de leur accorder un entretien avant le 29 janvier. Signe de mauvais augure ! C'est alors qu'ils décident de prendre les devants. Le mercredi 8 janvier 2020, à 18 h 30, Harry et Meghan annoncent sur leur compte Instagram qu'ils se mettent en retrait en renonçant à leurs titres de membres seniors de la famille royale. Ils veulent devenir financièrement indépendants tout en continuant à servir la reine. Cette déclaration fait l'effet d'une bombe ! Ils n'avaient pas consulté la famille et n'avaient prévenu personne. Alors qu'ils séjournent à Sandringham, la reine et le prince Philip sont horrifiés, tout autant que le prince Charles. Quant à William, il est sans doute le membre de la famille le plus en colère contre Harry. Le palais réagit immédiatement, il temporise, précisant dans un communiqué que « les discussions avec le duc et la duchesse de Sussex n'en sont qu'à leurs débuts… mais que ce sont des questions compliquées qu'il faudra prendre le temps d'examiner ». Finalement, la reine convoque une sorte de conseil de famille le 13 janvier à Sandringham. Y assisteront la souveraine, le prince Charles, William et Harry, ainsi que leurs conseillers respectifs. Meghan a déjà regagné le Canada. Quant au prince Philip, il est si en colère que la reine a voulu lui épargner cette pénible réunion. Elle demande à la comtesse Mountbatten de passer la journée avec lui à Wood Farm, sa résidence dans le parc de Sandringham depuis qu'il a renoncé à la vie publique. Le soir même, la reine déclare comprendre le désir de liberté de Harry et Meghan et qu'ils seraient toujours des membres très aimés de la famille royale. L'accord conclu ne sera révélé que cinq jours plus tard, le 18 janvier. Il est beaucoup plus rude que les paroles apaisantes d'Elizabeth II. En accord avec le gouvernement, le couple ne peut plus utiliser le prédicat d'Altesses royales, donc représenter la Couronne. Harry perd tous ses commandements militaires. Le couple ne recevra plus de liste civile et devra rembourser les frais des travaux effectués à sa demande à Frogmore Cottage. Il ne pourra également plus se servir du nom de « *Sussex Royal* » pour leur fondation, qui s'appellera désormais « *Archewell* », en référence à leur fils.

Toutes ces mesures seront effectives au printemps et révisables l'année suivante. On ne peut pas être membre de la famille royale à temps partiel. C'est la dure leçon que devront méditer Harry et Meghan. Celle-ci reviendra à Londres courant janvier. La dernière apparition publique du couple sera à l'occasion de la célébration de la journée du Commonwealth, le lundi 9 mars 2020. Ce jour-là, dans l'abbaye de Westminster, le couple est placé derrière les Cambridge. L'ambiance est glaciale. Si Meghan fait bonne figure, Harry apparaît très sombre. Tous deux regagnent rapidement le Canada. C'est juste à ce moment-là que l'épidémie du Covid-19 va s'abattre sur le Royaume-Uni et bien d'autres pays. Les Britanniques sont confinés le 23 mars.

Le même jour, le prince Charles, atteint par le virus, se retire pendant une semaine dans sa maison de Birkhall sur le domaine de Balmoral. Il est extrêmement rare que la reine s'adresse à la nation en dehors de ses traditionnels vœux de Noël. Elle ne l'a fait que quatre fois en soixante-huit ans. Elle va le faire le 5 avril 2020 parce qu'elle estime qu'il est de son devoir d'apporter réconfort et empathie à ses sujets lourdement frappés par l'épidémie. La souveraine s'exprime depuis le salon blanc du château de Windsor où elle s'est confinée avec le prince Philip. Un seul caméraman a été autorisé, portant un masque, des gants en latex et respectant scrupuleusement la distance de sécurité sanitaire. Vêtue d'une robe verte, couleur de l'espoir, la reine adresse ses premières paroles à l'intention de ses sujets qui ont perdu des êtres chers. Elle remercie « tous ceux qui se trouvent en première ligne, les soignants, qui poursuivent sans relâche leur travail pour nous venir en aide ». Elle salue les Britanniques « qui restent chez eux, permettant ainsi de protéger ceux qui sont plus vulnérables ». Elle est sûre que des jours meilleurs reviendront. À bientôt quatre-vingt-quatorze ans, la reine fait appel à l'esprit de la nation, cher à son père le roi George VI. Ayant vécu les heures sombres de la guerre, elle évoque sa première émission de radio, partagée avec sa sœur Margaret en 1940, pour les enfants qui avaient été évacués de leurs maisons et envoyés au loin par sécurité. Elizabeth II compare l'épreuve du Covid à celle du *Blitz* que sa génération a vécue et surmontée, disant : « Aujourd'hui, une fois de plus, beaucoup ressentiront un douloureux sentiment de séparation avec leurs proches. Mais aujourd'hui, comme alors, nous savons, au fond de nous, que c'est la bonne chose à faire. Ensemble, nous luttons contre cette maladie et je tiens à vous assurer que si nous restons unis et résolus, nous allons la vaincre... Nous réussirons, et ce succès appartiendra à chacun de nous. » Ce discours, de quatre minutes trente seulement, plein d'espoir, qu'elle a écrit elle-même, aucun autre chef d'État au monde ne pouvait le prononcer avec autant de chaleur, de sérénité et de conviction que la reine. Son intervention attire une audience record de 23 970 000 téléspectateurs. La souveraine conclura, toujours dans l'esprit des épreuves du *Blitz*, sur les paroles de la célèbre chanson datée de 1939 : « *We'll meet again.* » Ce même soir, le Premier Ministre Boris Johnson est hospitalisé et passera plusieurs jours en soins intensifs. Le discours de la reine était vraiment indispensable.

Pendant ce temps, Harry et Meghan ont vu l'épidémie atteindre le Canada. Meghan veut absolument regagner les États-Unis. Le 14 mars, le couple et leur bébé quittent précipitamment leur villa de l'île de Vancouver pour gagner, en avion privé, Los Angeles. Un ami leur a prêté une splendide villa, Petra Manor, à Beverly Hills. Le 18 juin suivant, ils font l'acquisition d'une résidence immense située à Montecito, le quartier le plus huppé de Santa Barbara, à une heure et demie au nord de Los Angeles, pour la modique somme de 12 millions d'euros. Les nouveaux propriétaires sont à l'abri du besoin, car ils viennent de signer un contrat avec Netflix d'environ 150 millions de dollars par an en échange d'émissions et de films produits par Meghan et Harry sur les thèmes qui leur sont chers : l'égalité raciale, le féminisme, l'écologie et la santé mentale. Ils négocient aussi un autre contrat avec la plateforme Spotify. Pendant ce temps, la famille royale britannique s'active avec efficacité pour soutenir la population très éprouvée par la pandémie. Sont mis à contribution au service de la reine le prince Charles et son épouse Camilla, la princesse Anne, le comte et la comtesse de Wessex et, bien sûr, William et Kate. Toutes et tous, les sept royaux, surnommés les « sept mercenaires », ne ménagent pas leur peine. Les Wessex sont particulièrement mis en valeur pour combler le vide du départ de Harry et Meghan. Les Cambridge entreprennent une tournée à bord du train royal, du 6 au 8 décembre 2020, qui les conduira à travers l'Angleterre, l'Écosse et le pays de Galles. Deux mille kilomètres et neuf visites pour remercier et soutenir les victimes et les volontaires luttant contre la pandémie. Partout, William et Kate sont chaleureusement accueillis. Cette année encore, à Noël, la reine prononce, depuis Windsor où elle est toujours confinée, son traditionnel discours. Cette fois, il n'y a qu'une seule photo sur son bureau, un portrait de son époux, le prince Philip, qui est entré dans sa centième année. En revanche, la vidéo qui illustre le discours royal est un hommage à sa famille resserrée, qui n'a pas ménagé sa peine ces derniers mois : Charles et Camilla, Anne, Edward et Sophie, William et Kate.

Dès le début de l'année 2021, la rumeur se répand : Harry et Meghan auraient accepté d'être interviewés par la grande prêtresse des entretiens chocs, l'Américaine Oprah Winfrey. Tout est à craindre ! Le 14 février, le couple Meghan-Harry publie une photo très glamour, en noir et blanc : Harry est assis sur la pelouse de leur jardin, Meghan est allongée, la tête posée sur la cuisse de son mari. Ils annoncent l'arrivée d'un nouvel enfant pour le printemps. Le lendemain, la chaîne américaine CBS révèle la diffusion, le 7 mars suivant, de « *Oprah with Meghan and Harry: A CBS Primetime Special* ». Ce sera une interview de 90 minutes. La reine ne perd pas de temps : quatre jours plus tard, le 19 février, un communiqué du palais de Buckingham déclare que « le duc et la duchesse de Sussex ont confirmé à Sa Majesté la reine qu'ils ne reprendront pas leurs rôles en tant que membres seniors de la famille royale ». Le protocole élaboré à Sandringham est donc définitif. En conséquence, Elizabeth II retire aux époux tous leurs patronages et les trois titres honorifiques militaires de son petit-fils. La souveraine se dit « attristée » par le départ du couple, « mais le duc et la duchesse restent toujours des membres très aimés de la famille ». Robert Lacey qualifie cette décision de « schisme le plus grave au sein de la maison Windsor depuis l'abdication du roi Édouard VIII[1] ».

Le séisme de l'interview d'Oprah Winfrey

Elizabeth II n'est pas seulement inquiète du contenu potentiellement ravageur de l'interview, elle est doublement préoccupée par la pandémie qui oblige encore le

1. Robert Lacey, *Guerre royale. Mensonges et trahisons*, *op. cit.*

Royaume-Uni à être confiné, mais aussi par l'état de son mari, le duc d'Édimbourg. Depuis le 16 février, le prince Philip est hospitalisé. Le 1er mars, il a été transféré au célèbre hôpital St. Bartholomew, dans la City, spécialisé dans les soins cardiologiques. Il est évident que la diffusion de l'interview est particulièrement malvenue. La presse britannique désapprouve cet entretien accordé à Oprah Winfrey à qui même Diana, princesse de Galles, avait poliment refusé, en son temps, d'être interviewée par elle. C'est peut-être la raison pour laquelle, le 2 mars, le *Times* ressort le rapport que le chargé de communication des Sussex avait fait sur la maltraitance infligée aux collaborateurs du couple. On se souvient que ce rapport avait provoqué la rupture entre les deux frères, William et Harry. Les Sussex s'estiment à nouveau diffamés. La réplique du palais arrive le 3 mars par un communiqué dans lequel la reine se dit très préoccupée par les allégations qu'a publiées le *Times*, à la suite de plaintes déposées par d'anciens membres du personnel du duc et de la duchesse de Sussex. Une enquête est ouverte. Il est demandé au personnel impliqué à l'époque d'apporter ses témoignages. La reine est exaspérée que l'on puisse imaginer que le palais soit accusé de n'avoir rien fait pour protéger ses propres effectifs.

La diffusion de l'interview est prévue le 7 mars. Cela tombe très mal, car c'est la veille de la journée du Commonwealth. Cette année, il n'y aura pas de célébration à Westminster en raison de la pandémie. La reine décide de s'exprimer sur la chaîne BBC1 pour honorer le Commonwealth aux côtés de Charles et de son épouse, de William et Kate, et de la comtesse de Wessex. Ce programme spécial sera diffusé, lui aussi, le 7 mars, quelques heures avant l'interview par Oprah Winfrey. C'est pratiquement une stratégie de guerre médiatique. Et c'est bien de guerre dont il s'agit ! À l'écran, l'interview de 90 minutes de Harry et Meghan se révèle être une violente attaque contre la famille royale. Elle se déroule en deux phases. Dans la première partie, Meghan est seule face à la journaliste. Harry ne la rejoindra que dans la seconde partie. Encore une preuve que Meghan domine le couple. La duchesse de Sussex a bien travaillé son image, ses yeux très maquillés viennent s'embuer de larmes à plusieurs reprises. Elle incline légèrement la tête et porte un bracelet ayant appartenu à Diana. Comment ne pas penser à l'interview choc donnée par Diana à Martin Bashir en novembre 1995 ? Comme Diana, Meghan joue la victimisation. Elle commence par affirmer qu'elle s'est mariée avec Harry trois jours avant le jour J devant l'archevêque de Canterbury : « Dans l'intimité, juste nous trois. » Affirmation que démentira le prélat. Certes, le couple avait échangé des vœux touchants devant l'archevêque trois jours avant le mariage, mais pour qu'un mariage anglican soit valable, il faut des témoins. Le seul mariage légal est évidemment celui de la chapelle St. George. Lorsque la première affirmation est un mensonge, cela peut semer le doute quant à la suite de l'entretien. Tout le reste ne sera qu'une série de récriminations contre la famille royale, qui ne lui aurait apporté aucun soutien, et contre les tabloïds britanniques, qui l'ont harcelée. La duchesse s'est sentie isolée, diffamée, en proie à des désirs de suicide alors qu'elle était enceinte d'Archie. Tiens, tiens : Diana avait dit la même chose à Martin Bashir… Lorsque Harry se joint bientôt à Meghan, il confirme : « Personne ne nous a soutenus au palais. » Le pire arrive lorsque le couple annonce qu'un membre de la famille royale, non identifié, aurait demandé à Harry quelle serait la couleur de peau de leur enfant… Du racisme dans la famille royale, voilà une révélation choc ! Harry et Meghan, qui disent beaucoup aimer la reine, s'acharnent contre le prince Charles. Ils l'accusent de leur avoir coupé les vivres alors que le prince de Galles a été d'une immense générosité avec les Sussex : il a payé de ses deniers le somptueux mariage à Windsor et la garde-robe haute couture de sa belle-fille. Il a assumé le remboursement des frais de l'aménagement de Frogmore Cottage et donné au couple une allocation de 2 millions de livres en 2020. De plus, les contrats – faramineux – que le couple a conclus avec Netflix et Spotify lui assurent désormais une très confortable indépendance financière. Le mal-être affirmé de Harry et Meghan sonne mal ! Si l'Amérique se montre compatissante vis-à-vis de leur souffrance morale, la presse britannique est tout simplement révoltée. La cote de popularité du couple est en chute libre. Un jour et demi après la diffusion de l'entretien, le palais réplique. Elizabeth II affirme que « toute la famille est attristée d'apprendre à quel point ces dernières années ont été difficiles pour Harry et Meghan » et promet de traiter « en privé » les accusations de racisme lancées par le couple, assurant les prendre « très au sérieux ». Elizabeth II ajoute que « certains souvenirs peuvent varier ». Une phrase subtile qui permet de mettre en doute la gravité réelle des propos. Ce qui, à la limite, peut s'appliquer à bien des « révélations » exprimées par les Sussex.

Le prince Philip quitte la scène avant ses cent ans

Vendredi 9 avril, un communiqué sobre et concis du palais de Buckingham est publié et, selon la tradition, affiché sur les grilles du palais : « C'est avec un profond chagrin que Sa Majesté la reine annonce la mort de son époux bien-aimé, Son Altesse royale le prince Philip, duc d'Édimbourg. » Il est précisé qu'il est « décédé paisiblement ce matin au château de Windsor ». Le mari de la reine espérait fêter son siècle. Philip est mort deux mois et un jour avant ses cent ans. C'était un événement exceptionnel auquel la famille royale se préparait malgré la dégradation de la santé du prince ces dernières semaines.

Les drapeaux sont mis en berne. Une large partie du Royaume-Uni est sous le choc. Le défunt incarnait un long chapitre d'histoire et symbolisait une époque qui avait commencé dans l'après-guerre. Avec son style un peu raide, son humour acide et son franc-parler parfois corrosif et gaffeur, le mari de la reine avait marqué l'institution monarchique. Sur le perron du 10 Downing Street, le Premier Ministre Boris Johnson, qui vient de se marier, salue « la vie et le travail extraordinaires du prince Philip » et souligne qu'il a été le prince consort à la plus grande longévité et a ainsi « contribué à guider la famille royale et la monarchie de sorte qu'elle demeure une institution incontestablement vitale pour l'équilibre et le bonheur de notre vie nationale ». Le chef du gouvernement rappelle que « le prince avait gagné l'affection de plusieurs générations au Royaume-Uni, à travers le Commonwealth et dans le monde ». Le chef de l'opposition travailliste, Keir Starmer, déplore « la perte d'un serviteur public extraordinaire qui a dédié sa vie au pays, d'abord au sein de la Royal Navy puis au côté de la reine […] ». Évoquant les soixante-treize ans de mariage d'Elizabeth et Philip, il y voit une source d'inspiration pour « des millions de personnes au Royaume-Uni et au-delà ». L'ancien Premier Ministre Tony Blair rend hommage à « un homme de détermination et de courage, souvent en avance sur son temps ». Le maire travailliste de Londres, Sadiq Khan, salue un homme « qui a combattu pour les libertés, qui aujourd'hui nous sont chères, pendant la Seconde Guerre mondiale ». La Première ministre indépendantiste écossaise, Nicola Sturgeon, se dit « attristée » par la mort du duc d'Édimbourg qui laissera « une marque profonde en Écosse » où il aimait passer ses vacances. Tous les partis politiques suspendent la campagne pour les élections locales du 6 mai. Par milliers, les Britanniques déposent des fleurs devant les grilles de Buckingham Palace. L'hommage est unanime. Il témoigne de l'émotion ajoutée aux difficultés que connaît le Royaume-Uni : 127 000 morts du Covid, l'agitation de l'Ulster, la volonté indépendantiste de l'Écosse. Ces bouquets expriment la pérennité de la Couronne et rassurent une population inquiète.

Un deuil national sera observé jusqu'aux funérailles. Le prince avait minutieusement préparé ses obsèques, une simple cérémonie militaire dans la chapelle St. George du château de Windsor. L'adieu à un soldat qui était le grognard de Sa Majesté. À cause de l'épidémie, seule la famille, une trentaine de personnes, y assistera le samedi 17 avril. Une dernière fois, le prince Philip a tout décidé, depuis le choix des personnes derrière son cercueil à celui des soldats qui lui rendraient les honneurs, et même du choix du véhicule qui porterait son cercueil. Pour la première fois, Philip précédera la reine dans sa Land Rover, des troupes seront alignées en l'honneur du défunt. La batterie du King's Troop, Royal Horse Artillery tire un coup de canon par minute.

À sa manière d'ancien officier, le prince Philip avait donné à la cérémonie le nom de code « opération *Forth Bridge* », du nom d'un pont ferroviaire en Écosse. De toutes les images de cette cérémonie impressionnante de sobriété, la plus marquante est celle de la souveraine seule dans sa douleur, sous les voûtes monumentales de la chapelle St. George. La nef a été entièrement vidée de ses bancs et de son matériel liturgique. Une beauté austère et une paix lumineuse à travers les vitraux. Manteau noir, chapeau noir, masque noir, la solitude d'Elizabeth dans les stalles du chœur est davantage soulignée par la crise sanitaire. Le monde entier retiendra cette image. Andrew est à trois sièges d'elle et seules trente personnes, le reste de la famille, sont réparties de part et d'autre de la nef et autorisées à assister à la cérémonie. Depuis le XVe siècle, jamais la chapelle St. George n'avait connu un cérémonial aussi dépouillé. Après la célébration, Elizabeth II remonte vers le château dans sa voiture.

Charles renvoie les autres limousines, le reste de la famille remontera à pied. On voit Kate parler à Harry, venu seul de Los Angeles. Meghan vit ses derniers mois de grossesse et de toute façon sa présence, si peu de temps après son interview sulfureuse, n'aurait sans doute pas été une bonne idée. William se joint à Kate et Harry, avant que les deux frères n'échangent entre eux. Rien que des banalités. Ils ne s'étaient pas vus depuis un an. William dira par la suite qu'aucune conversation sérieuse n'était possible avec Harry, car tout aurait été immédiatement répété à Meghan et sans doute répandu par Oprah Winfrey.

4 juin 2021 : un second enfant pour Harry et Meghan, Lilibet « Lili » Diana

Sa naissance était attendue fin juin-début juillet. Les Sussex voulaient échapper à toute pression médiatique. L'arrivée du bébé est annoncée par leur secrétariat le dimanche 6 juin 2021 : « C'est avec une très grande joie que le prince Harry et Meghan, duc et duchesse de Sussex, accueillent au monde leur fille Lilibet "Lili" Diana Mountbatten-Windsor. » Lili est née vendredi 4 juin, à 11 h 40, au Cottage Hospital de Santa Barbara. La surprise est multiple. D'abord, le onzième des arrière-petits-enfants d'Elizabeth II est le premier qui ne soit pas né sur le territoire britannique, ce qui fait de Lilibet une citoyenne américaine. Une Windsor « *made in America* », c'est déjà une curiosité.

Le bébé est huitième sur la liste de succession. Enfin, son prénom, double, Lilibet Diana, se veut d'abord un hommage à la reine, son arrière-grand-mère, tout en étant maladroit, car *Lilibet(h)* n'est pas un prénom. C'était le surnom donné à la princesse Elizabeth par son grand-père le roi George V. Le second prénom, Diana, honore la grand-mère du bébé. Ce sera peut-être un peu lourd à porter pour cette petite fille… À Londres, une heure et demie après l'annonce de la naissance, le palais de Buckingham publie un communiqué : « La reine, le prince de Galles et la duchesse de Cornouailles, le duc et la duchesse de Cambridge ont été informés et ont été enchantés de la naissance d'une fille chez le duc et la duchesse de Sussex. » Pas de photo du bébé. Il faudra patienter, car les Sussex annoncent se mettre en congé parental. Une fois de plus, Harry et Meghan innovent et n'en font qu'à leur tête, refusant de se plier aux usages.

La reine ne portera pas le deuil de Philip

On n'aura vu la souveraine tout de noir vêtue qu'un seul jour, celui des obsèques de l'homme de sa vie, le prince Philip. Moins de dix jours plus tard, elle apparaît lors de visioconférences en robe fleurie dans des tons de mauve. Qu'on se le dise : Elizabeth II ne suivra pas l'exemple de sa trisaïeule la reine Victoria qui a infligé à son peuple un deuil définitif après la mort de son époux, le prince Albert.

Elizabeth II le confirme le 11 mai lors de l'ouverture du Parlement, vêtue d'un manteau bleu brodé à l'encolure de fleurs jaunes. Le 11 juin, pour la réunion du G7 en Cornouailles, elle porte une robe à fond blanc imprimé de fleurs et de feuillage. Elizabeth II manifeste une humeur joyeuse. À Ascot, elle s'affiche en manteau et chapeau vert menthe, toujours aussi enjouée. Enfin, le 9 août 2021, la reine arrive au château de Balmoral pour son traditionnel séjour estival vêtue et chapeautée de rose. Rien n'a changé mais tout a changé, car cet été à Balmoral sera le premier sans Philip. En effet, en 2020, ils étaient venus tous les deux à Balmoral, sans invités, puisque le Covid sévissait toujours. Paradoxalement, la pandémie avait eu un seul effet bénéfique pour la reine et le prince Philip : depuis les débuts du confinement en mars 2020, ils ne s'étaient plus quittés. Cela ne leur était pas arrivé depuis les débuts de leur mariage et encore moins depuis que le duc d'Édimbourg s'était retiré de la vie publique. Un long tête-à-tête considéré comme un cadeau du ciel par la reine, car il leur avait permis de profiter l'un de l'autre. Ils s'étaient promis que lorsque l'un d'eux disparaîtrait, l'autre ne porterait pas le deuil. Cependant, on imagine que la reine a été dévastée par le décès de son époux, mais ces derniers mois passés ensemble lui ont donné la force d'accepter avec sérénité l'absence de Philip et de continuer à accomplir sa tâche sans faillir.

Accomplir sa tâche sans faillir ? C'est ce qu'elle a fait tout au long des mois de juin et de juillet. Si elle s'est sans doute reposée à Balmoral, on peut penser qu'elle a aussi beaucoup souffert malgré la présence de ses proches. L'absence de Philip, dans ce lieu qu'ils aimaient tant tous les deux, a dû être d'autant plus douloureuse que la souveraine avait beaucoup plus de loisirs qu'à Windsor. Si la perspective de son prochain jubilé de platine en 2022 est une source de fierté et de joie, la reine peut aussi avoir quelques idées sombres qu'elle ne peut plus dissiper par une conversation roborative avec son mari. Pour son fils Andrew, l'année 2022 risque d'être difficile. Dans l'immédiat, le duc d'York essaie d'échapper à un procès dévastateur. Virginia Giuffre l'accuse de l'avoir violée à plusieurs reprises alors qu'elle était mineure, en 2001. Une conséquence de l'affaire Epstein. D'autre part, Elizabeth II ne peut qu'être blessée par l'animosité permanente de Harry et Meghan à l'égard de la monarchie et, en tant qu'arrière-grand-mère, se désoler de ne pas avoir revu leur fils Archie depuis plus de deux ans ni de connaître sa sœur, Lilibet Diana.

Des spéculations autour de la santé de la reine

Quelque temps après son retour à Windsor, un communiqué de Buckingham Palace va plonger le Royaume-Uni dans le désarroi : « Dans la nuit du mercredi 20 octobre, la reine a été admise à l'hôpital privé King Edward VII de Londres, pour des examens préliminaires. » Ce bulletin de santé énigmatique inquiète la population. L'hospitalisation d'une personne âgée de quatre-vingt-quinze ans n'est jamais anodine. Déjà, son apparition, le 12 octobre précédent lors d'une cérémonie à Westminster Abbey, avait sonné l'alarme. La reine, certes souriante, s'appuyait sur une canne pour marcher. Les semaines qui vont suivre ne vont pas rassurer l'opinion. La reine renoncera successivement à un voyage en Irlande du Nord et à sa présence à la Cop 26 qui se tient en Écosse, à Glasgow, à partir du 1er novembre. Elle devra même renoncer à la célébration du *Remembrance Day* le 14 novembre. Chacun de ses renoncements est un énorme sacrifice pour la souveraine et probablement une terrible frustration. Elle tenait à se rendre en Ulster, à Belfast, pour soutenir cette partie du Royaume-Uni particulièrement touchée par les conséquences du Brexit. Pour la Cop 26, elle a choisi d'apparaître, sans être physiquement présente. Elle a enregistré à Windsor, le 29 octobre, un discours qui a été diffusé le 1er novembre à Glasgow, lors de la réception de bienvenue organisée pour les chefs d'États qui sont venus. C'est le prince Charles, accompagné de son épouse Camilla et des Cambridge, qui a accueilli les participants. Le discours de la reine, d'une durée de quarante minutes, a exhorté les États à se réunir pour lutter contre le réchauffement climatique. Elle s'est voulue rassurante et tournée vers l'avenir, rendant aussi hommage au prince Philip, qui était passionné par l'écologie et la survie de la faune et de la flore. Elizabeth II n'a pas oublié de souligner le travail de Charles et de William, dont elle est extrêmement fière. Elle ajoute une phrase qui va frapper les esprits : « Aucun de nous ne vivra éternellement », comme le constat d'une prochaine passation de pouvoir. Présente sur les écrans de la Cop 26 le 1er novembre, la reine le sera aussi sur une photo prise le même jour, qui la montre, foulard Hermès et lunettes noires, au volant de sa Jaguar bleue dans le parc de Windsor, une carte postale pour prouver qu'elle va bien. C'est son renoncement à présider le *Remembrance Day*, révélé au dernier moment, qui a dû coûter le plus à la souveraine. Cette année, cette cérémonie tombe le dimanche 14 novembre. C'est l'hommage aux morts des deux guerres mondiales. À cette occasion, la plupart des sujets de Sa Majesté portent à leurs revers un *poppy,* une fleur de pavot rouge, symbole du souvenir. Depuis son avènement en 1952, la reine ne l'a manqué qu'une fois, en l'an 2000, en raison d'un voyage officiel en Afrique du Sud. Cette année, c'est beaucoup plus grave. Si elle n'est pas là, c'est que son état de santé ne le lui permet pas. Elle avait l'intention de rendre hommage à son père le roi George VI et au prince Philip, tous deux évidemment très engagés dans la Deuxième Guerre mondiale. Alors, à la place de la reine, sont apparues au balcon du ministère des Affaires étrangères la duchesse de Cornouailles, la duchesse de Cambridge et la comtesse de Wessex, toutes trois visiblement émues, très dignes dans leurs vêtements noirs, arborant le fameux *poppy*. C'est le prince de Galles, sa sœur Anne la princesse royale et le duc de Cambridge qui ont déposé la couronne de fleurs sur le cénotaphe. Traditionnellement, la veille de cette cérémonie a lieu la célébration du Souvenir, au Royal Albert Hall. La reine n'y étant pas présente, la famille s'est rassemblée autour de Charles et de Camilla dans la loge royale de ce très célèbre bâtiment de 1871, les Cambridge, la princesse Anne et son mari, ainsi que le duc et la duchesse de Gloucester et le prince et la princesse de Kent. Dans les moments graves, la famille serre les rangs.

Harry et Meghan en font trop...

Pendant ce temps, Harry et Meghan, qui n'ont toujours pas fait baptiser leur petite Lilibet Diana et qui tentent d'obtenir de la reine une cérémonie à Windsor, vont célébrer, à leur manière, le *Remembrance Day*. Ils n'ont pas été invités à Londres pour participer à l'événement ; en revanche, ils ont été les invités d'honneur du gala « *Salute to Freedom* » donné le 10 novembre, veille du « *Veterans Day* » américain sur le porte-avions USS *Intrepid*, amarré à Manhattan et transformé en musée de l'Air, de la Mer et de l'Espace. Cette soirée caritative est donnée en l'honneur des combattants et de leurs familles. Ils y font une arrivée de stars, Harry en smoking (non, Harry, on ne porte pas de décorations sur un smoking mais sur un habit ou une jaquette !) et Meghan dans une robe longue rouge découvrant ses jambes et très largement ses épaules et son décolleté. Ils arborent chacun leur *poppy* que les Américains ne portent pas. Celui de Meghan fait vraiment tache, curieusement posé au-dessus de son décolleté... Une contre-offensive spectaculaire mais peu appropriée à la situation... Le couple a, en effet, bien besoin de faire parler de lui de façon positive. On se souvient que Meghan avait décidé d'attaquer en justice à l'automne 2018 le *Mail on Sunday* pour avoir publié une lettre qu'elle avait envoyée à son père au mois d'août précédent. Contrairement aux usages de la famille royale, Harry l'avait soutenue dans son attaque contre le tabloïd « qui s'acharnait à détruire leur image ». En janvier 2021, la Haute Cour de Londres a statué en faveur de Harry et Meghan, considérant cette publication « *excessive et illégale* ». Le couple jubile mais l'éditeur de ce quotidien très populaire fait appel de la décision. Et c'est là que l'ennemi juré de Harry et Meghan, Jason Knauf, va intervenir. Ce très brillant Texan, après avoir dirigé les relations publiques de la Royal Bank of Scotland, avait été choisi par Charles pour gérer l'image des Cambridge et des Sussex lorsqu'ils animaient encore ensemble leur fondation. C'est lui qui avait été averti le premier du mauvais traitement que Meghan infligeait à son personnel et des démissions en cascade qui avaient suivi. Knauf n'était pas intervenu en première instance dans le procès du *Mail on Sunday*. Mais en appel, il va accepter de témoigner et racontera que Meghan s'était entretenue avec lui de la lettre qu'elle écrivait à son père et il lui avait conseillé d'adoucir ses propos et de se soucier de la santé de son père. Meghan avait obtempéré comme si elle savait déjà que cette lettre serait probablement publiée. Le jugement en appel sera favorable au *Mail on Sunday*. Le même Jason Knauf va révéler aussi que Meghan a menti lorsqu'elle a affirmé ne pas avoir eu de contact avec les deux auteurs de la biographie extrêmement favorable des Sussex, sortie en août 2020 sous le titre vengeur *Finding Freedom* (« Trouver la liberté »).

En réalité, Knauf disposait de nombreux courriels de Meghan lui demandant de donner aux auteurs les orientations « souhaitables » de leur livre. Exemples : son soutien à son père et l'absence de contact avec sa demi-sœur. Les témoignages de Knauf dévoilent une Meghan sournoise et manipulatrice. Elle a dû, malgré tout, formuler des excuses envers la justice et reconnaitre quelques « oublis ». L'image de Meghan n'est pas sortie grandie de cette affaire. Et il n'est pas sûr que les photos resplendissantes du couple à bord du porte-avions USS *Intrepid* améliorent leur réputation... La reine, déjà désemparée par leur attitude, n'a pas dû apprécier le déballage occasionné par ce procès inutile au *Mail on Sunday*.

Un Noël très différent des autres...

Au début du mois de décembre 2021, la pandémie recommence à faire des ravages au Royaume-Uni comme dans le reste de l'Europe. La reine va cesser d'accorder des audiences à Windsor. Elle se remet aux visioconférences. C'est un retour à l'isolement qui bouleverse ses projets de Noël. Cette année encore, il n'y aura pas de célébration à Sandringham, une tradition à laquelle Elizabeth II est si attachée. Peu importe, la reine s'adapte. Il y aura bien un déjeuner à Windsor, mais, auparavant, elle va préparer son discours de Noël qui sera diffusé, comme toujours, l'après-midi du 25 décembre. Un discours qui ne ressemblera à aucun de ceux qu'elle a prononcés. La souveraine, très affectée par ses problèmes de santé et se disant que ce sera, peut-être, son dernier discours de Noël, a décidé d'ouvrir son cœur à ses sujets. Tout a un sens dans ce texte qu'elle écrit elle-même, autant que les vidéos qui le précèdent et qui le suivent, de même que les photos choisies pour figurer sur son bureau et les bijoux qu'elle porte. La reine va apparaître vêtue de rouge pour affirmer la force de sa présence, elle a choisi de porter son triple collier de perles en hommage à ses parents qui le lui avaient offert. Sa broche, le magnifique saphir chrysanthème entouré de diamants, est un de ses joyaux préférés, car elle l'a porté dans les circonstances les plus heureuses de sa vie, notamment au revers de son tailleur lorsqu'elle a posé avec Philip devant Broadlands le lendemain de leur mariage, au tout début de leur lune de miel en 1947. Elle l'a choisi de nombreuses fois par la suite, toujours dans des moments importants, par exemple pour le baptême de la princesse Anne et pour celui de son petit-fils William, mais surtout pour ses noces de diamant en 2007, où elle avait posé avec Philip à nouveau devant Broadlands, portant la broche de saphir au revers d'un tailleur rappelant celui de 1947. C'est cette photo, celle de leurs soixante ans de mariage, qu'elle a mise sur son bureau. C'est de son deuil que la souveraine va nous parler, disant que si le fêtes de Noël sont généralement joyeuses, elles peuvent être difficiles lorsqu'on a perdu un être cher dans l'année et que « cette année particulièrement, je comprends pourquoi ». Avant le discours, des vidéos montrent le couple royal, toujours complice au fil des ans, accompagnées en voix off par le discours que la reine avait prononcé à l'occasion de leurs noces d'or : « Il n'acceptait pas facilement les compliments, mais il a tout simplement été ma force au cours de toutes ces années. » Dans son discours elle va revenir sur son deuil : « La vie est faite de séparations finales ainsi que de premières rencontres, et, bien qu'il me manque à moi et à ma famille, je sais qu'il souhaiterait que nous profitions de Noël. » Elizabeth II rend hommage au côté visionnaire de Philip, à sa précocité dans la prise de conscience environnementale et se réjouit que Charles et William, « admirablement soutenus par Camilla et Catherine », poursuivent son combat. Dans son discours, elle ne mentionnera que cette ligne directe de succession : son fils et sa belle-fille, son petit-fils William et Kate. Une volonté, sans doute, d'affirmer cette monarchie resserrée que Charles souhaite imposer.

Elle se réjouit de célébrer, dans six semaines, le début de son jubilé de platine, en espérant que ce sera l'occasion pour les gens du monde entier de profiter d'un sentiment d'unité. La reine dit sa joie d'avoir accueilli dans la famille quatre nouveaux arrière-petits-enfants, incluant Lilibet Diana, la fille des Sussex. De courtes vidéos succèdent à son discours : on y voit Philip décorant un sapin, puis Charles et Camilla, William et Kate, les Wessex et Anne, princesse royale. Aucune image du duc d'York ni du duc et de la duchesse de Sussex. La reine manifeste ainsi sa désapprobation envers la conduite de ces trois membres de la famille royale.

Le discours aura un impact universel, il sera salué par le monde entier. La douleur de la reine, la difficulté d'affronter le deuil, l'empathie avec tous ceux qui sont dans la même situation sonnent juste, autant que sa volonté de se projeter dans un avenir meilleur et à court terme de célébrer son jubilé. Avant même la diffusion télévisée de son discours, le matin du 25 décembre, la reine va… échapper à un attentat !

À 8 h , la vidéosurveillance du château de Windsor repère un intrus vêtu d'un sweatshirt noir et armé d'une arbalète, qui se dirige vers les appartements privés de la souveraine. Il est immédiatement arrêté par la Garde royale. Il se somme Jaswant Singh Chail. Ce Britannique d'origine indienne, âgé de 19 ans, avait publié sur Snapshat, une demi-heure auparavant, une vidéo dans laquelle il se déclarait « désolé » de ce qu'il allait faire, c'est-à-dire assassiner Elizabeth II ! Il veut se venger « pour ceux qui sont morts lors du massacre de Jallianwala Bagh en 1919 », lors duquel 379 manifestants avaient été tués par les Britanniques dans le jardin public d'Amritsar, au Pendjab. Il veut aussi venger tous ceux qui ont été éliminés et humiliés à cause de leur race. Le vengeur à l'arbalète sera très rapidement interné dans un hôpital psychiatrique. On ne sait quelle a été la réaction de la souveraine, mais elle n'a rien changé à son programme : un déjeuner familial à Windsor, en compagnie du prince Charles et de son épouse, Camilla. Mike et Zara Tindall (la fille et le gendre de la princesse Anne, qui ne sera pas là car elle est cas contact au Covid) sont aussi présents ainsi qu'Edward et son épouse, Sophie, les princesses Beatrice et Eugenie ainsi que leurs enfants. Il est fort probable que le prince Andrew ait été aussi invité. Un

Noël familial officiellement tranquille après un début de matinée peu banal…

La famille royale s'apprête à entrer dans l'année 2022, qui sera d'abord une année de triomphe puis de deuil.

16

2022 : l'apothéose et la fin du règne

Consciente de son affaiblissement, la reine va vouloir faire de son jubilé de platine la consécration de son règne et la préparation de celui de son héritier. Elle veut que les choses soient en ordre et, dès le mois de janvier, elle annonce que sa belle-fille, la duchesse de Cornouailles, est élevée au rang de dame royale de l'ordre de la Jarretière. C'est un témoignage de reconnaissance particulièrement prestigieux puisque cet ordre de chevalerie britannique est le plus ancien (1348) et le plus sélectif : il ne comporte que vingt-quatre chevaliers et dames ainsi qu'un nombre restreint de membres de la famille royale. La veille du début de son jubilé de platine, le 5 février, la souveraine envoie un message à son peuple. Elle commence par le remercier de son soutien lors du décès de son époux, le prince Philip. Elle confirme son vœu prononcé lors de ses vingt et un ans, au Cap, en Afrique du Sud, de le servir jusqu'au bout, puis elle ajoute : « Quand mon fils Charles deviendra roi, je sais que vous lui apporterez, à lui et à son épouse

Camilla, le même soutien que vous m'avez apporté ; et mon vœu le plus sincère est que, lorsque le temps viendra, Camilla soit reine consort et puisse continuer de servir avec loyauté. » Elle rappelle que sa propre mère, Elizabeth, a été une reine consort indispensable pour le roi George VI tout comme Philip l'avait été pour elle. Elle signe cette lettre : « *Your Servant.* »

Contrairement à ce qu'on a souvent raconté, la reine apprécie sincèrement sa belle-fille. Elles ont tant de passions communes, la campagne, l'amour des chevaux, mais aussi un sens du devoir et une volonté d'apaisement chaque fois qu'un problème se pose, surtout s'il est familial. Elle apprécie son humour, qui avait déjà conquis le prince Philip, expert en la matière, et qui est si indispensable à son fils. Le jubilé de platine commence le lendemain, 6 novembre. La reine est à Sandringham, où son père est mort il y a soixante-dix ans alors qu'elle était bien loin, en voyage officiel au Kenya, avec Philip.

Le début du jubilé tombe à pic pour détourner l'attention des nouveaux déboires du prince Andrew. On sait que tout ce qui touche son fils préféré tourmente la reine. Le 14 janvier 2022, la justice de New York a rejeté le recours du duc d'York contre la plainte de Virginia Giuffre. Son procès pour viol de mineure devrait se tenir à l'automne 2022. Le lendemain, Buckingham Palace annonce avoir retiré tous ses titres militaires au prince Andrew, à la demande de 150 vétérans. Andrew, qui a soixante et un ans, se prépare à affronter les juges. Il continuera à ne pas assumer de fonctions publiques et se défendra comme un citoyen privé. Ses avocats vont s'activer dans cette période et finalement obtenir, le 15 février, un règlement à l'amiable avec Virginia Giuffre. Les tabloïds se déchaînement. Le *Daily Mail* titre : « L'ultime humiliation à 10 millions de livres du duc. » En réalité, il s'agirait plutôt de 12 millions. Le duc d'York a mis en vente son chalet de Verbier, en Suisse, pour 20 millions d'euros. Il faudra sans doute que la reine aide son fils à éponger sa dette. Mais comme le prince Charles, Elizabeth II estime qu'un procès aurait été bien plus dévastateur pour la monarchie que cette énorme transaction. Si le prince a échappé aux tribunaux, il n'a évidemment pas lavé son honneur. C'est une mauvaise période pour la reine, car le 20 février, Buckingham Palace confirme que la souveraine a été testée positive au Covid. Les symptômes sont légers, mais Elizabeth II sera surveillée de très près dans les jours qui suivront. La reine aura le temps de se remettre d'ici le 29 mars, date d'une messe d'action de grâces en mémoire du prince Philip, qui aura lieu en l'abbaye de Westminster.

La messe d'hommage à Philip

Le 14 mars, la reine a renoncé à présider la Journée du Commonwealth pourtant chère à son cœur. Elle ménage ses forces en vue de la messe à la mémoire de son mari. Pour elle, c'est au moins aussi important. Si Philip a eu des obsèques magnifiques à Windsor, le Covid avait limité le nombre de gens présents dans la chapelle St. George aux seuls membres de la famille royale. Elizabeth II a le sens de la famille. Elle cousine avec une grande partie des monarques européens et c'était aussi le cas de Philip, mais cette famille élargie n'a pas pu lui rendre hommage. Elle sera évidemment présente au grand complet à Westminster le 29 mars ainsi que le Premier Ministre, tous les membres du gouvernement et les corps constitués. On a redouté que la reine ne puisse y être présente. Elle marche avec difficulté et ne veut, sous aucun prétexte, qu'on puisse la voir en chaise roulante. Finalement, elle sera bien au rendez-vous, arrivant la dernière par une petite entrée de l'abbaye, qui donne sur ce qu'on appelle « le coin des poètes », pour raccourcir son trajet. Vêtue de vert, portant la broche scarabée offerte par Philip en 1966, appuyée sur une canne, elle donne le bras au duc d'York qui l'a accompagnée depuis Windsor.

La messe sera celle qu'avait prévue Philip pour ses funérailles, avec des chants qu'il avait lui-même choisis. Après cette cérémonie, la reine regagnera Windsor où elle accueillera sa famille tandis que Charles et Camilla recevront l'Europe couronnée à Clarence House : la reine Margrethe II de Danemark, les souverains des Pays-Bas, de Belgique, du Luxembourg, du Liechtenstein, de Suède, d'Espagne, de Norvège, de Monaco et bien sûr les monarques détrônés… Elizabeth II, qu'on a vue les larmes aux yeux mais vaillante pendant toute la messe, peut être satisfaite : son époux a enfin reçu l'hommage qui lui était dû. Le seul bémol de cette cérémonie a été l'attitude du duc d'York. Débarrassé de son procès, il espère pouvoir revenir en force dans la famille royale. Profitant de la faiblesse de sa mère, il s'est mis en avant pour l'accompagner jusque devant l'autel, afin de saluer l'archevêque de Canterbury. Cette attitude a choqué Charles et William mais aussi l'ensemble des Britanniques. Andrew veut retrouver sa place, mais Charles et William y sont vigoureusement opposés.

Un jubilé de platine parfaitement maîtrisé

Pour son quatre-vingt-seizième anniversaire, le 21 avril, Buckingham Palace publie une photo de la reine dans le parc de Windsor entre deux magnifiques poneys blancs, mais près de trois semaines plus tard, ce ne sera pas la souveraine qui prononcera le discours annuel écrit par le Premier Ministre devant les chambres réunies du Parlement mais le prince Charles, pour la première fois à la place de sa mère. Il est assis sur un trône, la couronne posée sur un coussin à côté de lui symbolise la reine. Sur une estrade inférieure, William et Camilla sont positionnés de part et d'autre du prince de Galles. Une fois de plus, pour une cérémonie majeure dans le fonctionnement de la monarchie, Charles a impeccablement représenté la reine. Cela ressemble à une régence qui ne dit pas son nom. En mai, la reine semble aller mieux. Elle apparaît en pleine forme et très épanouie le 13 mai pour l'ouverture du Royal Windsor Horse Show. Elle éclatera même de rire lorsque sa jument se révélera la grande gagnante de la compétition équestre. Deux jours plus tard, elle y reparaîtra, très élégante et souriante, lors de la soirée de clôture organisée autour de son jubilé, un spectacle qui a réuni 500 chevaux et 1 300 artistes, venus du monde entier pour célébrer la souveraine. Tom Cruise lui rend un vibrant hommage.

Deux jours plus tard, vêtue et coiffée de jaune poussin, la reine va inaugurer la nouvelle ligne de métro de la capitale qui porte son nom, « Elizabeth Line » et dont elle avait visité le très profond chantier. Cette inauguration se déroule à la station Paddington. Elizabeth II est rayonnante : c'est de bon augure pour les festivités de son jubilé de platine prévues pendant quatre jours, à partir du 2 juin.

C'est Charles qui est à la manœuvre, en accord avec la souveraine et son fils William. Il ne peut y avoir aucune improvisation dans ce spectacle de la monarchie. Si la reine s'est montrée très en forme lors de ses apparitions du mois de mai, il ne semble pas possible de lui imposer un rythme soutenu pendant quatre jours, notamment de l'obliger à marcher ou à se tenir debout trop longtemps. Il est vraisemblable qu'il a été décidé que la reine n'apparaîtrait physiquement en public que deux fois, le premier jour et le quatrième et dernier jour, au balcon de Buckingham Palace, un lieu familier et rassurant qu'elle pratique depuis sa petite enfance. Bien que cela n'ait été annoncé que dans l'après-midi du premier jour, il n'a sans doute jamais été question que la souveraine assiste au *Te Deum* célébré à Saint-Paul. L'accès à cette immense cathédrale se fait par un spectaculaire escalier. La marche jusqu'à l'autel est également très longue, et cette cérémonie pourrait se révéler épuisante. Charles avait deux autres difficultés, celles-là familiales, à gérer : la présence et la place dans le cérémonial du prince Andrew et du duc et de la duchesse de Sussex, qui avaient annoncé qu'ils feraient le voyage depuis les États-Unis avec leurs deux enfants. Pour Andrew, le Ciel a aidé la reine et le prince Charles : le duc d'York, reconnu positif au Covid, sera absent ces quatre jours. Quant à Harry et Meghan, ils avaient été prévenus qu'ils n'apparaîtraient pas au balcon de Buckingham. Pour le reste, ils étaient priés de respecter le protocole.

Le 2 juin au matin, un soleil glorieux se lève sur Londres. La journée s'annonce magnifique. À 10 h , le défilé de *Trooping the Colour* commence. Traditionnellement, c'est celui qui célèbre l'anniversaire de la reine le deuxième samedi de juin. Il a été avancé d'une semaine pour coïncider avec l'anniversaire du couronnement de la reine, le 2 juin 1953. Le bataillon des Irish Guards s'engage sur le Mall pour gagner la Horse Guards Parade. Trois landaus les suivent. Dans le premier ont pris place Camilla et Kate accompagnées de George, Charlotte et Louis. Dans le deuxième, le comte et la comtesse de Wessex et leurs enfants, et dans la troisième, le duc et la duchesse de Gloucester et le vice-amiral Timothy Laurence, le mari de la princesse Anne. Si cette dernière n'est pas dans le landau, c'est parce qu'elle va passer les troupes en revue, à cheval, au côté de son neveu le duc de Cambridge et derrière son frère le prince de Galles. Depuis les fenêtres du bâtiment de la cavalerie de la Garde, les occupants des trois landaus et le reste de la famille royale vont assister gaiement à la parade, particulièrement les enfants. On voit le jeune Louis faire un salut militaire à son père et Meghan, un doigt sur la bouche, tentant de calmer la petite-fille de la princesse Anne, Lena Tindall. Le prince Harry fera de même, sans plus de succès… Puis les troupes vont regagner Buckingham Palace et la reine les passera en revue depuis le balcon. Elizabeth II apparaît à 12 h , vêtue de bleu ciel, accompagnée du duc de Kent. Elle rentrera ensuite dans le palais pendant quelques minutes avant de reparaître accompagnée de Charles et Camilla, de William, Kate et leurs trois enfants, des Wessex et leurs deux enfants, de la princesse royale Anne et son époux ainsi que des Gloucester et du duc de Kent avec sa sœur Alexandra. La famille souveraine, presque au grand complet, va assister à la parade aérienne en même temps que la population qui s'est massée devant le palais et sur le Mall. Voici d'abord les Red Arrows, au panache de fumée tricolore, pour commencer, puis quinze chasseurs Typhoon dessinant un impeccable « 70 » dans le ciel londonien pour finir. Un exploit ! Une magnifique surprise ! La foule, enthousiaste, composée de plus d'un million de personnes, peut alors saluer la reine d'un triple « Hourra ! ». La souveraine est au faîte de sa popularité.

Alors qu'en fin d'après-midi l'équipe de communication de la reine annonce qu'elle ne se rendra pas au service d'action de grâces à Saint-Paul le lendemain, une fois de plus Elizabeth II va tenter de rassurer ses sujets. À 21 h , elle apparaît dans la cour supérieure du château de Windsor, s'appuyant sur une canne. Elle va déclencher l'illumination à distance de « l'arbre des arbres », une sculpture monumentale qui se dresse devant Buckingham Palace. Au même instant, partout dans le Royaume-Uni et dans le Commonwealth, 18 500 torches s'allument comme par magie tandis que sur la façade du palais sont projetées des images de la reine, de son avènement à aujourd'hui. Une impressionnante évocation.

Le lendemain, a lieu le service d'action de grâces dans la cathédrale Saint-Paul. Charles et Camilla arrivent les derniers, juste après William et Kate, pour prendre place au premier rang de la plus grande cathédrale de Londres, pleine à craquer. Mais ceux que tout le monde attend et qui ont un peu de retard, ce sont, évidemment, le duc et la duchesse de Sussex. À leur arrivée, il y a quelques « Hourra ! » et beaucoup de huées… Harry et Meghan vont s'installer au deuxième rang, derrière les Gloucester, aux côtés des filles d'Andrew et de leurs époux, qu'ils obligeront à se lever pour gagner leurs places. Les Sussex sont à Londres avec leurs deux enfants depuis l'avant-veille. Ils ont suivi le *Trooping the Colour* avec les autres invités royaux depuis les anciens appartements du duc de Wellington. On remarque beaucoup Meghan à la fenêtre, avec son grand chapeau blanc à ruban noir. Lors du trajet en voiture, la duchesse a baissé sa vitre pour saluer les Londoniens. Une incongruité : lorsqu'un membre de la famille royale est en voiture, il garde les vitres fermées et ne salue pas. En revanche, on se doit de le faire lorsqu'on est dans un landau ou dans un carrosse. Le lendemain, 4 juin, les Sussex célèbrent le premier anniversaire de la petite Lilibet Diana.

Dans l'après-midi, ils se rendront avec elle au château de Windsor pour la présenter à la reine. D'après le *Sun,* « ils sont arrivés accompagnés de leur photographe personnel ». Le couple espère obtenir une photo des retrouvailles avec la reine, qui n'a jamais vu cette arrière-petite-fille, et avec Archie. La réponse est sèche et négative : il n'y aura pas de photo… La reine ne souhaite pas qu'une image paraisse dans tous les journaux du lendemain, venant polluer celles du jubilé. On ne saura rien de cette rencontre. À leur retour à Frogmore

Cottage, dans le parc, Harry et Meghan organisent une fête d'anniversaire avec un superbe gâteau. À cette fête sont présents Zara Tindall, fille de la princesse royale Anne, avec ses enfants et les princesses Beatrice et Eugenie d'York. Les Cambridge, invités, étaient opportunément retenus par des obligations à Cardiff, au pays de Galles. Officiellement, tout le monde doit se retrouver plus tard pour le grand concert du jubilé devant Buckingham Palace. Et là, une fois de plus, la reine va surprendre le monde…

Avant que le concert ne commence, Elizabeth II apparaît sur tous les écrans, prenant le thé à Windsor avec l'ours Paddington, l'icône de tous les petits Britanniques. Cet ours, facétieux et maladroit, est le héros de livres et de dessins animés, facilement reconnaissable à son chapeau rouge et à son duffle-coat bleu. Après s'être entretenus un moment autour du thé, chacun saisit sa cuiller d'argent pour battre sur sa tasse la mesure du fameux *We Will Rock You*, repris immédiatement en live par Brian May, le guitariste de Queen, en ouverture du concert du jubilé.

Le dernier jour, dimanche 4 juin, est celui de la parade du *Jubilee Pageant* figurant les soixante-dix ans du règne. Après la parade, Elizabeth II fera son apparition au balcon de Buckingham Palace, vêtue de vert, son chapeau orné d'une épingle de deuil pour évoquer le souvenir de Philip. Sur le balcon, il n'y aura autour d'elle que Charles et Camilla d'un côté ; William, Kate et leurs trois enfants de l'autre. La famille royale réduite à l'ordre de succession. Encore un message de la souveraine pour la clôture des quatre jours de célébration de son jubilé : l'avenir du Royaume-Uni à travers ses successeurs directs : Charles, William et George. Nous savons aujourd'hui que cette apparition est l'ultime image de la reine au balcon de Buckingham Palace. Harry et Meghan, ce même matin, ont pris l'avion très tôt avec leurs enfants pour regagner Los Angeles. Ils n'ont pas daigné assister à la parade avec le reste de la famille royale. Ils n'auraient pas eu la vedette. Il était donc inutile pour eux d'être là.

Quelques jours plus tard, le 13 juin, la reine va présider la cérémonie de l'ordre de la Jarretière, qui verra, pour la première fois, la duchesse de Cornouailles participer au défilé portant la tenue réglementaire, un grand chapeau noir orné de plumes d'autruche blanches et une longue cape noire. Andrew comptait y participer, mais Charles et William ont convaincu la reine de l'en dissuader. Il a fallu empêcher le duc d'York de discréditer l'ordre le plus ancien et le plus important du Royaume-Uni.

Dernier été à Balmoral

Le 21 juillet, la reine est vue à l'aéroport d'Aberdeen, assise dans la voiture qui va la conduire à Balmoral. Cette année, il n'y aura pas de photo de la cérémonie de bienvenue qui, chaque année, est organisée pour elle. Au cours de l'été, seuls ses proches pourront la voir.

Les Cambridge et leurs trois enfants lui rendront visite à la fin du mois d'août. Charles et Camilla, installés à Birkhall, viennent la voir chaque jour. Le prince Andrew réside dans une maison près du château. Pour la première fois cette année, on n'a pas vu la reine aux traditionnels Jeux de Braemar. Charles et Camilla y sont assisté en compagnie de la princesse royale Anne. Début septembre, le palais de Buckingham annonce que la souveraine n'est pas en mesure de voyager jusqu'à Londres pour recevoir la démission de Boris Johnson. Il la remettra à Balmoral le 6 septembre. Ce même jour, la reine recevra son successeur, une femme, Liz Truss, pour la charger de former un nouveau cabinet. Ce fameux 6 septembre, une seule photo sera diffusée. On voit Elizabeth II souriante mais fatiguée et amaigrie en compagnie de Liz Truss. On remarque un très gros hématome sur le dos de la main droite de la souveraine.

Jeudi 8 septembre au matin, l'état de la reine s'est brusquement dégradé. Charles et Camilla se sont immédiatement rendus à son chevet. Le prince de Galles appelle ses deux fils et les presse de venir. William laisse Kate avec ses enfants, dont deux font leur rentrée scolaire ce jour-là, et rejoint Andrew, Edward et Sophie sur la base aérienne de Northolt. Ils atterrissent à Aberdeen à 15 h et rejoignent immédiatement Balmoral. Une fois de plus, Harry va compliquer la vie de son père. Lorsque Charles le prévient, il lui demande s'il peut venir accompagné de Meghan. Charles lui répond que ce ne serait pas « approprié ». Harry tente encore de convaincre son père et, bien entendu, cela dure si longtemps qu'il ne peut rejoindre William, l'avion ayant déjà décollé. Harry finit par trouver un jet privé, mais il arrive trop tard. Son père a tenté en vain de lui annoncer le décès de la reine. La famille se trouve donc réunie à Balmoral alors que le monde entier apprend la nouvelle du décès d'Elizabeth II. Une émotion mondiale.

Le soir, un dîner au château réunira tous les membres présents de la famille, sauf Charles et William, qui se sont rendus à Birkhall pour préparer ensemble tous les détails des funérailles.

Harry sera le premier à quitter Balmoral à l'aube le lendemain, afin de rejoindre Meghan. Les Sussex se trouvaient en effet à Londres, après un voyage en Allemagne pour préparer les prochains Invictus Games et ils devaient assister à une soirée caritative le 8. Le Royaume-Uni est anéanti dans le deuil de la reine. Charles regagne Londres avec Camilla le 9. Depuis le décès de sa mère, il est le roi Charles III et, à 19 h, heure française, vingt-quatre heures après la mort de la reine, il va prononcer son premier discours. Pour rendre hommage à son dévouement, elle qui a tenu son serment de servir jusqu'à son dernier jour. Le nouveau souverain prononce cette phrase : « Je m'efforcerai de vous servir avec loyauté, respect, amour. » Il rappelle son amour pour Camilla, la nouvelle reine, pour son fils William, à qui il est fier de transmettre son titre de prince de Galles, et pour Harry et Meghan, ajoutant : « qui continuent de construire leur vie à l'étranger ». Il termine par : « Merci à ma maman chérie. Puissent les anges veiller sur votre repos. »

Les funérailles auront lieu le 19 septembre en l'abbaye de Westminster. Durant cette période, la monarchie britannique va offrir au monde un spectacle impressionnant. Depuis la réception du roi dans le Westminster Hall par les deux chambres du Parlement jusqu'au transfert du cercueil royal dans une voiture vitrée pour que la foule massée sur le parcours puisse le voir de Balmoral jusqu'au château de Holyrood à Édimbourg.

Le lendemain, la dépouille est transférée à la cathédrale Saint-Gilles où elle restera exposée vingt-quatre heures. Le jour suivant, le cercueil est transporté à Londres par avion. La dépouille passera une nuit à Buckingham Palace, la résidence officielle de la souveraine depuis soixante-dix ans. Le jour suivant, un impressionnant cortège funèbre l'accompagne à Westminster Hall, où le cercueil restera exposé jusqu'aux obsèques, le 19. Sans le moindre incident, dans un ordre remarquable, des centaines de milliers de gens feront la queue pendant des heures pour s'incliner devant le catafalque. Il y a une veillée royale avec Charles III et la princesse Anne, les ducs d'York et de Wessex, tous en uniforme, puis la veillée des petits-enfants.

La magnifique cérémonie des obsèques à Westminster, devant tous les grands de ce monde qui se sont déplacés, restera dans les mémoires. Le transfert du cercueil, à nouveau, en voiture vitrée jusqu'au château de Windsor sera très impressionnant. La dernière phase des funérailles aura lieu dans la chapelle Saint-Georges. Un rituel ancestral va bouleverser le monde entier : après que la couronne, l'orbe et le sceptre ont été retirés du cercueil, le roi Charles III y dispose le fanion de la Queen's Company. Le lord chambellan brise alors le bâton blanc symbole du règne pour le poser sur le fanion. À cet instant, le cercueil commence à disparaître lentement dans la crypte. Au même moment le « *piper* » (joueur de cornemuse de la reine) interprète la complainte *A Salute to the Royal Fendersmith*. Dans la crypte du XVe siècle, le corps d'Elizabeth II a rejoint ceux de Philip et de ses parents et les cendres de sa sœur Margaret.

La reine, qui avait une place depuis toujours dans le cœur de ses sujets, car la plupart n'avaient connu qu'elle sur le trône, mais aussi dans celui d'anonymes du monde entier, laisse un vide immense. À propos de son si long règne, on parle d'une seconde « ère élisabéthaine ». Sa fin a été à l'image de son règne, digne et magnifique. Le prince de Galles a aussitôt intégré avec élégance et modestie son rôle de monarque auquel il s'était préparé depuis si longtemps. *God Save The King Charles III !*

Généalogie

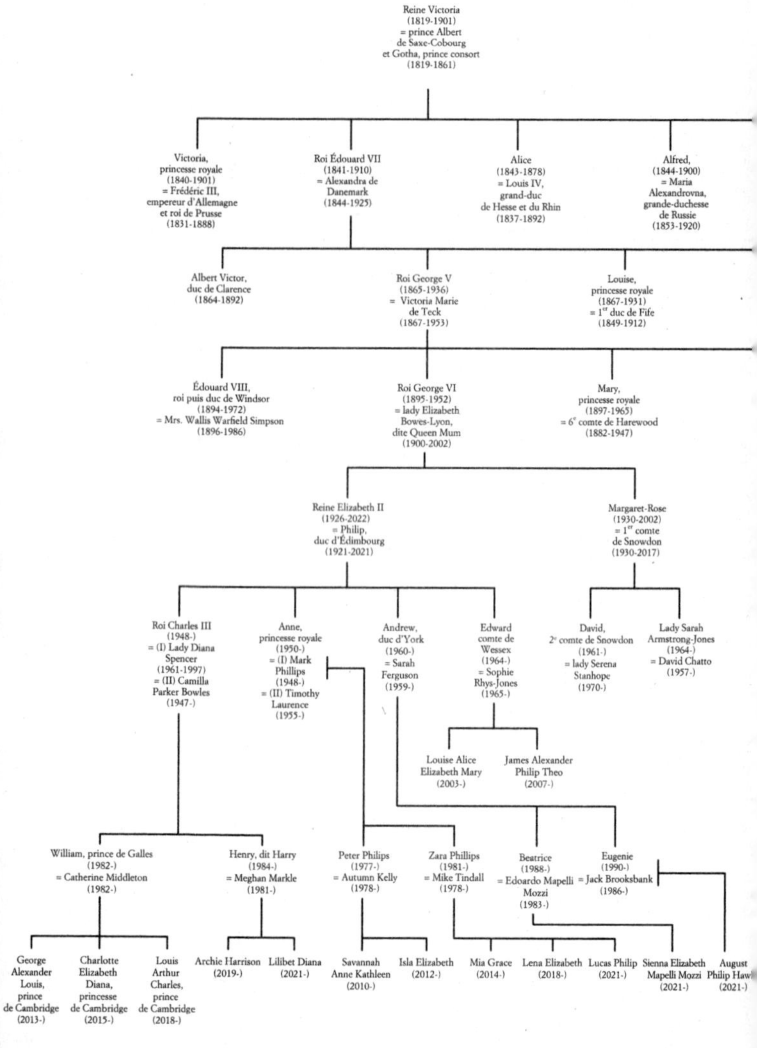

Reine Victoria (1819-1901) = prince Albert de Saxe-Cobourg et Gotha, prince consort (1819-1861)
Victoria, princesse royale (1840-1901) = Frédéric III, empereur d'Allemagne et roi de Prusse (1831-1888)
Roi Édouard VII (1841-1910) = Alexandra de Danemark (1844-1925)
Alice (1843-1878) = Louis IV, grand-duc de Hesse et du Rhin (1837-1892)
Alfred, (1844-1900) = Maria Alexandrovna, grande-duchesse de Russie (1853-1920)
Albert Victor, duc de Clarence (1864-1892)
Roi George V (1865-1936) = Victoria Marie de Teck (1867-1953)
Louise, princesse royale (1867-1931) = 1er duc de Fife (1849-1912)
Édouard VIII, roi puis duc de Windsor (1894-1972) = Mrs. Wallis Warfield Simpson (1896-1986)
Roi George VI (1895-1952) = lady Elizabeth Bowes-Lyon, dite Queen Mum (1900-2002)
Mary, princesse royale (1897-1965) = 6e comte de Harewood (1882-1947)
Reine Elizabeth II (1926-2022) = Philip, duc d'Édimbourg (1921-2021)
Margaret-Rose (1930-2002) = 1er comte de Snowdon (1930-2017)
Roi Charles III (1948-) = (I) Lady Diana Spencer (1961-1997) = (II) Camilla Parker Bowles (1947-)
Anne, princesse royale (1950-) = (I) Mark Phillips (1948-) = (II) Timothy Laurence (1955-)
Andrew, duc d'York (1960-) = Sarah Ferguson (1959-)
Edward comte de Wessex (1964-) = Sophie Rhys-Jones (1965-)
David, 2e comte de Snowdon (1961-) = lady Serena Stanhope (1970-)
Lady Sarah Armstrong-Jones (1964-) = David Chatto (1957-)
Louise Alice Elizabeth Mary (2003-)
James Alexander Philip Theo (2007-)
William, prince de Galles (1982-) = Catherine Middleton (1982-)
Henry, dit Harry (1984-) = Meghan Markle (1981-)
Peter Philips (1977-) = Autumn Kelly (1978-)
Zara Phillips (1981-) = Mike Tindall (1978-)
Beatrice (1988-) = Edoardo Mapelli Mozzi (1983-)
Eugenie (1990-) = Jack Brooksbank (1986-)
George Alexander Louis, prince de Cambridge (2013-)
Charlotte Elizabeth Diana, princesse de Cambridge (2015-)
Louis Arthur Charles, prince de Cambridge (2018-)
Archie Harrison (2019-)
Lilibet Diana (2021-)
Savannah Anne Kathleen (2010-)
Isla Elizabeth (2012-)
Mia Grace (2014-)
Lena Elizabeth (2018-)
Lucas Philip (2021-)
Sienna Elizabeth Mapelli Mozzi (2021-)
August Philip Hawk (2021-)

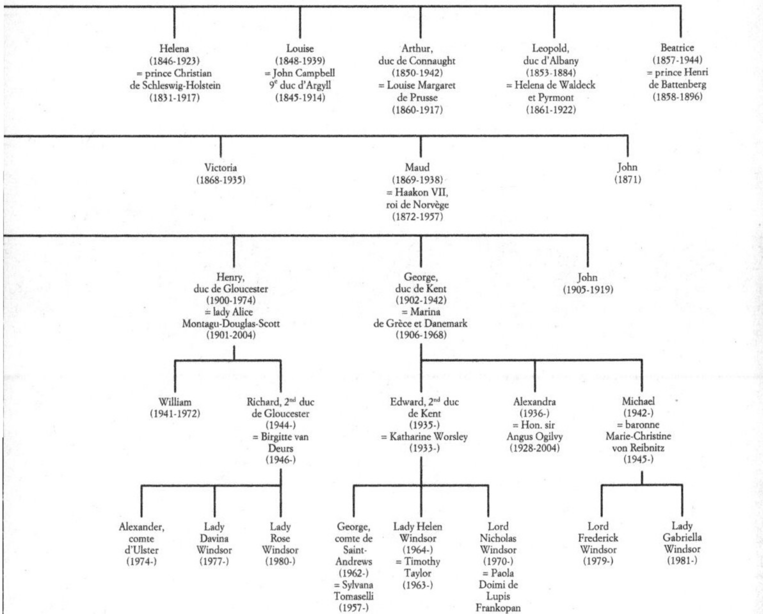

Helena (1846-1923) = prince Christian de Schleswig-Holstein (1831-1917)
Louise (1848-1939) = John Campbell 9e duc d'Argyll (1845-1914)
Arthur, duc de Connaught (1850-1942) = Louise Margaret de Prusse (1860-1917)
Leopold, duc d'Albany (1853-1884) = Helena de Waldeck et Pyrmont (1861-1922)
Beatrice (1857-1944) = prince Henri de Battenberg (1858-1896)
Victoria (1868-1935)
Maud (1869-1938) = Haakon VII, roi de Norvège (1872-1957)
John (1871)
Henry, duc de Gloucester (1900-1974) = lady Alice Montagu-Douglas-Scott (1901-2004)
George, duc de Kent (1902-1942) = Marina de Grèce et Danemark (1906-1968)
John (1905-1919)
William (1941-1972)
Richard, 2nd duc de Gloucester (1944-) = Birgitte van Deurs (1946-)
Edward, 2nd duc de Kent (1935-) = Katharine Worsley (1933-)
Alexandra (1936-) = Hon. sir Angus Ogilvy (1928-2004)
Michael (1942-) = baronne Marie-Christine von Reibnitz (1945-)
Alexander, comte d'Ulster (1974-)
Lady Davina Windsor (1977-)
Lady Rose Windsor (1980-)
George, comte de Saint-Andrews (1962-) = Sylvana Tomaselli (1957-)
Lady Helen Windsor (1964-) = Timothy Taylor (1963-)
Lord Nicholas Windsor (1970-) = Paola Doimi de Lupis Frankopan
Lord Frederick Windsor (1979-)
Lady Gabriella Windsor (1981-)

Table des matières

Introduction. Une reine sans rivale 9

1
Le roi est mort, vive la reine !

À 6 000 kilomètres de Londres,
Lilibeth devient la reine Elizabeth II 22
Face au Conseil privé,
la fille de George VI
succède à son père 27
Cauchemar protocolaire :
il y a deux reines Elizabeth
et deux reines mères ! 29
Elizabeth II : une reine débutante
qui séduit Churchill 32

2
De la princesse à l'héritière (1926-1945)

Des « petites princesses » très aimées et très protégées 39
À sept ans, Lilibeth se découvre une passion pour les corgis... 42
Fin 1935, son grand-père George V envisage que Lilibeth puisse régner 47
Nouveau roi, l'oncle Édouard VIII est indigne de la Couronne... 51
17 janvier 1937 : une nouvelle vie à Buckingham Palace 56
Lilibeth raconte, par écrit, le couronnement de son père 58
Paris offre deux poupées aux princesses : France et Marianne 62
À treize ans, Lilibeth rencontre celui qui sera l'homme de sa vie 64
Lilibeth est très triste et en colère : la guerre tue des marins... 66
12 octobre 1940 : le premier discours de Lilibeth à la radio 70
Qui est donc le beau Philip dont Lilibeth est éprise ? 75

3
Lilibeth impose son mariage (1945-1947)

Du nouveau dans la vie difficile
mais courageuse de Philip… 83
1947 : le premier voyage outre-mer
de la princesse héritière 86
L'identité de Philip est simplifiée :
Lilibeth peut l'épouser… 89
Des coupes claires sont opérées
sur la liste des invités… 92
Restrictions obligent : Lilibeth emprunte
des coupons de tissu 94
Un mariage historique : c'est celui de la future
reine Elizabeth II 97
La bouleversante lettre du roi à sa fille
qui lui succédera… 99

4
Une vraie vie de couple

Le duc et la duchesse d'Édimbourg
organisent leur vie 103
Pour son premier voyage officiel,
la future reine choisit Paris 105
Joie et inquiétude, de la naissance
de Charles à l'opération du roi 108
À Malte, Lilibeth et Philip vivent
une nouvelle lune de miel 112

Vacances romaines et une audience au Vatican mal comprise… 117
Avec la mort de son père, Lilibeth est face à son devoir de reine 120

5
Une reine sacrée et médiatique (1953)

S'estimant humilié, Philip explose de colère : il veut exister ! 124
Le sacre et le couronnement d'Elizabeth II seront-ils télévisés ? 126
Répétant son sacre, la reine porte une couronne au *breakfast*… 130
Dans le vieux carrosse doré, très inconfortable, la reine sourit 132
La reine dira : « Le sacre est le commencement de ma vie » 136
Philip est le premier à se déclarer le vassal de la reine 138
Elizabeth II devient la première reine mondiale de l'image 140

6
La reine face à l'« affaire Margaret » (1953-1955)

Scandale : la princesse Margaret est éprise d'un homme divorcé 145
Par raison d'État, Peter Townsend est éloigné de Margaret… 150

À vingt-cinq ans, libre, Margaret va-t-elle défier la reine et l'opinion ? 153
Pour la reine, une page historique se tourne : Churchill s'en va 155
Margaret a vingt-cinq ans : libre, va-t-elle épouser Peter Townsend ? 159

7
Crises et chuchotements (1956-1960)

1956 : l'échec cuisant de Suez fragilise la reine, très critiquée… 165
Une crise entre la reine et Philip ? Il est absent quatre mois… 169
Paris, avril 1957 : un couple réconcilié et le triomphe de la reine 173
Pour les enfants de la reine et de Philip, la vie est compliquée 179
Une révolution dynastique et aussi une déclaration d'amour 180
Margaret se résout à épouser Tony Armstrong-Jones… 182

8
La reine entre le Commonwealth, l'Europe et la guerre froide (1960-1965)

Elizabeth II est partout fêtée dans l'ancien Empire britannique 188

Au Ghana, la reine est acclamée en Afrique marxiste ! 192
Sexe, espionnage et trahisons dans le gouvernement… 195
L'œil de Moscou était aussi à Londres ! 198
Un quatrième enfant pour Elizabeth, un deuxième pour Margaret 202
La reine offre des obsèques nationales à Winston Churchill 203

9
Révolution des mœurs et éducation de prince (1965-1969)

Elizabeth II et Philip en Allemagne : un casse-tête diplomatique 210
Une décoration pour les Beatles, une chanson pour la reine… 213
L'avenir du prince Charles : un dilemme pour ses parents 215
Trente ans après l'abdication, la reine revoit son oncle Édouard 219
Elizabeth II promet qu'elle aidera Wallis si elle est veuve… 221
1er juillet 1969 : Charles est investi du titre de prince de Galles 223

10
Communication royale : pièges et succès

Philip, mari d'une reine fortunée, prétend manquer d'argent ! 232
Entre visite d'État et visite familiale, Elizabeth II revient à Paris 233
La reine tient parole : le duc de Windsor est inhumé à Windsor 236
Mariée, la princesse Anne prouve son courage et son humour 239
Un cauchemar pour la reine : sa sœur Margaret va divorcer ! 244
Été 1977 : Elizabeth II célèbre ses vingt-cinq ans de règne 249

11
De l'assassinat d'une légende à la naissance d'une idole (1979-1981)

L'IRA tue lord Mountbatten, la reine s'éloigne pour pleurer… 256
Un face-à-face inédit : dame de fer contre reine d'acier 258
Le prince Charles va enfin se marier ! Mais avec qui ? 263
Une certaine lady Diana Spencer, « menteuse compulsive »… 266

Autour de Diana, une incroyable frénésie médiatique... 270
Une surprise sans précédent sur le balcon de Buckingham Palace... 272

12
De la guerre des Falkland à l'*annus horribilis*

La reine voit partir son fils Andrew dans une guerre lointaine... 280
La reine est rassurée… par les oreilles de son petit-fils William !... 283
Scandale : devant Elizabeth II, un inconnu est assis sur son lit !... 284
Invitée à Balmoral, la petite amie d'Andrew est scandaleuse... 286
Deux fils pour Charles et Diana, deux vies séparées… 288
Fergie et Diana : leur concurrence médiatique gêne la reine... 292
Elizabeth II souhaite que 1992 soit une année sereine… 296
Été 1992 : la guerre des belles-filles dévaste la reine et Philip... 298
L'incendie du château de Windsor : la fatalité accable la reine... 302
Le « Camillagate » inquiète la reine. Le cauchemar va-t-il cesser ?... 305

13
La reine entre tragédie, impopularité et reconquête

La reine et Philip sont effondrés : Charles, futur roi, se ridiculise 312
6 mai 1994 : avec le tunnel, l'Angleterre n'est plus « une île » 313
29 juin 1994 : le prince Charles contre-attaque à la télévision 315
La reine et Philip sont stupéfaits : Charles dénigre ses parents ! 316
Dans la vengeance et la mise en scène, Diana est la plus forte ! 319
1996 : résignée, la reine organise les divorces de Charles et d'Andrew 322
Une nouvelle organisation de leurs vies pour William et Harry 324
La mort de Diana : du drame au séisme mondial 327
La reine, invisible, est accusée d'indifférence et de froideur 330
Du jamais-vu : Elizabeth II est face à l'animosité populaire… 331
À Westminster, le frère de Diana vise la reine. Il est applaudi ! 334
En célébrant ses noces d'or avec Philip, la reine ravive la monarchie 335
En disant adieu au *Britannia*, Elizabeth II verse une larme… 338
La reine est attentive à la nouvelle vie de William et Harry 340

Edward et Sophie : le dernier mariage du siècle à Windsor 342
Elizabeth II fête l'an 2000 et la reine mère ses cent ans ! 345
Le destin inachevé de Margaret, la « princesse rebelle » 347
Queen Mum quitte la scène : elle était la légende d'un siècle 350

14
God Save the Queen

Le jubilé de 2002 : pluie d'hommages à la reine triomphante 355
Harry, le prince fêtard, fragilise la reconquête royale… 357
Charles et Camilla se marient trente-quatre ans après leur coup de foudre 361
Pour la reine, l'harmonie familiale n'est jamais totale… 364
Kate a attendu dix ans que William la demande en mariage 368
Le mariage du 29 avril 2011 amplifie la reconquête royale 371
Ce soir, la reine autorise un night-club dans Buckingham Palace ! 376
Surprise : en 2012, Helen Mirren, « The Queen », salue la vraie reine ! 378
3 juin 2012 : sur la Tamise, mille navires pour le jubilé de diamant… 381

Juillet 2012 : incroyable ! La reine… partenaire de James Bond ! 384
22 juillet 2013 : avec George, la reine est arrière-grand-mère 386
Septembre 2014 : Elizabeth II face à l'indépendance de l'Écosse 388
11 juin 2016 : avant le vote du Brexit, la reine fête ses quatre-vingt-dix ans 392
Au divorce du Brexit, la reine oppose la mémoire européenne 397
Le 4 mai 2017, Philip annonce son retrait de la vie publique 400
Harry, l'enfant terrible, se fiance avec une actrice américaine 402
Avec la série *The Crown*, le public croit-il connaître la reine ? 406
14 janvier 2018 : Elizabeth II accepte de commenter son sacre 407
23 avril 2018 : naissance express chez la duchesse de Cambridge 408
19 mai 2018 : Harry épouse Meghan, une parenthèse enchantée 410
Le sermon du pasteur Curry surprend par sa véhémence 413

15
Trois ans d'épreuves (2018-2021)

Un grave désaccord entre les deux frères 418
Les Sussex cherchent leur place 421

La naissance d'Archie 423
La réponse de la reine 426
La reine face à la pandémie 433
Le séisme de l'interview d'Oprah Winfrey 436
Le prince Philip quitte la scène
avant ses cent ans 440
4 juin 2021 : un second enfant
pour Harry et Meghan,
Lilibet « Lili » Diana 443
La reine ne portera pas le deuil de Philip 444
Des spéculations autour de la santé
de la reine 446
Harry et Meghan en font trop… 449
Un Noël très différent des autres… 451

16
2022 : l'apothéose et la fin du règne

La messe d'hommage à Philip 459
Un jubilé de platine parfaitement maîtrisé........ 461
Dernier été à Balmoral 467

Généalogie 473